全国高等教育自学考试指定教材
教育管理专业(独立本科段)

中小学教育管理

Zhong-xiaoxue Jiaoyu Guanli

(含:中小学教育管理自学考试大纲)

(2016 年版)

全国高等教育自学考试指导委员会　组编
主编　鲍传友

高等教育出版社·北京

图书在版编目（CIP）数据

中小学教育管理 / 鲍传友主编；全国高等教育自学考试指导委员会组编. -- 北京：高等教育出版社，2016. 5（2024. 1 重印）

ISBN 978-7-04-045301-0

Ⅰ.①中… Ⅱ.①鲍… ②全… Ⅲ.①中小学教育-教育管理-高等教育-自学考试-教材 Ⅳ.①G630

中国版本图书馆 CIP 数据核字（2016）第 083294 号

策划编辑 雷旭波　　责任编辑 雷旭波　　版式设计 范晓红　　责任校对 刘娟娟
责任印制 耿 轩

出版发行 高等教育出版社
社　　址 北京市西城区德外大街 4 号
邮政编码 100120
印　　刷 山东百润本色印刷有限公司
开　　本 787mm×1092mm 1/16
印　　张 18.5
字　　数 474 千字
购书热线 010-58581118
咨询电话 400-810-0598
网　　址 http://www.hep.edu.cn
　　　　 http://www.hep.com.cn
网上订购 http://www.hepmall.com.cn
　　　　 http://www.hepmall.com
　　　　 http://www.hepmall.cn
版　　次 2016 年 5 月第 1 版
印　　次 2024 年 1 月第 11 次印刷
定　　价 34.00 元

物 料 号 45301-00

组编前言

21 世纪是一个变幻莫测的世纪，是一个催人奋进的时代。科学技术飞速发展，知识更替日新月异。希望、困惑、机遇、挑战，随时都有可能出现在每一个社会成员的生活之中。抓住机遇，寻求发展，迎接挑战，适应变化的制胜法宝就是学习——依靠自己学习、终身学习。

作为我国高等教育组成部分的自学考试，其职责就是在高等教育这个水平上倡导自学、鼓励自学、帮助自学、推动自学，为每一个自学者铺就成才之路。组织编写供读者学习的教材就是履行这个职责的重要环节。毫无疑问，这种教材应当适合自学，应当有利于学习者了解、掌握新知识和新信息，有利于学习者增强创新意识、培养实践能力、形成自学能力，也有利于学习者学以致用、解决实际工作中所遇到的问题。具有如此特点的书，我们虽然沿用了“教材”这个概念，但它与那种仅供教师讲、学生听，教师不讲、学生不懂，以“教”为中心的教科书相比，在内容安排、编写体例、行文风格等方面已经大不相同了。希望读者对此有所了解，以便从一开始就树立起依靠自己学习的坚定信念，不断探索适合自己的学习方法，充分利用已有的知识基础和实际工作经验，最大限度地发挥自己的潜能，达到学习的目标。

欢迎读者提出意见和建议。

祝每一位读者自学成功。

全国高等教育自学考试指导委员会

2014 年 7 月

目 录

中小学教育管理自学考试大纲

中小学教育管理

全国高等教育自学考试
教育管理专业(独立本科段)

中小学教育管理自学考试大纲

全国高等教育自学考试指导委员会　制定

出版前言

为了适应社会主义现代化建设事业的需要，鼓励自学成才，我国在20世纪80年代初建立了高等教育自学考试制度。高等教育自学考试是个人自学、社会助学和国家考试相结合的一种高等教育形式。应考者通过规定的专业课程考试并经思想品德鉴定达到毕业要求的，可获得毕业证书；国家承认学历并按照规定享有与普通高等学校毕业生同等的有关待遇。经过30多年的发展，高等教育自学考试为国家培养造就了大批专门人才。

课程自学考试大纲是国家规范自学者学习范围、要求和考试标准的文件。它是按照专业考试计划的要求，具体指导个人自学、社会助学、国家考试、编写教材、编写自学辅导书的依据。

随着经济社会的快速发展，新的法律法规不断出台，科技成果不断涌现，原大纲中有些内容过时、知识陈旧。为更新教育观念，深化教学内容方式、考试制度、质量评价制度改革，使自学考试可以更好地为提高人才培养的质量服务，各专业委员会按照专业考试计划的要求，对原课程自学考试大纲组织了修订或重编。

修订后的大纲，在层次上，本科参照一般普通高校本科的水平，专科参照一般普通高校专科或高职院校的水平；在内容上，力图反映学科的发展变化，增补了自然科学和社会科学近年来的研究成果，对明显陈旧的内容进行了删减。

全国考委教育类专业委员会组织制定了《中小学教育管理自学考试大纲》，经教育部批准，现颁发施行。各地教育部门、考试机构应认真贯彻执行。

全国高等教育自学考试指导委员会

2016年3月

I　课程性质与课程目标

一、课程性质和特点

“中小学教育管理”是高等教育自学考试教育管理专业（独立本科段）的一门选修课程。设置本课程，旨在向考生介绍中小学教育管理的基本理论、中小学管理的主要任务和方法，拓展考生的管理知识和视野，帮助考生认识教育管理的基本规律和原理，更新教育管理观念，提高应用教育管理理论分析和解决学校管理实践问题的能力。

“中小学教育管理”属于理论和实践结合，偏重实践的课程，不仅关注教育管理的基本理论和原理，更加关注管理理论在实践中的应用。

二、课程目标

课程设置的目标是使得考生能够：

1. 初步了解中小学教育管理的基本理论和一般原则，培养正确的管理理念。

2. 基本掌握中小学教育管理研究的方法及教育管理的主要任务和方法，学会科学认识、分析日常教育管理现象，提高中小学管理的规范性和科学性。

3. 能够用教育管理的理论和知识解决中小学管理中的实践问题，并根据教育管理理论和实践发展、创新中小学管理的方式和方法。

三、与相关课程的联系与区别

“中小学教育管理”这门课程内容非常多，涵盖的知识面很宽，且操作性很强，与管理学、教育学、教育心理学、教育经济学、课程与教学论、德育原理、教育督导与评估等学科知识联系非常多，这些学科知识都为认识教育管理现象，学习教育管理的某一项内容和任务提供理论和方法上的支持。

四、课程的重点和难点

本课程的重点为：教育管理的基本特点、教育管理的理论基础、学校组织特性及其管理、教育管理研究的方法论、学校规划、学校沟通、学校人员管理、学校德育管理、学校课程管理、学校教学管理、学校信息管理、学校文化管理和家校合作。

本课程的难点为：教育管理的理论基础及其应用、学校规划的方法和技术、学校沟通的一般模式和策略、学校德育管理的机制、校本课程的开发与实施以及学校效能评价。

Ⅱ 考核目标

“中小学教育管理”课程主要从识记、领会、应用三个层次对考生进行考核，各层次考生应达到的能力要求为：

识记（Ⅰ）：要求考生能够识别和记忆有关教育管理的一些基本原理和原则，核心概念的内涵，中小学学校管理的主要内容、方法和管理过程中应该注意的操作程序与要求等，考生应能够根据考核的不同要求，做正确的表述、选择和判断。

领会（Ⅱ）：要求考生能够领悟和理解本课程中有关教育管理的概念及原理的内涵与外延，理解由核心概念和核心内容所拓展的相关知识以及有助于理解管理过程和管理方法的辅助性知识等。

应用（Ⅲ）：要求考生能够依据已有的教育管理知识对教育管理中的问题进行分析和研究，提出自己的观点和看法，给出解决问题的方案等。

Ⅲ 课程内容与考核要求

第一章 管理与教育管理

一、学习目的和要求

通过对本章的学习，了解管理和教育管理的基本内涵，理解教育管理的社会性、教育管理与一般社会管理的关系以及教育管理的基本特征。

二、课程内容

第一节 管理

第二节 教育管理

第三节 教育管理的基本特点

三、考核要求

（一）管理的内涵

1. 识记：(1) 管理的概念；(2) 管理的意义。

2. 领会：向管理要质量。

（二）教育管理的基本范畴

1. 识记：(1) 教育管理的含义；(2) 教育行政的含义；(3) 学校管理的含义。

2. 领会：教育管理的二重性。

（三）教育管理的基本特点

1. 识记：教育管理的特点。

2. 领会：教育管理与一般管理的区别与联系。

第二章 教育管理的理论基础

一、学习目的和要求

通过对本章的学习，了解西方管理理论的发展历程，掌握古典管理理论、人本主义管理理论以及现代管理理论代表人物的思想和主张，了解管理理论不同流派的思想对教育管理理论与实践发展的影响，能够结合管理理论对教育管理中的具体问题进行分析。

二、课程内容

第一节 古典管理理论

（一）泰勒的科学管理理论
（二）法约尔的一般管理理论
（三）韦伯的行政组织理论

第二节 人本主义管理理论

（一）人际关系理论
（二）行为科学理论

第三节 现代管理理论的发展

（一）社会系统理论
（二）组织决策理论
（三）系统管理理论
（四）学习型组织理论

三、考核要求

（一）古典管理理论

1. 识记：(1) 科学管理理论的主要观点；(2) 一般管理理论的主要观点；(3) 行政组织理论的主要观点。

2. 领会：古典管理理论形成的时代背景及其对教育管理的启示。

（二）人本主义管理理论

1. 识记：(1) 人际关系理论的主要观点；(2) 马斯洛的需要层次理论的主要观点；(3) 麦格雷戈的 X 理论和 Y 理论的主要观点；(4) 赫茨伯格的双因素激励理论的主要观点。

2. 领会：人本主义管理理论对古典管理理论的发展。

3. 应用：运用人本主义管理理论分析学校管理案例。

（三）现代管理理论的发展

1. 识记：(1) 社会系统理论的主要观点；(2) 组织决策理论的主要观点；(3) 系统管理理论的主要观点；(4) 学习型组织理论的主要观点。

2. 领会：现代管理理论发展的时代背景及其在教育管理领域中的应用。

3. 应用：运用现代管理理论的一些知识分析和解决学校管理中的具体问题。

第三章 学校组织特性及其管理

一、学习目的和要求

通过对本章的学习，了解组织的内涵及其分类，理解学校作为社会系统所具有的基本特征及其管理中应该遵循的原则。

二、课程内容

第一节 组织的内涵与分类

（一）组织的内涵

（二）组织的类型

第二节 作为社会系统的学校

（一）开放的系统观

（二）开放系统的主要特征

（三）学校作为社会系统的关键要素

第三节 学校管理的基本原则

（一）前瞻性原则

（二）动态性原则

（三）系统性原则

（四）效益性原则

三、考核要求

（一）组织的定义

1. 识记：（1）组织的定义；（2）组织的要素；（3）组织的特征。

2. 领会：组织各要素对于组织的意义。

（二）作为社会系统的学校

1. 识记：（1）开放系统的基本特征；（2）作为开放系统的学校的关键要素。

2. 领会：（1）开放的系统观；（2）学校的开放性。

（三）学校管理的基本原则

1. 识记：（1）前瞻性原则；（2）动态性原则；（3）系统性原则；（4）效益性原则。

2. 领会：学校管理原则对学校管理的指导意义。

第四章 教育管理研究的方法论

一、学习目的和要求

通过对本章的学习，进一步了解哲学方法论和系统科学方法论的一般原理，理解方法论与教育管理研究的关系，掌握日常教育研究中一些常用的研究方法，并能运用哲学方法论和系统科学方法论指导自己的教育管理研究工作。

二、课程内容

第一节 教育管理研究方法论概述

（一）方法论概念

1. 方法论与世界观的关系

2. 方法论与具体方法的关系

(二)教育管理研究方法体系

1. 哲学方法论

2. 一般方法论

3. 具体研究方法

第二节　教育管理研究的哲学方法论

(一) 实事求是的观点

(二) 普遍联系的观点

(三) 动态发展的观点

(四) 矛盾统一的观点

(五) 质量结合的观点

第三节　教育管理研究的系统方法论

(一) 系统方法论的基本思想

(二) 系统方法论对教育管理研究的指导作用

第四节　教育管理研究方法论的运用

(一)教育管理研究常用的具体方法

1. 文献法

2. 调查法

3. 观察法

4. 实验法

5. 比较研究法

6. 行动研究法

7. 案例研究法

8. 叙事研究法

(二)教育管理研究方法的综合运用

三、考核要求

(一)方法论

1. 识记:(1) 方法论的含义;(2) 方法论与具体方法的关系。

2. 领会:教育管理研究的方法论体系。

(二)教育管理研究的方法论

1. 识记:(1) 哲学方法论是教育管理研究的方法论基础;(2) 系统方法论对教育管理研究的指导作用。

2. 领会:具体方法的综合运用。

(三)教育管理研究中的哲学方法论

1. 识记:(1) 教育管理研究中的实事求是观点;(2) 教育管理研究中的普遍联系观点;(3) 教育管理研究中的动态发展观点;(4) 教育管理研究中的矛盾统一观点;(5) 教育管理研究中的质量结合观点。

2. 领会:哲学方法论在教育管理研究中的应用。

(四)教育管理研究中的系统方法论

1. 识记:(1) 系统方法论的基本思想;(2) 系统方法论对教育管理研究的指导作用。

2. 领会:系统方法论在教育管理研究中的应用。

(五)教育管理研究方法论的运用

1. 识记:(1) 了解各具体方法的含义;(2) 把握具体方法的综合运用。

2. 应用:设计一个某种或几种具体方法在教育管理实践中综合运用的方案。

第五章 学校规划

一、学习目的和要求

通过对本章的学习,了解学校规划的内涵,理解学校规划在制定的时候要遵守的基本原则,掌握学校规划制定的程序和基本方法,并能够将这些原则和方法运用到学校规划的制定中。

二、课程内容

第一节 学校规划制定的基本原则

(一) 学校规划的内涵

(二) 学校规划制定的基本原则

第二节 学校规划制定的程序

(一) 学校现状的调查分析

(二) 定位学校发展的目标

(三) 制订各部门行动计划

(四) 制定评价机制

第三节 学校规划制定的方法

(一) 问题树分析法

(二) SWOT 分析法

(三) 德尔菲法

(四) 标杆分析法

三、考核要求

(一)学校规划制定的基本原则

识记:(1) 学校规划的内涵;(2) 科学性原则;(3) 系统性原则;(4) 可操作性原则;(5) 激励性原则;(6) 民主性原则;(7) 连续性原则。

(二)学校规划制定的程序

1. 识记:学校规划制定的程序。

2. 应用:根据学校规划制定的程序和方法帮助学校制定学校发展规划。

(三)学校规划制定的方法

应用:(1) 问题树分析法;(2) SWOT 分析法;(3) 德尔菲法;(4) 标杆分析法。

第六章 学校沟通

一、学习目的和要求

通过对本章的学习,了解沟通在学校管理工作中的重要性,掌握沟通的内涵和一般模式,了解有效沟通的障碍及其化解策略;了解沟通的类型,掌握沟通的渠道,并能够运用有关沟通的知识帮助搭建管理者与教师之间的沟通桥梁,从沟通的角度提升学校管理的有效性,促进教师发展和学校改进。

二、课程内容

第一节 沟通的一般模式

(一) 什么是沟通

(二) 什么是有效的沟通

(三) 排除有效沟通的障碍

第二节 学校沟通的类型

(一) 沟通的类型

(二) 打破传统的沟通方式

(三) 倾听

(四) 表达

第三节 学校沟通的渠道

(一) 开放的思维是沟通的心理前提

(二) 尊重是有效沟通的基础

(三) 理解是有效沟通的保障

(四) 积极情绪是沟通的催化剂

三、考核要求

(一) 沟通的一般模式

1. 识记:(1) 沟通的内涵;(2) 有效沟通的内涵;(3) 有效沟通的障碍。

2. 应用:学会在与他人沟通中自觉排除沟通障碍。

(二) 学校沟通的类型

1. 识记:(1) 非言语沟通;(2) 言语沟通。

2. 领会:不同沟通方式在沟通中的作用,理解倾听和表达在沟通中的意义。

(三) 学校沟通的渠道

1. 识记:沟通的"RULE"法则。

2. 应用:学会在实践中运用"RULE"法则。

第七章 学校效能评价

一、学习目的和要求

通过对本章的学习,了解学校效能的内涵及其对学校管理的意义,理解不同的学校效能观,掌握效能学校的涵义、主要特征及其影响因素,了解学校效能评价的主要模型和指标,学会用本章知识来评估和分析学校效能。

二、课程内容

第一节 学校效能

(一)以学生为关注点的学校效能观
(二)以学校为关注点的学校效能观

第二节 效能学校及其特征

(一)效能学校的含义
(二)对效能学校特征因素的相关研究

第三节 学校效能评价

(一)学校效能评价模型的演进
(二)学校效能评价模型在我国中小学绩效评估中的借鉴与运用
(三)中小学学校效能评价的主要指标

三、考核要求

(一)学校效能

1. 识记:学校效能的内涵。
2. 领会:不同学校效能观所关注的内容的差异及其区别和联系。

(二)效能学校及其特征

1. 识记:(1)效能学校的内涵;(2)效能学校的基本特征。
2. 领会:效能学校特征的相关研究成果对效能学校建设的启示。

(三)学校效能评价

1. 领会:学校效能评价的主要模型和指标。
2. 应用:用学校效能评价的主要指标来评价学校的办学水平。

第八章 学校人员管理

一、学习目的和要求

通过对本章的学习,了解中小学校长素质的构成及校长的选拔、任用与考核规定,掌握校长的职责和职权要求,理解校长负责制与学校民主管理的内涵;了解教师的基本素养、教师的资格与任用要求,理解教师专业发展的内涵和途径,掌握教师激励的策略;了解学生常规管理的内容,掌握学生班级管理和学生社团管理的要求和基本策略。

二、课程内容

第一节 校长管理

(一) 校长素质
(二) 我国中小学校长的选拔、任用与考核
(三) 我国中小学校长的职责和职权
(四) 校长负责制与学校民主管理

第二节 教师管理

(一) 教师的基本素养
(二) 教师的资格与任用
(三) 教师激励
(四) 教师专业发展

第三节 学生管理

(一) 学生常规管理
(二) 学生社团管理
(三) 各具特色的学生管理

三、考核要求

(一) 校长管理

1. 识记:(1) 我国中小学校长任用、选拔与考核的基本要求;(2) 我国中小学校长的职责和职权。

2. 领会:(1) 不同国家对校长素质的认识;(2) 校长职级制改革的意义;(3) 校长负责制与学校民主管理。

(二) 教师管理

1. 识记:(1) 我国中小学教师资格与任用的基本规定;(2) 教师激励的主要策略。

2. 领会:教师专业发展的内容与途径。

(三) 学生管理

1. 识记:(1) 学生常规管理的主要内容;(2) 学生常规管理的要求。

2. 领会:英、美、日三国学生管理的特色。

3. 应用:根据学生的兴趣特点设计一个学生社团活动和管理方案。

第九章 学校财产和财务管理

一、学习目的和要求

通过对本章的学习,理解学校财产和财务管理的意义,掌握学校财产和财务管理的重要内容以及学校财产和财务管理的常用方法与基本要求。

二、课程内容

第一节 学校财产管理

（一）学校财产管理的意义

（二）学校财产管理的要求

（三）学校国有资产管理

（四）学校设备的购置与维护

第二节 学校财务管理

（一）学校财务管理的内涵

（二）学校预算管理

（三）学校资金管理

（四）学校支出管理

（五）学校财务分析与财务报告

（六）学校财务管理制度和财务监督

三、考核要求

（一）学校财产管理

1. 识记：(1) 学校财产管理的内涵；(2) 学校财产管理的要求。

2. 领会：(1) 学校财产管理的意义；(2) 学校国有资产管理的原则和制度；(3) 学校设备购置和维护的要求。

（二）学校财务管理

1. 识记：(1) 学校财务管理的内涵；(2) 学校预算管理的主要环节；(3) 学校预算编制的依据与原则；(4) 学校预算内资金和预算外资金的构成；(5) 学校支出管理的内容。

2. 领会：(1) 学校资金管理的内容和基本要求；(2) 学校现金管理的内容和基本要求；(3) 学校支出管理的原则；(4) 学校财务分析报告的主要内容；(5) 学校财务报告的主要内容。

3. 应用：编制一个项目预算方案。

第十章 学校德育管理

一、学习目的和要求

通过对本章的学习，了解德育管理在学校管理中的地位和作用以及德育管理与一般管理的区别，掌握德育管理的基本原则和提高自我德育管理能力的主要方法，学会运用有关德育管理的理论分析和解决德育管理实践的具体问题。

二、课程内容

第一节 学校德育管理的地位与特点

（一）德育管理的地位

（二）德育管理的特点

第二节 学校德育管理的要素和层次

（一）德育管理的要素

（二）德育管理的层次

第三节 学校德育管理的机制及其实施

（一）导向机制及其实现

（二）动力机制及其实现

（三）协调机制及其实现

（四）约束机制及其实现

第四节 提高学校德育管理者能力的途径

（一）提升管理水平

（二）提高教育素养

（三）加强道德修养

三、考核要求

（一）学校德育管理的地位与特点

1. 识记:德育管理的特点。

2. 领会:学校管理与德育管理的关系。

（二）学校德育管理的要素和层次

1. 识记:德育管理的要素。

2. 领会:不同层次德育管理的关系及其对学校德育的意义。

（三）学校德育管理的机制及其实施

1. 识记:(1) 学校德育管理机制的内涵;(2) 导向机制;(3) 动力机制;(4) 协调机制;(5) 约束机制。

2. 领会:导向机制、动力机制、协调机制和约束机制的实现。

（四）提高学校德育管理者能力的途径

1. 识记:德育管理者的道德修养。

2. 领会:提升德育管理者管理水平、教育素养和道德修养的途径。

第十一章 学校课程管理

一、学习目的和要求

通过对本章的学习,掌握课程管理、校本课程开发和课程评价的内涵,了解国家课程、地方课程和校本课程的关系及其管理要求,了解校本课程开发的模型及其要素,掌握校本课程开发的程序及议题,掌握学校课程评价的基本方法。

二、课程内容

第一节 学校课程管理的任务

（一）课程管理的内涵

（二）学校课程管理的任务

第二节 校本课程的开发与实施

（一）校本课程开发的结构模型

（二）校本课程开发的程序

第三节 学校课程评价

（一）学校课程评价的内涵

（二）学校课程评价的功能

（三）学校课程评价的主体和方式

（四）课程评价的标准

三、考核要求

（一）学校课程管理的任务

1. 识记：课程管理的内涵。

2. 领会：学校对课程生成系统、课程实施系统和课程评价系统的管理任务。

（二）校本课程的开发与实施

1. 识记：校本课程开发的程序。

2. 领会：校本课程开发的主要模型。

（三）学校课程评价

1. 识记：（1）学校课程评价的内涵；（2）学校课程评价的主体；（3）学校课程评价的方式。

2. 领会：（1）学校课程评价的意义和功能；（2）课程评价的标准。

第十二章 学校教学管理

一、学习目的和要求

通过对本章的学习，了解教学管理工作的主要任务和原则，掌握教学计划管理、备课管理、课题教学管理、作业管理和学习效果评价管理的主要内容和要求，了解教学工作评价的功能、类型和程序，能够用所学知识评价自己的教学效果，能够进行教学资源的开发和利用。

二、课程内容

第一节 教学管理的任务和原则

（一）教学管理的主要任务

（二）教学管理的原则

第二节　教学管理的内容

（一）教学计划管理

（二）教学活动过程管理

（三）教务管理

第三节　教学评价

（一）教学评价的功能

（二）教学评价的类型

（三）教学评价的程序

第四节　教学资源的开发和利用

（一）教学资源的内涵与意义

（二）教学资源开发和利用的主要途径

三、考核要求

（一）教学管理的任务和原则

1. 识记：(1) 教学管理的主要任务；(2) 教学管理的原则。
2. 领会：教学管理原则与教学实践的结合。

（二）教学管理的内容

1. 识记：(1) 教学计划管理；(2) 教学活动过程管理。
2. 领会：教务管理的具体任务和操作方法。
3. 应用：编制一份教学计划。

（三）教学评价

1. 识记：(1) 教学评价的定义；(2) 教学评价的功能；(3) 教学评价的类型。
2. 领会：教学评价的程序。
3. 应用：运用评价的方法和程序评价自己的课堂教学效果。

（四）教学资源的开发和利用

1. 识记：(1) 教学资源的定义；(2) 教学资源开发和利用的主要途径。
2. 领会：教学资源开发和利用的意义。

第十三章　学校科研管理

一、学习目的和要求

通过对本章的学习，理解学校教育科研的基本定位，理解校本研究、行动研究和反思研究的内涵，了解学校教育科研组织的建立和运行机制，能对自己的教育教学研究或同行的教育教学研究进行分析和评价，初步尝试制定或完善本学校的教育科研管理制度。

二、课程内容

第一节　学校教育科研的基本定位

（一）学校教育科研应是校本研究

(二) 学校教育科研应是行动研究
(三) 学校教育科研应是反思研究

第二节 学校教育科研组织的建立

(一) 建立教育科研组织
(二) 完善教育科研管理运行机制

第三节 学校教育科研评价

(一) 学校教育科研评价的原则
(二) 学校教育科研评价的内容
(三) 学校教育科研评价的方法

三、考核要求

(一) 学校教育科研的基本定位

1. 识记:行动研究的内涵和基本程序。
2. 领会:(1) 校本研究;(2) 反思研究。

(二) 学校教育科研组织的建立

1. 领会:(1) 学校教育科研组织的功能;(2) 学校教育科研管理运行机制。
2. 应用:根据学校特点设计一个学校教育科研组织结构。

(三) 学校教育科研评价

1. 识记:(1) 学校教育科研评价的原则;(2) 学校教育科研评价的内容。
2. 领会:学校教育科研评价的方式。

第十四章 学校安全管理

一、学习目的和要求

通过对本章的学习,了解学校安全管理的重要性以及学校安全管理的理念和内容,能够结合具体案例分析学校安全管理中存在的主要问题,掌握安全管理的主要方法,并能够运用所学知识帮助学校解决一些安全管理中的实际问题。

二、课程内容

第一节 学校安全管理的理念

(一) 学校安全管理的内涵
(二) 学校安全管理的理念

第二节 学校安全管理的内容

(一) 学生伤害事故管理
(二) 学校暴力事件管理
(三) 学校卫生安全管理
(四) 学校网络安全管理
(五) 学校交通安全管理

（六）自然灾害和消防安全管理

第三节　学校安全管理的保障措施

（一）我国中小学学校安全管理中存在的主要问题

（二）学校安全管理的保障措施

三、考核要求

（一）学校安全管理的理念

1. 识记:学校安全管理的内涵。

2. 领会:学校安全管理的理念。

（二）学校安全管理的内容

领会:学生伤害事故、学校暴力事件、学校卫生安全、学校网络安全、学校交通安全、自然灾害和消防安全等安全事件发生的原因及其防范措施。

（三）学校安全管理的保障措施

领会:(1) 我国中小学学校安全管理中存在的主要问题;(2) 学校安全管理的保障措施。

第十五章　学校信息管理

一、学习目的和要求

通过对本章的学习,了解信息时代引发的学校管理变革,掌握学校管理信息化及相关术语的含义,能够正确地对学校信息资源进行分类,了解学校管理信息系统的主要架构和内容,掌握学校信息管理过程,了解学校管理信息标准,能够应用现代技术手段解决学校管理问题。

二、课程内容

第一节　信息时代的学校管理

（一）信息时代引发的学校管理变革

（二）学校管理信息化的内涵

第二节　学校管理信息系统

（一）学校信息资源的分类

（二）学校管理信息系统

第三节　学校信息管理过程

（一）信息输入

（二）信息处理

（三）信息储存

（四）信息输出

（五）信息反馈

第四节 学校管理信息标准化

(一) 基本术语和定义

(二) 普通中小学校管理信息的体系结构

(三) 普通中小学校管理信息的数据子集

三、考核要求

(一) 信息时代的学校管理

1. 识记:(1) 教育信息化;(2) 教育管理信息化。

2. 领会:信息时代引发的学校管理变革。

(二) 学校管理信息系统

1. 识记:(1) 学校信息管理的定义;(2) 学校管理信息系统的定义;(3) 学校信息资源的类别。

2. 领会:(1) 学校管理信息系统的结构;(2) 学校主要管理信息系统及其主要内容。

(三) 学校信息管理过程

1. 识记:学校信息管理的过程。

2. 领会:(1) 信息输入;(2) 信息处理;(3) 信息储存;(4) 信息输出;(5) 信息反馈。

(四) 学校管理信息标准化

1. 识记:(1) 元数据;(2) 数据项;(3) 数据类;(4) 数据子类;(5) 数据集;(6) 数据子集。

2. 领会:普通中小学校管理信息体系。

3. 应用:结合自己的工作建立一个学校管理信息子集。

第十六章 学校文化管理

一、学习目的和要求

通过对本章的学习,了解文化和学校文化的不同观点及其区别和联系,理解学校文化的内涵、学校文化与校园文化的区别和联系,了解学校文化管理的基本指导思想和主要任务,掌握学校文化的结构模型,能够运用学校文化的概念区分学校文化和校园文化,熟悉并能运用学校文化管理的四种路径去探讨学校文化管理的现实问题。

二、课程内容

第一节 学校文化的内涵

(一) 文化与学校文化

(二) 学校文化与校园文化

第二节 学校文化的结构

(一) 学校文化的"洋葱"模型

(二) 学校文化的"冰山"模型

第三节　学校文化管理的任务

（一）学校文化管理的指导思想

（二）学校文化管理的主要任务

三、考核要求

（一）学校文化的内涵

1. 识记：（1）文化；（2）学校文化。

2. 领会：学校文化与校园文化的区别。

（二）学校文化的结构

1. 识记：（1）学校文化的"洋葱"模型；（2）学校文化的"冰山"模型。

2. 领会：不同模型的学校文化结构对于学校文化建设的启示。

（三）学校文化管理的任务

1. 识记：（1）学校文化管理的内涵；（2）学校文化管理的主要任务。

2. 领会：学校文化管理的指导思想。

3. 应用：结合自己所在学校的文化建设情况，梳理和完善学校文化的核心价值观。

第十七章　家校合作

一、学习目的和要求

通过对本章的学习，理解家校合作的必要性，了解家校合作的基本类型和主要方法，能够结合学校实际，运用家校合作的推进策略开展各种旨在化解家校矛盾，促进家校沟通、社区合作，唤起家长志愿服务意识，提升家长养育孩子和参与决策能力的活动。

二、课程内容

第一节　家校合作的必要性

（一）什么是家校合作

（二）为什么要推进家校合作

第二节　家校合作的主要类型

（一）当好家长

（二）相互沟通

（三）志愿服务

（四）在家辅导学习

（五）参与决策

（六）与社区合作

第三节　家校合作的保障措施

（一）建立平等协商的家校合作组织

（二）教会家长养育之道

（三）促进家校双向沟通

(四) 组织家长志愿活动
(五) 引导家长参与决策
(六) 走进社区

三、考核要求

(一) 家校合作的必要性
1. 识记:家校合作的定义。
2. 领会:家校合作的必要性。
(二) 家校合作的主要类型
1. 识记:家校合作的主要类型。
2. 应用:结合家校合作的每一种类型设计具体的家校合作活动。
(三) 家校合作的保障措施
领会:(1) 建立平等协商的家校合作组织;(2) 教会家长养育之道;(3) 促进家校双向沟通;(4) 组织家长志愿活动;(5) 引导家长参与决策;(6) 走进社区。

第十八章 典型国家中小学管理的特点

一、学习目的和要求

通过对本章的学习,了解英、美、法、俄、德等典型西方国家的中小学管理概况及其中小学管理的基本特点;比较其他国家中小学管理与我国中小学管理的异同,理解不同文化背景下中小学管理方式的差异;学会结合当地地理、历史背景,分析和比较各国中小学管理的特点与差异,并结合我国中小学管理实践总结可资借鉴的经验。

二、课程内容

第一节 英国中小学管理
(一) 英国教育行政体制
(二) 英国中小学校长与教师管理
第二节 美国中小学管理
(一) 美国教育行政体制
(二) 美国中小学校长与教师管理
第三节 法国中小学管理
(一) 法国教育行政体制
(二) 法国中小学校长与教师管理
第四节 俄罗斯中小学管理
(一) 俄罗斯教育行政体制
(二) 俄罗斯中小学校长与教师管理
第五节 德国中小学管理
(一) 德国教育行政体制

（二）德国中小学校长与教师管理

三、考核要求

（一）英国中小学管理

1. 识记:(1) 英国中小学校长的任用;(2) 英国中小学教师的任用。
2. 领会:(1) 英国教育行政体制;(2) 英国中小学校长和教师的培训。

（二）美国中小学管理

1. 识记:(1) 美国中小学校长的任用;(2) 美国中小学教师的任用。
2. 领会:(1) 美国教育行政体制;(2) 美国中小学校长和教师的培训。

（三）法国中小学管理

1. 识记:(1) 法国中小学校长的任用;(2) 法国中小学教师的任用。
2. 领会:(1) 法国教育行政体制;(2) 法国中小学校长和教师的培训。

（四）俄罗斯中小学管理

1. 识记:(1) 俄罗斯中小学校长的任用;(2) 俄罗斯中小学教师的任用。
2. 领会:(1) 俄罗斯教育行政体制;(2) 俄罗斯中小学校长和教师的培训。

（五）德国中小学管理

1. 识记:(1) 德国中小学校长的任用;(2) 德国中小学教师的任用。
2. 领会:(1) 德国教育行政体制;(2) 德国中小学校长和教师的培训。

Ⅳ　关于大纲的说明与考核实施要求

一、自学考试大纲的目的和作用

课程自学考试大纲是根据专业自学考试计划的要求，结合自学考试的特点而确定的，其目的是对个人自学、社会助学和课程考试命题进行指导和规定。

课程自学考试大纲明确了课程学习的内容及其深度和广度，规定了课程自学考试的范围和标准。因此，它是编写自学考试教材和辅导书的依据，是社会助学组织进行自学辅导的依据，是自学者学习教材、掌握课程内容知识范围和程度的依据，也是进行自学考试命题的依据。

二、课程自学考试大纲与教材的关系

课程自学考试大纲是进行学习和考核的依据，教材是学习掌握课程知识的基本内容与范围，教材的内容是大纲所规定的课程知识和内容的扩展与发挥。课程内容在教材中可以体现一定的深度或难度，但在大纲中对考核的要求一定要适当。

大纲与教材所体现的课程内容应基本一致。大纲里面的课程内容和考核知识点，教材里一般要有；反过来，教材里有的内容，大纲里就不一定体现。

三、关于自学教材

《中小学教育管理》，全国高等教育自学考试指导委员会组编，鲍传友主编，高等教育出版社，2016 年版。

推荐参考教材：

《教育管理学》，陈孝彬、高洪源编著，北京师范大学出版社，2008 年版。

《教育管理学通论》，张新平、褚宏启主编，高等教育出版社，2012 年版。

《教育管理学　理论·研究·实践》（第 7 版），（美）韦恩·K.霍伊、塞西尔·G.米斯克尔著，教育科学出版社，2007 年版。

四、关于自学要求和自学方法的指导

本大纲的课程基本要求是依据专业考试计划和专业培养目标而确定的。课程基本要求明确了课程的基本内容及对基本内容掌握的程度，基本要求中的知识点构成了课程内容的主体部分。因此，课程基本内容掌握程度、课程考核知识点是高等教育自学考试考核的主要内容。

本课程共4学分。学生在自学过程中应该注意以下问题:

(1) 要把握全书的框架结构和知识体系,了解中小学教育管理的知识概要。

(2) 注意把握核心概念和各章的知识要点,不用面面俱到,注意把握知识点之间的联系,触类旁通。

(3) 注意理论联系实践,在理解和应用的基础上加强记忆和领会。

(4) 以书本知识为线索适当扩展阅读范围,以增加对书本知识的理解和掌握。

五、应考指导

(一) 如何学习

很好的计划和组织是你学习成功的法宝。如果你正在接受培训学习,一定要跟紧课程并完成作业。为了在考试中做出满意的回答,你必须对所学课程内容有很好的理解,可以使用“行动计划表”来监控你的学习进展。你阅读课本时可以做读书笔记,需要重点注意的内容可以用彩笔来标注,如红色代表重点,绿色代表需要深入研究的领域,黄色代表可以运用在工作之中。你还可以在空白处记录相关网站、文章。

(二) 如何考试

卷面整洁非常重要。书写工整,段落与间距合理,卷面赏心悦目有助于教师评分,教师只能为他能看懂的内容打分。要回答所问的问题,而不是回答你自己乐意回答的问题!避免超过问题的范围。

六、对社会助学的要求

1. 社会助学者应根据本大纲规定的考试内容和考试目标,认真钻研指定教材,明确本课程与其他课程不同的特点和学习要求,对自学应考者进行切实有效的辅导,引导他们防止自学中可能出现的各种偏向,把握社会助学的正确导向。

2. 正确处理基础知识和应用能力的关系,努力引导自学应考者将识记、领会同应用联系起来,有条件的应适当组织应考者开展科学研究实践,学会把基础知识和理论转化为应用能力,在全面辅导的基础上,着重培养和提高自学应考者提出问题、分析问题和解决问题的能力。

3. 要正确处理重点和一般的关系。课程内容有重点与一般之分,但考试内容是全面的。社会助学者应指导自学应考者全面系统地学习教材,掌握全部考试内容和考核知识点,在此基础上突出重点。总之,要把重点学习同兼顾一般结合起来,防止孤立地抓重点,甚至猜题、押题。

七、对考核内容的说明

1. 本课程要求考生学习和掌握的知识点内容都作为考核的内容。课程中各章的内容均由若干知识点组成,在自学考试中成为考核知识点。因此,课程自学考试大纲中所规定的考试内容是以分解为考核知识点的方式给出的。由于各知识点在课程中的地位、作用以及知识自身的特点不同,自学考试将对各知识点分别按三个认知(或叫能力)层次确定其考核要求。

2. 在考试之日起6个月前,由全国人民代表大会和国务院颁布或修订的法律、法规都将列入相应课程的考试范围。凡大纲、教材内容与现行法律、法规不符的,应以现行法律法规为准。命题时也会对我国经济建设和科技文化发展的重大方针政策的变化予以体现。

八、关于考试命题的若干规定

1. 本课程的命题考试,应根据本大纲所规定的考试内容和考试目标来确定考试范围和考核要求,不能任意扩大或缩小考试范围,提高或降低考核要求。考试命题要覆盖到各章,并适当突出重点章节,体现本课程的内容重点。

2. 本课程在试卷中对不同能力层次要求的分数比例大致为:识记占20%,领会占35%,应用占45%。

3. 本大纲各章所规定的基本要求、知识点及知识点下的知识细目,都属于考核的内容。考试命题既要覆盖到章,又要避免面面俱到。要注意突出课程的重点、章节重点,加大重点内容的覆盖度。

4. 命题不应有超出大纲中考核知识点范围的题,考核目标不得高于大纲中所规定的相应的最高能力层次要求。命题应着重考核自学者对基本概念、基本知识和基本理论是否了解或掌握,对基本方法是否会用或熟练。不应出与基本要求不符的偏题或怪题。

5. 要合理安排试题的难易程度,试题的难度可分为:易、较易、较难和难四个等级。每份试卷中不同难度试题的分数比例一般为:2∶3∶3∶2。

6. 本课程考试命题的主要题型一般有单项选择题、名词解释题、简答题、论述题、案例分析题等题型。

附录　题型举例

一、单项选择题

在每小题列出的四个备选项中只有一个是符合题目要求的，请将其代码填写在题后的括号内。错选、多选或未选均无分。

"社会人"假设是由下面哪一位提出的？【　　】

A. 泰勒　　B. 梅奥　　C. 马斯洛　　D. 麦格雷戈

二、名词解释题

组织

三、简答题

简述泰勒科学管理的主要思想。

四、论述题

试论教育管理与一般管理的区别与联系。

五、案例分析题

小刚上小学时，因为年纪小，家长免不了要接送。我知道孩子放学无法和家长下班同步，只能自己去克服困难。但我不能理解的是，学校似乎从不考虑家长的时间如何安排，是否宝贵。比如，学校通知的放学时间常常有很大误差，家长在校门口等上个把小时也不会有老师出来解释，更别说道歉了。最头痛的是期末，你就别想正常上下班。一连几天，孩子都是只到校一两个小时，这就意味着低年级学生的家长必须天天请假。

再说家长会。在我的经历中，家长会＝听训会。每次到了学校，坐在孩子的小课桌上，先是通过广播听校长讲话，成就一大堆，要求一大堆，又空洞又冗长，你只有老老实实地听，想对学校的教育教学提点意见，门儿都没有。然后是班主任讲话，基本也是单向的，既没有沟通，也没有交流。留面子的，是告诉你回去怎么"抓紧"；不留面子的，就干脆是指责、批评，乃至训斥。坐在课桌前的你，已经变成了学生。

阅读上述材料，回答下面问题。

(1) 案例中所反映的家校矛盾是如何形成的？

(2) 家长的抱怨说明家校沟通中存在哪些问题？

(3) 为了化解家校矛盾，应如何与家长沟通交流？

后　记

《中小学教育管理自学考试大纲》是根据全国高等教育自学考试教育管理专业(独立本科段)考试计划中的考核要求编写的。2016 年 1 月教育类专业委员会召开审稿会议,对本大纲进行讨论评审,修改后,经主审复审定稿。

本大纲由北京师范大学鲍传友副教授主持编写,由北京师范大学高鸿源教授主审,首都师范大学傅树京教授、北京师范大学刘淑兰教授参加审稿并提出改进意见。

本大纲最后由全国高等教育自学考试指导委员会审定。

本大纲编审人员付出了辛勤劳动,特此表示感谢。

全国高等教育自学考试指导委员会
教育类专业委员会
2016 年 3 月

全国高等教育自学考试指定教材
教育管理专业(独立本科段)

中小学教育管理

全国高等教育自学考试指导委员会　组编
主编　鲍传友

编者的话

教育管理的知识非常丰富,从学科分类来说,一般应该包括两部分内容,一部分是教育行政学方面的知识,主要讨论国家和政府对公共教育事业的管理,属于教育管理的宏观部分;另一部分是学校管理学的知识,主要讨论有关学校管理方面的内容,属于教育管理的微观领域。两者虽然各有侧重,但并没有特别清晰的界限,从管理的理论、领域、方法和技术等方面来看,两者的联系是十分紧密的。《中小学教育管理》是全国高等教育自学考试教育管理专业的本科教材,考虑到参加专升本考试的学生大多数都是来自于中小学的教师和学校管理人员,即便是有一部分来自教育行政部门的管理人员,他们主要的管理对象也仍然是中小学。所以,教材在编写过程中力求适应学习者的这种特点,尽可能与他们的工作结合起来,方便他们学习和理解,也达到学有所用的目的。本书在原有教材的基础上做了比较大的变化,在知识选择上大大压缩了教育行政学方面的知识,比如教育管理体制、教育督导等,而把学校管理的知识作为本门课程的重点。当然,学校管理的理论和实践也同样非常丰富,不可能在一门课程的学习中全部涵盖。在体例安排和内容编写上遵照全国高等教育自学考试的相关规定和教育管理专业教学计划的要求,并力求体现以下几条原则。

一、系统完整,突出重点

中小学教育管理作为一门课程的目的,首先需要让学生尽可能多地了解教育管理知识的概貌,熟悉教育管理的基本理论、方法和技术,同时了解管理实践的主要工作及其基本原则和流程。为了避免在有限的时间内面面俱到,蜻蜓点水,在章节安排上并没有太多地关注知识的内在逻辑,而是突出中小学管理的主要内容。整个知识体系大致可以分为四个部分:第一部分是有关教育管理学科的认识和基本特点,以及教育管理的理论基础,包括古典和现代管理理论的一些主要流派、学校组织的特性等。第二部分是关于教育管理研究方法论的知识,这也是学习和研究中小学教育管理的一个非常重要的基础,对培养学生养成用辩证、系统、科学的方法来认识和分析教育管理现象与问题是必不可少的,具有非常强的工具性。第三部分是有关学校管理过程的知识。比如学校规划、沟通和学校效能评价等方面的内容,教给学生一些有关管理的基本工具和方法。第四部分是学校管理的对象或者内容,主要是学校日常管理工作必须处理的事务,比如人员管理、课程管理、教学管理、德育管理、财务管理和信息管理等。

二、理论适当,适用好用

要科学认识和分析教育管理现象,提高管理能力,学习一些管理理论是必要的。但是教育管理的理论非常庞杂，观点各异，为了帮助学生在较短的时间内能够拓展理论思维，在管理理论的选择上力求够用、适用和好用，主要选择那些与教育管理关系比较密切，对认识当前学校管理问题和改革学校管理有启发的经典理论流派，比如科学管理理论、行为科学理论、决策理论和学习型组织理论等。

三、注重实践，方便操作

著名管理学大师德鲁克曾言："管理是一种实践，其本质不在于'知'，而在于'行'；其验证不在于逻辑，而在于成果。"本书的编写也力求体现管理的实践性和功用性，理论知识的篇幅在所有章节中占的篇幅都不是太大，秉持够用、适用和好用的原则，力求精简，通俗易懂，能够对理解和分析管理问题有比较好的指导作用，很少选择一些有争议的、实践中很少用到的理论，有关管理实践的方法和技术相对占的比例要大很多，这主要是突出中小学管理的实践特征和学习者的需求，为他们提供一些解决实际问题的方法和技术。

四、关注发展，与时俱进

管理的很多知识是非常情境化的，管理的时间和空间变了，管理的方法和技术也需要变化。除了一些基本的价值和原则不会变化以外，很难找到一个放之四海而皆准的通用法则，所以，管理的理论和知识要与时俱进，要能够反映时代发展对教育管理提出的新要求，要引导学习者关注和探讨我们自身教育管理中所面临的特殊问题。当然，要更好地理解教育管理现象和问题，拓展视野同样是非常重要的。所以，每章节的内容都力求反映教育管理研究的前沿和学校管理改革的现实需要，同时也适当增加了国外学校管理改革的一些经验介绍。

在编写体例上，力求做到简洁明了，每章都增加了学习目标、教师导读、拓展材料、案例等内容，目的是方便教学和学习。

本书由北京师范大学教育管理学院鲍传友主编，经多次讨论和研究后确定编写框架、思路和主要内容，吸取了原版教材编写的很多经验和优点，除了对原版教材的第一章、第二章和第六章内容进行整合外，其他内容都做了较大调整。编写者以北京师范大学教育管理学院的师生为主体，也邀请了其他兄弟院校同仁以及教育行政管理部门的人员参加，全书由鲍传友统稿、修改和审定。各章执笔人为：第一章，贺乐凡；第二章，鲍传友、叶铖垒；第三章，鲍传友、兰传凯；第四章，李春山、闫艳；第五章，孙亚琪；第六章，姚计海；第七章，李永生；第八章，王熙、陈晓晓；第九章，于洪霞；第十章，班建武；第十一章，向蓓莉、何二林；第十二章，鲍传友、殷秋宏；第十三章，闫艳；第十四章，邓涛、王阳阳；第十五章，张宁宁；第十六章，牛楠森；第十七章，刘兴春；第十八章，鲍传友、符琼月。

本书编写过程中，参阅了许多专家和学者的观点，引用了许多同行研究者的观点和资料，褚宏启、张新平、程凤春、高洪源、刘淑兰和傅树京等教授在书稿体例和初稿修订中给予了很多宝贵建议，各章编写者不厌其烦地反复修订，在此谨致谢忱！尽管努力不怠，但力有不逮，恐有不少疏漏，敬请谅解，也请学员和同仁们多提意见，以便再版时修订完善。

鲍传友
2016 年 3 月于北京

第一章　管理与教育管理

学习目标

了解管理和教育管理的基本内涵，理解教育管理的社会性、教育管理与一般社会管理的关系以及教育管理的基本特征。

建议学时

1 学时

教师导读

学习本章可以从日常生活中具体的管理活动入手，分析管理的功能和价值，让学生理解管理作为一种社会实践活动对社会发展的意义。通过分析几种代表性学派的观点，让学生从多个角度来理解管理的内涵，然后给出对管理内涵的一般性界定，并引导学生去理解和归纳教育管理的内涵和基本特点，特别需要向学生讲清楚管理的历史性和社会性。

第一节　管　理

管理是一项社会活动，它是伴随着人类集体活动的出现而产生的；管理是一种社会现象，凡是较大的社会活动或共同的劳动，都伴随着管理现象。管理也是社会的一种重要职能，它能使社会有效地开展活动，改善工作，提高效果、效率、效益。假如没有管理，社会就会出现混乱与无序，人类创造的文明果实就会遭到破坏，甚至人类社会的生产与生活活动也无法顺利进行下去。

管理随着人类的产生而产生，随着人类的发展而发展。我国远古时代就有了明显的管理思想。《周礼》中就有"司门掌授管键，以启闭国门"的记载，可见"管"字的原意为"钥匙"。以后把"管"延伸为对人、财物的配置与约束。至于"理"字，《说文解字》中表述为"理，治玉也"。可见古代把"管"理解为主其事，把"理"理解为治其事。但是，把管理作为科学研究的对象，则是管理思想质的飞跃，是人类社会在工业化和现代化的过程中发生的。由于人们是从不同的角度研究管理，因而形成了不同的管理学派，包括决策学派、人际关系学派、运筹学派、系统学派、职能学派等。

管理这个概念，从字面上理解，有管辖处理之意。但是从管理学的角度去理解管理，不同学派则有多种界说。有的从过程的角度，认为管理是为实现目标而组织和使用各种资源的过程；有的从职能的角度，认为管理就是计划、组织、指挥、调节和控制；有的从决策的角度，认为管理就是决策；也有的从人的角度，认为管理是人的一项特殊的实践活动。上述对管理的理解都从一个角度去揭示管理的属性或特点，存在着不同程度的片面性。

综合以上诸多观点，可以认为，管理就是合理组织人力、物力、财力、时间、信息，协调各种关系和各项工作，高效率地实现预定目标的活动过程。概言之，管理是一个组织活动的系统。管理包括领导、指挥活动和协调、组织、运筹活动，本书主要论述管理过程中各种因素的处理和协调，即对管理对象的规划、领导、沟通和效能评价。

管理是社会的一种基本职能，通过管理可以提高工作质量和产品质量。正因为如此，人们越来越重视对管理的研究，认为管理是社会的宝贵财富，是人类巨大的资源，并提出"向管理要质量""向管理要效益"的口号。由于重视管理，人类不仅在政治、经济上取得了惊人的成就，而且推动了文化、教育、信息技术的飞速发展。人们越来越意识到任何集体活动都离不开管理，只有通过科学、有效的管理，人类才能组织起来，实现对社会和自然的改造，实现人类社会与自然的和谐发展。

第二节　教育管理

自教育产生以来，教育管理就以一定的形式出现了。教育管理属于管理中公共事业管理的一种，是管理的一个特殊领域。由于人们对管理的理解不同，从而导致了对教育管理的理解的不同。然而，根据对管理的一般理解，可以这样认为，教育管理是管理者通过组织协调教育队伍，充分发挥教育人力、财力、物力和信息的作用，利用教育内部各种有利条件，高效率地实现教育管理目标的活动过程。

教育管理是社会管理的重要组成部分。教育管理包括国家教育的行政管理，即宏观教育管理和学校内部的管理，即学校管理，亦称微观教育管理。

教育行政就是国家根据一定的政策，对教育工作所进行的组织、管理和领导。为了充分发挥教育推动社会进步、促进经济发展的功能，不同的国家在不同程度上都为其教育制定了一系列方针政策，但是由于不同国家的政治制度、经济基础、社会发展、文化背景有所不同，各自的教育行政管理制度与组织也就不一样，有中央集权，也有地方分权；有全面控制，也有宏观指导；有统一管理，也有部分管理。

学校管理是学校管理者通过一定的机构和制度，采用一定的措施和手段，带领并引导师生员工充分利用校内外的资源和条件，整体优化学校教育工作，有效实现学校工作目标的一种组织活动。

教育行政和学校管理是教育管理的两个有机组成部分。教育管理离不开国家对教育的管理。国家管理教育首先要对全国教育的发展有一个总体的要求和策划，为此，需制定教育方针政策，加强教育法制建设，发展教育人事、教育财政等活动。教育管理也离不开学校管理。学校管理就是学校将国家的教育方针、政策加以具体实施，以完成国家的教育任务，实现国家的培养目标，促进社会经济的发展。

教育管理的指导思想、组织机构、领导体制、活动内容和方式，既受社会政治、经济的制约，也受生产力和科学技术发展水平的影响。不同社会的教育管理，具有不同的性质和特点，这就形成了原始社会、奴隶社会、封建社会、资本主义社会、社会主义社会的教育管理；同一社会里，在不同的发展阶段，存在不同发展水平的教育管理；即使在同一发展时期，也往往是多种发展水平的教育管理思想同时存在。由于教育管理具有社会性，不同社会的教育管理，不仅有质的区别，同时也存在相似或者共同的发展规律。这就是教育管理的自然属性和社会属性，即教育管理的二重性。

第三节 教育管理的基本特点

教育管理作为一种思想性、服务性的管理活动，作为“教育的内涵”及“管理的价值”的融合体，既具有一般社会管理的特点，又有其特殊之处。

一、教育管理是一般社会管理的组成部分

首先，教育是社会活动的一部分，教育管理是一般社会管理的组成部分，它包含了一般管理的共同性质。那么，什么是一般意义上的管理呢？学术界的认识并不一致，其说不一。

有些专家认为，管理的特点就是安排，把工作安排得井井有条，各部门按部就班，单位环境优美、舒适，秩序井然，这就是管理。他们认为，许多事情都需要安排，大至国家政治，小到家庭琐事，都存在管理问题。政治本身从管理的角度讲，就是执政者对国家的管理，孙中山先生说，政治就是管理众人之事，就是把一个国家各方面工作安排好。古人讲德政、仁政、法治、礼治，就是管理国家的各种形式。从小的方面分析，家政也是一种管理，家庭生活安排不好，不仅影响工作，甚至连饭都吃不上。可见，要管理的事太多了，管理可以说无处不在，无时不有。管理是人类社会的一种永恒现象。

有些专家认为，管理的特点就是处理关系。他们认为，管理活动间的关系包括人与事、人与物、事与事、人与时间、人与空间、人与信息、人与人等关系。特别是处理人与人的关系，是管理的核心内容，因为一切事和物以及时间和空间，都取决于人与人之间的关系。处理好以人与人的关系为中心的各种关系，就是管理。

有些专家认为，管理的特点就是确立目标。由于确立目标是决策的主要内容，是管理的心脏，因此，他们认为确立目标就是管理。

还有些专家认为，管理的特点就是讲效率。他们认为管理必须在同样时间里，在消耗同样的人力、物力和财力的条件下，获得更大的管理效果和利益。没有效果和利益的管理，也是一种管理，但那是失败的管理。

除此之外，还有其他一些认识。例如，认为管理就是一种系统工程，就是信息的输入、存储和输出，就是一种信息的控制，等等。

以上都是很有价值的管理思想，它们都在一定程度上揭示了管理的特点。本书吸收这些研究成果，把管理概括为合理地组织人力、物力、财力，协调各种关系和各项工作，高效率地实现预定目标的活动过程。这里包含三层意思：第一，管理要有正确的目标；第二，管理要有合理的组织措施；第三，管理要讲效率。这三方面是紧密联系的，缺一不可。目标是科学管理的核心，没有正确目标，管理就会失去方向和动力。合理的组织措施是科学管理过程的主体，组织措施不落实，管理目标就会架空。高效率是科学管理的生命力所在，如果在同样的时间里，耗费同样的人力、物力和财力，不能获得更好的管理效果和利益，那么这种管理是没有生命力的。

对管理的认识切忌片面。例如,安排好工作或处理好各种关系无疑是管理的主体。但安排工作和处理关系是为了实现管理目标,如果目标不明确,或者管理方向错了,即使工作安排得再好,人际关系再融洽,大家和和气气,互不得罪,工作也很难前进。而且一旦方向发生问题,其影响是长远的,很难在短期内得到纠正。又如,确立正确的目标,无疑是管理的核心。但光有目标,而无切实的组织措施,工作任务也很难完成。有些单位规划、计划年年订,年年不能落实,计划跟不上变化,许愿多,成事少,群众说:"规划计划,纸上写写,嘴上夸夸,墙上挂挂,不如领导一句话,到头来还是空话。"可见管理目标和管理措施必须统一。至于管理效益,这是管理的出发点和归宿。管理目标和措施,最后都要表现和落实在效益上,离开效益讲管理,就会造成人力、物力和财力的极大浪费。因为低下的效益和虚假的成绩,会强化人们在管理过程中的盲目性。

教育管理是一般社会管理的组成部分,它也应反映一般管理的本质。即教育管理也应该有明确的目标和严密的组织措施,科学的教育管理应是高效率的管理。从这个意义上讲,教育管理与一般社会管理的本质是一致的。

二、教育管理是一般社会管理的特殊部分

教育管理与一般社会管理除共性外,还有其特性。研究教育管理的本质,必须认真探索教育管理的特点。

(一)管理内容的教育性

教育管理的各个方面和整个过程,都包含着教育的内容。在管理的过程中,无论是学校规划、学校领导,还是学校沟通、效能评价,各个环节都和教育联系在一起。学校规划,要服从、服务于教育的目标;学校领导,要符合教育原则;学校沟通,要维护和促进学校系统有序运行;学校的效能评价,要突出学校育人的特殊性。从管理队伍的角度看,教育人员都是管理者,同时他们又不同程度地接受管理。在教职员工中,有一线授课的教师,有职能部门的"教师",人人都有教育学生的责任。"教育无小事,处处有教育。"管理中渗透教育,管理与教育的高度统一,是教育管理的重要特点。

(二)管理对象和"产品"的主体性

在一般工厂、企业管理中,管理者是人,物是管理的产品,产品的质量由管理者的工作质量决定。在教育管理过程中,管理者是人,通过管理要培养的学生也是人,而人具有主观能动性。学生不但接受管理,而且积极参与管理,他们不但被塑造,同时也自我塑造。教育管理的质量,既是教育管理者工作的结果,也是学生自我管理的结果。教育的质量,既是教师教出来的,也是学生学出来的。与一般工厂、企业相比较,在教育管理中,正确处理人与人的关系更加重要。

(三)管理过程的复杂性

教育的主要任务是培养人才。人才成长的周期长,过程非常复杂,因此,在教育管理过程中,在确立目标时,既要考虑当前人才的需要,又要预测未来社会对人才素质的要求。在组织管理过程时,不仅要充分发挥教育管理的职能,而且要协调教育与社会、家庭的关系,形成立体管理。在评价管理效果时,由于教育管理的成果主要反映在人的质量上,而衡量人的质量标准要比衡量物的质量标准复杂得多,教育质量标准除部分可以量化外,许多质量因素都带有模糊性。因此,教育管理的评价,不仅要重视定量分析,还应该继续坚持定性分析。

在管理的形式上，教育管理要达到的是教育目标，而教育的过程十分复杂，思想品德的形成要靠潜移默化，知识的掌握必须日积月累，这些特点决定了教育管理应按教育和教育管理规律所确立的原则进行组织，不能急功近利，一般不能采用加班加点、集中突击、分数指标、课内学习比赛等组织形式。

本章小结

管理就是合理组织人力、物力、财力、时间、信息，协调各种关系和各项工作，高效率地实现预定目标的活动过程。教育管理是管理者通过组织协调教育队伍，充分发挥教育人力、财力、物力和信息的作用，利用教育内部各种有利条件，高效率地实现教育管理目标的活动过程。教育管理是社会管理的重要组成部分，反映了一般管理的本质，具有管理内容的教育性、管理对象和“产品”的主体性、管理过程的复杂性等特点。

思考题

1. 什么是管理？
2. 如何理解教育管理的社会性？
3. 教育管理的基本特点是什么？

第二章　教育管理的理论基础

学习目标

了解西方管理理论的发展历程，掌握古典管理理论、人本主义管理理论以及现代管理理论代表人物的思想和主张，了解管理理论不同流派的思想对教育管理理论与实践发展的影响。

建议学时

2 学时

教师导读

学习本章要注重拓展，注意分析西方管理理论发展的时代背景以及各大理论流派代表人物的管理和实践经历，具备这样的背景知识之后，会更加有助于理解其管理思想及其发展脉络。同时，要注意运用本章中的管理理论分析学校管理中的一些典型问题，达到理论联系实际、学以致用的目的。

第一节　古典管理理论

在 20 世纪初，由美国著名管理学家泰勒发起的科学管理运动带来了古典管理理论的诞生。古典管理理论代表人物泰勒、法约尔、韦伯从不同角度创立了古典管理理论体系的三大经典理论：科学管理理论、一般管理理论和行政组织理论。

一、泰勒的科学管理理论

泰勒（Frederick Winslow Taylor，1856—1915）是科学管理运动的主要倡导者和代表人物。在 20 世纪以前，几乎没有任何关于管理的系统研究，管理实践只是建立在经验和常识的基础上。泰勒最早在一家钢铁厂当工人，他切身感受到工厂生产中存在许多问题，工人们逃避工作，"磨洋工"，工厂生产效率低下，工人远未尽其所能，管理人员的能力和水平低下。泰勒试图改变这种状况，他相信应当能够确定一种最佳的劳动方式以完成任何一项工作。经过一系列的分析和试验，其中最为著名的试验有"搬运生铁"和"使用铁锹"，泰勒认为，只有用科学的方法制定出标准的劳动方式，才能提高工作效率。

经过长期的实验研究，泰勒总结出一套科学管理理论，并且将成果凝结于《科学管理原

理》(1911)一书。泰勒的科学管理理论可以概括为以下四条科学管理原则:

1. 劳动方法标准化原则

管理层通过观察、资料搜集和细心测量,对工人作业时每一个动作所需的时间与最佳的工作方式进行精细化、标准化研究,制定出标准的劳动方法,用科学的作业方法取代过去单凭工人个人经验的作业方法,用科学分析取代原有的拇指规则。

2. 选择、培训工人科学化原则

对某项工作进行科学分析之后,科学地选择并培训工人,挑选既适合于某种工作又有进取心的工人,并对其进行培训,使之掌握和运用"标准化"的劳动方法进行工作,而不是像过去,由工人自己选择要做的工作,并自己设法掌握工作技能。

3. 管理合作原则

管理者应与工人真诚合作,以确保所有的工作符合已建立起来的科学原则的要求。

4. 分工负责原则

管理者与工人之间应当明确分工,各司其职。管理者承担计划、组织和决策的职能,工人则主要完成好自己负责的工作,而不是像过去,几乎所有的工作和责任都抛给工人。

为了提高劳动生产率,科学管理理论还强调工作定额原理与实行刺激性的工资报酬制度。

在管理领域中,泰勒以科学的方法进行开拓性的研究,建立起科学管理理论,由此,他也被称为"科学管理之父"。首先,科学管理开创了管理科学化的先例,改变了原本凭借经验进行作业的传统,建立起一套科学的方法,提高了工作效率,降低了生产成本;其次,科学管理开辟了管理专业化的道路,科学管理主张管理者与工人明确分工,有利于管理朝着专业化方向发展;最后,科学管理把劳动者生产效率的提高与劳动者的工资联系,极大地提高了工厂的生产效率和利润。

泰勒的科学管理理论提出不久即被迅速运用到工矿企业的管理实践中,同时,也很快在教育管理理论和实践中找到了自己的位置。美国新泽西州牛顿学区视导员斯鲍尔丁把泰勒的科学管理理论运用到牛顿学区制度中,特别强调了测量评估方法的重要性,运用数据记录、分析和比较教育的产出和消耗。同一时间,芝加哥大学教育管理学教师富兰克林·博比特将泰勒的科学管理理论更全面地运用到学校管理中,证明了泰勒提出的标准化对教育组织成员的意义,确信只要对教育产品或结果实行标准化,管理人员就能对生产消耗进行有效的控制。富兰克林·博比特认为,科学管理是完成学校各项任务的良好方法,应要求教师们按照指令开展教育教学工作,使教育效率达到最大化。

总的来说,泰勒的科学管理理论对教育管理产生了深远持久的影响,直到今天,其理论所蕴含的理性精神和效率意识,强调方法的有效性、最优化、可操作性和标准化等,都在指导着教育管理的实践。教育活动的管理应建立严格的、标准化的、合理的学校教育质量标准、教师教学质量标准、学生发展质量标准,建立完善的教育管理机制和教育财政预算、决算的控制方法。用这些标准和方法来管理各种教育活动,可以提高教育的效率。

但是由于科学管理理论的哲学基础是"经济人"假设,该假设从享乐主义哲学和利己主义思想出发,认为人的一切行为都是为了最大限度满足自己的私利,人都会争取最大的经济利益。资本家开工厂是为了获得最大的利润,而工人也是为了获取经济报酬来工作的。因此,随着科学管理影响的扩大,大批注重效率的管理者过分强调严密控制工人的作业,强调运用金钱刺激的手段,而忽视了工人本身这一因素。同时在教育领域,因为科学管理理论一味强调理性和效率,而忽视了对教育价值和民主观念的冲突。

拓展材料

“搬运生铁试验”与“使用铁锹试验”

1898 年,泰勒受雇于伯利恒钢铁公司期间,进行了著名的“搬运生铁试验”和“使用铁锹试验”。

“搬运生铁试验”得出的是工作定额原理。

这一试验是在这家公司 5 座高炉的产品搬运班组大约 75 名工人中进行的。他们把 42 kg的生铁搬运 30 m 的距离并装到铁路货车上,每人每天平均搬运 12.5 t,日工资 1.15 美元。泰勒找了一名工人进行了试验,试验搬运的姿势、行走的速度、手放的位置对搬运量的影响以及休息多长时间为好。经过分析,确定了装运铁块的最佳方法,并得出 57%的时间用于休息,这样能使每个工人日搬运量达到 47~48 t(约为原来每人每天的平均搬运量的 4 倍),同时使得工人的日工资提高到 1.85 美元。

“使用铁锹试验”是工具标准化的典型事例。

当时各公司的铲运工人拿着自家的铁锹上班,这些铁锹各式各样,大小不一。堆料场中有铁矿石、煤粉、焦炭等,每个工人的日工作量为 16 t。泰勒经过观察发现,由于物料的密度不一样,每个铁锹铲运的重量也不一样。如果是铁矿石,一铁锹铲运 17 kg;如果是煤粉,一铁锹只铲运 1.6 kg。那么,一铁锹到底负载多少才合适呢?经过反复试验,最后确定一铁锹铲运 9.5 kg 对工人是最适合的。根据试验的结果,泰勒针对不同的物料设计不同形状和规格的铁锹。以后,工人上班时都不用自带铁锹,而是根据物料情况从公司领取特制的标准铁锹,工作效率大大提高。这一研究的结果带来显著的效益,堆料场的劳动力从 400~600 人减少为 140 人,平均每人每天的操作量从 16 t 提高到 59 t,每个工人的日工资从 1.15 美元提高到 1.88 美元。

二、法约尔的一般管理理论

法约尔(Henri Fayol,1841—1925)是法国的一名工程师和工业家,长期担任企业高级管理人员。他是从上向下看待管理的,这就使他比从工人到工程师的泰勒采用了不同的视角。泰勒的工作基本上是在操作层面的,是从工厂等级制的底层向上,而法约尔集中关注的是经理人员,是从上向下的。

在长期的企业领导工作中,法约尔积累了丰富的企业管理经验。1916 年,法约尔出版《一般管理和工业管理》一书,首次系统论述了管理的职能和原则,成为管理学的经典著作,法约尔也被称为“一般管理理论的奠基人”。

法约尔的一般管理理论核心是管理过程学说和管理的 14 条原则。管理过程学说首次系统论述了管理的 5 大职能:计划、组织、指挥、协调、控制。法约尔认为,企业的基本活动应包括 6 个方面,即技术活动、经营活动、财务活动、安全活动、会计活动、管理活动。一个优秀的管理人员应当了解组织的基本活动,尤其要掌握管理的 5 大职能。

(1) 计划职能。指对未来事态做出尽可能准确的预测,并制订一项指导未来的计划。计划应具有统一性、连续性和灵活性。

（2）组织职能。包括对各种活动和关系的安排，对完成任务所需的人员、物资等进行适当调配。

（3）指挥职能。指对下属人员和活动给予指导，使全体人员发挥最大的工作效益。

（4）协调职能。使各种活动和谐一致，从而促使工作指向同一方向并取得成功。

（5）控制职能。指检查、核实实际进行的工作是否与计划、指令、原则等相符，以确保工作能够顺利完成。

除了这5项基本管理职能之外，法约尔另一重要的理论贡献是他对管理原则的界定。法约尔认为，为了有效开展管理活动，必须遵循一定的管理原则，他提出了管理的14条原则。

（1）劳动分工。实行分工和劳动专业化，在一定程度上重视专业化和权力的分散，以充分开发和利用员工的能力，提高工作效率，减少生产成本。

（2）权力和责任。重视权力和责任的统一，权力是发布命令并要求下属绝对服从的力量。权力和责任统一起来，在行使权力的同时也要履行相应责任。

（3）纪律。所有成员都应遵守制定的规定，一旦违反，应受到惩罚。必须在组织与其员工之间达成清晰明确的协议，管理人员与下属之间应以相互尊重为基础。

（4）统一命令。下级只能接受来自一个上级的命令，严守这一原则可以避免紧张和混乱。

（5）统一指挥。对于具有共同目标的活动，应当只有一个领导和一个计划，统一指挥才能保证命令得到统一贯彻。

（6）个人利益服从集体利益。一个组织谋求实现的总目标比员工个人的目标更为重要，员工个人或一些员工的利益不能超越整个企业的利益。

（7）人员报酬。报酬本着公平的原则，使雇员和组织双方都满意，并且以激励人们以最佳状态开展工作为目的。

（8）集权。管理者必须保留最终的权力，但也可以给予下属成功完成任务的足够权力。最恰当的集中程度应依不同情况而灵活改变。

（9）等级链。为能够做到统一指挥，应建立从最高领导到最低级别管理者之间的从上到下既有层次又有联系的权力等级链，使信息能有序传递。在任何时候都应遵照这条清晰的权力线。

（10）秩序。一切都应各就各位，按部就班，有自己存在的次序，不仅仅是物资的管理，也应当用于人员的管理。人员应被安排到正确的时间和地点。

（11）公平。对待员工必须考虑到他们对公平和平等待遇的要求，公正对待下属，他们才会忠于自己的工作。

（12）保持人员的稳定。制定适当的人事制度，采取措施以稳定长期在企业服务的员工，若出现空缺，应安排适当的接替人员，保持稳定的劳动力队伍。

（13）首创精神。给员工发挥主动性的机会来提出和改进执行的计划。

（14）团结精神。在员工中推动和保持团结协作、统一和谐的集体精神，团结一致。

法约尔还指出了进行管理教育和建立管理理论的必要性。人的管理能力可以通过教育获得，应建立为大家所接受的经验教训通过概括形成的管理理论。管理是可以应用于一切事业的一种独立活动，并且管理知识是可以传授的。

法约尔的一般管理理论是从组织管理的整体出发,研究组织中更为复杂、抽象的管理职能、管理过程和管理原则等问题,力图建立起能指导一般管理的理论。一般管理理论包括基本管理原则、管理的基本过程和管理教育。法约尔的理论也适用于教育管理。教育管理要建立系统化的、理性的或科学的教育管理原则,通过教育让所有的教育成员掌握、运用这些原则,以提高教育效率和质量。

三、韦伯的行政组织理论

如果说泰勒的着眼点在管理方法的科学化,法约尔的重心在管理原则和原理的理性化,那么韦伯的重心是组织制度的科学化和体系化。他提出的行政组织理论就是在组织中排除人为因素的影响,建立系统的组织制度,运用制度进行管理。

在现代社会科学史上,韦伯(Max Weber,1864—1920)被称为“现代社会学之父”,但是一直未被视为管理学学者,因为与其他管理学学者不同的是,韦伯对组织进行分析的起点不是日常的具体问题,而是资本主义形态下的组织问题。随着对管理学的深入研究,人们发现韦伯的许多观点与传统的管理学派的观点十分相似,这才认识到其对管理理论的贡献。

韦伯首先研究了社会控制问题,尤其是在政府和工业部门中,少数人是如何控制多数人的问题。韦伯认为,过去的组织是以两种权力类型为特点的:传统权力和魅力权力。传统权力就是一种上一代传给下一代的世袭的控制形式,人们服从统治者是因为传统规定他们非如此不可。魅力权力是领导人以其超凡的魅力和特殊的吸引力使其他人服从命令的一种社会控制形式,建立在人们对其神圣性、英雄主义或模范品格的忠诚之上。但在现代社会,这两种权力已经失去了其存在的基础,被第三种权力所取代,这种新的权力就是“法律权力”,它是以理性为基础的,建立在法律基础上,有社会合法机构保护的控制形式。以法律权力为特征的组织就是韦伯所说的行政组织或者官僚组织。

韦伯行政组织理论下的官僚组织主要是指通过法定的职位或职务而不是个人或世袭的地位来实施组织管理,这种“理想的行政组织体系”是一种既要取得效率又具理性的组织,同时是依据法律行事的。官僚组织强调知识化、专业化、制度化、正式化和权力集中化,它在组织中消除个人感情等非理性的因素对组织活动的影响,因此,它能使组织内人们的行为理性化,具有一致性和可预测性。韦伯还进一步归纳了行政组织体系的主要特征:① 明确的组织目标;② 明确的职能分工;③ 层级节制的权力链条;④ 专业的培训机制;⑤ 组织管理的非人格化;⑥ 合理合法的人事制度和薪酬制度;⑦ 严格遵守规章制度和办事程序;⑧ 业务处理和传递以书面文件为准。

韦伯指出,在理想的行政组织体系中,为了实现其目标所需要的全部活动都被划分为各种基本的作业,作为任务分配给组织中的各个成员。组织中人员之间的关系是一种不受个人感情影响的关系,完全以理性准则为指导。组织明确规定每一个成员的职权范围和协作形式。

理想的行政组织体系的结构分为三层,最高领导层相当于目前许多组织的高级管理阶层,行政官员层相当于中层管理阶层,一般工作人员层即相当于基层管理阶层。这也就是韦伯的“理想型”科层制模式。

韦伯的行政组织理论引起了当时教育管理研究者们的极大兴趣。特别是在 20 世纪 60 年代前后的 20 年,对韦伯思想的讨论成为当时的主流,把学校看作一种官僚组织进行研究成为当时教育管理研究的重要课题。从 70 年代以后,教育管理研究者们又开始重点讨论韦伯的思想及其在教育管理中的应用。讨论主要集中在三个方面:一是学校作为一种组织,是否符合韦伯所说的科层制模式,如果符合,学校的“科层化”到了怎样的程度;二是教育官僚组织具有什么特征,是否能够检测;三是按照科层制模式来组织教育管理机构会有怎样的效果。

韦伯的行政组织理论的核心是建立系统的、理性的制度,建立完整的科层制模式的组织系统,在这一系统中,制度是整个组织最重要的保障。任何人进入这一组织系统都必须按照制度、规则行使组织的职能。教育组织也一样,需要建立系统的、科学的、理性的、制度化的组织系统,运用这一系统合理利用教育资源,促进教育的有效发展。所以,韦伯的行政组织理论科层制模式是运用到教育管理中的一种主要的组织制度模式,其可以保证教育组织的秩序、理性、稳定运转。

第二节　人本主义管理理论

古典管理理论关注的是组织的效能,属于理性的科学主义。这种理论一味注重研究劳动过程的科学性、合理性以及组织控制的严密性,强调生产效率和组织运行,认为只要有经济刺激就可以保证工人的工作动机,造成对工作场所中的个人和群体关注甚少。因此,这种管理方式虽然促进了生产效率的极大提高,却遭到了许多工人的反抗。由此,人际关系理论和行为科学理论的诞生弥补了这一缺陷,这两种理论都可以属于人本主义,都重视组织中个体成员合理需要的满足,以提高人的工作积极性。

一、人际关系理论

20 世纪 20 年代末,人们对古典管理理论忽视人的因素的不满日益加深,出现了许多关注于组织中的人以及组织中的社会关系的研究,最终形成了人际关系学说。人际关系理论最著名的代表人物是梅奥。

梅奥(Elton Mayo,1880—1949)和他的助手于 1927 年至 1933 年间在美国西方电气公司霍桑工厂进行了一系列管理实验研究,后人称之为“霍桑实验”,而人际关系理论就是在这一著名的实验的基础上产生的。

梅奥等根据霍桑实验的结果提出了“社会人”假设,这一假设和泰勒的“经济人”假设是相对立的。泰勒把人看作是“经济人”,企业追求的是利润的最大化,而工人谋求的是工资的不断增长,解决二者矛盾的唯一途径就是提高每个工人单位时间内的生产量。但是霍桑实验的结果证明,人在根本上是社会人,工资、工作条件和生产率之间没有必然的直接联系。作为社会人,一个人在组织中不仅需要工资的增加,还需要得到友谊、情感、安全、归属,需要受到尊重。所以,组织必须满足个人的社会需要。

总体来看,人际关系理论的主要观点包括以下几个方面:

(1) 人是“社会人”,影响人的生产积极性的因素,除了物质条件外,还有社会、心理因素。

(2) 生产效率的提高主要取决于员工的“士气”,而士气取决于家庭和社会生活以及企业中人与人的关系。

（3）在组织中，除了正式群体外，还有非正式群体存在。非正式群体有某种特殊的范围，影响到群体成员的行为。

（4）领导者在了解人们合乎逻辑的行为的同时，还必须了解不合乎逻辑的行为，要善于倾听员工的意见，使正式群体的经济需求和非正式群体的社会需求取得平衡。

（5）在一个组织中，沟通、权力、影响、权威、动机和控制等都是非常重要的关系，尤其是在上下级之间。各个不同的等级都应建立起有效的沟通渠道，注重民主型管理而非权威型管理。

人际关系理论的提出，使教育管理学的研究进入一个新的阶段，由过去单纯重视组织本身和教育工作分析，转变为注重组织成员的心理倾向和价值观念的分析。人际关系理论对教育管理实践的影响主要是在20世纪的四五十年代，它提倡改善学校人际关系，学校行政人员对满足教师心理需要、提高教师士气的重要性有了一定认识，从而推动学校在制订计划时倾听教师的意见，做到民主参与决策，改善学校上下级关系，教师们还开始向学生教导合作意识，提高学生的人际交往能力。

人际关系理论是针对科学管理理论的弊病提出来的，但是人际关系理论过分强调个人的社会需要，忽略对工作的责任感，并且把完成工作任务和满足个人需要割裂开来，也因此一直受到人们的批评。在教育管理中也出现了这种情况，教育组织中人际关系是良好的，但是教育的效率和质量反而下降。

二、行为科学理论

人际关系理论带来了社会需要的满足与组织任务的完成以及工作效率之间存在矛盾的思考，很多研究者都试图融合古典管理理论与人际关系理论，由此，就诞生了行为科学理论。比较有代表性的，且对教育管理有很大启示的行为科学理论主要有马斯洛的需要层次理论、麦格雷戈的X理论和Y理论以及赫茨伯格的双因素激励理论。

（一）马斯洛的需要层次理论

人类心理学家亚伯拉罕·马斯洛（Abraham H. Maslow，1908—1970）基于临床心理学家的经验，创立需要层次理论，将人类天生的、内在的需要按照一定的顺序排列。马斯洛的需要层次理论一共分为五层。

第一层是生理需要，包括人类最基本的生理功能，比如饥饿、干渴和睡眠等。第二层是安全需要，保护自己免受危险和威胁，不受恐惧、焦虑和不安的影响，是对稳定、安稳的需要。第三层是归属和爱的需要，追求与他人之间令人满意的关系，属于一个群体，付出、收获友谊和爱。第四层是尊重的需要，反映了人们期望得到他人高度重视的需求，包括自尊以及他人的尊重，获得承认、尊严和欣赏。第五层是最高层次的需要，即自我实现，获得成就或最大限度的自我发展、创造和自我表现。这五种需要按照从低到高的次序排列。

马斯洛需要层次理论的各种需要之间是相互关联的，而且是按照对个体生存的紧迫性、重要性来排序的。马斯洛需要层次理论存在一个基本假设：当较低层次的需要得到满足时，较高层次的需要就会被激活。较低层次的需要得到满足，其重要性下降，又会提升下一层次需要的重要性，这个过程不断循环，直到最高层次的需要得到满足。相反，如果一个较低层次的需要仍没被满足，那么，它会再度出现，并占据主导位置。

简单来说，马斯洛需要层次理论有三个主要观点：第一，个体需要是普遍存在的，而且是按照一定层次排序的；第二，个体专注于他们没有实现的需要；第三，低层次需要充分满足后才会感知并追求更高层次的需要。

马斯洛需要层次理论指出了管理者所要做的工作就是满足员工的需要，同时也为支持组织目标铺平道路，扫除那些阻碍需要满足并导致挫折、消极态度或者失调性行为的障碍。

（二）麦格雷戈的 X 理论和 Y 理论

在马斯洛所做研究的基础上，道格拉斯·麦格雷戈（Douglas McGregor，1906—1964）提出了两套相互对立的有关人和管理策略的假设，1957 年将其发表在《管理评论》杂志上，文章名为《管理理论 X 或 Y 的抉择——企业的人性面》。他称这两种理论为 X 理论和 Y 理论。他认为，古典管理理论就是建立在 X 理论对人的假设之上，即"经济人"假设。X 理论认为：

（1）多数人天生是懒惰的，他们都尽可能逃避工作。

（2）多数人都没有雄心大志，不愿负任何责任，而心甘情愿接受别人的指导。

（3）多数人的个人目标都是与组织的目标相矛盾的，必须用强制、惩罚的办法，才能迫使他们为达到组织的目标而工作。

（4）多数人干工作都是为了满足基本的生理需要和安全需要，因此，只有金钱和地位才能鼓励他们努力工作。

（5）多数人缺乏理性，举止盲目。

（6）人大致可以分为两类，多数人都是符合上述思想的人，另一类是能够自己鼓励自己，能够克制情感冲动的人，这些人负起管理的责任。

他进一步将 X 理论进行改动，创立了与人际关系理论的观点一致的基于"自我实现人"假设的 Y 理论。Y 理论认为：

（1）多数人是勤奋的，如果条件有利，工作如同休息或游戏一样自然。

（2）控制和惩罚不是实现组织目标的唯一方法，人们在执行任务中能够自我指导和自我控制。

（3）在正常情况下，一般人不仅会接受责任，而且会主动寻求责任。

（4）在人群中广泛存在着高度的想象力、智谋和解决组织中问题的创造性。

（5）在现代工业条件下，一般人的潜力只发挥了一部分。

"X 理论"和"Y 理论"实际上是一个问题的两个侧面，并不是二者只能选其一的对立关系。员工既需要被尊重，又要有一定的纪律约束，在这个价值杠杆上，左端是 X 理论式管理，右端是 Y 理论式管理，管理的支点应根据员工素质、公司管理基础和工作特点等条件灵活机动地进行滑动。

麦格雷戈认为，X 理论和 Y 理论说明了人际关系概念在解释人的需要以及为实现这些需要所采取的管理策略上，与古典管理理论分歧并不大。但麦格雷戈将 Y 理论看作引导管理思维的更为恰当的认识基础，强调人的主动性和创造性。

（三）赫茨伯格的双因素激励理论

基于"经济人"假设的"X 理论"和"自我实现人"假设的"Y 理论"，美国行为科学家弗雷德里克·赫茨伯格（Frederick Herzberg，1923—2000）提出了双因素激励理论。该理论认为，使员工感到满意的都是属于工作本身或工作内容方面的，称之为激励因素；使员工感到不满的，都是属于工作环境或工作关系方面的，称之为保健因素。

保健因素的满足对于员工产生的效果类似于卫生保健对身体健康所起的作用,它不是治疗性的,而是预防性的。当保健因素恶化时,员工就会产生对工作的不满,但当保健因素很好时,它只是消除了不满,并不会带来积极的态度。

激励因素是可以带来积极态度、满意和激励作用的因素,这些因素主要是能满足个体自我实现需要的因素,具备这些因素,就能对员工产生更大的激励作用。只有激励因素才能使员工有更好的工作成绩。

双因素激励理论在管理中的应用措施主要为,要调动员工的积极性,不仅要注意物质利益和工作条件等外部因素,更重要的是注意工作的安排,量才录用,使员工各得其所,注意对员工进行精神鼓励,给予表扬和认可,注意给员工以成长、发展、晋升的机会,重视内在激励的作用。

到20世纪50年代,行为科学理论开始盛行,管理理论研究也进入新的研究时期。行为科学认为,管理就是对人、人的行为的管理。人的行为是由动机决定的,动机是由需要引起的,管理就是解决人的行为、动机和需要三个因素之间的关系。管理的任务就是协调人际关系,激发人的积极性,以达成组织的共同目标。在教育管理领域,行为科学理论也产生巨大的影响。教育管理研究者们开始围绕教育领导、教育决策、学校人际沟通、学校组织氛围、教师激励等展开研究。在教育管理中,人们十分重视组织与个人的互动,重视教职工对决策的参与、合作计划、共同目标、自主性、个人在教育或学习中自我发展、自我实现。但应注意的是,由于行为科学理论过分重视组织中的个人,忽略了社会政治、经济、文化对学校组织和个人的影响,因而受到人们的批判。

第三节 现代管理理论的发展

现代管理理论是西方管理理论和思想发展的第三阶段,特指第二次世界大战以后出现的一系列学派。与前一阶段相比,这一阶段最大的特点就是学派林立,新的管理理论、思想、方法不断涌现。美国著名管理学家哈罗德·孔茨认为当时林林总总共有11个学派:经验主义管理学派、人际关系学派、组织行为学派、社会系统学派、管理科学学派、权变理论学派、决策理论学派、系统管理理论学派、经验主义学派、经理角色学派、经营管理学派。这里主要介绍社会系统理论、组织决策理论、系统管理理论和学习型组织理论。

一、社会系统理论

社会系统理论是以切斯特·巴纳德(Chester I. Barnard,1886—1961)为代表的西方现代管理理论流派之一。巴纳德被认为是社会系统学派的创始人,也被称为现代管理理论之父。他是第一位将管理与行为科学加以关联的管理思想家,也是最早运用行为科学方法研究组织问题的人。巴纳德强调组织是一个人的内外协作的社会系统,其要素是共同的组织目标、合作的意愿以及信息的沟通。

社会系统理论认为,组织是一个协作的系统。巴纳德把组织定义为“两个或两个以上的人,有意识地加以协调的活动或效力的系统”。这个定义适用于军事的、宗教的、学术性的、工商业的、互助会的各种类型的组织。系统有各种级别:一个企业内部的各个部门或子系统是较低级的系统,由许多系统组成的整个社会是高级的系统。各种类型组织之间的差异在于其物质的和社会的环境、所包含成员的数量和种类、成员向组织提供贡献的基础。例如一所大学就是由不同层次、不同类型的院系所构成的系统。因此,每一个大型的组织系统都是由若干个子组织系统或分部门构成的复杂的系统。对这个系统要作为整体来看待,因为其中的每一个组成部分都以一定方式与其他部分发生联系。

社会系统理论关注管理人员在组织中的作用,就是在信息沟通中作为相互联系的中心,并通过信息沟通来协调组织成员的协作活动,以保证组织的正常运转,实现组织的共同目标。

巴纳德对组织的有效运行问题进行了探讨,进一步提出权力接受论。他认为,组织中管理人员的权限决定于支配部下行动的命令是否为部下所接受。如果命令没有被服从,管理者的权限便不存在。这一观点后来为西蒙所发展。

在教育管理领域,学校组织也是一个协作的社会系统,同样具备共同的组织目标、合作的意愿以及信息的沟通这三大要素,并且在学校组织中,强调学校管理人员能够发挥其重要作用,成为组织中信息沟通的中心,并通过信息沟通来协调教师们的协作活动,保证学校组织正常运转,提高教学效率和质量。

二、组织决策理论

"管理就是决策",这是组织决策理论对管理所做的最为简洁的定义。作为这一理论流派的代表性人物,赫伯特·西蒙(Herbert Alexander Simon,1916—2001)发展了切斯特·巴纳德的社会系统学派,提出了关于组织决策的一系列新的观点和思想,并在此基础上形成了决策理论学派的管理思想。

组织决策理论认为决策是管理的中心,决策贯穿着整个管理的过程。任何活动开始之前都要先做决策,制订计划就是决策,组织、领导和控制也离不开决策。组织决策学派将决策分为四个阶段:收集情报、拟订计划、选定计划和评价计划,并特别强调信息联系在决策过程中的作用。在决策原则上,以"有限理性"代替"绝对理性",以"满意原则"代替"最优原则"。由于信息本身和人们处理信息的能力有一定限度,西蒙等人将社会系统理论同心理学、行为科学、系统理论、计算机技术、运筹学结合起来,考察人们在决策中的思维过程,并分析了程序化决策和非程序化决策及其使用的传统技术和现代技术,提出了目标—手段分析法等决策的辅助工具,利用计算机建立数学模型来模拟现实问题,辅助管理人员进行决策。

西蒙的组织决策理论对复杂的管理活动进行了高度的概括,充分考虑经营管理的整个领域及其环境,使管理理论围绕着决策这个中心来发展。其理论的系统结构向管理者提供一种分析、解决问题的系统方法,充分运用各种科学知识和技术手段,形成比较全面系统的管理方法和技术,使管理更具操作性。管理有限度的理性准则对于企业经营管理具有相当的客观性、可行性和较强的现实意义。

西蒙的组织决策理论在教育管理中同样具有鲜活的生命力,"管理就是决策"的理念不仅适用于企业组织,在教育领域同样适用,学校组织活动的全部过程中也贯穿着决策。另外,组织决策理论为更好决策所提供的一系列技术方法在教育管理中也获得了普遍的认可和运用,决策的有限理性原则和满意原则也为教育管理打开了新的思路。

三、系统管理理论

系统管理学派盛行于20世纪60年代,其主要代表人物是美国的弗里蒙特·卡斯特、詹姆斯·罗森茨维克和理查德·约翰逊等。系统管理理论把一般系统理论应用到组织管理中来,运用系统研究的方法,兼收并蓄各学派的优点,建立通用的模式,以寻求普遍适用的模式和原则。系统管理理论主要应用系统理论的范畴和原理,全面分析和研究企业及其他组织的管理活动和过程,重视对组织结构和模式的分析,并建立起系统模型以便于分析。

系统管理理论认为:

(1) 组织是由许多分系统组成的。组织作为一个开放的社会技术系统,是由5个不同的分系统构成的整体,这5个分系统包括:目标与价值分系统,技术分系统,社会心理分系统,组织结构分系统和管理分系统。

(2) 企业是由人、物资、机器和其他资源在一定的目标下组成的一体化系统,同时企业还是社会这个大系统中的一个子系统。企业预定目标的实现,不仅取决于内部条件,也取决于企业外部条件,如资源、市场、社会技术水平、法律制度等,它只有使内外部条件的相互影响得到协调以达到动态平衡才能获得成功。

(3) 企业还是一个投入—产出系统,投入的是物资、劳动力和各种信息,产出的是各种产品或服务。运用系统观点,可以使管理人员不至于只重视某些与自己有关的特殊职能而忽视了组织的大目标,也不至于忽视自己在组织中的地位和作用,可以提高组织的整体效率。

系统管理理论通过对组织的研究来分析管理行为,使人们从整体的观点出发,对组织的各个子系统的地位和作用以及它们之间的相互关系,得到更清楚的了解。同时,它也使管理者们注意到,任何社会组织都具有开放系统的性质,从而使管理者不仅要分析组织的内部因素,还必须了解组织的外部环境因素,以追求内外因素的动态平衡,为管理者们解决和处理各种复杂的组织管理问题提供了一种十分有效的思路和方法。

用系统的观点来考察和管理学校组织,有助于提高学校的整体效率。学校管理人员有了系统观点,更易于在学校各部门需要和学校整体需要之间保持适当的平衡,使得学校的管理人员不至于因为只注意一些专门领域的特殊职能而忽略了学校的总目标。在系统管理理论的指导下,学校组织更倾向于是一种开放的系统组织,学校要发展,目标要实现,就要协调好学校组织内部的各要素与学校组织外部环境的相互关系。

四、学习型组织理论

当系统管理理论被广泛地用来分析和指导组织建设的时候,组织学习理论在20世纪80年代开始兴起,经过10多年的研究,在90年代已经被广泛认可,并运用这一理论解释各种类型的组织管理。组织学习和学习型组织成为当代最为流行的概念之一。学习能力强的组织比学习能力弱的组织能更快地适应外部变化并更好地进行内部变革,这已成为人们的共识。

“学习型组织”是美国麻省理工学院教授彼得·圣吉在其著作《第五项修炼——学习型组织的艺术与实务》中提炼、总结出的一套企业管理方法。学习型组织,是指具有持续不断学习、适应和变革能力的组织。彼得·圣吉认为,传统的组织模式和管理理念已经越来越不适应现代环境发展的要求，现在企业是一个系统，这个系统可以通过不断学习来提高生存和发展的能力。要使企业茁壮成长，必须建立学习型组织。建立学习型组织的技能可以通过5项修炼获得：

（1）自我超越。它是学习型组织的精神基础。自我超越需要不断认识自己，认识外界的变化，不断追求新的目标，这不仅是个人的自我超越，也是组织的自我超越。

（2）改善心智模式。心智模式在心中根深蒂固，决定我们如何看待世界，采取何种行动，如果现有的心智模式不能适应变化的要求，就必须要改变。

（3）建立共同愿景。组织一旦建立了共同愿景，有了全体人员共同认可的目标，就能调动成员的积极性，发挥每个人的力量。

（4）团队学习。当团队真正在学习的时候，不仅团队能产生出色的效果，其个别成员的成长速度也会比采用其他学习方式成长得更快。

（5）系统思考。企业和人类的其他活动一样都是系统的，并且彼此影响，系统思考就是为了看见事物的整体。系统思考是建立学习型组织最重要的一项修炼。

学习型组织的基本理念，不仅有助于企业的改革与发展，对其他组织的创新与发展也有启示。在教育领域，学校组织作为一个开放的系统，无时无刻不受其社会环境的影响，知识经济的到来使信息与知识成为重要的战略资源，学校外界环境瞬息万变，学校组织也要随时学习、调整和改变，学习型组织理论便为此提供了巨大的启迪。

本章小结

以泰勒、法约尔和韦伯为代表的西方古典管理理论三大流派，即科学管理理论、一般管理理论和行政组织理论。注重效率和理性、注重分工、强调管理专业化的思想对后期管理理论和实践的发展有着非常大的影响。随着人们对组织中人的心理需求和社会需求的不断重视，出现了以人际关系理论为代表的人本主义管理理论。与古典管理理论注重效率不同的是，行为科学理论更加注重组织中的人际关系和心理需求，通过对人的社会和心理需求的满足来激励员工努力工作，提高组织效率。进入20世纪后半叶，现代管理思想和理论越来越丰富，涌现出社会系统理论、组织决策理论、系统管理理论和学习型组织理论等各种理论流派，这些理论的思想观点都对现代教育管理理论和实践的发展产生了深远影响。

思考题

1. 简述古典管理理论的基本思想。
2. 人际关系理论的主要观点有哪些？它与科学管理思想有什么不同？
3. 学习型组织理论对学校管理有哪些启示？
4. 试运用赫茨伯格的双因素激励理论分析我国中小学绩效工资改革的利弊。

第三章　学校组织特性及其管理

学习目标

了解组织的内涵与分类，理解开放系统观，掌握开放系统的特征以及学校作为社会系统的关键要素，学会用开放的系统观去认识和思考学校组织的特点及其对管理的要求。

建议学时

2 学时

教师导读

组织是社会的基本单元，学校组织是教育系统的基本载体，学校组织对于教育的重要性不言而喻。但是，在管理实践中，人们往往对学校这一组织特性的认识比较模糊，较少把学校放在社会的大背景下去思考管理问题，经常会产生很多"闭门造车"式的管理，甚至是违背教育规律的管理举措。因此，有必要对学校组织的性质做一些澄清，明确学校组织的概念，理解学校作为开放的社会系统的基本特征及其对管理提出的要求。

学习完本章，希望能加深对学校组织的认识，有助于学生运用系统的思想去分析学校组织，也能够结合教育管理的基本原则去理解现实中的教育管理现象和问题，为理解本书后面的内容打下一定的基础。

第一节　组织的内涵与分类

现代管理学家彼得·德鲁克指出："社会已成为一个组织的社会。在这个社会里，不是全部也是大多数社会任务是在一个组织里和由一个组织完成的。"①组织的重要性不言而喻，组织在社会生活中扮演着极其重要的角色，发挥着独特的作用。

一、组织的内涵

（一）组织的含义

"组织"一词在管理理论中既可以作为动词，又可以作为名词。组织作为动词，表示一系列的行动与过程，在这些行动与过程中，作为实体的单位或者个人有目的、有计划地进行

---

① ［美国］彼得·德鲁克.后资本主义社会［M］.上海译文出版社，1998.

管理活动。组织作为名词，是指按照一定的目的和宗旨组成的社会实体，在这一社会实体中，实现人力分工与资源分配，如学校、医院、企业等社会组织。

组织的含义也可以从广义与狭义的角度来进一步阐释。从广义上说，组织是指由诸多要素按照一定方式组合起来的系统，既包括神经组织等人体组织，也包括由人群组成的群体组织。从狭义上说，组织就是人们为实现一定的目标和任务，相互协作结合而成的团体或机构。

（二）组织的构成要素

组织作为一种结构系统，由组织目标、组织环境、管理主体、管理客体四个要素构成。这四个基本要素相互作用，相互影响，共同构成一个完整的系统。

1. 组织目标

组织目标是组织的基本构成要素，它是组织成员认可的共同愿望。任何组织的建立都是基于一定的目标，组织目标是组织的出发点和归宿，是开展各项组织活动的依据和动力，对组织的行为起到决定性作用。确定目标是组织进行各项工作的基础，只有确定了科学正确的目标，组织才能实现持续性的发展。

2. 组织环境

组织是一个开放的系统，组织内部、组织与组织之间无时无刻不在进行各种信息交流。任何组织都是处于一定的环境之中，并与环境发生能量、信息等的交换关系，脱离环境的组织是不存在的。在与环境进行交换的过程中，组织能够自我调节，不断地发展与壮大。

3. 管理主体

管理主体是指在组织中掌握管理权力，承担管理责任，决定管理方向和进程的人员或机构，也就是通常所说的管理者或者管理机构。管理主体在组织运行中发挥着重要作用，影响着组织的发展方向，甚至决定着组织的生死存亡。

4. 管理客体

管理客体与管理主体相对应，是指组织中管理主体直接作用和影响的对象，与管理主体的相互作用构成了组织系统及其运动。管理主体相当于组织的施控系统，管理客体相当于组织的受控系统，管理客体在管理主体的作用下，依据一定的规律相互影响，相互联系，从而实现组织目标。

（三）组织的特征

组织的特征是由组织本身所决定的，组织的构成要素同时反映了组织的特征。组织具有多种特性，其中，目的性、开放性、系统性和复杂性是组织最基本的特征。

1. 组织的目的性

组织作为一种结构系统，不是毫无关系的一群人的简单加总，而是人们为了特定的目的，在分工合作的基础上进行有意识的协作而产生的群体。因此，目的性是组织的本质属性。

2. 组织的开放性

组织总是处于社会环境之中，从来不是孤立存在的，组织与环境之间相互影响、相互作用。组织从社会环境之中接受信息，经组织的系统加工后，又反馈给环境。环境的变化也会带来组织的系列改变，组织随环境的变化而不断对自身进行调节，从而保持组织与环境的平衡与协调。同时，组织向环境开放是组织得以存在的前提，也是组织持续稳定发展的条件。

所以说,组织是一个开放的社会系统。

3. 组织的系统性

组织是由物质系统、人的系统和社会系统构成的协作系统,具有集合性、相关性等特征。其中,物质系统是指由组织的各种物质手段和物质条件组成的系统,人的系统是由管理主体和管理客体组成的系统,社会系统是指一个组织同社会中其他组织进行交换的系统。组织内的物质系统、人的系统与社会系统相互联系,相互作用,发挥着组织的整体功能。

4. 组织的复杂性

组织的复杂性是指组织层次或组织整体的复杂性。从组织结构形态看,组织的复杂性表现为组织内部活动及单位的多少以及它们之间的相互关系,即多层次性。具体地说,在传统科层制下,复杂性是指组织管理科层制的层数,即纵向复杂性问题,以及企业组织横向的子公司、分公司、部门和工种的数量,即横向复杂性问题。① 组织的复杂性对组织的运行、组织成员的沟通以及组织目标的实现等都会产生重大的影响。

二、组织的类型

根据不同的标准,组织有不同的分类方式。在这里,简单介绍以下三种分类。

(一) 根据组织对其成员的控制方式分类

根据组织对其成员的控制方式,把组织分为强制性组织、功利性组织和规范性组织。强制性组织是用强迫的方法控制其成员;功利性组织是以报酬作为控制其成员的手段;规范性组织是组织对成员的控制以规范权力为主,成员之所以服从组织,是要靠规范内化,使成员自动地遵守规范。

(二) 根据组织的规范化程度分类

根据组织的规范化程度,可把组织分为正式组织和非正式组织。正式组织是为了有效实现组织目标,明确规定组织成员之间的职责范围和相互关系,并经正式批准设立的组织机构或团体,其组织制度和组织规范对成员具有正式的约束力;非正式组织是人们在工作或生活中,由于具有共同的兴趣和爱好,以共同的利益和需要为基础而自发形成的未经正式批准的组织机构或团体。

(三) 根据个体参与组织活动的程度分类

根据个体参与组织活动的程度,可把组织分为:疏远型组织、精打细算型组织、道德涵养型组织。疏远型组织是指组织成员在心理上并不介入组织,而是在强制力量下被迫参加的组织;精打细算型组织是以根据获取的利益多少而付出相应劳动为特征的组织;道德涵养型组织是以组织成员很少或不计名利、自觉自愿完成组织的任务、积极参与组织活动、个人与组织目标一致为特征的组织。

第二节　作为社会系统的学校

学校是社会发展到一定阶段的产物,也是社会的一部分。随着社会的快速发展,学校与社会的关系愈加密切,如何把学校放在大的社会系统中进行分析是认识学校和管理学校的

---

① 罗珉,周思伟.论组织的复杂性[J].外国经济与管理,2011.

前提。

一、开放的系统观

在如何对待组织结构的边界关系上，存在封闭的系统观和开放的系统观两种对立的观点。封闭的系统观认为系统具有自组织特征，能够进行自我能量转换，不受外部环境的影响。开放的系统观与之相反，认为在封闭的系统中，能量是有限的，是会被消耗的，当不能维持内部平衡的时候，就会走向孤立，最终将会消亡。所以，在开放的系统观看来，来自外部环境中的竞争、资源及政治影响都会对组织的内部运行产生作用。正如布克利所说，一个系统是开放的，并不仅仅是因为其与环境间的相互交换联系，还因为相互交换联系是系统变化的关键因素。持开放系统观的学者认为，组织不仅受环境的影响，而且依赖于环境。组织从环境中获取原料，如人员、物质等，经过转化，向环境输出产品与服务等，甚至可以通过最终的产出调节转化过程，使之得以优化（见图 3.1）。

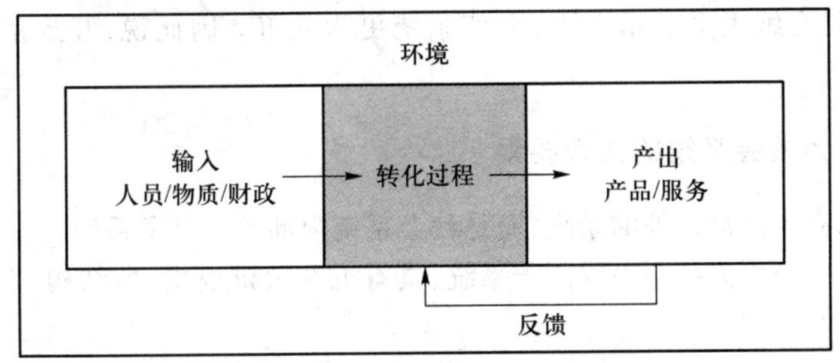

图 3.1 具有反馈环节的开放系统

只有开放系统才能够保持能量、信息和物质的交换，组织从社会环境中检索、接受和输入信息，在组织中对其进行加工改造、变革创新，再输出给社会。社会的任何变化，都会影响组织的存在和发展，组织必须随社会环境的变动而做出相应及时的调整，以保持组织与社会环境的适应和平衡，促进组织健康发展。

学校是一个开放系统，而非封闭系统。学校组织是在一定的社会环境中建立的，与社会环境进行信息、能量和物质的交流和转换，也就是说，学校与社会环境之间相互依存，相互影响。如果将学校与社会环境割裂开来，学校组织便成为一个封闭系统，也就不可能实现持续稳定的发展。

二、开放系统的主要特征

（一）开放系统具有相互作用性

开放系统是一个动态系统，与环境的互动是开放系统运作的源泉。正如图 1.1 所示，开放系统从外界环境中输入资源，将之转化，然后再把产品、服务等输出到环境之中，并可通过反馈环节，调整转化过程。在学校系统中，社会价值、知识、教师、学生、教学设备和教育经费等都是典型的学校输入，在理想条件下，经过系列的教育转化过程，这些要素将被学校系统转化成教育服务，并最终输出有教养的学生；学校还可以根据中小学生的毕业信息等诊断、评估问题产生的各个环节与要素，并采取行动进行改正，以优化和改良产出的结果。

（二）开放系统具有边界性

边界将系统与环境区别开来，但由于系统的开放性，有的边界相对比较模糊，甚至对边界的界定也比较困难。但是，可以肯定的是，边界肯定是存在的。比如说，在校教师或学生可以很好地将其界定为系统内部要素，但家长就不是学校系统的内部要素了。

（三）开放系统具有动态平衡性

所谓动态平衡就是通过一系列校正机制维持系统各组成部分间的稳定状态。举例说，人类适应外界环境的变化（如从一个较热环境进入一个较冷环境）和维持体内外环境的协调，完成整个的生命活动，使生命得以生存和延续。在动态平衡的过程中，有两个基本设置：维持和变革。维持是指努力保存和维护系统既有形态、结构或状态的过程。在学校系统中，关键要素和活动应该受到保护以维持整个系统的稳定性，但是这种稳定性并不是静止不变的。外部或内部的力量会威胁和破坏系统的平衡，系统通过不断变革，使之出现一种新的平衡。例如，课程改革会改变学校系统原有的平衡状态，但通过完善教师培训等可以使学校系统恢复如初，而且在绝大多数情况下，会使系统更为完善。因此说，开放系统具有动态平衡性。

三、学校作为社会系统的关键要素

学校不是孤立于社会之外的系统，而是社会系统内部的一个子系统，是一个与社会诸要素互动的系统。学校作为社会内部的子系统，具有五个关键要素，即结构、个体、文化、政治与教学。

（一）结构

结构是指人们为了完成组织目标而设计和组织的正式科层期望。科层期望是组织的正式需求与责任，它们是组织结构的关键构成。科层角色通过一系列期望而被确定，它们被整合到组织的各个部门和职位中。科层角色和科层期望是组织的正式行动蓝图，是组织对职位的要求。在学校中，校长、教师和学生的角色会被一套期望加以要求，同时也会规定每个角色或职位的特定要求与规范。总而言之，科层期望决定了组织角色；角色由职位和部门构成，而职位和部门又根据其相应的作用与地位被安排进入正式的科层组织。学校往往会根据组织目标设置正确的组织期望与角色，从而推进组织目标的实现。

（二）个体

虽然结构决定了组织的科层期望与科层角色，但是这并不意味着组织成员的所有行为都会遵守并按照组织结构的要求进行。除了科层期望和角色的要求之外，每个成员都有其自己个人的需要、动机、认知和价值观等。这些个体的思想与行为是激励他们工作的重要力量，也是影响学校中这一社会系统的运行的关键，因此，学校往往会努力促进教师个人需要和目标与学校组织的需要和目标的统一。

（三）文化

组织中的行为不仅受结构要素和个体要素的影响，还受到组织文化的影响。当组织成员互动时，就形成了共享的价值观念、行为准则、团队意识、思维方式、工作作风等，这些共同的取向就形成了组织文化。文化在保持一个组织独特性的同时，也能够提高组织认同感，影响组织成员，有利于提高组织效能。在学校中，昂扬向上的教师文化往往能够起到事半功倍的效果，也就是说，当文化非常强大时，对群体的认同感与影响力会变得非常强大。

（四）政治

结构代表了学校社会系统的正式方面，个体代表了系统的人的方面，文化将两方面整合在一起并创造出一套共享的价值观念与思维方式等的集合体。而政治造成了非正式权力关系，如权力协商、博弈等。对于政治的定义，存在众多分歧。有的学者认为政治存在于非正式结构之中，不受组织准则和目标约束，其目的是为了自己或相关团体利益而影响组织内的利益分配；有的学者认为政治是在潜在动机支配下，为获得和保护个人及相关团体的利益，而对他人或团体施加的影响。与其他要素不同，政治是典型的、非正式的，而且常常是隐秘的。但是，毋庸置疑的是，政治是影响组织行为的重要力量。

（五）教学

所有组织都有与社会系统使命息息相关的功能和技术核心，这些功能和技术核心是组织存在的基础。那么，在学校中，教与学的过程就是学校组织的功能和技术核心，是学校管理决策的基础，其他功能和技术都是围绕教学，在教学过程中衍生出来的。结构、个体、文化与政治要素的运行都以教学为核心，教学这个要素的优与劣，直接影响着学校育人的水平与质量。

第三节　学校管理的基本原则

学校管理原则是依据学校管理规律，在长期的学校管理实践中概括出来的，指导学校管理者观察和处理办学过程诸问题的行为准则。学校管理原则在总体上全面指导学校管理过程各环节、各种管理方式的运用、各项组织制度的建立，以及各项具体工作的管理活动等。①

学校管理原则是学校管理理论的重要组成部分，在学校管理过程中起着承上启下的关键性作用，是目标和实现目标的手段之间的中介。学习和研究学校管理原则，不仅具有重要的理论意义，而且具有突出的实践价值。一方面，学校管理原则反映学校管理的规律和原理，与学校管理学的其他理论一起构成学校管理学理论的基本体系；学校管理原则着重阐发学校管理的基本思想和原理，是管理理论的条理化、具体化。遵循原则进行管理，也就是理论指导实践的体现。另一方面，它又是学校的工作准则，对整个学校管理系统的运行起着统摄和指导作用。学校的管理工作是在学校管理原则的指导下进行的，学校管理原则与管理效率的高低、管理工作进展是否顺利、管理目的是否实现密切相关。离开了学校管理原则的指导，学校整个管理系统的各项工作就不可能得到正常的开展。当然，学校管理原则不是凭空创造出来的，也不是根据主观意愿随意杜撰的，而是学校管理者在长期实践中总结出来的。

一、前瞻性原则

所谓前瞻性原则，就是要求学校管理者要有明确的办学理念，适应时代的发展要求，准确地预见教育的未来，并根据教育规律适时调整学校发展战略，创造性地设计学校的发展蓝图。因此，要求学校管理者做到以下两点。

第一，明确办学目标和办学理念。目标本身就是一种方向，科学合理的目标可以产生巨

---

① 程志龙.现代学校管理学[M].吉林大学出版社,2011.

大的动力。学校管理人员要确立科学正确的办学目标，知道要往何处去，而且要引导教师认同学校办学目标，理解学校办学理念。在办学目标和办学理念的指引下，实现科学办学，引领未来发展。

第二，以科学理论为指导，掌握科学的管理方法。科学的理论是有效管理的行动指南。学校管理工作一定要强调科学理论的指导作用。学校管理者必须善于学习有关理论，用科学的理论来指导实践，将理论运用到实践中，按照教育与管理的规律，不断改革创新；以科学的态度来研究学校未来的发展，善于利用现代科学技术的新成果，有效利用各种管理资源，不断提高学校的管理水平和教育质量。

二、动态性原则

动态性原则是指学校管理者在学校管理过程中根据管理环境和管理条件的不断变化，及时收集信息，保持反馈，有效调整管理过程和环节的行为准则。在当今快速发展的社会中，学校管理者应积极关注社会和家庭的需求，关注学校之外环境的变化，积极回应这些需求与变化，及时调整自身的管理，以保证学校科学发展。

第一，密切关注环境的变化。学校作为社会系统的子系统，受社会环境影响，而且依赖于环境，从环境中吸取原料。因此，学校要密切关注与之相联系的环境变化，如社会政策的变化、家庭需求的变化等，只有关注了新变化，学校才能更好地调整自身，才能与社会、家庭形成教育的合力，也有利于学校这一系统有序、高效运转。

第二，及时反馈，积极回应与变革。学校管理过程中需要适时根据社会、家庭等环境的变化进行信息反馈，根据实际情况及时进行调节，以使管理达到优化状态。同时，为适应时代发展，教学目标、教学内容、教学方式等都应根据现实需要不断进行调整，要善于创新，勇于实践。

三、系统性原则

所谓系统性原则就是指学校管理者在处理学校系统中各部门、各层次、各要素之间以及各部门、各层次、各要素与学校系统之间的关系时能以实现整体目标为主进行协调，使局部服从于整体，促进管理效果最优化的行为准则。① 这就要求在管理过程中努力做到以下几点。

第一，树立全局观点，强化整体意识。学校作为一个相对独立的系统，有自己的目标和计划，学校各部门、各成员、各项工作要服从服务于学校的整体目标、整体利益。

第二，分工合作，协调配合。学校中各个工作部门和各项工作是学校的有机组成部分，各个部门和各项工作既有区别，又有密切联系。因此，在管理上既要明确分工，又要加强联系，保证学校系统内部的和谐与统一。

第三，建设网络化管理系统，统一指挥。通过校园网、数字教室等的设施建设和教育应用功能的开发，构建一个集教学、科研、管理、活动为一体的数字化教育环境，实现学校管理和教育过程的信息化，形成网络化管理系统，以便统筹兼顾，协调行动，及时发现和解决问题。

---

① 杨颖秀.学校管理学[M].人民教育出版社,2004.

四、效益性原则

所谓效益性原则，就是指学校管理者在学校管理过程中，能充分合理地利用人力、物力、财力、时间等资源，以最小的消耗，高质量、高效率地完成学校的教育教学任务，从而取得最有效成果的行为准则。学校管理的效益可以从两个方面去考核，即社会效益和经济效益。经济效益是社会效益的基础，社会效益是经济效益的最终落脚点。学校管理者应当把讲求社会效益与经济效益结合起来。

第一，重视社会效益，社会效益优先。学校的根本目的在于为社会培养人才，学校的办学成效是通过学校对社会的贡献来检验的。因此，学校管理必须重视社会效益，坚持社会效益优先。

第二，勤俭办学，提高经济效益。学校的资源是有限的，学校管理的使命就是在有限的资源条件下创造性地发挥管理者的智慧，使办学效益最大化。所以，学校管理者应勤俭办学，合理使用教育资源，力求用最少的资源办最好的教育。

第三，合理配置资源。办学资源并非越多越好，资源如何使用也是非常关键的，要把有限的资源配置在合理的方面才能达到效益最大化。比如，在人力方面，学校管理者要知人善用，人尽其才，才尽其用。学校要综合考虑教职工的个人条件，使合适的人处在合适的位置，充分发挥他们的聪明才智，调动其积极性，最大限度地发挥他们的创造性。

本章小结

从广义上说，组织是指由诸多要素按照一定方式组合起来的系统，既包括神经组织等人体组织，也包括由人群组成的群体组织。从狭义上说，组织就是人们为实现一定的目标和任务，相互协作结合而成的团体或机构。组织不仅受环境的影响，而且依赖于环境。组织从环境中获取原料，如人员、物质等，经过转化，向环境输出产品与服务等，甚至可以通过最终的产出调节转化过程，使之得以优化。所有开放组织都具有相互作用性、边界性、动态平衡性三个特征。学校作为一个开放的社会系统由结构、个体、文化、政治与教学五个关键要素构成。在管理过程中要坚持前瞻性原则、动态性原则、系统性原则、效益性原则。

思考题

1. 组织的含义是什么？组织有哪些基本特征？
2. 开放性系统具有什么样的特征？
3. 学校作为社会系统的关键要素有哪些？
4. 为什么学校管理要遵循系统性原则？

第四章 教育管理研究的方法论

学习目标

了解哲学方法论和系统科学方法论的一般原理，理解方法论与教育管理研究的关系，掌握教育科研中一些常用的具体研究方法，能运用哲学方法论和系统科学方法论指导自己的教育管理研究工作。

建议学时

3 学时

教师导读

本章是学习和研究教育管理的基础，不仅为学生提供一些观察和分析教育管理问题的视角，而且能够提供一些具体的研究方法和工具。由于方法类的知识相对比较枯燥，在教学过程中要注重与实践的联系，特别是讲授具体研究方法时，如果能够结合具体案例进行讲解和分析，效果会更好。

第一节 教育管理研究方法论概述

一、科学方法论

科学方法论是以认识论为基础，以科学研究过程为线索，以一整套系统的科学研究方法为内容所建立起来的体系。①

一般来说，科学研究的方法论体系，按照其从高到低的水平结构，可以分为三个不同的但又紧密联系的层次，即哲学方法论、一般科学方法论和具体的研究方法。

哲学方法论以唯物辩证法为中心，它为科学研究提供了科学的指导思想。唯物辩证法的基本内容和出发点是物质与运动的关系。

唯物辩证法认为世界上的物质是普遍联系的、运动发展的，物质与运动不可分。世界上各现象之间也是相互联系、相互作用、相互制约的。这是科学研究能够进行的必要条件之一。

---

① 董奇.心理与教育研究方法[M].广东:广东教育出版社,1992:29.

唯物辩证法认为事物和现象之间存在着因果关系,事物和现象的发生与发展变化有一定的规律性。这是科学研究能够进行的必要条件之一。

一般科学方法论是现代科学共同适用的科学研究方法论,其中最重要的是系统科学的基本原理。系统科学即系统论、控制论、信息论、耗散结构论、协同学、突变论的总称。系统科学的基本原理是唯物辩证法中的原理在科学研究方法上的具体化,是哲学方法论和具体研究方法之间的中介。

某一学科的具体研究方法,即方法论的运用,是分别适用于特定学科的专门的特殊研究方法体系。

二、教育管理研究方法体系

教育管理研究方法体系也可以按上述方法进行划分(如图 4.1 所示)。

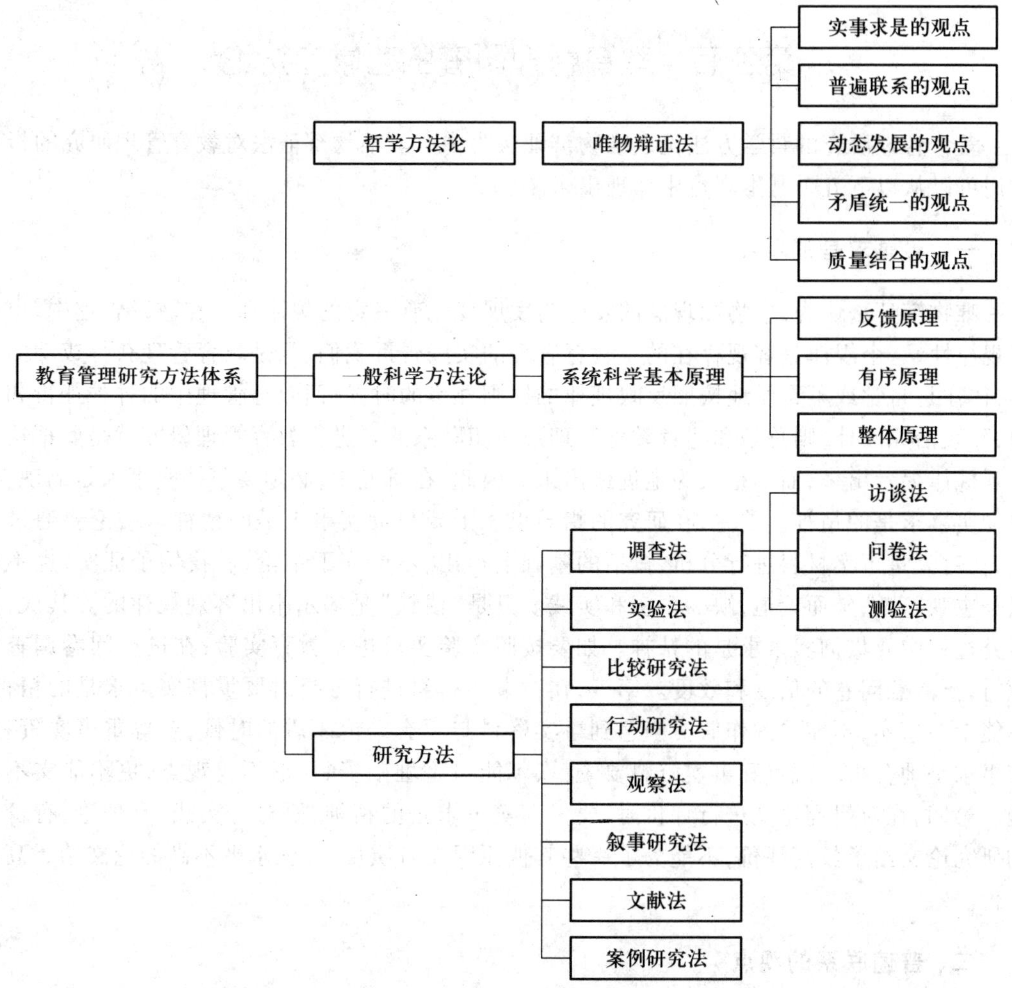

图 4.1　教育管理研究方法体系

从图 4.1 中可看出,教育管理研究方法体系包括哲学方法论、一般科学方法论、具体研究方法三个层次,每一层次又包含各自具体的内容。

教育管理研究方法论指导着教育管理研究。方法论的层次不同,对研究的指导作用的范围和程度也有区别。

哲学方法论指导着研究者看待教育管理问题的观点、态度。哲学方法论是教育管理研究中最高级、最抽象的方法论层次,它和世界观紧密相连。有什么样的世界观,就有什么样的哲学方法论。以唯物辩证法为中心的哲学方法论保证了教育管理研究的正确方向。

一般科学方法论,一方面使抽象的哲学方法论的观点或思想具体化,为教育管理研究提供理论思路、分析角度;另一方面又指导着具体的研究方法,并体现在具体研究中。

具体研究方法是在教育管理研究中运用的手段或技术。具体研究方法直接受一般科学方法论指导,与研究密切相关。在教育管理研究中最重要的是选择正确的、适当的、有效的具体研究方法并在研究中正确运用。

第二节　教育管理研究的哲学方法论

教育管理研究的哲学方法论以唯物辩证法为中心。唯物辩证法对教育管理研究的指导作用可以从以下五个基本观点中体现出来。

一、实事求是的观点

唯物辩证法认为,事物和现象的发生与发展变化有一定的规律性。在教育管理中,也有其规律性,这个规律是客观存在的。教育管理的实践告诉我们,凡是教育管理获得成功的时候,往往是自觉或不自觉地按照反映规律的原则办事的时候;而教育管理中的种种挫折和失败,除政治原因外,则总是和违背教育管理规律相联系的。进行教育管理研究就是要把这个客观规律揭示出来,而不是人为地创造出来。因此,在研究中,必须要坚持实事求是的观点,贯彻实事求是的精神。首先,在研究的指导思想上要贯彻实事求是的精神。结论要通过研究,在对大量事实材料进行分析、概括的基础上得出,不能先下结论,后找例子证实,也不能只是主观臆断,坐而论道,缺少事实和实践。只是“浅谈”是揭示不出客观规律的。其次,在研究过程中要贯彻实事求是的精神。如要按照实验要求进行教育实验;在进行问卷调查研究时,要注意问卷的信度和效度。第三,在对事实材料进行分析时要贯彻实事求是的精神,不能歪曲事实,不能弄虚作假。当遇到事实资料与原有结论矛盾的时候,要尊重事实资料,实事求是地分析。观点和事实资料要统一,不能只是堆砌资料,形不成观点,更不能文不对题。第四,在对研究论文进行评价时,要贯彻实事求是的精神,要对有实践、有理论、有价值的研究论文给予较高评价,不能为了一些其他原因而对质量一般、水平不高的论文给予高的评价。

二、普遍联系的观点

唯物辩证法认为,事物或现象之间是相互联系、相互作用的。这也是教育现象的本质特征。因此,研究教育管理问题,必须将其放在普遍联系的系统的背景中加以考察。教育是社会这个大系统中的子系统,研究教育管理要与社会整体发展紧密联系起来。例如学校的发展变化,要与多方面产生联系,要和社会、家庭发生联系,其内部教和学、内容和手段之间也存在着紧密联系。如果学校没有相对的互为一体的内部联系和外部联系,学校的教育管理就无法实现。对其中任何一部分,都要把它放在整体教育之中去研究。在研究中,应该尽量揭示教育现象之间的相关关系或因果关系。

三、动态发展的观点

事物是运动发展的思想是唯物辩证法的重要观点。这个观点认为,没有任何东西是不动的和不变的,一切都在运动、变化、产生和消失。教育和学校是在运动和变革中向前发展的。同样,教育管理也是在运动和变革中向前发展的。教育管理发展的特点是由部门优化向着整体优化的方向发展,由单向结构向双向结构发展,由少数教育行政人员的管理向全员管理的方向过渡,由行政管理手段向科学管理手段发展,对教育管理的研究方法也应如此。过去对教育管理的研究主要是通过思辨的内省,单纯注重经验总结。现在,随着现代科学技术的进步,对教育管理的研究方法也在不断进步,特别注重理论与实践相结合,在研究中,既要研究教育管理的历史,也要进行教育管理方面的预测性研究。

虽然教育管理的运动、变革是绝对的,但是并不否认教育发展过程中的相对静止和稳定状态。这是因为教育管理的对象和目标是人,这些属于精神范畴,它的过程比较复杂,它的成效需要花费更大的精力和更长的时间,不可能"立竿见影"。研究教育管理,在确定一些改革措施的成效时,也应该注意到这一点。

四、矛盾统一的观点

唯物辩证法认为,所谓矛盾,就是对立统一,是指事物内部或事物之间既对立又统一的关系。在教育管理中,充满各种各样的矛盾,如学校与社会、学校与家庭、学校内部各要素之间,矛盾处处可见。矛盾存在于管理过程之中,管理过程自始至终存在矛盾运动。如学校管理的动力就是学校管理内部矛盾的对立统一。在学校管理中,教与学的矛盾,目的与方法的矛盾,质量与数量的矛盾,有效管理与无效管理的矛盾,集权与分权的矛盾,纪律与自由的矛盾,权威与服从的矛盾,利益与责任的矛盾,宏观与微观的矛盾,都是对立统一的,都是要正确处理与协调的。因此,对于教育管理研究,要采取"一分为二"的观点,既要看到矛盾的普遍性,又要考察其特殊性。如在培养人才上,既要根据社会对人的普遍的基本要求,提出共同的培养目标,又要对不同的学校提出不同的具体培养目标。在具体的教育管理过程中,还应在共同的目标指导下,根据每个人的不同特点,提出不同的要求。在管理实践中,管理者不仅要有普遍的一般的号召,而且要针对实际情况进行具体指导。

五、质量结合的观点

唯物辩证法认为,质量与数量是客观事物的基本规定。任何事物,包括教育现象、教育管理等都有质和量两个方面,都是一定质和量的统一体。质和量是辩证的统一,质总是具有一定量的质,量也总是一定质的量。对量的分析主要用定量方法,对质的分析主要用定性方法。定量是定性的基础,定性是定量的概括和升华。因此,对教育管理进行研究,要同时重视定性分析和定量分析,并将两者综合在一起。在过去和现在的教育管理研究中,既有忽视定量分析,只用生动的突出的事例来说明问题,只是进行一般的经验总结的情况,也有滥用数据，把定量分析搞成一场数字游戏的情况。这都是不可取的。

第三节 教育管理研究的系统方法论

一、系统方法论的基本思想

系统方法论是教育管理研究的重要的一般科学方法论之一。所谓系统方法论，是指系统论、控制论、信息论、耗散结构论、协同学、突变论的基本思想和方法。

系统方法，是按事物本身的系统性把研究对象作为一个具有一定组织、结构和功能的整体来加以考察的一种方法。具体地说，即从整体与部分之间、整体与外部环境之间的相互关系、相互制约、相互作用的关系中综合地研究对象的一种方法。

系统科学有三条最基本的原理，即反馈原理、有序原理和整体原理。

1. 反馈原理

任何系统只有通过反馈信息，才能实现控制。没有反馈信息的系统，要实现控制是不可能的。

反馈原理是自然、社会、思维中普遍起作用的原理。

反馈原理告诉我们，必须要经常及时得到反馈信息，否则任何系统都不能得到有效的控制。

2. 有序原理

任何系统只有通过开放，与外界有信息交换，才可能有序。与外界无信息交换的封闭系统，要使之有序是不可能的。

系统由较低级的结构转变为较高级的结构，称之为有序。系统由较高级的结构转变为较低级的结构，称之为无序。例如生物进化过程是有序，封闭系统走向非平衡的过程是无序；学习、记忆的过程是有序，而遗忘、生疏的过程是无序。

有序原理启发我们，应当自觉主动地把自己作为一个开放系统，尽量争取与外界交换有用的信息，从而争取更大的进步。

3. 整体原理

任何系统都是有结构的。系统整体的功能不等于各孤立部分之和。没有结构的、没有整体功能的系统是不可能的。

任何系统的整体的功能 $E(\text{整})$，等于各孤立部分功能的总和 $\sum E(\text{部})$ 加上各个部分相互联系形成结构产生的功能 $\sum E(\text{联})$。

$$E(\text{整})=\sum E(\text{部})+\sum E(\text{联}) \quad (\text{其中}\sum\text{为连加符号}),$$

其中 $\sum E(\text{联})>0$ 或 $\sum E(\text{联})<0$，所以 $E(\text{整})\neq\sum E(\text{部})$。

一般来说，整体大于各孤立部分的总和。但是，整体小于各部分的总和也是可能的。如果各部分组合成一个彼此冲突的结构，整体的功能就可能小于各部分功能的总和。一个典型的模式是：一个和尚挑水吃，两个和尚抬水吃，三个和尚没水吃。

整体原理告诉我们，不仅应该注意发挥各个部分的功能，更重要的是要发挥各部分相互联系形成结构的新的功能。

二、系统方法论对教育管理研究的指导作用

（一）教育是个大系统

研究教育管理，要把教育作为整体的系统来加以考察。对教育事业的发展规划、教育机构的组织管理、教学过程的控制评价等，都要应用系统思想。另外，教育系统又是社会大系统中的一个子系统，脱离社会大系统来研究教育子系统是不行的。

（二）反馈原理在教育管理研究中有普遍的指导意义

教育总是要使受教育者在一定时间内达到一定的目的。我国教育的总的目的是培养德、智、体等方面都得到发展的社会主义建设者和接班人。是否达到这个目的，需要随时了解教育的现状，找出现状与目的的差距，从而改革教育，改进教育管理。这就必须应用反馈原理。如果不经常及时得到反馈信息，教育这样的系统就不可能做到有效的控制。在教学管理中，教师与学生之间相互及时的信息反馈非常重要，否则不能形成真正的教学。在一些实验研究、行动研究、经验总结中，不谈效果，不重视效果资料的收集，是没有应用反馈原理的表现。不进行反馈就很难对研究进行控制。

（三）有序原理对于教育管理研究也有重大意义

在教育管理中，促使学生成为开放系统，促使学校成为开放系统，这对于学校的进步、教育的发展是大有好处的。在论述当代教育革新的策略时，开放系统已成为一条重要原则。办教育的人一定要有开放的观点，在开放中求进步、求提高、求发展。要加强学校同社会的联系，加强学校组织和非学校的教育组织之间的联系，加强各学校之间的联系。研究教育管理，也要应用有序原理，持开放的观点，广泛吸收各种经验、信息、观点，向他人学习，向世界学习。

（四）整体原理对于教育管理研究有重大的指导意义

整体原理要求在教育中要把德育、智育、体育、美育等联系起来，培养全面发展的人，缺少任何一部分都是违反整体原理的。在素质教育的表述中，“全面贯彻教育方针，全面提高教育质量”“面向全体学生”等，这些都体现了整体原理。

在教育管理中，管理者要以追求整体优化为目标。要保证整体目标的实现，就要立足于整体，对各项局部工作做科学分析。各个局部有自己的特性和功能，它们在整体中的地位、作用、重要程度是不一样的。要以整体为出发点，对各项局部工作区别对待，这样，整体目标才能实现，这就叫“整体优化”。为了使整体大于各个孤立部分的总和，就要进行合理组合，避免产生内耗现象，致使管理工作质量和效率下降。

第四节　教育管理研究方法论的运用

一、教育管理研究常用的具体方法

中小学教育科学研究方法主要是指以中小学教师为研究主体，以解决教育问题甚或得出一般教育规律时所采取的方法。鉴于中小学教育科学研究的实用性、问题性等特点，教师在研究过程中选用哪一个或哪一些方法取决于要研究什么问题、达到什么研究效果。因而，问题的选择是最初也是关键性的一步，正如爱因斯坦所说，提出一个问题往往比解决一个问

题更重要。那么,如何选择问题?这些问题从哪里来?一般来说,中小学教师选择研究问题应基于实际问题解决的需要、教育教学改进和创新的需要,尝试从教育教学的疑难中寻找问题,从具体的教学场景中捕捉问题,从理论学习和阅读中发现问题,从同伴交流中发现问题,从差异和比较中寻找问题,从学校和学科发展中确定问题以及从教育政策实践中发现问题,根据现有资源并结合个体自身或教师群体的研究能力来进行。确定下来的研究问题不仅应具有实践和理论意义,还必须要具体明确,并尽可能在问题解决方面体现出特有的创新性。确定研究问题之后,才能进行研究的方案设计,包括确定研究对象、选择研究方法、制订研究计划。

中小学教育科学研究可采用的研究方法很多,本章就中小学教育科学研究经常采用的方法做一介绍,比如文献法、调查法、观察法、实验法、比较研究法、行动研究法、案例研究法、叙事研究法等。

(一)文献法

朱熹曾注:"文,典籍也;献,贤也。"指出文献就是对贤者及其思想学说的典籍记录。当前人们一般认为文献就是用文字、图形、符号、音频和视频等手段记录的人类知识,其载体可以有图书、报刊、文件、论文、报告以及各种音像视听资料等多种形式。而文献法或文献研究法是指根据一定的研究目的或问题解决的需要,通过对文献进行搜集、查阅、鉴别、整理、分析,从而全面、正确地了解所要研究的问题,了解前人已取得的成果,掌握有关的科研动态、前沿进展,从而找出事物本质属性或问题解决方案的一种研究方法。

文献法几乎是所有教育科学研究都要用到的方法,主要应用在研究的准备阶段和进行过程中。运用文献法开展研究涉及的环节一般为:搜集文献、整理文献、提出课题或假设、进行文献综述以及研究设计。其中,搜集文献和整理文献主要是指在确定研究的课题之前,可以就相关问题进行资料搜集和查阅,对该问题研究的历史、现状有全面的了解,并从中发现已有研究中存在的欠缺和问题,进而明确自己的研究问题和努力的方向;提出课题或假设是指明确研究的问题后,根据一定的经验事实和科学理论,结合搜集和整理的文献,对选题提出的问题做假想性的回答;文献综述主要是在全面搜集有关文献资料的基础上,经过进一步整理归纳、分析鉴别,对一定时期内围绕某一研究问题的研究成果进行系统、全面的叙述和评论,不仅指出目前的水平、动态、应当解决的问题和未来发展趋势,提出自己的观点、意见和建议,①还能据此进一步明确自己研究问题的创新点和重点、难点;研究设计是指围绕研究目标,在以上文献综述的基础上,对教育研究活动开展的全过程进行设计,包括研究对象的选择、研究方法的选择、研究步骤的设计等,并以研究方案的形式呈现出来。

(二)调查法

调查法也是中小学教师教育科学研究过程中经常采用的方法。

调查法主要是指在教育理论的指导下,围绕研究的问题,通过问卷、访谈、列表以及测量等科学方法,有目的、有计划、系统地搜集研究资料,从而对教育现状做出科学的分析和认识,并据此提出具体工作建议的系列实践活动。一般来说,教育调查的对象是存在的现实问题、现状,通过对这些方面的了解,及时发现学校教育教学工作中普遍存在的问题,为准确把握教育现实、制定有针对性的教育对策提供重要依据。

---

① 沈海驯主编.走向求真的研究——中小学教育科研指南[M].上海:华东师范大学出版社,2012:77-78.

调查法的类型可以从几个维度进行划分。①

一是按照调查范围来分，可以分为全面调查和非全面调查，非全面调查包括重点调查（又称典型调查）、抽样调查（从总体中抽出一部分进行调查）和个案调查三类。抽样调查又包括随机抽样（用随机的方式抽取样本的抽样方法）和非随机抽样（按照研究人员的主观经验或其他条件来抽取样本的一种抽样方法）。

二是按照调查功能来分，分为现状调查和历史调查。现状调查是对教育现象的现时状况的调查，历史调查是对某一教育现象发生、发展和变化的过程进行的调查。

三是按照调查手段来分，可以分为问卷法、访谈法和测验法。问卷法是按照统一提问、回答的形式与内容，对所有被调查者都以同一种问卷进行的调查；访谈法是通过与调查对象的谈话来搜集材料的方法，包括面访、信访、电话访问、网络访问等方式；测验法主要是以考查的方式去测定研究现象的现状的方法。

开展教育调查的过程一般为确定调查课题、制订调查计划、搜集资料、整理资料以及撰写调查报告。

（三）观察法

观察法主要是指教师在自然情境下，用自己的感官和相关的辅助工具，有目的、有计划地对教育现象进行考察的一种方法。观察法在运用时不仅具有灵活性，而且还能搜集到比较深刻的资料，因而也是中小学教育科学研究常用的研究方法。

观察法的运用不是盲目的，而是需要教师根据研究问题有目的地观察，设计观察任务清单作为观察的框架，制定观察量表，并根据需要选择一定的辅助工具，比如借助各种现代化的仪器和手段，像照相机、录音机、显微录像机等来辅助观察。

常见的观察方法有：核对清单法、记叙性描述法。核对清单法主要是指教师根据观察目的，列出详细的观察任务，并以具体观察项目的形式呈现出来，设计成具体的观察量表，然后根据实际观察到的每一个项目的达成程度，在观察量表各项目的相应位置做相关记录的方法。记叙性描述法主要是指教师根据观察目的，列出详细的观察任务，然后结合观察任务进行实际观察，并将观察到的现象进行文字记录和描述的方法。

在使用观察法时，应尽可能多角度、多层次地观察，以确保搜集到全面的资料；应尽可能避免主观印象对观察结果的影响，因为观察者不仅带着这样和那样的认识进行观察，也带着这样或那样的态度进行观察，应尽可能避免观察者的正确或不正确的经验和假设对观察的影响；另外，观察过程还必须要遵守研究的伦理道德，在被观察者知情的情况下征得同意进行观察。

（四）实验法

实验法是指教师以科学的理论素养为指导，秉持严谨的实验态度，根据研究的目的，按照规范的实验步骤和方法，合理地控制或创设一定的条件，人为地影响研究对象，从而验证假设，探讨教育现象因果关系的一种研究方法，也就是通过控制来寻找教育因素间的内在联系的方法。实验法强调对教育影响因素的控制性和对教育各因素之间关系解释的因果性。

根据教育实验的特点，把实验法分成不同的类型：

（1）单项单科实验与整体实验。单项单科实验主要是针对某一具体问题设计的实验；

---

① 沈海驯主编.走向求真的研究——中小学教育科研指南[M].上海：华东师范大学出版社，2012：80-81.

整体实验主要是针对学校的系列问题设计的实验。

（2）探索性实验和验证性实验。探索性实验主要是指探明某种现象的具体原因或者某些条件引起某种效果的实验；验证性实验主要是指验证假设是否成立的实验。

（3）实验室实验和自然实验。实验室实验主要是指在实验室内利用一定的设施，控制一定的条件，并借助专门的实验仪器进行研究的一种方法，是探索教育现象和教育条件之间关系的一种方法；自然实验主要是指在日常生活等自然条件下，有目的、有计划地创设和控制一定的条件来进行研究的一种方法。

开展实验法研究的过程一般有：准备—实施—总结三个基本阶段。准备阶段：选定课题、提出假设、确定变量（自变量、因变量、无关变量）、实验设计；实施阶段：变量的操纵、测量、控制；总结阶段：资料的整理分析、撰写实验报告。

因为实验法强调对变量的控制，但是教育中的许多变量无法控制，或者控制后的变量与实际教育情境产生差距，从而导致在实验中得到的结论不完全适用于实际教育情境中，具有不可避免的局限性。

（五）比较研究法

比较研究法是指根据一定的标准，对两个或两个以上有联系的事物进行考察，寻找其异同，探求教育之普遍规律与特殊规律的方法。其中，事物间的同一和差异是进行比较研究的基础；而比较哪些方面是根据研究的实际需要来决定的；比较的对象可以是两个国家或多个国家或地区，也可以是同一国家的不同地区，甚至是两个学校或班级，等等，可以涵盖教育的所有领域。① 因为比较研究法能使人们更好地认识本国、本地、本学校甚至是本班级的教育现状，在比较借鉴中启迪新的智慧，甚至为政策制定提供依据，因而也是一种常用的研究方法。

比较研究法的种类很多，具体来说，主要有以下几种：纵向比较、横向比较、同类比较、相异比较等。纵向比较主要是对同一事物的历史形态进行比较，比如对中国改革开放前后教育发展现状进行的比较；横向比较是对同时并存的事物进行比较，比如对各国教育经费支出的比较；同类比较是对两个或两类性质相同的事物所具有的特征加以比较，在比较中寻找事物的共同点，比如比较优秀教师的教学经验，然后加以总结、提炼；相异比较就是对两个或两类性质相反的事物或一个事物的正反两方面加以比较，进而说明两个事物的不同，比如男、女生学习文、理科的差异。②

比较研究法的运用没有一个固定的模式，但常用的操作步骤有：确定比较的问题、内容和范围；确定明确的、具体的、可操作性的用于比较的标准；搜集资料，并对资料按照比较的指标进行归类、并列和解释；对收集到的资料逐项按一定的标准进行比较，并分析原因、进行评价；通过对资料的分析比较得出结论，并对所得出的结论进行理论和实践的论证。

（六）行动研究法

教育行动研究法是指研究者把行动研究的理念、方法和策略运用于教育研究领域的一种研究方法。中小学教师开展的行动研究主要是教师个体或者教师群体，为改进、研究自己的教育教学实践而进行的行动研究，它强调作为教育实践者的教师作为研究的主体，从问题

① 袁振国.教育研究方法［M］.北京：高等教育出版社，2000：161.

② 李秉德.教育科学研究方法［M］.北京：人民教育出版社，1986：103-107.

出发，进行研究进程的设计和实施，在实践中研究“实践”，改善“实践”，并通过“改善‘实践’”加深教师对自身实践环节的反思，提升实践者自身的专业素养。①

行动研究严格来说不是某一种具体的方法，而是教师开展研究的一种方式：教师作为工作者也同时作为研究者在实际的教育教学情境中进行研究，并将研究结果迁移到其他教育情境中。其中，为了达成这一目标，教师的具体研究过程可以综合运用多种方法，因此，我们所说的行动研究法其实更多的是采纳它的精神和思想，而非具体的固定模式。当然，也有很多研究者基于凯米斯等人的行动研究模式，提出了一些可操作的行动研究步骤，比如发现问题、界定问题、文献探讨、设立假设、拟订研究计划、执行研究计划、拟订实施方案、实施行动方案、评价行动方案的设计和实施情况，而且这些研究步骤可以根据实际需要进行调整。对此，前文已有相关论述，在此不再赘述。

（七）案例研究法

案例研究法是对个人、人群或现象进行调查的术语总称，可采用多种技术，包括质和量两种方法。案例研究又称为个案研究，是对某个人、人群或现象进行深入的调查与认真细致的分析，来认识案例的现状或发展变化过程。案例研究不仅要了解案例的现状和发展变化，而且需要认识其中蕴含的教育因素与发展之间的因果关系，提出一些积极的教育对策。

案例研究法的特点主要有：整体性、综合性和研究内容的深入性。整体性强调案例研究不管其对象是个人、人群或现象，必须被视为一个整体，整体内各元素之间相互依赖，其中一个发生变化，其他元素也都随之变化；综合性主要是指案例研究中搜集资料的手段是多样的，研究的方法可以是综合的；研究内容的深入性是指案例研究需要研究者长时间、全方位地了解研究对象，围绕研究对象尽可能详尽地搜集资料。②

案例研究一般包括五个步骤：确定研究问题的性质——不是所有的研究都适合用案例研究的方法，案例研究适合探求“原因”“机制”类问题；确立研究假设——对问题解决给出一个可能的解释；确定分析单位——确定好研究中的“案例”，案例可以是一个个体、场域、事件、行动、问题或是存储的文献等，并且有明确的时间和空间界限；连接材料与命题——运用各种手段搜集相关资料，并分析与解释、理解和描述案例中的现象；解释研究发现的准则——确立在整理、分析资料过程中的准则。

（八）叙事研究法

叙事是指以口头或书面的方式叙述事情，是人们将各种经验组织成有现实意义的事件的基本方式，它是一种了解世界和向别人讲述对世界的了解的途径。叙事研究是一种研究人类体验世界的方式，是质化研究的思维方式和写作方式。③

“叙事”长期在史学、文学中占有一席之地，而教育叙事研究则缘起于20世纪60年代末。1968年杰克逊（P. W. Jackson）最早运用叙事方法研究学校现场活动；1980年，伯克（L. Berk）就提出自传是教育研究的首要方法。教育学者艾斯纳（E. Esiner）曾指出，叙事与教育研究取向一致。后经康纳利（F. Connelly）与克莱迪宁（D. Clandinin）首次在教育研究中提出了“叙事研究”的术语，并阐述了在教育研究领域应如何进行田野文本数据的搜集，如何

---

① 杨小微.教育研究的理论与方法[M].北京：北京师范大学出版社，2008：199.

② 杨小微.教育研究的理论与方法[M].北京：北京师范大学出版社，2008：291-292.

③ 沈海驯.走向求真的研究——中小学教育科研指南[M].上海：华东师范大学出版社，2012：149.

建构叙事研究的框架,以及如何撰写叙事研究报告等。在他们之后的研究中还进一步建构出教育叙事研究的三度空间,指出了教育叙事研究的方向——个人与社会(互动),过去、现在和未来(连续性)及地点(情境)。①

20世纪90年代末,教育叙事研究在我国兴起并受到很多研究者和一线教师的欢迎。为何叙事研究在教育研究领域受到欢迎?这和它的特点是分不开的:它采取的是归纳而非演绎的方法,实践而非思辨的研究取向,强调走进教育的现实世界,从现实的教育生活中汲取教育的意义,这与宏大教育哲学理论研究和强调科学实证主义方法的教育研究相比,更重视教育的丰富性,更强调个人经验意义的原始性、情境性和真实性,反对抽象归纳的"去情境化",让教育变得"有血有肉"。当然,正是因为它强调生活化的甚至带有感情色彩的个性化的研究,使其带有很多主观的意味,也带来了很多批评的声音,比如缺乏信度和效度,参与者的声音被削弱,对研究者的要求较高,等等。但是,更应该看到它的价值:有利于理论和实践工作者的沟通,有助于参与者观念与行为的转变,有利于研究者发掘教育的深层意义等。

叙事研究不是一个具体的研究方法,在研究过程中可以综合运用多种方法。无论运用哪些具体方法,都有一个前提条件:必须以讲述故事的方式提交实验研究的报告。

以上是对教育研究中常用方法的简单介绍,当然,可以用来进行教育研究的方法还有很多。对待这些方法,要有一个正确认识:方法无好坏之分,而只有适合、不适合之分,每一种方法都有其长处,也都有其弊端,因此,需要结合研究目标选择恰当的方法进行综合运用。

在教育管理研究中,可以运用的研究方法很多,在运用时应根据具体的研究目的和任务选择合适的方法,或以某种方法为主,其他方法为辅,取长补短,相互补充,以利取得预期的良好效果。

二、教育管理研究方法的综合运用

教育工作者研究教育管理,要在哲学方法论和系统方法论的指导下,把理论研究、历史研究、调查研究、比较研究和实验研究结合起来,认真贯彻理论联系实际的原则。

要重视理论研究。在把握教材基本理论的基础上,深入了解国内外关于教育管理理论的新观点和教育管理改革的新动态,分析教育管理发展的新趋势。在深入钻研理论的过程中,使自己的教育理念更正确,思维方法更科学,教育思想更活跃,并逐步形成有自己特色的教育和教育管理思想。

要研究教育管理的历史,总结教育管理的历史经验,从中归纳某些带有规律性的认识。历史的经验值得重视。教育管理的实践反复证明,凡是教育管理获得成功的时期,往往是自觉或不自觉地按照反映规律的原则办事的时期;而教育管理的种种挫折和失误,除政治原因外,则总是与违背教育管理规律联系在一起的。因此,在学习过程中,要正确地总结教育管理的历史经验和教训,只有这样,才能保持清醒的头脑,避免各种错误思潮的干扰,使教育管理沿着正确的方向发展。除总结宏观历史经验外,每个地区、学校和教育工作者本人,均有丰富的经验或者教训,学习要与总结和研究这些历史经验紧密结合,以史为鉴,站在历史的高度,推动教育管理科学的发展。

要提倡调查研究。学习过程中,学员要结合学习搞调查研究,除对本地区、本学校进行

① 杨小微.教育研究的理论与方法[M].北京:北京师范大学出版社,2008:236-237.

调查外，有条件者还可到外地、外校进行调研。调查形式可以多种多样，但对调查的结果都应进行分析研究，写出调查报告。调查的结果应能成为各级领导决策的依据，调查过程应成为训练教育工作者研究能力和思维方法的过程。

要拓宽眼界，站到全球化的高度，进行教育管理的比较研究。比较研究应当是全方位的，它应包括历史比较和国际比较两方面。前者是从历史发展的角度，寻找教育管理规律，以史为鉴，达到古为今用的目的；后者则要吸取外国教育管理的精华，站到教育管理科学发展的前沿，把握发展的基本趋势，达到洋为中用的目的。如果研究能做到古今中外结合，那么不仅学习能获得高效率，而且研究也会有新的进展。

要开展实验研究。我国教育管理研究的薄弱环节之一，是实验研究。究其原因，其一是不重视教育管理实验，有些教育改革往往缺乏实验依据；其二是不知道怎样进行实验，即使已经开展的实验，也经常由于方法错误而停顿或者失败；其三是宣传上的误导，有些实验还处于起步阶段，由于思路或者做法新颖，往往被宣传得沸沸扬扬，以致真假难分，失去可信度。正是由于以上原因，使我国教育管理的实验研究，或很难开展，或很难坚持，或成果很难推广。因此，要结合学习教育管理学，让学习者选择有针对性的小的实验课题，设计实验方案，在本单位开展小型的教育管理实验，总结实验成果，形成并推广正确的实验思想，把理论研究与实验研究结合起来。

本章小结

教育管理研究的方法体系包括哲学方法论、一般科学方法论、具体研究方法三个层次。哲学方法论要求教育管理研究要坚持实事求是的观点、普遍联系的观点、动态发展的观点、矛盾统一的观点和质量结合的观点。一般科学方法论，特别是系统方法论要求教育管理研究要从社会大系统出发来思考教育管理问题，坚持反馈原理、有序原理和整体原理。具体研究方法是方法论的实践运用，在中小学教育管理研究中常用的研究方法有文献法、调查法、观察法、实验法、比较研究法、行动研究法、案例研究法和叙事研究法，同时要注重这些方法在教育管理研究中的综合运用。

思考题

1. 教育管理研究的方法体系包括哪些层次？
2. 唯物辩证法对教育管理研究的指导作用可以从哪些基本观点中体现出来？
3. 在教育管理研究中如何使用调查法？
4. 什么是案例研究法？它有哪些基本特征？
5. 什么是行动研究法？请结合实例举例说明其应用。
6. 举例说明教育管理研究方法的综合运用。

第五章　学校规划

学习目标

了解学校规划的内涵和制定学校规划时要遵循的原则；掌握制定学校规划的程序和基本方法；能够在实际的学校管理工作中运用规划的理论和方法协助学校制定学校发展规划，并能够评估学校规划实施效果。

建议学时

2 学时

教师导读

《伊索寓言》中有一个故事，讲的是老鼠们在一起开会讨论怎样才能不被猫抓住。一只老鼠提议在猫的脖子上挂一个铃铛。全体老鼠兴奋不已，十分赞同这个主意。这时有一只老鼠问，怎样才能将铃铛挂到猫的脖子上时，刹那间全体老鼠鸦雀无声。

在实际进行学校管理时，往往看到的是学校规划的愿景，而如何进行科学、合理、可行的规划往往被忽略。本章有关学校规划的内容，就是为了解决这些通向“美好愿景”的“铺路石”。

在学习学校规划部分的内容时，学习者应该对本书前四章的内容进行深入学习，对学校管理有基本的了解。学习者最好能够先进入学校的实际场域，熟悉学校工作的方方面面。如果在学习本章之前就了解一些基本的社会科学研究方法，会对学习本章内容有很大帮助。

第一节　学校规划制定的基本原则

一、学校规划的内涵

学校规划，即学校发展规划（School Development Planning，SDP），又称为学校蓝图、学校远景计划、学校策略规划等，是根据国家或地区教育发展战略要求的，结合校情分析和设计的，有一定目标导向的，学校全面改革发展和持续改进的行动计划。学校发展规划一般包括学校对于发展目标、发展规模和速度、组织结构、人力资源、办学条件和实施策略等方面所做的安排。学校规划的周期一般为 3～5 年。学校规划既是一种管理理念，也是一种管理工具。

学校发展规划是由学校共同体成员一起来确定学校未来发展愿景，寻找学校的优先发展项目，制订改革项目的行动计划，目的是促进学校教育教学质量的提高。学校规划与教育规划不同，教育规划是国家各级政府根据党和国家的教育方针、政策和法令，为促进经济和社会的发展，实现一定的教育目标，从关系教育发展的各个方面出发对未来教育事业的发展所做的部署、设计和安排，是从宏观层面上针对国家和地区制定的规划。而学校规划是在国家和地区的教育规划指导下主要针对某类或某所学校的计划和行动。

二、学校规划制定的基本原则

（一）科学性

在制定学校规划的过程中，要用科学的手段分析学校的历史情况和现状，用科学的方法规划学校发展。如本章第三节提到的制定学校规划使用的问题树分析法、SWOT 分析法、德尔菲法等。毛泽东主席曾经说过“没有调查就没有发言权”。学校规划的制定不能仅凭经验和主观感受，要依靠充分和真实的数据，要集思广益。而要做到这一点，就需要用科学的方法收集真实的信息，以及来自各方面的需求和反馈，并依此为基础准确界定学校发展中的问题，把握学校发展方向，并采取切实有效的行动。

从本质上说，成功的学校发展规划就是在准确把握学校问题和定位学校发展方向的基础上，科学合理地在空间和时间上对学校资源进行优化配置，使学校在教育教学改革中获得持续改进。

（二）系统性

学校是一个复杂的整体，规划涉及许多要素，从资源来看，涉及人、财、物、时间、信息等要素，从教育过程来看，涉及德、智、体、美、劳的兼顾。在制定学校发展规划时，要用“系统思维”的方法，考虑到学校生活的方方面面。不仅如此，制定学校规划还要考虑到学校与外部环境的关系。

（三）可操作性

学校发展规划的具体内容应简单明了、通俗易懂，容易被人理解，并且切实可行，便于操作。制定学校发展规划的目的是为了推进学校各项工作的进行，而不是停留在文本上。

可操作性还包含了学校规划的可控性，因为学校发展有明确指向，有效的学校规划能够引领全校师生员工朝着规划所指向的目标前进。

（四）激励性

规划必须能够激励人们的行动，鼓励人们为实现学校发展的目标而努力。若学校发展的实际进程与规划相符，便可以为人们提供信心；而如果进程遇到障碍，规划中的既定目标应该给学校成员克服障碍的勇气。

（五）民主性

民主性是学校发展规划制定中最重要的原则之一。学校发展规划不仅强调校长等管理层人员在学校管理中的作用，还强调组成学校共同体的其他利益相关成员，如基层教师、学生、家长、后勤人员、社区人员等的作用。许多学校规划无法取得良好实施效果的原因，就是在学校发展规划的整个过程中参与的人员很少，尤其是与学校发展有密切联系的社区成员更是很少有机会参与学校规划。

学校发展规划是多方面参与决策和执行的过程，是学校民主管理方式的体现。在规划制定之前必须广泛征求学校所在社区、学校人员的意见，广泛了解教职员工等的建议。民主性不仅使规划在制定的过程中可以获得更多更真实的信息，更大程度地激发师生员工的积极性，同时也是获得大家对规划认同和支持的过程，可以大大提高规划的执行力。

（六）连续性

学校规划制定的连续性原则不仅指在时间上学校各个发展阶段规划的整体性、延续性，还指学校发展与时代接轨的前瞻性。学校发展规划本质上是一种过程，立足学校发展的过去，指向学校发展的未来。一个学校发展规划虽然只是在一段时期内指导学校的实践活动，但是对于学校来说，每个学校发展规划的设计应该是连续的，在本质上以统一的学校教育哲学为价值追求。

第二节 学校规划制定的程序

学校规划从本质上来讲是一个动态的过程，而不是一种结果。许多学者将学校规划看作是一种融检查、设计、实施、评价四个环节于一体的循环过程，任何一个环节都是缺一不可的。四个环节的循环统一，构成了学校发展规划的整个过程。①

学校规划的具体程序包括以下四个方面。

一、学校现状的调查分析

学校现状的调查分析是制定学校规划非常重要的基础性环节。在制订学校的具体行动计划之前，需要充分把握学校情况，主要包括学校的发展历史和传统、学校所处的环境、学校资源情况、学校发展的优势和不足，以及分析内外部环境可能对学校发展所产生的威胁和挑战等。

通俗地讲，这一部分就是评估学校的发展基础。除了对基本情况，如学校所处的地理环境、建校时间、历史沿革、学校性质、学校规模等做简要说明外，要重点梳理和总结学校历史、发展优势和主要问题。优势与问题的分析，主要围绕学校行政管理、师资建设、教育教学、家庭社区、学生发展等方面来展开，并着重分析其成因，做好归因分析。②

现在已经存在几种比较成熟的校情分析方法，如 SWOT 分析方法、GAP 分析方法、问题树分析方法等，这些具体的方法将在本章第三节详细论述。除了这些方法，还有一些更易操作的方法可以用来分析校情，比如查阅学校已有的相关数据或者文件，通过调查问卷、访谈等方式了解学校的具体情况等。

（一）学校历史分析

主要是了解学校的来历、办学年限、相关重大历史事件，可以通过查阅历史文件和访谈获得相关分析资料。学校的历史分析对于学校文化方面的规划有重要的帮助，有许多名校就是在其历史上积淀了丰富的文化底蕴，并在此基础上挖掘出来，形成了独特的学校文化风貌。学校历史是学校十分重要的教育资源和办学优势。

---

① 陈建华.中小学发展规划[M].北京：北京大学出版社，2013：96.

② 陈玉云. 学校规划制定中的关键要素分析[J].教学与管理，2008(1)：10.

（二）学校发展优势分析

每所学校都有自己的发展优势，制定规划时要对学校的优势有充分的了解，如学校的办学条件、教师队伍、社区环境、学生家长情况、学校条件结构、学校文化等。

学校发展优势分析主要是总结学校已经取得的成绩、经验和形成的办学特色等。写入规划文本的发展优势，是高度概括和归纳整理的内容，必须突出重点，抓住关键，不要面面俱到；要列出的是促进和制约学校发展的本质的、起决定性作用的因素，呈现的是学校的个性和特色。在优势分析中常犯的错误，一是发展优势分析部分不够突出，二是发展优势缺乏归因分析，三是优势分析过于冗长。①

（三）学校发展问题分析

分析学校发展中的问题，采取切实有效的措施解决这些问题是学校发展的现实需要。学校发展规划开发了专门的技术方法用于分析、诊断学校发展中的问题，并确定问题的重要程度和解决问题的优先次序，包括学校发展问卷，问题树的运用，关键问题分析法，优化排序，对比排序，等等。在问题分析过程中要避免下列现象的出现：一是问题分析不够具体，二是问题分析缺乏重点。②

在这项工作过程中，应该遵循四个客观原则：一是社会的客观需要，即社会发展对学校培养人才的基本要求，满足这一要求是学校价值的根本所在，是社会赋予学校的历史使命；二是学校的客观基础，即学校在发展过程中所形成的社会形象、文化传统、学校特色；三是学校办学的客观条件，即一所学校师资队伍条件、教育教学设施条件、生源条件等学校教育资源；四是教育的客观规律，即要遵循教育规律，遵循学生的身心发展规律，遵循各个学科的教育与教学规律，等等。唯其如此，才能保证所设计的学校发展规划既具有科学性又具有可行性。③

二、定位学校发展的目标

一般来说，学校发展的总目标包括办学目标和培养目标。办学目标是指学校未来将发展成为一所什么样的学校；培养目标是指将学校学生培养成为怎样的人，也就是育人规格。目标作为学校发展的基点，直接制约着发展规划的主体和重点内容设计。同时，学校办学目标定位的合适与否，在很大程度上影响着发展规划能否顺利实施及其预期效果的有效达成。制定学校发展规划应该结合教育改革与发展的整体趋势，根据学校自身发展的需要与特点，选择和确立适合自己学校的发展目标。

（一）学校发展目标的体系

学校发展目标按照时间可以分为：近期目标、中期目标和远期目标；按照实施主体可以分为：总体目标、部门目标、个体目标等；按照要求可以分为：高级目标、中级目标、低级目标。学校发展目标是许多子目标的有序组合后构成的整体目标。

学校发展目标在规划中应当是一个系统，它应当包含学校的办学目标、学生的培养目标以及相关的子目标系统，如学校德育工作目标、课程建设目标、教学改革目标、队伍建设目

---

① 陈玉云.学校规划制定中的关键要素分析[J].教学与管理，2008(1)：11.

② 陈玉云.学校规划制定中的关键要素分析[J].教学与管理，2008(1)：11.

③ 谢利民.学校发展规划的制定、实施与评价[J].教育研究，2008(2)：87.

标、管理工作目标等。这样的学校发展规划目标才能有效引导学校的发展方向,指导学校各项工作的展开。

(二)学校发展目标的维度

学校发展目标一般包括三个维度:方向、程度、时间。其中最重要的是方向,方向往往和学校特色的定位相联系。

学校的发展如同一个人、一个国家、一个民族的发展一样,要有自己的个性,要有自己与众不同的东西。学校特色是立足学校、从学校实际出发、密切结合学校实际的产物。学校发展程度的定位,是指学校在同类学校中所处地位的发展定位。如品牌学校,可追求成为全国的领先校,乃至世界一流名校;也可追求成为全省、全市同类学校中的首席;还可追求成为本学片同类学校中的首席。①

(三)确定发展目标的原则

确定学校发展目标的原则可以简单地归结为 SMARTER 法则,包括以下七个方面的内容②:

- ◆ Specific(具体的)
- ◆ Measurable(可测量的)
- ◆ Achievable(可完成的)
- ◆ Realistic and relevant(联系实际的)
- ◆ Timed(确定时限的)
- ◆ Evaluated(可以评价的)
- ◆ Reviewed(可以检查的)

三、制订各部门行动计划

行动计划是学校发展目标实现的重要保障,是学校发展规划中可操作的一环。

(一)确定优势发展项目

在制订各部门行动计划时,明确职责并且分清轻重缓急是十分重要的,是日后计划执行效率的保障。学校工作千头万绪,学校资源也相对有限,在整体规划的基础上,学校要避免面面俱到,要选择优先发展项目。行动计划要把重心放在优先发展项目上,围绕优先发展项目制订各部门行动计划,落实各部门的具体目标和具体行动。优先发展项目一般是从德育课程、课堂教学、教育科研等学校中心工作中选择的。选择对学校发展能产生关键影响的项目不宜过多,一般以 1~3 种为宜。

(二)制定规划方案

根据确定的工作重点,负责规划拟定的部门邀请地方政府及地方教育局行政人员、学校领导、教师、职工、学生、家长、社区参与,采用头脑风暴法进行充分讨论,鼓励他们提出尽可能多的富有创造性的、具体可行的建议,在此基础上形成规划草案。

规划草案提出后,学校应该组织相关人员和专家,对所拟定的内容进行逐一论证和评价,看其是否符合教育政策、法规和教育方针,是否符合学校管理需要,是否符合学校实际,

---

① 罗双凤,叶安珊.教育管理学[M].北京:中国人民大学出版社,2010:85.

② 陈建华.中小学发展规划[M].北京:北京大学出版社,2013:103.

是否时机恰当，是否具有可行性和可操作性，是否受到广大师生员工的认可。经过逐一论证后，从多种方案中确定出最符合学校实际情况的规划方案并修改完善形成文本。规划方案经上级领导部门审批后，学校应该在全校范围内公布该方案，甚至可以在学校所在的社区公布该方案，使人们能够对学校发展规划更加明确。

（三）完善规划实施系统

各个部门的行动实施计划必须详细阐述以下几个方面的内容：

◆ 目标（学校整体目标、各个部门目标）

◆ 任务（各部门需要采取的行动）

◆ 责任人（说明职责和注意事项）

◆ 时间（实施、监控和检查所需时间）

◆ 成本（时间、经费、物质资源、培训成本等）

行动计划一旦确定，就应该定责授权，层层落实，指定每项行动的负责人，分配资源，明确相应的职责，落实组织成员的任务、责任和权限，确定他们应该做什么、什么时候做、应达到什么要求、做的时候他们有什么权力，以保证行动计划能有效实施。

（四）健全规划保障系统

规划的保障系统主要包括四个方面：一是组织保障，即学校的组织体制和运行机制方面的保障；二是队伍保障，即师资队伍、科研队伍和管理队伍的保障；三是学校条件的保障，即学校的硬件建设的保障；四是制度保障，即管理制度、评价制度等方面的保障。①

充分的人力、物力、财力的准备是活动得以顺利实施的保障。因此，负责人应该检查各项资源是否充分。在行动计划的实施过程中可能会出现各种问题，影响到既定规划的实施进度。项目负责人应该及时发现问题，组织成员共同克服困难，保证实施进度，尽量在要求时限内完成任务。根据实际成效的评价结果，针对反映出的问题及相关意见，采取相应的调整措施，有序、有效、及时地做出必要的调整。

四、制定评价机制

（一）建立评价标准

学校规划中的每一项目标和行动都应该制定清晰的评价标准。根据学校情况的不同，标准可以是学期的标准和年度的标准，要体现过程性与结果性的统一，并且要尽量量化。为了保障规划的操作性和激励性，标准还应该是可以达到的且具有一定的挑战性。学校应该成立发展规划评审委员会或评审小组，依据学校发展规划制定出相应的发展规划评价表。

（二）建立自评机制

规划执行过程中实施自我监控非常重要，它有助于学校在这一过程中进一步完善和修订规划。评估过程应重视计划性，使评价人员明确职责和任务，以便在日常的教育教学活动中更有效地关注评价对象的发展态势。每项行动的负责人应进行自我检查和述职，认真、如实地填写发展规划评价表，做出公正客观的自我评定。

（三）重视过程性评价

对规划的评价应着眼于过程性，使评价活动与学校的各项改革举措的实施进程相结合，

① 罗双凤，叶安珊.教育管理学[M].北京：中国人民大学出版社，2010：84.

做到形成性评价和终结性评价结合,以形成性评价为主。评价还应体现连续性,学校管理过程是循环的过程,一次评价并不意味着学校管理活动的终结,而意味着下一个管理过程的开始,因而学校的持续发展需要有持续的评价活动做保证。①

(四)注重多方参与

学校自我评价仅仅依靠学校领导是不够的,还要靠全校教职工和学生,尤其要调动既是教育活动的直接组织者又是其直接责任者的广大教师的积极性,让评价对象以一种坦诚公正的心态开展自主评价活动。在学校发展规划执行过程中,以及学年结束后,学校应当安排时间,邀请那些参与制定规划及执行规划的学校共同体有关人士检查和评价规划实施的效果。

学校发展规划是一个周而复始、螺旋上升的循环过程。一次评价活动对于本规划或下一个学校规划的实施产生积极影响,因此要重视结果所揭示的新情况、新问题,加强研究,改进工作,真正体现评价促进学校管理活动的改善和组织活动职能的发挥,促进教育质量的提高。

第三节　学校规划制定的方法

一、问题树分析法

问题树分析法是一种以树状图系统地分析存在的问题及其相互关系,通过描绘树状的图形找到解决问题的途径和方案的方法。这一方法不仅可以找出分析对象存在的主要问题及其核心问题,而且可以发现这些问题之间的因果关系。

问题树分析法的主要特点是:

(1)思路简单明了,将规划者和决策者的思路条理化、系统化,容易被人们所接受。

(2)呈现形式直观形象,以树状的形式将问题及其因果关系直观地展示给学校规划参与者。

(3)对问题的本质及其关系分析得十分清楚,不需要复杂的定量数据。

(4)实用性广,可用于复杂而多层次问题的分析。

问题树分析法一般有五个步骤:

(1)找出学校发展存在的主要问题。问题的范围依研究目的而定,可以大到整个学校存在的问题,也可以小到仅仅包括某一个年级或部门存在的问题。

(2)在所确定的主要问题中,找出一个问题作为“核心问题”或“起始问题”。此问题将是分析主要问题之间因果关系的出发点。

“核心问题”或“起始问题”的确定要遵循三个基本原则:一是问题所包括的范围要广,也就是说,此问题要与众多的问题都有因果关系;二是此问题和研究目的要紧密相关;三是此问题一旦得到解决,那么其他一系列的问题都会迎刃而解。②

(3)确定导致“核心问题”或“起始问题”的主要原因。

---

① 陈玉云.学校规划制定中的关键要素分析[J].教学与管理,2008(1):12.

② 陈建华.中小学发展规划[M].北京:北京大学出版社,2013:130.

（4）确定“核心问题”或“起始问题”导致的主要后果。

（5）根据以上因果关系画出问题树，反复审查并根据实际情况加以补充和修改。

应用问题树分析法时需要注意的是：

首先，问题树中的每个问题都是写在文本框中的。每框里只能有一个问题，并且问题要具体，问题的阐述一般采用否定式的陈述语气，比如入学率低等。

其次，涉及的主要问题，应该是学校现在已经存在的问题，而不是假象或推测的可能存在的问题。

再次，在问题树中，问题所处的位置并不代表其重要性，也就是说，每个问题都具有同样的重要性。

最后，分析时要注意多层次问题的多原因和多结果的关系，在分析问题之间的因果关系时，必须具有逻辑性。

案例

问题树分析法的应用

位于北京市某区的某中学是由一所职业高中改制的普通高中，学校就如何改善教育教学状况，尤其是通过发展艺术特色来提高高考升学率进行了研究。如图 5.1 所示，应用问题树分析法分析该校提升升学率过程中存在的主要问题及其因果关系。

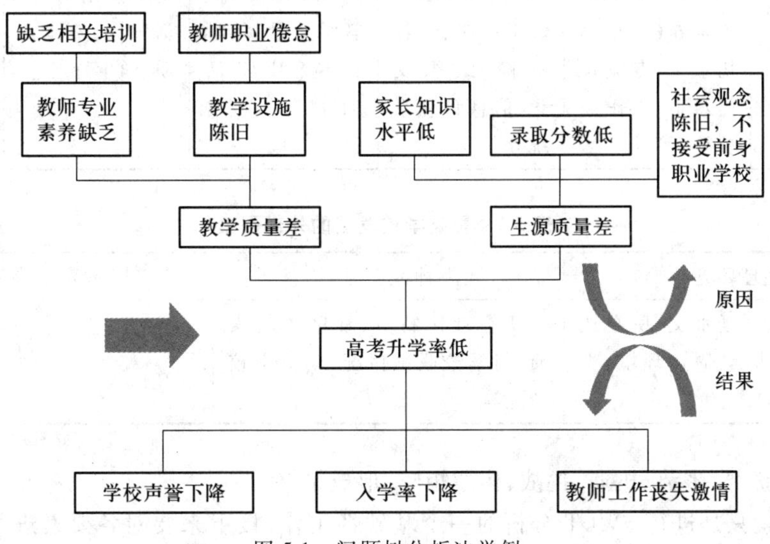

图 5.1　问题树分析法举例

二、SWOT 分析法

基于学校自身的优势、劣势、机遇、挑战进行分析的 SWOT 分析是最常用的分析方法之一。SWOT 分析法又称为态势分析法，SWOT 四个英文字母分别代表：优势（Strength）、劣势（Weakness）、机遇（Opportunity）、挑战（Threat），它是由旧金山大学的管理学教授韦里克于 20 世纪 80 年代初提出来的，就是将与研究对象密切相关的各种主要内部优势、劣势和外部的机遇与挑战等，通过调查列举出来，并依照矩阵形式排列，然后用系统分析的思想把各种因素相互匹配起来加以分析，从中得出一系列相应的结论，而结论通常带有一定的决策性。它能对学校的内外部环境进行全面的分析，能分析出学校的优势、劣势、所面临的机遇与挑战，是最适合学校校情分析的方法之一。

SWOT 分析法的重要贡献在于用系统的思想将似乎独立的因素相互匹配起来进行综合分析，使得学校发展计划的制订更加科学全面。SWOT 分析法既可用于对学校整体发展进行分析，如学校所处地理位置、经济文化圈、学校规模、办学硬件设施、教师资源、学校管理、学生、家长、社区资源等因素的综合分析，也可就学校发展过程中的某一方面、某项决策、某个问题进行分析。

SWOT 分析法的操作步骤：

1. 明确相关要素，确定学校的优势和劣势及可能的机遇与挑战

在确定影响学校发展的相关要素时，最好从影响学校发展的内部和外部两个维度出发，这样更加有利于研究工作的实际操作（如表 5.1、表 5.2 所示）。

表 5.1　影响学校发展的内部因素

学校规模	人力资源	管理制度	课程与教学	学生情况	家长情况
学校位置、学校面积、班级数量、教师数量、学生数量、设施设备等	领导素养、教师素养、行政人员素养、后勤员工素养（包括学历水平、专业技能水平、工作经验等）等	组织制度、行政机构、常规仪式、校本管理、教工手册、学校章程、组织文化、信息管理系统等	课程体系设置、课程安排、教学质量、教学特色、社团活动等	学生结构、生活背景、整体素质、学生特点等	家长结构、家庭状况、收入状况、教育背景、教育观念、工作性质等

表 5.2　影响学校发展的外部因素

地理环境	社区资源	教育主管部门
行政划分、气候水文、所在地区经济文化状况、周边环境、交通状况等	所在社区特点、社区人员素质、与学校联系情况、其他学校情况等	政策导向、扶持力度、关注程度等

2. 组合优势、劣势、机遇、挑战，构建矩阵，形成策略

明确要素只是进行 SWOT 分析的一个基础性工作，接下来要对各要素进行整合，将调查与研究得出的各种因素，根据轻重缓急或影响程度等排序，构造 SWOT 矩阵。

对 S—O、S—T、W—O、W—T 四种策略的具体理解是：

（1）S—O 策略：指主要分析优势因素和机会因素，是最大限度地利用内部和外部的优势与机会，充分发挥积极因素的策略。

（2）S—T 策略：力求充分利用优势因素，在进行分析的同时注意趋利避害，对威胁因素加强监视，使其减小甚至避免的策略。

（3）W—O 策略：对于内部的劣势因素尽可能地改善，抓住外部的机会因素使其发挥最有利影响的策略。

（4）W—T 策略：减少内部的劣势，并规避外部的威胁因素，以求使其影响达到最小的

策略。

3. 对策略进行甄别和选择，确定目前应该采取的具体策略

依据对学校发展影响因素的交叉罗列和策略思考，要对这些可能的 S—O、S—T、W—O、W—T 策略进行综合分析和判断，决定哪些策略是切实可行的（如表 5.3 所示）。分析时，还要注意实施策略的可行性、适切性和接受性。可行性是指学校在执行能力、实施经费上是否满足实施该策略必要的条件；适切性是指策略的实施是否适合目标的实现；接受性则是指策略实施时，学校员工、教师以及学生、家长等的接受程度。在对策略进行可行性、适切性和接受性的分析后，可以最终选择出适合自己学校的发展策略，制定切实可行的行动方案。

表 5.3　上海某小学 SWOT 校情分析表①

内部能力 / 外部因素	优势——S（Strength）	劣势——W（Weakness）
	品牌大学附属学校的品牌优势 具有“科研立校”的强烈意识 教师培训渠道拓宽、确保教师专业化发展 人口导入区位和生源优势	学校建校历史短暂，缺少名师效应 学校条线工作发展不均衡
机遇——O（Opportunity）	S—O	W—O
属地化后的政策和资源为学校进一步发展提供了保障 体育俱乐部、小伙伴艺术团基地的奠基、多区联动关系的建立，为教师搭建了学习、实践的新舞台，也为学校办学以特色取胜提供了有力保障	发挥优势利用机遇 发挥区位、科研等优势，抓住政策、资源转机，和谐合作，以规划促发展	利用机遇克服劣势 多元伙伴合作，充分利用资源，以创建特色取胜
挑战——T（Threat）	S—T	W—T
学校周边历史名校众多，学校和教师面临的压力较大 生源来源丰富，家长背景、层次不同，需求多样，学校管理、教师对学生的教育教学等众口难调	利用优势应对挑战 专家引领，以研促教，激发教师活力和创造力，实现教育教学创新、管理体制创新	减少劣势应对挑战 发挥资源优势，打造品牌教师，实现体制机制创新，凸显特色，实现异军突起

4. 运用 SWOT 分析法诊断学校发展的注意事项

（1）进行策略规划的根本目的在于营造学校所特有的核心竞争力，形成竞争优势。这种竞争力不仅仅体现在量上的差异，更要体现在质的差别上。

（2）不存在完美无缺的策略规划。变是永恒的，不变是相对的。学校所面临的内外环

① 倪梅，陈建华.参与式规划与学校发展［M］.北京：北京大学出版社，2010：41-42.

境是不断发生变化的，学校的策略规划需要在一定时间内进行必要的审视和再评估。

（3）对于外部环境的分析，不是所谓的地理环境、主管部门、社区资源等因素的简单罗列，要明确分析核心和基点，从而由核心到外围对外部环境展开分析。

（4）优势和劣势、机遇和挑战不是简单的罗列，优势从另外的角度来看可能成为劣势，而所谓的挑战中也可能蕴含着机遇。策略制定者要通过系统的分析、辩证的思考进行通盘考虑。

通过 SWOT 这种结构化的平衡系统分析体系，可以较为系统、客观、准确地分析和研究一所学校的现实情况，从而制定出适合学校发展的战略与竞争对策。SWOT 分析法是学校发展规划中进行校情分析工作不可缺少的重要分析工具。

三、德尔菲法

德尔菲法（Delphi Method），也称专家小组法、专家会议预测法或专家调查法，是一种用来征询专家们意见的主观预测与分析方法。

德尔菲法在学校校情分析中的基本步骤如下：

1. 确定学校问题

根据校情分析过程中待解决的问题，提出清晰明确的征询问题。问题应明确，回答方式应简单，必须避免所提问题模糊、模棱两可，以便于对调查结果进行汇总和整理，编制成专家调查问卷。校情分析的专家调查问卷一般可采用开放式或封闭式两种形式。

2. 选择教育专家并组成专家团队

在确定学校问题后，应按照校情分析所涉及的问题范围，选择在该领域内有一定权威和研究深度的若干名教育专家，组成一个多元合作的专家团队。专家团队人数一般以 20 人左右为宜。专家团队中的教育专家可以是来自高校或科研机构中熟悉学校发展规划或校情分析的教师，也可以是来自校外但涉及本领域的专家，还可以是熟悉学校自身状况的学校行政领导、教师等。专家团队应该尽量能够全面、科学、系统地会诊、分析学校在实践中存在的问题与所处的客观现状。

3. 实施调查

专家调查问卷编制好后，即可采用函询、电话或 Internet 网络的方式进行调查。问卷不应过于冗长，但应尽可能多地附上有关学校的历史沿革与背景材料，使专家在分析判断时有足够的依据支撑。征询教育专家意见时要明确规定回收时间。问卷要采取匿名方式，教育专家之间不进行横向讨论交流。

4. 统计反馈

调查人员通过各种途径回收表格，对问卷结果进行统计处理。调查人员要对每个问题进行定量统计归纳，要将各位教育专家第一次的判断意见汇总整理，将类似答案或相似事件进行归并处理，排除次要事件，列成图表进行对比，并且再次整合生成新的调查表为下一轮调查做准备。将新生成的校情分析调查表再次发给各位教育专家，使他们根据统计归纳的结果了解、参考其他专家的意见，并且再一次提出意见。如此反复经过 3~4 轮调查，直至最后专家们的意见基本上趋于一致。

5. 汇总处理调查结果

对于校情分析中涉及权重赋值的调查结果，可以用算术平均值来代表教育专家们的意见，以文字图表的形式表现出来。

德尔菲法在学校校情分析中能有效发挥教育专家的资源优势，由各位教育专家提供多方位的专业意见，因此它在目前世界上 200 多种预测决策方法中脱颖而出，成为一种人们常用的定性预测方法，也成为开展科学的校情分析工作的得力工具。

四、标杆分析法

标杆分析法（Benchmarking），又称基准化分析法，是将学校所从事的活动与从事相同或相似活动的优质校、品牌校、知名校进行比较，找出差距，针对差距学习先进经验并制定改进方案，达到提高自身水平的管理方法。具体操作步骤如下。

1. 分析学校自身现状

研究者要对影响学校发展的内外部因素有清晰客观的正确认识。只有建立在科学分析基础上的校情分析才可以使学校认清自我，认清学校得以生存和发展的现实基础，从而对学校进行正确定位，并进一步找出与标杆学校之间的实际差距。本步骤宜结合 SWOT 分析法，做到对学校自身现实基础形成清晰客观的认识。

2. 确定标杆学校

在选择标杆学校的过程中，一般应选择教育领域中在多方面或部分方面具有先进性与示范性的优秀学校、领先学校。在全面分析学校自身状况的基础上，立足学校教育教学实际，结合学校未来发展目标，将学校内部因素与外部环境有机联系起来进行综合性全盘考虑。考虑时要细化问题并有针对性地提出需要改进的内容，这样才能有的放矢。

确定标杆学校时，应选择最适合自己的标杆，其成功的经验应是易于复制的。切忌好高骛远，不切实际地照搬照抄，否则容易使学校规划成为一纸空文。

确定标杆学校时还应该注意的是，要考虑到标杆信息的实地采集过程中标杆学校受访师生员工是否有意愿合作、信息采集是否方便，这些都是在确定标杆学校之前需要先行考虑的因素。

3. 搜集相关信息并进行分析

研究者应尽可能多地通过各种渠道搜集标杆学校的相关资料数据，信息搜集途径主要有媒体报道、会议简报、实地考察、文献资料、调查、研究、访谈以及问卷调查等。资料数据的搜集及量化工作应分为两部分进行：一部分针对学校量化信息；另一部分针对标杆学校搜集及量化信息。

对搜集到的数据资料进行定量分析与定性分析，在确保信息数据的有效性与信度的前提下，可使用动态分析、因素分析、回归与相关分析等统计学方法整理数据、比较数据、分析数据，经综合分析对比，找出学校与标杆学校之间绩效水平上的差距，或找出双方教育教学管理措施上的差别，对照标杆学校的最佳实践分析出差距产生的原因及关键性因素，明确学校欲追赶的绩效目标，然后可通过头脑风暴法、问题树分析法、德尔菲法及研讨会等方式制定出弥补差距的推荐方案，找出向标杆学校学习的现实可行方法。

进行学校与标杆学校间各项绩效指标的差距分析时，宜采用差距分析法，此方法能够简单有效地评估绩效差异度。差距分析法分两种：一种是差额分析法，另一种是比率分析法。

差额分析法简单易行，它是求出学校自身与标杆学校绩效数据间差额绝对值的一种算法（如表 5.4 所示）。

表 5.4 某小学教师差额分析表

指标结构	绩效指标		学校	某标杆学校	绩效差距
师资队伍状况	职称结构	小学一级教师	45 人	50 人	5 人
		小学中级教师	24 人	39 人	15 人
		小学高级教师	2 人	10 人	8 人
	学历层次	本科	64 人	80 人	16 人
		硕士	7 人	19 人	12 人

比率分析法是将学校与标杆学校之间的绩效数据相除,会得到一组比率值,这些比率值可以通过蜘蛛图(图 5.2 所示)形象直观地展现出来。

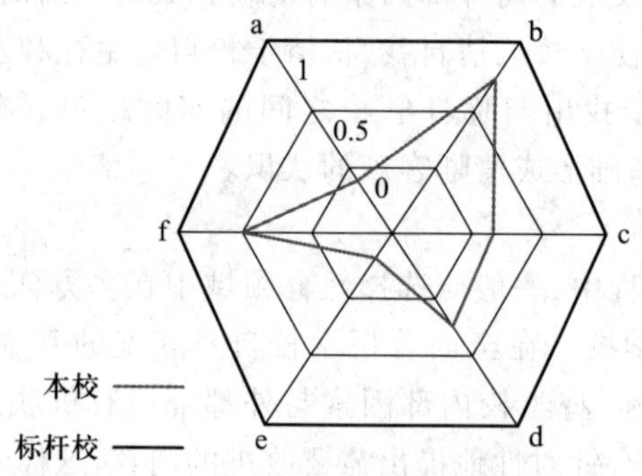

图 5.2 某校绩效差距蜘蛛图

4. 实施行动方案并进行跟踪评价

制订出具体明确、易于操作、切实可行的行动计划。计划需包括细节性安排,有科学系统的实施程序并具备相应的技术支撑,应注意避免模糊概念及不确定性,将计划有机分解落实到每一个学校师生员工身上,做到权责分明、分工明确,以确保计划的切实执行。

计划执行一段时间后,要即时评价,及时总结经验教训,以便进一步改善下一轮的标杆管理工作。评价内容主要关注:与标杆学校的绩效差距缩小了吗?缩小的幅度如何?缩小的速度如何?如发现原计划不能达标,就要即时找出原因,即时修订计划。

标杆分析法节约经济,能大幅度提高校情分析工作效率,为学校发展提供了现实可行的途径,这种方法也有助于促进学校学习型组织的发展。

本章小结

学校规划是根据国家或地区教育发展战略要求的,结合校情分析和设计的,有一定目标导向的,学校全面改革发展和持续改进的行动计划。在制定学校规划的过程中,要有系统思维和民主参与的意识和方法,要确保规划的科学性和可操作性。

学校规划制定的主要环节包括学校现状的调查分析、定位学校发展的目标、制订各部门行动计划、制定评价机制。学校规划制定的科学方法主要有问题树分析法、SWOT 分析法、德尔菲法、标杆分析法等。

思 考 题

1. 学校规划的内涵和制定的基本原则是什么?
2. 学校规划的制定应该遵照什么样的程序?
3. 简述 SWOT 分析法在学校规划制定中的应用。
4. 简述德尔菲法的操作步骤。
5. 运用本章知识,尝试为自己所在的学校制定一个简要的学校规划。

第六章 学校沟通

学习目标

本章的学习目标在于"理念改进",提高对学校管理领域有效沟通的认识。在理解沟通的一般模式的基础上,通过分析学校沟通的基本问题和具体类型,帮助搭建管理者与教师之间的沟通桥梁,从沟通的角度提升学校管理的有效性,促进教师发展和学校改进。

建议学时

6 学时

教师导读

管理的本质在于沟通,学校沟通在中小学管理中具有重要意义。本章内容主要包括沟通的一般模式、学校沟通的类型、学校沟通的渠道。其中,沟通的一般模式主要介绍沟通的概念以及如何排除影响有效沟通的障碍;学校沟通类型主要介绍传统的沟通方式,并重点介绍倾听和表达的作用;学校沟通的渠道主要介绍开放的思维、尊重、理解和积极情绪对有效沟通的作用。本章最后提出了有效沟通的"RULE"法则,它强调学校沟通要尊重人格,理解特点,倾听心声,表达期待。

学习本章将有助于提高学习者对学校沟通的认识,理解学校沟通的类型和途径,掌握学校沟通的积极理念和有效方法。为了更好地学习本章,建议学习者在学习时,一要理论联系实际。结合自身工作中遇到的管理沟通问题或现象,密切关注当前学校管理沟通中出现的热点问题,学习沟通理论和方式,思考沟通的特点及解决途径。二要准备一些相关知识。在学习本章的同时,做一些与本章内容有关的知识铺垫,阅读一些有关管理学、管理心理学、教育管理学等相关的文献或书籍。

第一节 沟通的一般模式

一、什么是沟通

沟通的基本含义是指在特定情境或环境中,两个或两个以上的人利用言语的、非言语的方式进行协商谈判,以达到一致的意见或共识的过程。简单地讲,就是人们通过语言、书信、信号、电讯等方式传达想法或交换信息和意见的过程。

（一）沟通的基本要素

从信息加工的角度来看，一个沟通过程包括以下一些基本要素：

（1）沟通的内容：沟通各方彼此所要传达的内容，比如，共同关注的事件、想法、意见、观点等。

（2）信息发出者：指沟通的主动方或发起者，比如，学校管理者主动找教师就某事沟通，管理者就是沟通的主动方。

（3）信息本身：沟通过程中传递的信息，比如，言语、符号、图表等。

（4）沟通途径：指信息沟通的渠道，比如，听觉、视觉等感官通路。

（5）信息接收者：指接收信息的人。

（6）反馈：指沟通各方彼此间的回应，特别是信息接收者对信息发出者的反馈。反馈包括积极反馈和消极反馈，其中积极反馈即接收并理解信息，消极反馈即未接受或不理解信息。

（二）沟通的基本过程

沟通是一个信息传送与反馈的循环过程，它的基本过程见图 6.1。比如，校长找教师就某事进行沟通，校长就是信息的发送者，教师就是信息的接收者。校长与教师之间有效沟通的关键要素就在于信息接收者（教师）对信息发送者（校长）的反馈环节。没有反馈，就不能称其为沟通。

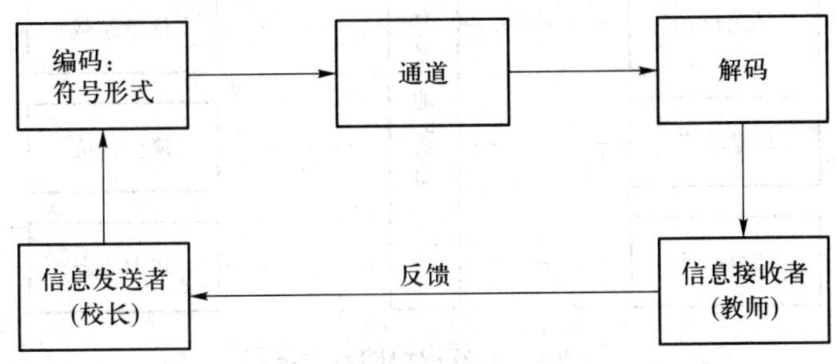

图 6.1　沟通的信息传递基本过程图

二、什么是有效的沟通

有效沟通的过程是信息源（信息发送者）与信息接收者之间传递和理解有效信息的循环过程，也就是说，沟通是信息传递的双向过程，这保证了信息发送者所传递的信息与接收者所理解的信息含义是一致的。

从学校管理者与教师的沟通来看，有效的管理沟通要实现如下四个作用：

1. 提供决策所需要的信息

学校管理者通过与教师的沟通，要为教师提供有关教育教学或学生管理方面所需要的信息，以帮助教师更好地做出相应的决策，解决相应的问题。

2. 提供表达情绪、情感的机会

在一些情况下，学校管理者与教师之间的沟通是教师表达压抑的内心、倾诉消极的情绪的途径。在与教师沟通过程中，学校管理者需要为教师提供有关教育教学方面的情绪情感表达或释放情绪压力的机会。

3. 激发教师的工作动力

学校管理者通过与教师的沟通，引导教师以积极的心态面对教育教学工作，提高教师工作的兴趣和信心，激发教师教育教学的动机和活力。

4. 调控教师的教育教学行为

通过与教师的沟通，学校管理者支持和引导教师调控自身的教育教学行为。比如，听课之后，与教师进行教学讨论（反馈），以引导教师积极改进今后的教育教学行为。

三、排除有效沟通的障碍

在教师管理过程中，学校管理者需要积极地向教师传递各种信息，也需要充分地从教师那里获得反馈信息，这就需要沟通。从信息传递的角度来看，管理者与教师之间的沟通往往是相互传递信息与理解信息的过程。这种沟通过程有时候并不那么顺畅，它的有效性往往受到一些沟通障碍的影响。作为信息的发出者和沟通的引导者，管理者更需要充分了解和排除沟通障碍，以实现与教师的有效沟通。

有效沟通的障碍常常表现在以下几个方面（见图 6.2）：

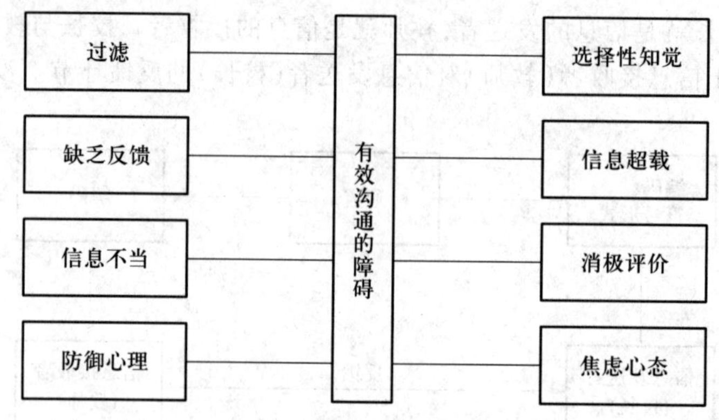

图 6.2 有效沟通的八个障碍

（一）过滤

过滤是人们在沟通过程中有意或无意地对有价值信息的忽视，它是人们在沟通中过于主观的表现，即人在传递或接受信息时，忽视客观事实，忽略或遗漏了一些重要的信息。

（二）选择性知觉

人们认识事物总是有主观性，总是掺杂着人们过去的经验和认识，或者说过去的经验和认识在一定程度上可能干扰人们对当前事物的客观认识和准确理解。人们总是习惯或倾向于根据自身的喜好对信息加以选择和取舍，这可能导致沟通信息的缺失。

（三）缺乏反馈

缺乏反馈的沟通往往是一种单向的沟通，信息由发送者传向信息接收者，这种单向的沟通往往是一种低效的沟通。比如，有一位新入职的青年教师，对学校工作充满热情。他看到学校发展存在的一些问题，就写了数千字的学校发展建议书送给校长，但是两个学期过去了，迟迟不见校长的回音。这位教师感到有些失望，于是对有关学校发展的事物也不再关心。虽然这位教师不在其位、不谋其政，他也许不能关注到校长所关心的问题，但是校长要关注到教师所关心的问题，而不能将其置之不理，应该给教师一个积极的反馈。缺乏反馈无形中成为校长与教师之间有效沟通的障碍。

（四）信息超载

从信息接收的角度来看，一个信息被多次简单重复并不一定会引起人们更多的重视，反而可能视而不见。比如，每次学校开会时，校长就滔滔不绝地向教师强调教师职业道德，教师们听多了，就可能形成"信息超载"。

（五）信息不当

与教师沟通时，管理者能够想教师所想，理解教师的期待，向教师传递恰当的信息，是有效沟通的重要保障。比如，有位校长听完教师的课之后，与教师沟通。教师期待着校长能对自己的教学有所指点，但校长只是指出黑板上有个字写得不端正，这令教师有些失望。因为教师期待着校长能提出对改进教学有价值的建议，而不是避实就虚的信息。

（六）消极评价

有的管理者习惯于发现教师的不足或问题，而缺乏对教师积极表现的关注。管理者发现教师问题的本意往往是希望教师更好成长，但是对教师的消极评价往往造成沟通的障碍，结果事与愿违。因此在与教师的沟通过程中，管理者应更多采用积极评价，罗森塔尔效应（期待效应）也就会发生在教师的身上。

（七）防御心理

当教师对管理者心存防御时，不利于信息的传递和理解，沟通的有效性就会打折。管理者不妨观察一下，在学校召开教师大会，教师们进入会场就座时，是选择靠近讲台的位置，还是选择远离讲台的位置。如果教师们选择远离讲台的位置就座，这可能就是教师的防御心理在起作用。防御心理可能使教师对管理者敬而远之，它甚至在很大程度上反映出教师对管理者的信任度。

（八）焦虑心态

有的教师在与管理者沟通时可能会不自觉地感到很焦虑，这种焦虑会成为沟通的障碍。比如，校长请某位教师来自己的办公室，在与教师谈话时，校长发现教师的情绪很紧张，心态很焦虑。此时校长最好不要急于与教师讨论有关事宜，而是应该设法让教师的心态放松下来，再与教师进行沟通。否则，当教师离开校长办公室时，可能由于焦虑心态而记不起刚才与校长谈了些什么，这自然不会是有效的沟通。

第二节　学校沟通的类型

一、沟通的类型

一般而言，沟通主要有三种类型：非言语沟通、口头沟通和书面沟通。其中，口头沟通和书面沟通属于言语沟通的范畴。

（一）非言语沟通（Nonverbal Communication）

非言语沟通是通过非言语的方式（主要是表情，比如面部表情、身体表情、言语表情）传递信息进行沟通的方式。在沟通过程中，沟通的各方往往通过非言语方式传递大量的信息，特别对于倾听者而言，可以通过非言语信息的传递而成为沟通的主动者。

非言语沟通的优势在于，沟通各方提供可观察的情绪或情感表达。沟通的一方可以通过观察对方的非言语信息来理解对方的态度、情感和想法，也可以通过适当地发出非言语信息，向对方表达自己的态度、情感和想法，从而及时采取应对措施，更好地表达各方的观点，达成共识。

非言语沟通的劣势在于，在信息掌握不全面的情况下，人们对面部表情、身体表情、言语表情等有可能产生误解，会影响接收者对沟通信息的认识和理解。

（二）言语沟通（Verbal Communication）

言语沟通是人们在沟通过程中，运用语言符号进行信息交流，传递观念、态度和情感等，从而达到共识的沟通方式。言语沟通是人际沟通中非常重要的一种方式，许多沟通的信息都是通过语言进行的。言语沟通分为口头沟通和书面沟通。

1. 口头沟通（Oral Communication）

在人际沟通中，口头言语沟通的方式有很多，比如，对话、会谈、讨论、演讲等。口头沟通可以直接及时地交流信息、沟通意见。

口头沟通的优势在于，信息传递的速度快，容易获得及时反馈。口头沟通的劣势在于，由于人们以往经验或认知体系的不同，所传递的信息可能容易被歪曲或失真。

2. 书面沟通（Written Communication）

书面沟通是人们以书写文字的方式交流或传递信息，以达到共识的沟通方式。在间接沟通过程中，书面沟通运用比较多。

书面沟通的优势在于，不受时间、空间条件的制约，在单位时间内，书面沟通的效率会较高。书面传递的信息正式规范，信息量大，易于长期保存，可以在需要时获得证实，沟通的准确性和持久性比较高。

书面沟通的劣势在于，沟通所耗费的时间长，缺乏反馈，也难以及时反馈对所传递信息的理解。

二、打破传统的沟通方式

图 6.3 中的三只猴子，一只捂着耳朵不听，一只捂着眼睛不看，一只捂着嘴巴不说，也许可以体现出传统文化对人际沟通的理解。

图 6.3　三只猴子的沟通方式

传统文化对人与人之间的沟通强调意会和感悟，正如常言所说的“言多必失”“少听、少说、少看”“喜怒不形于色”等。

在这种传统文化背景下，学校管理者（比如校长）经常要出言谨慎，三思而后行，在与教师沟通交流时，时常不表达自己真实的或深层的看法和观点，同时教师也不轻易表达自己内心的想法。比如，在一所学校里，许多教师都反映，一个学期过去了，校长竟然与教师没有说过一句话。这就是传统的沟通理念在管理者与教师之间形成的沟通障碍，这可能导致学校管理沟通的低效，进而可能导致学校管理工作的低效。

当前，传统文化中的沟通方式正在逐渐发生着变迁。试想一位四五十岁的成年人是否对自己的父母当面说过“我爱你”，可能多数人没有说过这样的话语，因为对父母的爱往往是通过“意会”的方式间接表达出来，而不是直抒胸臆地表达出来。但是，看一看现在学校的学生们，他们可以很自然地对自己的父母说出“我爱你”。可见，现代社会文化对沟通的理解逐渐有了许多新的认识，越来越强调“表里如一”“言行一致”，强调“表达内心真实的感受”。

因此，对于学校管理者来说，在与教师沟通时，要注重充分地听、充分地看、充分地说，不妨多听听教师们的心声，多看看教师们的行为，多说说自己的想法，而不是深藏不露。

三、倾听

在学校沟通中，倾听作为一种非言语沟通方式，具有重要的价值。相对于表达而言，沟通应首重倾听。比如，有一位校长在学校教职工大会上说：“教师们如果对学校管理有意见和建议，欢迎教师提出来，但是必须逐级上报，不可越级报告。”于是，这位校长很少听到教师们对学校管理提出意见和建议，因为这种“逐级上报”的方式似乎向教师们暗示着校长与教师之间的距离并不近，于是教师们对这位校长敬而远之，大多数教师并不愿意通过“逐级上报”的方式与校长沟通。而对于这位校长来说，看到很少有教师来反映学校管理问题，于是认为教师对学校管理没有意见和建议。

那么，这位校长听取教师意见的方式是否可取呢？是这位校长不愿意倾听教师的意见吗？教师提出意见和建议，会对学校管理和发展有利还是不利呢？

在很多情况下，教师找校长沟通的目的就是倾诉，只是一吐为快，并没有更多的要求。学校管理者能倾听教师的声音，给教师机会诉苦甚至抱怨，才是真正和谐与民主的管理氛围。如果学校管理者不愿意听教师倾诉，校园可能表面上看来显得宁静而和谐，但是这种所谓的宁静与和谐背后却可能隐藏着不断积累的管理“疾患”。

因此，校长要给教师倾诉的机会，并真诚地倾听。事实上，倾听不是被动的行为，而是主动的行为，倾听者需要设身处地感受，不但要听懂沟通对象的言语本身，也要听出“字里行间”的非言语内容。比如，管理者在倾听的过程中，通过非语言行为向教师传达“我正在听”“我在认真听”等信息。倾听中的表情往往迅速表明人的情绪和态度。

（1）面部表情：如眼睛、眉毛、嘴的位置变化。面部表情是一种重要的社会刺激物，往往能反馈人们的身心状态。

（2）身体表情：如身体姿势、手势，它可显示个体的认知与情绪情感状态。

（3）言语表情：如音量、语调、节奏等特征，人们通过言语表情判断他人的情绪情感状态。

拓展资料

表情通常反映出的内心状态

摆手	表示制止或否定
双手外推	表示拒绝
双手外摊	表示无可奈何
搔头或搔颈	表示困惑
搓手、拽衣领	表示紧张
拍头	表示自责
耸肩	表示不以为然或无可奈何
打呵欠	表示疲劳或厌倦
用脚点击地面	表示紧张、不耐烦
身体前倾	表示专心、有兴趣

四、表达

倾听在沟通过程中非常重要,同时表达也具有非常重要的意义。比如,有一位教师上课迟到了,尽管她自己也为此深感内疚,但是校长还是在大会小会上批评了她三次。她认为自己事出有因,并非故意,而受到校长如此对待,自然感到非常委屈。她去找校长,想把自己上课迟到的原因解释一下。但是,她刚一开口解释,校长就严厉地说:"你不要狡辩!"校长的话语让这位教师感到非常难过,许多天过去了,心里还是感到压抑,这也影响了她的教学工作,甚至上课的时候有时也会因此事分心。

不难看出,校长缺乏倾听教师心声的意识,更没有恰当地表达自己的想法,甚至还向教师表达了一些消极的信息。

(一)消极表达方式影响沟通质量

从管理的角度来看,沟通要注意表达的方式。积极的表达方式可以增进相互理解,促进教师发展,而消极的表达方式往往导致沟通不畅。

拓展资料

国王的梦

有一天国王做了一个梦,他梦见自己的牙齿一颗颗地掉光了。

国王醒来后,感到非常不安,于是命大臣找来了全国最好的占卜师。这个占卜师听了国王的梦之后说:"陛下,这个梦不好啊!梦见牙齿一颗颗掉光,这表示您的家人将会先于您而一个一个死去。"国王听后大怒,命令将占卜师关进监狱,并传令大臣再找一个占卜师来。

新的占卜师来了,听了国王的梦之后说:"陛下,这个梦很好啊!您的牙齿一颗颗掉光,这表示您将比您的所有家人活得都长。"国王非常高兴,命令赏赐。大臣十分不解,问这个占卜师:"你所说的跟前一个占卜师说的不是同一个意思吗?为什么他受罚而你受赏赐呢?"这个占卜师坦然地说:"不在于说了什么,而在于是如何说的。"

从上面的寓言可以看出,用两种方式对同样的事物做出解释时,所获得的结果却完全不同。在管理者与教师的沟通过程中，一些一片好意的管理者“好心得不到好报”的情况经常也是这样发生的。因此，在一些管理情境中，学校管理者要关注一下自己的表达方式，教师往往并不是不接受管理者的话语，而是不接受表达话语的方式。

（二）避免消极评价：指责，拒绝

与教师沟通过程中，管理者更关注表达的内容，而容易忽视表达的方式，但是在许多情况下，表达的方式比表达的内容更为重要。正如人们虽然常说“良药苦口利于病，忠言逆耳利于行”的道理，但是现实中人们制作药片时，却要在上面加一层糖衣，可见内容虽好，但也要用可以接受的方式。因此，作为学校管理者，也许更值得采纳的方式是“良药可口利于病，忠言顺耳更利于行”。“可口的良药”和“顺耳的忠言”也许更容易让许多教师感受到心理支持、理解和信任。

因此，管理者与教师的沟通有必要避免以下一些消极的表达方式，它们会影响学校管理沟通的质量：

1. 否定指责

当管理者发现教师的问题时，有的管理者可能会否定指责教师，对教师说“你不行”“你做得真糟糕”等。经常否定指责会使教师渐渐失去对学校工作的兴趣，降低教师的工作积极性，甚至埋下教师离职的种子。

2. 冷淡拒绝

当教师向管理者寻求支持或帮助时，管理者冷淡地对待教师，沟通也许就会随之中断了。虽然管理者可能难以满足教师针对教育教学工作提出的要求，但可以简明地向教师提出建议或想法，或换个表达方式。

3. 讽刺抱怨

讽刺教师是一种为有效沟通设置壁垒的做法。讽刺抱怨也许是出自于管理者对教师的期待，由于对教师过高的期待，产生了“恨铁不成钢”的情绪。然而当教师做错事情时，管理者加以讽刺抱怨，不仅难以解决问题，反而容易激起教师的逆反情绪。

4. 轻视贬低

管理者以轻视贬低的口吻对教师说话，这样的表达方式背后往往渗透着管理者对教师的发展不抱多大期望的情绪，可能会增加教师的无助感和被轻视感。

拓展资料

- “否定指责，是使教师消沉最好的武器。”
- “冷淡拒绝，是使教师对学校事务失去热情的良方。”
- “讽刺抱怨，是疏离与教师情感的催化剂。”
- “轻视贬低，是毁掉教师自信心的有效途径。”

（三）积极评价：真诚赞美、鼓励

管理沟通的方式很重要，“不在于说了什么，而在于是如何说的”是《国王的梦》这个寓言对学校管理沟通的启示。许多时候，学校管理者与教师沟通的出发点是为教师好，但是教师不领情，原因可能在于教师不接受管理者的沟通方式。

学校管理者应尽可能地采取积极评价的方式与教师沟通，真诚赞美和鼓励就是两种简单积极的评价方式。

1. 真诚赞美和表扬

赞美是对教师已经实施的教育教学行为的一种积极评价。比如,教师的教学出色,校长可以赞美和表扬。

有一位校长提出这样一个问题:“我在学校管理中经常赞美教师,但是为什么教师们对此并不感兴趣,也没有什么激励作用啊。”深入了解发现,问题并不出在赞美与表扬本身,而是缺乏考虑教师及其工作的特点。校长对教师的赞美与表扬能否收到良好的沟通效果,并不完全在于赞美与表扬本身,也需要充分考虑两个因素,一是教师的能力,二是教师所完成任务的难度。对于一位能力很高的教师来说,完成一些非常简单的任务就不必赞美他。正如,让一个智力正常的成年人计算 10 以内的加法,当他正确完成后,竖起拇指赞美他“真聪明”,他会有什么感受呢？而当一位教师完成了非常难的任务,虽然没有完成得很好,也可以适当地表扬他。

2. 真诚鼓励

鼓励是对教师将要面临或从事的教育教学行为的一种正面评价或积极暗示。比如,人们相互表达祝愿时经常使用的“祝你成功”“祝你心想事成”等,就是一种鼓励的话语,它表达着人们对将来成功的期待。举个例子,有一个教师在上公开课之前显得非常紧张,校长平静地对教师说“努力准备吧,相信你的能力”,这让教师感受到极大的鼓励,公开课也取得了不错的效果。

对于学校管理者来说,完全可以对教师的错误或失误多一些宽容和接纳,多一些鼓励和理解,少一些消极评价。教师作为成年人,有一定的自尊心,消极评价往往产生不被认可或接纳感,起到消极的作用,而赞扬鼓励往往有着积极的作用。成年人也需要赞美和鼓励,教师也是如此。

当然,对教师赞美、表扬或是鼓励的话语,都需要发自学校管理者的内心,是管理者真诚的话语。如果管理者仅仅是为了赞美鼓励而赞美鼓励教师,内心里并不觉得教师值得赞美表扬或鼓励,那么自然不会发挥其积极的作用。

(四) 表达内心的感受

当学校管理者面对教师出现的问题与教师沟通时,尤其当沟通出现冲突时,有的管理者可能会以上级领导的角度批评指责教师的错误,而有的管理者可能采取一些积极的沟通方式引导教师意识到问题或错误。

有一种值得借鉴的表达方式,就是“表达内心的感受”。这种沟通方式强调,在引导人或培养人时,当发现他人的言行出现“问题”时,要与他人进行积极的沟通,不要把解决“问题”的焦点放在他人的言行如何错误上面,而要把焦点放在自己内心的感受上面。这就需要在发现“问题”时,考虑自己的内心是如何感受的、自己感受到了什么。

事实上,每一个人都是有自知力的,都对自己的行为和发展状况有着充分的自知。当自己的言行出现错误时,多数人能有所意识,尤其教师是一个知识文化层次相对较高的群体,更能意识到自己的问题所在。管理者并不需要通过消极的情绪表达来告诉老师什么是对、什么是错,消极的情绪表达往往并不能引导老师发现自己的问题根源。管理者与其指责、抱怨、讽刺或挖苦老师,不如告诉老师自己的感受。

比如,在前面的案例中,当校长面对教师的迟到问题,不如对教师说出自己的感受。如果教师的迟到让校长感到遗憾,不妨告诉教师“你迟到让我感到很遗憾”,而不是对教师说“你不要狡辩”。“表达自己内心的感受”的做法更有利于激发教师更好地自我反思,从而自觉改变和调整自己的行为。

第三节 学校沟通的渠道

一、开放的思维是沟通的心理前提

学校管理者要有开放的思维,教师是要管理的主要群体,因此开放的思维核心体现在学校管理者拥有什么样的教师观,或者说,在学校管理者的头脑之中,教师是一幅什么样的画像。比如,前面案例中,当校长对迟到的教师严厉地说“你不要狡辩”,这时校长心目中的教师观就显现出来了,他很可能认为教师就是一种被动的、被规定的人。

良好的沟通需要学校管理者拥有科学的教师观。教师观在不知不觉中影响着学校管理者与教师沟通的进程和效果。科学合理的教师观包括以下三个方面:

(一)教师是发展的人,用发展的眼光看待教师

比如,校长随堂听课,发现一位教师的课堂教学存在非常大的问题,校长对这位教师的教学非常不满意,准备找这位教师沟通一下。那么在沟通之前,校长是否了解自己是如何看待教师的呢?试想在沟通之前,这位校长有可能对这位教师已经形成两种不同的观念:

观念一:这是一个上不好课的教师。

观念二:教师的这节课没有上好。

显而易见,观念一针对人而言,而观念二针对而事言。“观念一:这是一个上不好课的教师”,这是僵化静止地看待教师,用教师一节课的表现来概括教师这个人的全部,这就是以偏概全,为教师“贴标签”;而“观念二:教师的这节课没有上好”,这是在就事论事,对事不对人,这就是用发展的眼光在看待教师,视教师为发展的人。教师今年教学不好,不等于以后的教学还不好。

试想,把教师视为一个“上不好课的人”,这意味着今天没有上好课,明天也自然上不好课。而把教师视为一个“没有上好一节课的人”,这意味着学校管理者仅仅认为教师今天的一节课没有上好,并不意味着认为教师明天也上不好课,这其中蕴含着校长对教师发展的期待和理解。

两种观念导向的管理沟通(见表6.1),对教师教学的改进必定有着两种截然不同的效果。

表6.1 两种不同的沟通方式

发展的眼光看待教师	静止的眼光看待教师
“这位教师今天的课上得不好” “这位教师处理学生的方式有问题” “只要努力,每位教师都是有希望的” “每位教师都是有潜能的”	“这是一个上不好课的人” “这是一个处理不好学生问题的人” “这个教师没有什么发展前途” “有些教师注定是无用之才”

学校管理者以发展的眼光看待教师,这必须是其内在观念或深层观念的体现,而不是口

头上的表现。如果学校管理者表里不一或言行不一致,在其内心之中已经看不起教师了,即使口头上再如何发展地看待教师也是无济于事的。在管理过程中,真正发挥作用的是管理者的内在观念。

比如,校长对教师说:“我非常理解你,这节课没有上好,这并不代表你不是一位好教师,你还是很有发展前途的……”但是内心里却认为:“这个教师真是没有什么培养前途了。”那么哪种观念影响着管理者针对教师所做出的管理措施和方法,这是可想而知的。所谓认知调控行为,就是指一个人的深层观念对人的行为具有真正的作用。一个管理者的管理行为也是他的深层管理观念所控制的。

因此,学校管理者以发展的眼光看待教师,这并不是停留在管理者的表层观念上,而是需要深层观念对此有所认识。

(二) 教师是有个性的人,用独特眼光看待教师

每一位教师都有自身的个性或差异性,每一位教师都有着自身的特点。比如,有的教师善于交往,有的教师喜欢钻研,有的教师善于与学生打交道,而有的教师善于教学,因此用独特的眼光看待教师,是对目前学校中“一刀切”地看待教师的管理提出的挑战。

下面以学校中检查教师教案这样一个微观管理举措为例,让我们更好地理解什么是个性化的管理。

案例

教案检查的“一刀切”与个性化的管理

举措一:“一刀切”地看待教师

目前在许多学校,每一位教师的教案都要定期检查,不少学校仍然仅仅是在教师的教案本上盖个章,以示管理,就是“一刀切”地看待教师发展,教师的教学如何得以改进呢?

举措二:个性化地看待教师

针对不同教学水平的教师,采用不同教案检查措施。新入职的教师经常检查其教案,并讨论如何改进;熟手教师,有一定教学水平,偶尔检查其教案;专家型教师,教学优秀,可以不检查其教案。从如何促进教师教学来看,检查不检查教案其实并不重要,学校管理的重点应该放在课堂,即学校管理者应该多去听课,并与教师讨论发现的问题,引导教师及时调整或改正。

目前学校管理沟通中经常存在忽视教师个性特点的情况,“一刀切”地看待教师的做法不仅不利于教师自身水平的提高,也不利于激励教师群体更好发展,更不利于学校组织良好发展。

个性化地管理教师与公平公正地对待教师并不矛盾,公平公正并不意味着管理要“一刀切”。教师各有特色,各有所长,其实“一刀切”反而意味着管理的不公正公平。在管理沟通过程中,尊重教师发展的个性特点,这正是公平公正管理的体现。比如,学校对不同教学水平的教师予以不同程度或方式的奖励,对不同工作表现的教师采取不同的激励措施,这就是个性化的管理,是“因材施管”。

(三) 教师是系统的人,用系统的眼光看待教师

每位教师都不是简单孤立的个体,每位教师都有自己的家人、朋友、邻居,都有自己不同

的早期生活经历和不同的人生体验。每位教师都在不同时间和空间上与周围的人和事有着各种联系,这些联系的集合就形成了一个系统。

因此,学校管理者面对教师就不可能仅仅考虑教师个体本身的因素,他必须用系统的眼光看待教师,看到教师所处的环境的人,尤其要看到与教师关系密切的家人。

对此,有一位教师的亲身经历也许能够很容易说明什么是"用系统的眼光看待教师"。

案例

两任校长的沟通方式

有一位教师先后经历两任校长的不同管理方式。第一任校长在周末经常要找这位教师来学校加班,于是他要打电话给这位教师,而这位教师很不情愿。当第一任校长离职后,第二任校长也经常在周末找这位教师来学校加班,于是也要打电话给这位教师,而这位教师却很乐意。他们在电话中与这位教师不同的沟通方式对教师的心态和工作积极性产生着截然不同的效果,因为他们的沟通方式中蕴含着他们是否把教师视为系统的人。

第一任校长打电话给教师:

校长:"今天(星期天)请来学校,我有事找你。"

教师:"实在对不起,今天我的孩子发烧了,我爱人出差了,能不能找别人代我去学校。"(平时这位教师都会立即赶去学校,但是今天的确是孩子发烧了。)

校长:"学校事情很重要,你想想办法,赶快来学校。"

教师:"好吧。"(有些无奈地)

第二任校长打电话给教师:

校长:"今天(星期天)你的家里方便不方便,能不能来学校一趟,我有事找你。"

教师:"家里很方便,我这就来。"(即使这位教师家里有事,他也很乐意去学校。)

从两任校长打给教师的电话中,可以看出,第一任校长并不关心教师的家人,他是在用孤立的眼光看待教师,而第二任校长则是用系统的眼光来看待教师。

当这位教师与第一任校长通话之后,由于家中只有他一人照顾自己的孩子,于是他只好打电话给自己的母亲,请母亲到自己家帮助照看孩子。那么这位教师会怀着怎样的心情赶到学校呢? 事实上,这样一件看似微不足道的小事之后,这位教师就开始处处与校长"对抗"。只是在学校中,这种对抗往往并不是有形的,而是无形的。

而当这位教师在接第二任校长的电话时,他感受到的是校长对自己的家人关心。虽然"你家里是否方便"这只是一句非常简单的话语,但是它却包含着校长对教师及其家人的关心和理解。

因此,作为学校管理者(尤其是校长)要视教师为系统的人,眼中还要看到教师身边的人和教师经历的事,这对获得良好的管理效率有着重要意义。

美国自 20 世纪 90 年代开始实施的 After School Program(放学后计划)就是一种以系统眼光看待组织或企业员工,以促进组织发展的一次十分积极而有效的尝试。

拓展资料

关于 After School Program①

After School Program 是美国20世纪90年代开始实施一项教育发展策略,可以形象地将其翻译为“放学后计划”。这项计划是美国教育部和财政部以及美国企业共同实施的一个计划,针对为人父母的企业员工由于工作或其他原因不能照看自己的孩子,或孩子缺乏有规律的照料。这项计划旨在为放学后缺乏照料或缺少教育活动的青少年儿童提供教育支持,为学生提供更广泛的、有益的活动安排。

自从“放学后计划”实施以来,美国社会已经获得了极大的利益,政策制定者通过这项计划看到了解决大量社会和教育问题的机会。美国许多城市正在制定新的针对放学后时间的策略,并且有大量组织正在进行研究来支持这项计划。

放学后的时间对青少年儿童来讲是非常重要的,通过“放学后计划”,那些时间可能意味着更好的学习与成长。研究发现,放学后的时间段是青少年犯罪和危险行为的高发时段,许多专家赞同“放学后计划”,因为它为青少年儿童提供了一种健康的、积极的选择,它使更多青少年儿童变得更安全、更努力完成他们的学业,同时,“放学后计划”也帮助减少了工薪父母在自己工作加班时间难以照料自己孩子的压力。

研究表明,“放学后计划”对小学生和中学生都是非常有益的,尤其是初中和高中学生更是受益者,他们对未来发展有更高的期望和追求。许多政府机构和非营利组织已经把“放学后计划”作为一项青少年儿童的有价值资源。

在越来越多的家庭中,父母都要去工作,“放学后计划”为他们的学龄孩子在放学以后的时间里提供了更安全、更有组织的学习机会,并且提供帮助孩子学习新技能的活动机会,帮助孩子们学习积极的方式,避免和解决行为问题与冲突,更好地成长。“放学后计划”涉及的活动包括技术、阅读、数学、科学和艺术等领域,它向孩子们提供了服务社区或实习的崭新的经验。这使得父母更安心、更努力地工作,从而为企业和社会创造更大的财富。

从以上三种教师观来看,能够做到以发展的、独特的、系统的眼光看待教师,这对学校管理者来说非常重要。反之,如果学校管理者不具备科学的教师观,不能积极地看待教师,那么教师又如何能够获得发展呢?学校管理者与教师之间的沟通自然也就无从说起。

二、尊重是有效沟通的基础

(一) 尊重是人的基本需要

马斯洛(Abraham. H. Maslow)提出的需求层次理论是研究组织激励时应用比较广泛的理论。马斯洛认为人有一系列复杂的需要,按其优先次序可以排成梯式的层次,它们主要包括生理需要、安全需要、归属和爱的需要、尊重需要和自我实现需要五类,依次由较低层次到较高层次,如图 6.4 所示。

其中,尊重需要既包括对成就或自我价值的个人感觉,也包括他人对自己的认可与尊重。有尊重需要的人希望别人按照他们的实际形象来接受他们,并认为他们有能力,能胜任

---

① 摘译自:http://www.safeyouth.org/scripts/facts/afterschool.asp.

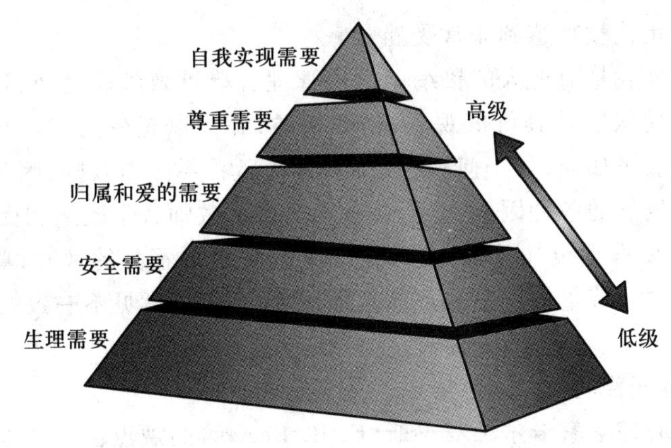

图 6.4 马斯洛需求层次理论

工作。

对于教师而言，尊重也是教师的需要。在学校管理沟通中，教师需要得到管理者的尊重，获得管理者的认可、关注或欣赏。如果管理者对教师缺乏尊重，那么与教师之间就缺乏沟通的平台，管理者就可能难以了解教师的所思所想，难以了解教师的心理状态，甚至可能使教师在学校工作中产生无助感、低自我价值感和低自我效能感，这样学校发展的状况是可想而知的。

1. 尊重是建立良好人际交往的基础

学校的良好发展离不开教师的勤奋工作，学校的有效管理离不开管理者与教师的沟通，管理者有必要与教师建立起积极的、良好的人际关系，而对教师的尊重是建立这种良好人际沟通的基础。如果管理者内心里不尊重教师，那么与教师沟通的大门就难以打开。

2. 尊重使教师感受到平等、安全的氛围

学校管理者虽然处于领导的角色和地位，但是在人格上，管理者与教师是平等的，因此管理者与教师之间的沟通是平等的。同时，学校管理的根本目的在于促进教师发展进而获得学校发展，教师应该是学校管理与发展过程中的受益者，管理者对教师的尊重可以使教师感受到平等的氛围，从而使管理者与教师之间有可能进行有效沟通，这对教师和学校发展具有积极的促进作用。

3. 尊重使教师感到被接纳，获得自我价值感

管理者对教师的尊重可以使教师感受到自己在学校里是重要的，感受到自己对学校的良好发展具有重要作用，从而体验到自己作为学校重要成员的主人翁感，这也使教师认识到自己的价值和作用。当管理者从内心尊重教师时，当教师感受到自我价值感时，教师的心理就会形成一种积极主动的状态，这将对教师的教育教学工作产生积极的影响。

（二）尊重教师就需要接纳教师

比如，有一位新入职的教师，非常希望自己能把课上好，但是，教学总是出“故障”。尤其，校长每次听课时，这位教师更希望能把课上好，但是总是事与愿违，由于自己教学经验不足，与学生之间还没有形成默契，再加上有些紧张，使得原本经常出现的教学“故障”就更多了。于是，这位教师想找校长表明自己对良好教学的期待，解释一下出现“故障”的原因。但是，校长总是不耐烦地对教师说：“我时间很紧，你简单说说吧。”对于教师而言，校长流露

出不接纳的态度真正让教师感到非常受挫。

尊重的基本含义就是对他人的接纳。学校管理者尊重教师就是要接纳教师,它包括接纳教师的教育教学现状以及其价值观、人格和权益,并予以充分关注。教师作为学校的成员,不管能力如何,表现如何,处于何种状态,管理者都需要接纳教师,因为只有接纳教师才可能发现制约教师发展的各种因素,才能从根本上促进教师教学改进和提高学校教学质量。而且尊重教师就是要尊重全体教师,尤其是尊重教学水平不高的教师,尊重受到孤立的教师,尊重有过错的教师,尊重有严重缺点的教师,尊重和自己意见不一致的教师,甚至尊重那些不尊重自己的教师。

(三)尊重不等于赞同

正如人本主义心理学家卡尔·罗杰斯(C. R. Rogers)的观点:"尊重是无条件的。"每一个人都有被尊重的基本权利。学校管理者需要尊重教师,这是建立良好人际沟通的条件和基础。尊重教师的内涵在于管理者要尊重教师的现状以及教师的价值观、人格和权益,并予以充分的接纳和关注。

有的管理者认为,教师明明做错了,还要向教师表示尊重,这不是无视教师的错误吗?这是对尊重内涵的误解。

尊重一个人当然不等于赞同或支持这个人的某种行为,当教师的教育教学工作出现问题或错误时,校长可以不赞同教师的行为,也完全有必要对教师的教育教学行为提出异议,但是前提是必须尊重教师。

尊重一个人,接纳一个人,不等同于听之任之。管理者完全有理由不赞同或反对教师的观点、想法或行为,但是他必须尊重教师。因为只有在尊重教师的前提下,教师才能真正接受管理者提出的建议和意见,才有可能真正改变教师的教育教学行为。

三、理解是有效沟通的保障

假设一位教师上班多次迟到,校长请这位教师到他的办公室,你认为校长应该如何与教师沟通呢?

案例

缺乏理解的沟通

校长:"张主任告诉我,你今天早上又迟到了,是吗?"

教师:"是的,我很抱歉。"

校长:"事实上,你迟到了半个小时,我没说错吧?"

教师:"是的。"(咕哝道)

校长:"非常准确地说,你知道我喜欢把事实搞得清清楚楚,你这个星期每天都迟到半小时,是这样吗?"

教师:"是的。"

校长:"好吧,我不能容忍懒惰和迟到。我是一个公正的人,我不喜欢拐弯抹角。如果再发生这种情况,将对你采取规劝措施。听清楚我的话了吗?"

教师:"听清楚了。"

从以上校长与教师之间的对话，发现了什么？校长与教师之间的沟通方式有什么特点？教师以后还会迟到吗？你认为这样的沟通会收到效果吗？

可以预料，上述案例中校长与教师之间的沟通很可能难以取得理想的效果，之所以出现这种结果的原因就在于校长与教师沟通过程中缺乏对教师的理解。对于教师的迟到行为，校长如果能从教师的角度去思考其原因，给教师说话的机会，那么才能增进对教师行为的理解，也才能够实现与教师之间的有效沟通。

（一）什么是理解

简单地讲，理解就是换位思考、通情达理，体验别人的内心世界，有如自己的内心世界一般。

一个人真正理解另一个人，体验到他人的体验，这在实际情况中是有难度的。一个人如何能真正理解另一个人摔跤之后的心情，最好的方式就是他同样也摔一跤，就很容易感受到他人的感受。当然，并不是说理解一个人就必须要体验相同的体验，但是，可以试着在心理层面上加以体验，这就是所谓的换位思考。如果能试着感受他人的情绪、情感和思考方式等，并能对其原因予以理性的分析和解释，这就是所谓的通情达理。

在与教师沟通过程中，学校管理者向教师传达理解往往具有三个方面的内涵：

(1) 对教师的理解，意味着管理者能够从教师的角度来体验教师的情绪、情感和思维方式。

(2) 对教师的理解，意味着管理者能够充分把握教师的体验以及把这些体验与教师的特点、经历、人格等相联系。

(3) 对教师的理解，意味着管理者在体验教师的感受时，能够把关心和期待传递给教师，以感染教师并引导教师做出积极反馈。

（二）单向沟通导致缺乏理解

从上面的案例中可以看出，校长并没有听教师解释迟到的原因，或者说，校长并没有给教师解释迟到原因的机会。整个沟通过程中，校长以一种居高临下的视角说了很多话，而教师只是做出“是的”之类的回答。这种沟通可以称之为单向的沟通，信息仅仅从发送者（校长）传递给接收者（教师），并没有信息反馈的过程。可见，校长并没有从教师的角度去理解迟到这一问题，而是仅仅从自身的管理角度对教师加以约束和批评。这种缺乏理解的沟通方式很难收到管理实效，甚至它极有可能导致教师产生消极的教育教学心态。

案例中的校长没有关注教师迟到行为的真正原因，教师也没有机会把自己的原因表达出来，这种单向沟通使双方缺乏相互理解，甚至可能导致沟通双方产生误解和误会。如果教师迫切希望校长能理解自己，那么当教师感受到不被校长理解时，就可能导致一些不良的后果。比如，教师不愿意听取校长的建议和意见，校长也就难以解决教师的错误或问题，甚至教师可能从此以后不再配合校长的管理，校长的一部分精力被不经意中“内耗”了。归根结底，学校管理者如此与教师沟通，将使学校管理难以引导教师发展，从而难以实现学校发展。

（三）换位思考：从教师的角度看问题

学校管理者需要对教师的个性特点有所了解，这是管理好教师的前提，此所谓知人善用。管理者不了解教师，无疑将导致学校管理的低效，造成学校发展的巨大损失。

学校管理者不仅要积极了解教师的性格爱好、教学能力、工作绩效、行为方式等与学校工作相关的特点，也要了解教师的生活背景、家庭环境等学校工作以外的特点。学校管理者应基于教师的不同特点和情况,优化安排教师的教育教学任务,充分发挥教师对促进学校发展的作用。

管理者充分了解教师的特点是理解教师的基础。理解教师就需要管理者换位思考,在思维层面上,设身处地地把自己摆在教师的位置上,体会教师工作的难处和特点。尤其在处理教师发展过程中出现的问题或遇到的困难时,管理者需要多从教师的角度分析问题,试着体会教师的所思所想。

管理者与教师在学校工作中的职责不同,在看待学校的学生管理、教学决策、评价机制、晋级提升、课务安排等各种各样的学校管理问题时,两者的视角不尽相同,因此他们之间往往需要相互多理解。教师要多从管理者的角度考虑学校问题,而学校管理者也需要换位思考,从教师的角度考虑问题。管理者应该具有一定的管理思维境界,应该具有战略眼光看待教师和学校发展,而且多数管理者曾经当过教师,因此应该更容易、更有能力准确地从教师的视角看问题。

当然,换位思考是一件说起来容易做起来难的事情,它蕴含着学校管理者的思维方式和教师观,即管理者如何思考学校发展,如何看待教师,把教师视为什么样的人。

(四)积极传达对教师的理解

下面是一个积极向教师传达理解的沟通案例,从中可以体会到校长对教师的理解进而对教师的引导。这一案例的情境与前面的案例一样:假设一位教师上班又迟到了,校长请这位教师到办公室,校长会如何与教师沟通呢?与前面的沟通不同,这是一次对教师传递理解的沟通。

案例

传递理解的沟通

校长:“张主任告诉我,你今天早上又迟到了,是吗?”

教师:“是的,我很抱歉。”

校长:“能告诉我为什么会迟到吗?”

教师:“路上总是塞车。”

校长:“但是,塞车情况一直存在呀,你过去总是准时上班。究竟是什么原因呢?”

教师:“是……我母亲病了。”

校长:“我非常遗憾听到这个消息,这对你一定是一件非常痛苦的事情,我知道你对你母亲的感情很深。”

教师:“是的,这真的让我感到很难过。”

校长:(停顿片刻)“但是,我还是不明白你为什么会迟到?”

教师:“我母亲需要照料,她不能单独一个人。我妻子上夜班,她只能早上8:30回家。她一到家我就立刻上班,由于塞车,我就迟到了。”

校长:“我明白了,你的妻子一定也非常疲劳了,你想提前下班去替换你的妻子吗?”

教师:“正常时间下班就可以了,事实上,我在午餐时挤出一个小时把工作补上了。”

校长:“我明白了,问题都清楚了。”

这种沟通被认为是一种有效的沟通。在与教师的沟通过程中,这位校长并不关注教师迟到的表面现象，而更为关注的是迟到的原因，并针对迟到的原因向教师表达了充分理解。

四、积极情绪是沟通的催化剂

（一）如何看待“教学回避办法”

案例

教师情绪不好，可以不上课吗？①

教师因家庭突发事件而情绪失控，教师在处理与其他教师、家长的矛盾中因矛盾激化而情绪失控，等等，在这些情况下，教师可以暂不上课。这是杭州某小学实施的一项教学管理措施，称之为“教学回避办法”。

该校长指出，推行这一“办法”是为了保证教师在良好的心态下进行教学活动，避免不良情绪干扰教学过程，减少教学的负面效应，从而确保师生身心健康，提高教育的整体效益。

该校这种教学回避办法从提出回避人进行区别，可以分为主动申请回避和劝说回避两种情况。主动申请回避由教师提出，劝说回避由其他教师或学校管理者提出。从时间长短来看，教学回避办法可以区分为暂时回避和短期回避两种。暂时回避是由各种突发因素导致的情绪失控，老师暂时回避教学现场，时间不超过半小时；短期回避是因积压性的诱因导致情绪低落或过于激动，教师短期回避教学活动，时间不超过半天。回避期间由学校安排其他教师顶替其实施教学活动。校长表示，教师在回避期间学校会让他们在学校设置的休息室内听音乐、看书，或外出散步、找人倾诉，或从事不直接面对学生的工作，以调整他们的心态。他认为教学回避是一种实事求是、积极负责的态度，学校不追究教师的回避责任。

目前，提出教学回避办法的学校不止一所，对于“教学回避办法”，人们提出了各种各样的看法，有支持者，也有反对者。

比如，支持的观点认为：“该学校推行的这项办法体现了以人为本的人文精神，也能避免因教师情绪低落而产生的一系列不良后果。教学实践中有不少师生冲突的个案与教师的情绪反常有关，尤其是对学生的体罚和变相体罚更是与教师的情绪有因果关系。因此，这一教学回避办法既从制度上保证了对教师的尊重，也是爱学生和对学生负责的具体体现。”而反对的观点认为：“如果许多教师情绪都不好，那么谁来代课呢？真正的关怀应来自心灵，不是休息两堂课的问题，而是尊重教师的人格价值，承认教师工作的复杂性，真心体贴教师，温暖教师疲惫的身体和心灵！”

不论支持还是反对的观点，都反映出一个共同的愿望：如何真正关心教师的情绪，如何更好地为教师发展服务。

学校管理呼唤人性化的管理观念和措施。当前，许多学校都提出学校管理要“以人为本”，但是在具体实施时，很容易对这个“本”的理解局限于学生，将“以人为本”局限地理解为“以学生为本”，而教师这一学校人力资源的核心力量常常被排除在外。

学校实施“教学回避办法”，明确规定教师在遇到突发事件或特殊矛盾而导致情绪失控时，可以向学校提出教学回避。如果教师没有意识到或不愿主动申请回避，学校也可视其具

① 摘自：东方网 http://www.eastday.com/epublish/gb/paper148/20030225/class014800014/hwz891784.htm.

体情况劝说其进行教学回避。教师工作热情和能力被激发的前提是教师工作需求得到基本保障,如果教师的基本需求得不到保障,那么教师的潜能如何能得到有效的调动和激发呢?

当一位教师因不良情绪可能给教学和学生带来负面影响时,暂停教学是一种理性和人性的管理措施。这种管理举措是对广大教师的人性关怀,也是以人为本的体现。管理不是为了控制人,而是为了激励人的发展,学校管理者需要充分相信教师,给教师充分的发展空间,用尊重和关爱去激发教师的潜能,这种学校管理才能称之为以人为本。

从教师的工作性质来讲,教师的天职在于育人,这一点与许多职业有所不同。教师开展教育教学工作面对的是学生,其不良情绪可能会影响到教学效果和学生发展。教师积极的情绪和心态不仅能够帮助他们高效地完成教学工作,也会给学生带来潜移默化的积极影响,反之,教师消极的情绪不仅可能影响教学水平,也可能造成学生出现心理健康问题。

事实上,教师情绪不好的时候,是否应该暂停上课,这并不是问题的关键,问题的关键在于学校管理是否真正做到以人为本,真正做到关心、关爱每一位教师。“教学回避办法”对此是一种非常好的尝试。

(二)管理者要关注教师的积极情绪

情绪是人对客观事物的态度体验及相应的行为反应。情绪本身并没有好坏之分,但是情绪往往产生不同的作用。积极情绪往往对人的行为起促进和增力作用,而消极情绪则对人的行为起削弱和减力作用,而且当人长时间地陷入消极情绪之中,会损害其身心健康发展。

为了有效地进行学校管理沟通,学校管理者要关注教师的情绪状况,调动教师从事教育教学工作的积极性。教师的情绪对学生的心理发展和成长具有组织和调控作用。如果教师拥有积极的情绪状态,并能够适当地加以调节和控制,那么自然会得到更多学生的喜爱,这将有助于建立良好的师生关系,而且教师积极的情绪还有助于向学生传递积极的生活信念和价值观。冷漠、暴躁等消极情绪不仅妨碍良好师生关系的建立,而且可能导致教师自身出现心理健康问题,甚至危害教师自身的身体健康。积极的情绪还有助于人整个身体的免疫系统和体内化学物质处于平衡状态,从而增强对疾病的抵抗力。

造成教师产生消极职业情绪的原因有很多。学校管理者不仅不能让学校管理沟通成为导致教师消极情绪的原因,而且要努力减少导致教师产生消极情绪的其他内外因素,并尽可能地排除这些因素,帮助教师培养有助于教师自身发展、有助于学校发展的积极情绪。

(三)管理者要关注自身的积极情绪

在学校管理工作中,管理者经常要面对纷繁复杂的人与事,并不是所有的事情都一定会令人满意,各种不如意的事情都可能会干扰管理者的情绪。在与教师沟通过程中,管理者自身保持积极的情绪显得尤为重要。

首先,与教师沟通之前,管理者应保持良好的情绪状态,不应让一些令人烦心的事情之间相互影响,不应让先前不愉快的心情干扰沟通,更不能把先前的愤怒转嫁于教师。保持良好情绪有利于管理者客观地认识教师,清醒地与教师沟通。

其次,管理者不必因为教师本身的问题或错误而产生不良情绪。比如,有一位校长每当发现教师的教育教学工作出现问题或存在不足时,他就表现得很生气,甚至经常指责教师。这使得许多教师心情郁闷,对校长敬而远之。校长以如此消极情绪对待教师,与教师沟通的不良效果就可想而知了。

(四)情绪调节的ABC理论:为教师着想,不要为教师着急

不良情绪容易影响沟通的质量,这就需要进行调节和控制。情绪调节的ABC理论就是一种简单而又行之有效的情绪调节技术。

拓展资料

情绪调节的ABC理论

"A"(Activating Events)指诱发性事件

"B"(Beliefs)指诱发事件之后的信念

"C"(Consequences)指情绪及行为的结果

情绪调节的ABC理论是由美国临床心理学家阿尔伯特·艾利斯(Albert Ellis)于20世纪60年代创立的一种心理调节体系。他认为人的认识倾向中既有积极的成分,趋向于成长和自我实现,也有消极的、非理性的成分,比如倾向于以偏概全,倾向于追求尽善尽美,倾向于过高要求他人,倾向于夸大负面事件的危害。这些非理性的认识误区导致人们情绪不良。

因此,这种理论认为,情绪及行为结果不是由某一诱发性事件本身所引起的,而是由经历了这一事件的个体对这一事件的信念(对事件的认识和评价)所引起的。

从心理过程来看,人的情绪是由人对事情的认识与评价所引发的。即使同样的诱发事件,由于人们对它的认识不同,就会出现不同的情绪和行为结果。比如,"教师迟到"本身并不是引起校长不良情绪反应的直接原因,校长对教师迟到的认知和评价才是引起其不良情绪反应的直接原因。

如果学校管理者在其认知结构中对教师总是持消极的评价,就可能总是批评或指责教师,反之,就可能以积极的心情与教师沟通。如果一位管理者不接纳教师的错误,并因此总是对教师发火,那么他头脑深处可能有这样一些消极认识:"教师不应该出错""教师做错事是不可接受的""教师应该对校长服从和恭敬""校长是教师的控制者和绝对权威"等。

如果管理者对教师形成一些积极的认识,比如,"教师是发展的人,教师出现错误是可以理解的""教师是具有智慧和资源的人,有能力改善自身出现的错误""教师出现的错误是由过去的各种原因形成的"等,那么,管理者在与教师沟通时就往往会形成积极的情绪。

可见,学校管理者保持积极情绪的关键在于其对管理工作和教师要保持积极的认识和评价。学校管理者有必要形成这样的管理理念:"为教师着想,不为教师着急。"

本章小结

概括而言,本章主要讨论的是关于尊重、理解、倾听与表达四个方面的内容。这四个方面构成了沟通的主要程序,就是学校管理者与教师沟通的"RULE"法则。

RULE分别由尊重(Respect)、理解(Understand)、倾听(Listen attentively)、表达(Express)英文的第一个字母组成,恰恰构成了"RULE"(法则)。

上述内容正是沟通所要强调的,即管理者与教师的沟通要遵循一定的法则或规则。俗话说,没有规矩不成方圆,如果学校管理沟通忽视了"RULE"法则,那么沟通将难以取得实效和难以持续下去。这个沟通的"RULE"法则就是强调学校管理者与教师的沟通要始于对

教师的尊重,尊重教师的人格,理解教师的发展特点,在充分理解教师的基础上,用心倾听教师的心声,然后向教师表达自己的愿望和期待。

思考题

1. 沟通的基本要素是什么?
2. 什么是有效的沟通?有效沟通的障碍主要有哪些?
3. 言语沟通与非言语沟通的优势和劣势有哪些?
4. 在沟通过程中,如何运用倾听和表达提高沟通的效率?
5. 在学校管理沟通中,管理者应具有怎样的教师观?
6. 在沟通过程中,如何运用尊重和理解提升沟通的效率?
7. 什么是情绪调节的 ABC 理论?它对改善沟通有何作用?

第七章　学校效能评价

学习目标

了解学校效能的内涵及其对学校管理的意义，理解不同的学校效能观，掌握效能学校的涵义、主要特征及其影响因素，了解学校效能评价的主要模型和指标，学会用本章知识来评估和分析学校效能。

建议学时

3 学时

教师导读

学校效能涉及学校管理和日常教学的方方面面，研究内容很丰富，知识点比较多。在学习本章时，最好首先查阅一些相关研究文献，有一定的阅读量，可以为学习本章知识打好基础；其次是要结合学校办学实践提供一些具有一定代表性的案例。学校效能和效能学校的观点很多，每个人的看法都不一样，在教学时应鼓励学生批评性思考，多用一些辩论的方法来加深知识的理解和应用。

第一节　学校效能

效能，从语义学上来看，是指事物所蕴藏的有利的作用。一个事物的效能是指该事物发挥某些积极作用的内在能力及其实际结果。英文“effectiveness”译为“效能”，是指取得显著的或合意的效果的能力或力量（ability or power）。一般来说，效能包含以下三个方面内容：第一是优秀的工作成果，包括质与量两个方面在内的积极成果，这些成果应该基本满足该事物所面对的社会的合理要求，既有效率问题，也有效益问题；第二是高质量的内部结构和人员素质；第三是通过改革创新而实现的对环境变化的适应能力——既能从变化的环境中努力吸收更多的资源，又能通过自身完善对环境做出更大贡献。效能，有成效、有作用之意，是效果和能力的总和。

学校效能（school effectiveness）是目前许多发达国家，如英国、美国、荷兰等用于评价学校的一种新的综合质量指标与方法的统称①。从学校效能研究发展的历史来看，人们对效

① 张煜.学校效能评价[J].中小学管理，1997(7-8).

能学校的认识是有阶段性的。按照香港学者郑燕祥的观点,[①]第一代学校效能研究,关注学校内部的效能,关注的焦点是如何提高校内的各种行为尤其是教学方法、过程的有效性。主要是根据学生的学业成就来评价学校是否完成预定的教育目标,并视目标的完成情况来辨别有效学校。第二代学校效能研究,强调学校外部的效能,主要关注相关人士对学校的满意度。有效学校是能获得较高满意度的学校。第三代学校效能研究,关注面向未来的学校效能,关注学生对未来的适应,学校教育在个人、组织、社区、社会与国际方面能充分发挥其功能。本章内容对学校效能内涵研究的不同观点进行了重新整理,认为大体可将其分为两类,一类是以学生为关注点的学校效能观,另一类是以学校为关注点的学校效能观。

一、以学生为关注点的学校效能观

起初的学校效能是以学业成绩作为关注点,随着研究的深入,学校效能关注的范围不断扩大,由学校对学生学业成绩的影响程度扩展到学校对学生多方面素养的影响程度。由此,形成了两个阶段不同的学校效能观点:

(一)学业成绩论

学校效能被认为是学校对学生学业成绩的影响程度。英国伦敦大学教育学院彼德·摩特莫(Peter Mortimore)认为学校效能就是扣除了学生起点成绩影响的学业获得的增值。特德列(Charles Teddlie)和雷诺兹(David Reynolds)曾总结了学校效能的六种解释,其中四种就是以学生的学业成绩为立论:① 学校效能是学校里所有学生未经校正的平均成绩,通过比较平均考试成绩获得;② 学校效能是学校对经过由起点成绩水平与家庭背景情况校正过的学生平均成绩的影响,如英国学者彼得·卡坦斯(Peter Cuttance)就是把学校效能看作是控制学生起点成就和家庭因素影响后学生学业成绩的净增长;③ 学校效能是不同学校在学生考试成绩上的差异程度;④ 学校效能是学校对学生学习结果的独特影响。[②] 在我国也有学者持这种观点,如张煜(1997)认为,学校效能是指学校对学生所产生的教学影响的程度,并且指出,学生目前所取得的成绩,必须不低于或大于根据学校的特征变量和学生背景特征变量预测学生所应该取得的成绩,该学校才能被判定为有效能[③]。

无论是国外学者,还是国内研究者,持这类观点的共同特点是,只是从学生的学习成绩的维度来考察学校效能,学校效能被等同于学生的学业成绩或学科成绩了。事实上,一个有效学校,还应该包括学生的社会性发展等方面。所以,不能仅从学生个人的角度来评价学校的效能,还应该包括教师、组织、社区、社会甚至国际等方面。

(二)综合影响论

学校效能被认为是学校对学生多方面素养的影响程度。荷兰著名的学校效能研究学者史润斯(Scheerens,2003)认为考察学校效能就要考察学校的"学生各方面素质在输出和输入对比时产生变化的部分"。特德列和雷诺兹在他们总结的学校效能解释中,另外两种就是以"对学生的影响"为立论[④]:一种解释是学校对学生的绝对影响,通过受过学校教育的学

---

① 郑燕祥著,姚霞编译.世纪初学校效能的新取向[J].教学与管理,2002(5).

② Charles Teddlie and David Reynolds, *The International Handbook of School Effectiveness Research*, 2000 by Falmer Press.

③ 张煜.学校效能评价[J].中小学管理,1997(7-8).

④ Charles Teddlie and David Reynolds, *The International Handbook of School Effectiveness Research*, 2000 by Falmer Press.

生与未受过教育的人进行比较获得的判断;另一种是学校对学生在一定时期内的独特影响。我国学者滕纯、赵学漱(1995)认为:学校的效能就是学校管理所发挥的作用,即学校通过其教学实践、管理增加学校学生的读写能力、学术能力和社会技能。通俗地理解,学校效能是学校在学生的身心发展中有没有起到作用,起到了多大的作用。①

这类观点扩大了学校效能研究的视阈,认为一个高效能的学校对学生来说,不仅仅是学生的学业成绩的影响,还应该是学生智力发展、人格与个性发展、学生对受高一级教育和择业的兴趣等多方面的全面发展,这是现代教育的基本要求。综合影响论走出了学校效能等同于学生的学业成绩或学科成绩的认识框架。

二、以学校为关注点的学校效能观

随着研究的深入,人们对学校效能概念的理解逐渐有了变化,从主要关注学生的学业成绩向更宏观的学校组织层面延展,表现出以下几种观念:

(一)学校投入—产出论

这是从经济学投入—产出的角度考察学校效能的观点,它将学校效能视为在一定的投入下期望的产出达到的程度,评价的是学校教育投入和教育结果之间的关系,关注的是“教育的生产函数”,学校从外面输入教育目的、内容,吸收学生与教师,接受经费与设施等。这些内容进入学校后,经过学生的学习、学校的管理等过程,向外输出效果,其基本假设是增加投入就会提高输出。

这是一种静态的学校效能观,而且,无论是学校教育投入,还是学校教育结果,经济学定义比较强调物的因素,也容易使学校效能的本真含义陷入“经济主义”旋涡。

(二)学校目标达成论

这种观点认为,学校是一种组织,为社会培养相应公民、实现一定的教育目的是自己的基本任务与职能,对学校的效能,无疑要考虑到一定社会设立的目标要求。学校效能就是学校达到其预定目标的程度。香港学者郑燕祥(1991)认为,学校效能就是指学校适应内在及外在的限制并长远地成就不同组分所追求的目标能力。②

这种学校效能观,考虑了作为一个社会组织的学校,它肩负的基本任务与职责,把学校教育目标达成作为有效性的内核。但是,学校工作过程中与目标不直接相关的内容容易被忽略,特别是如何达成目标的过程、条件、内在素质等缺乏考察。

(三)学校环境适应论

组织系统理论认为,效能是组织在开放环境下的灵活性、适应性和摄取资源的能力。学校与外在环境构成了一个大的教育生态系统。学校效能就是学校主动适应外部环境变化,保持学校健康发展的能力。这种观点认为,衡量学校效能的指标就是学校吸纳资源的质量与数量。

(四)学校可持续发展论

科层组织理论认为,在一个秩序的社会,社会个体一般都被“镶嵌”在一定社会活动组织结构中,通过良性的社会互动、社会关系以及为个人与专业发展提供机会来创造协调的组

---

① 滕纯,赵学漱.教育机会均等和提高教育质量[M].广东教育出版社,1995:98.

② 郑燕祥.学校效能与校本管理:一种发展的机制[M].上海:上海教育出版社,2002:45.

织整体。学校效能就是学校维持结构稳定与可持续发展的能力。每所学校都有自身的结构,正是这种结构导致学校与学校之间的不一样。有没有高质量的校内组织结构和高素质的人员结构直接影响学校的可持续发展。

(五)内部和谐满意论

人际关系理论认为,效能就是组织成员的参与度和满意度,即学校效能就是学校内部人员的满足感与人际和谐状况。一个高效能的学校,其教职员工对学校应该充满荣誉感,对自己的工作、对学校的领导感到满意,学校的凝聚力和合作性都极强。

(六)满足外部重要群体需要论

组织政治理论认为,与外界强势团体建立联系是部门与个人生存的重要方面,从这个意义上说,组织效能就是内部群体成功应对外在强势团体的程度。学校效能就是学校内部满足外部重要群体需要的程度。① 学校外部重要群体有管理学校的组织、学生家长、学生报考的学校、当地社区等。

内部和谐满意论和满足外部重要群体需要论,实际是从“内建和谐,外塑形象”的角度对学校效能的基本内容进行研究的,这也恰合了现代公共关系理论所倡导的基本思想。

学校效能是一个不断发展的概念,我国学者结合我国实际,对学校效能进行了本土化研究,从不同的角度,初步达成了一些基本共识。

高洪源(1999)提出,学校效能是指学校发挥某些积极作用的能力及其实际结果。学校效能既包括由学校的素质所构成的潜在能力,即学校的功能,又涵盖由这种能力的发挥所实现的结果;学校效能所指的学校发挥的积极作用和产生的实际结果可表现为多个方面,而不局限于某一特定的方面。② 该定义跳出了早期学校效能只关注学生学业成绩的“窠臼”,明确了学校效能的主体是学校,学校效能的核心是“发挥某些积极作用的能力及其实际结果”。特别可贵的是,该研究关注了学校效能的潜在能力,注重高质量的校内组织结构和高素质的人员结构对学校可持续的影响,突出了效能理论本体精神。

谌启标(2001)提出,学校效能是学校尽可能地达成学生家长、学校管理者、教师甚至学生本人为之设定的教育目标的程度和能力。学校效能的研究是关于学校教育过程中可以组织的学校教育人员和可以调适的学校教育气氛对学校教育结果的影响。③ 该定义从三个层面分析了学校效能的概念:第一层面是内部效能,即完成预定目标;第二层面是外部效能,即相关人士对教育服务感到满意,教育对公众负责;第三层面指面向未来的效能,即满足个人、社区和社会,适用于未来需要。该定义以“学校目标达成论”为立论基础,同时综合了当前学校效能研究中的几种基本观点,提出了学校效能三个层面划分,很有启发意义。

孙绵涛、洪哲(1994)认为,学校效能是指学校合理地利用教育资源,实现教育目标,并能不断满足系统内各方面的要求,进而使学校及其成员和社会得到相应发展的特性和有效作用。学校效能包括四个方面的内容:一是实现教育目标,使受教育者的身心得到全面而充

---

① J.Scheerens.*Concepts and Theories of School Effectiveness*, in Adrie J. Visscher, *Managing Schools Towards High Performance: Linking School Management theory to the school effectiveness knowledge base.* Netherlands: Swets & Zeitlinger Publishers.

② 陈孝彬.教育管理学[M].北京:北京师范大学出版社,1999:316.

③ 谌启标.学校效能论[J].江西教育科研,2001(6).

分的发展，这是学校对外表现出的社会目标；二是系统目标的实现，学校作为一个相对封闭的组织系统，有它自己内在的要求；三是发展，包括质和量两个方面的发展；四是资源利用，学校要以最少的投入获得最大的产出。①

效能是一个随着时代发展内涵不断丰富的概念。它通过确定新的目标、研究至今被人忽视的过程以及借鉴诸如社会学、民俗学等学科研究的成果在不断地丰富自己的内涵。所以，很难将这样的定义固滞起来。然而，不管人们对学校效能的理解如何多样，有一点却是共同的，即学校效能本质上是发挥学校的积极作用，促进有关各方发展。基于上述考察，综合学校效能研究中关于学校目标达成论、内部和谐满意论、满足重要群体需要论和学校适应外部环境论等观点，采纳了“学校效能是指学校发挥积极作用的能力及其实际结果”的定义方式。同样，将学校效能从结构上解析出三个方面的意义：一是学校优秀的工作成果，这包括质与量两个方面在内的学校教育成果，表现为对国家教育目标的实现、使受教育者的身心得到全面而充分的发展，其中不仅包括学生的学业成绩，也包括学生的行为结果，还包括学校促进有关各方的发展，特别是保有高质量的校内组织和人员素质，因为这将是深刻影响着学校可持续发展的关键因素，该层含义超越了早期学校效能只关注学生学业成绩的思维；二是学校对所面对的公众要求的基本满足，包括国家与社会、社区以及学校管理者与教师、家长、学生等的合理的要求，获得学校内外公众良好的评价和社会满意度，这是学校对外表现出的社会目标；三是通过改革创新而实现的对环境变化的适应能力，学校既能从变化的环境中努力吸收更多的资源，又能通过自身完善对社会做出更大的贡献，即学校效能要关注学校以最少的投入获得最大的产出。

第二节　效能学校及其特征

一、效能学校的含义

虽然学校效能的研究者们在“效能学校”的一般特征方面取得了一些共识，但是，对效能学校的界定仍然缺乏比较一致的意见，也没有一个比较通用的定义。按照科尔曼的最初假设，效能学校就是对学生学业成绩影响大的学校。彼特·摩特莫则认为，有效能的学校应该是“能够使学生实际的学习进步大于根据其起点水平预测应该获得的学习进步的学校”，这个“大于”或“增值”应该完全是由学校的教育管理作用而产生的。

世界经济合作与发展组织(OECD)的研究(以查普曼为代表)将效能学校概括为：效能学校在考虑学生社会经济地位、家庭背景和先前学习的同时，应在一个广泛范围的智力、社会和情感的成果里促进学生的进步。

香港学者郑燕祥(1995)认为一所有效能的学校应具有四项功能：① 适应性(adaptation)：能适应内外环境的变化，不断革新生长，发展人才及设施；② 目标进取性(goal achievement)：不断提高师生的工作能力和素质，争取更佳的成绩和资源；③ 整合性(integration)：校内能维持融洽开放的气氛，师生相当愉快满足，旷课及缺席者甚少；④ 维模性(pattern maintenance)：师生校长对学校忠心耿耿，以学校为荣，学校形成良好的规范和校

① 杨琼编译.学校效能与学校改革：对英国最新研究成果的述评[J].外国教育研究，2003(12).

风,无形地激励各人努力工作。因此,学校的组织学习(organizational learning)能力及组织变革(organizational change)能力应是学校效能的重要指标。

综合上述观点,“效能学校”(或称“有效学校”)就是在质与量的两个方面都有优秀的工作成果,能够基本满足学校所面对的公众的合理要求,校内组织结构合理和人员素质高,通过改革创新适应环境变化,具有可持续发展能力的学校。具体地说,“效能学校”是指有现代管理观念和教育观念,学校办学有特色,教师专业得到发展,校园安全,环境和谐,教师工作敬业,学生学习努力,学生状态良好,以较少的投入获得较大的产出,教育质量或“教育加工能力”高于同类学校的学校。

二、对效能学校特征因素的相关研究

自韦伯(G.Weber)研究学校效能的构成因素以来,陆续有许多学者致力于效能学校构成因素的研究,戴维斯(Davis)和托马斯(Thomas)归纳效能学校的特征因素为五个方面:明确的办学目标、良好的班级经营实务、高度的学术参与、重视学生的进步、教学改进优异。

科迪安尼(Codianni)和威尔伯(Wilbur)归纳相关学者的研究结果,认为效能学校构成的关键因素主要有以下六个方面:行政领导、学校气氛、基本技巧、高度期望、不断评估及教职员的发展。

埃德蒙兹(R. Edmonds,1979)在《有效学校运动相关观点》中的研究结论得到了广泛的认可和引用。他认为,效能学校有以下五个特征因素:① 校长的强有力领导;② 强调基本技能的掌握;③ 有秩序的学校环境;④ 教师对学生学习成就的高期望;⑤ 对学生进行持续系统的评定。该研究并没有突出有效学校与低效能学校在物质资源上的差异。

英国对效能学校的研究起始于20世纪70年代,英国皇家督导团对有效学校特征因素的归纳是:① 学校是在有能力鼓励他人的校长的领导下,而且校长对教育有远见并且有实际能力将这种远见转化为班级的实践。校长得到那些被赋予责任的人的支持。② 学校中有效的交流和亲密的关系,使教师能够献身于日常工作并贯彻学校的政策。有效学校有清楚的目标和目的,这些目标和目的对全体职工、学生、家长和管理者而言常常用书面形式给出。这些目标和目的的达成也是所有职工集体讨论的结果。③ 有效学校帮助学生在他们能力所及的范围内实现最高的学业标准。④ 有效学校促进学生个性和社会的发展。这些学校各个部门的职工有丰富的知识和经验,非常称职。①

1988年,彼特·摩特莫通过对一些英国小学进行系统的资料搜集,研究得出了有效学校的特征因素:① 校长对全体职工强有力的领导。② 副校长的参与。副校长通常参与制定政策、促进学生的成长。③ 教师参与。④ 稳定的教师队伍。教学方法一致时,职员稳定不仅有正面影响,而且学生也会表现得更好。⑤ 有秩序的生活。在一定程度上,当学生的生活有秩序时,学生的表现会更好。⑥ 有挑战性的智力教学。毫无疑问,教师富有热情且善于鼓励时,学生进步会更大。⑦ 以学习为中心的环境。其构成因素是学生学习非常勤奋,热爱学习,乐意尝试新的任务。⑧ 学期主题突出。当教师投身于一门或两门具体学科时,学生会进步。当教师同时进行三门或更多时,学生的进步会受到影响。⑨ 教师与学生

---

① 杨琼编译.学校效能与学校改革:对英国最新研究成果的述评[J].外国教育研究,2003(12).

充分的交流。学生与教师学习交流得越多,学生表现就会越好。⑩ 详细的记录。监测学生进步。⑪ 家长的参与。⑫向上的氛围。学校学风是积极向上的。

彼特·摩特莫除了研究有效小学表现的相关组织构成因素外,还从学校管理过程识别中学效能学校的构成因素:① 课堂中的分组管理;② 高期望与高标准;③ 行为表现的反馈;④ 积极的教师模式;⑤ 学校价值观的一致;⑥ 学校规模的学生可接受度。

1993 年,亨利(Henry)和马莱茵(Marlaine)提出了一个后来被广泛引用的效能学校特征因素,包括九个组织性特点和四个过程特点。九个组织性特点分别是:① 学校为本的管理;② 教学的领导;③ 人员的稳定;④ 课程的连接与组织;⑤ 学校范围内的人员发展;⑥ 家长的参与和支持;⑦ 学校范围内的学术成功的认可;⑧ 最大化的学习时间;⑨ 地方支持。四个过程性特点是指:① 合作性的规划与同事式的关系;② 团体的概念;③ 清楚的目标与高期望;④ 有秩序与有纪律。①

20 世纪 90 年代后期,美国学校行政人员协会(the American Associaton of School Administrators,1999)则提出高效学校是具备以下特征因素的学校:① 现代技术的运用;② 综合的、有活力的、有发展能力的课程;③ 关注学生的表现;④ 以学生为中心的各种体系;⑤ 广阔的学术和社会背景;⑥ 各种标准和评价的有效性;⑦ 能及时做出反应的基础设施和机构;⑧ 学校与社区的联合;⑨ 适应信息或适应时代的教学;⑩ 具有反应能力的管理;⑪ 预算资金;⑫ 以研究促进发展的进步。

值得注意的是,美国对效能学校的研究深入到学校里“关键人物”的研究。几乎所有的研究,都将校长作为造就“有效学校”的关键人物,同时也特别关注学校中的教师的特征。有关“有效学校”中的校长特征,1985 年,美国教育研究服务社(Educational Research Service,ERS)的研究中比较一般的描述是:① 以目标和任务为取向;② 传达对学生、教师以及校长自身表现的高期望;③ 常常认定自己担当着教学领导的角色;④ 花大量时间走访课堂,并在头脑中带有评估教师和教学改进的特定目的;⑤ 直接介入与课程计划有关的种种活动;⑥ 为教师提供坚定的支持;⑦ 提供指向课程目标的在职培训。

美国教育研究服务社(1985)还对“有效学校”中的教师特征进行了研究,认为有效学校的教师:① 作为一个团队而共同工作;② 把较多的时间用于积极的教学;③ 较少布置过量的作业;④ 组织较多与学习相关的活动;⑤ 显示出对所教学科领域有透彻的理解;⑥ 对建立良好的学习原则有很好的认识;⑦ 显示出对学生的特质有很好的认识。

2004 年,美国密歇根州大学教育学院美中教育研究中心对有关美国的效能学校的研究结果进行了总结,将美国效能学校的特征因素归纳为五方面,即学校领导与领导艺术、教师与教学、学生与学习、课程设计、家庭与学校的合作等。②

影响学校效能建设的因素是多方面的。国内有学者对这些研究者们关于学校效能影响因素的研究结果进行了整理,见表 7.1。③

---

① Henry M.Levin , Marlaine E. Lockhead. *Effective schools in developing countries.* The Flamer Press,1993.

② US-China Center for Research on Educational Excellence, Erickson Hall.http://www.china-us.us.

③ 汤林春.学校效能评价研究.华东师范大学博士论文,2005 年.

表 7.1 效能学校的影响因素

代表人物	效能学校的影响因素	研究年度
埃德蒙兹(Edmonds)	1. 强有力的校长领导 2. 重视基本技能掌握 3. 对学生学习成就的高期望 4. 持续系统的学生评价 5. 有秩序的环境	1979
拉特(M.Rutter)	1. 学校中智能较高与较低学生的均衡 2. 奖励与惩罚制度:充分运用奖赏与鼓励 3. 良好的物质环境 4. 让学生参与学校生活,承担责任 5. 善于布置家庭作业 6. 教师能起到示范与榜样作用 7. 良好的教室管理 8. 强势的领导伴随着民主管理	1979
特曼(Tursman)	1. 对学生的正向期待 2. 优秀的行政领导 3. 和谐的校园气氛 4. 重视学生学习的基本技能 5. 重视学生的进步情景	1981
史密斯(Smith)和布尔基(Purkey)	1. 教学领导 2. 有计划及目的之课程 3. 明确的目标及高期待 4. 教学工作的时间分配 5. 学业成绩成功性 6. 和谐的组织气氛 7. 社区的意识 8. 教师专业的发展 9. 教师的任教意愿 10. 教师间的合作计划 11. 学校情景式管理 12. 父母的投入及支持 13. 学区的支持	1981
莱文(Levine)和雷若特(Lezotte)	1. 生产性的学校气氛或学校文化 2. 学校基本技能的学习 3. 学生进步情形的监督 4. 学校发展中务实导向的同行关系 5. 父母参与 6. 有效的课程安排与教学 7. 杰出的领导 8. 对学生成就的高期待性	1990

续表

代表人物	效能学校的影响因素	研究年度
费黛奥塔·卡朋(Phi Delta Kappa)	1. 陈述明确的课程目标 2. 领导者对学校的态度、对学校和其计划成功的期望 3. 被任命的学校领导或学校某项计划的执行人的行为 4. 学校经常采用个性化的教学 5. 适合学校的有组织学习的气氛 6. 师生比 7. 学校受到特别项目基金的资助,来自联邦、州和地方三个渠道 8. 学校具有家长与学校高水平的密切联系以及家长参与学校活动	1993
史润斯(Scheerens) 和博斯科(Bosker)	1. 成就导向 2. 教育领导 3. 共识与凝聚 4. 课程 5. 学校组织气氛 6. 教室气氛 7. 家长的参与 8. 潜在能力的评估 9. 有效率的学习时间 10. 有计划性的教学 11. 独立的学习 12. 适应性的教学 13. 反馈与强化	1997
吴清山	1. 学校环境规划 2. 教育教学的品质与方法 3. 学生纪律表现 4. 学校行政沟通与协调 5. 学生学业表现 6. 教师工作满足 7. 学校课程安排 8. 家长与学校的关系 9. 师生关系 10. 校长领导能力	1997

上述研究表明,当前西方,由于研究者的研究角度、研究方法、研究设计、样本数量、文化背景等方面的差异,所以其研究的结果表现出很大的差别。

第三节 学校效能评价

一、学校效能评价模型的演进

国内外教育理论界和教育实践工作者对学校效能评价曾进行了大量的研究。从 20 世纪 60 年代美、英开始，到 80 年代该研究在西方国家受到越来越多的重视，学校效能评价模式也被不断地丰富。①

20 世纪 60 年代至 70 年代，学校效能评价主要采用了“输入—输出”的模式。如詹姆斯·科尔曼（J. Coleman）的研究，就是研究学校对学生的影响，通过测量学生的学科考试成绩来衡量学校效能大小。② 这是一种静态评价，其指标比较单一。这一阶段主要关注学校人力资源与物质资源对学校产生的影响，有人把它叫做“生产函数”模式。

随着对有效学校特征研究的不断深化，人们在 20 世纪 70 年代提出另外一种评价模式——“输入—过程—输出”，增加了过程变量。人们把教育资源到教育结果的转换过程考虑了进来，加入了管理、课程、教学方法、教师行为等因素。这种模式除了具有与输入—输出模式相似的评价方式外，还有偏重从过程因素构建评价方案的倾向，即过程—输出的类型，这以克瑞墨斯（M. Creemers）为代表，③他构建了以学校教学质量为重点的学校效能评价模式。

尽管如此，人们还是觉得，“输入—过程—输出”模型仍然有忽视社会政治与经济等背景因素的问题。20 世纪 80 年代，将社会有关教育的政策、教育行政管理制度、经济与物质条件都囊括进去的评价模式产生了，代表人物有史润斯（J.Schreerens），他以组织效能评价理论为指导，设计了“背景—输入—过程—输出—改进”评价模式。④

1991 年，联合国经济合作与发展组织提出的评价模式（简称 CIPP 模式），其评价指标包括教育的背景指标（Context）、输入指标（Input）、过程指标（Process）和结果指标（Product）四个部分。CIPP 模式的主要特点是把背景、输入、过程和结果综合加以评判；涉及了教育输入和教育输出与结果两部分，拓宽了评价的时空；评价范围涉及事前、事中、事后各个环节，涵盖了学校工作的整个过程；同时还涉及一些教育背景内容以及教育过程等指标。⑤

综观学校效能评价的发展变化，可以看出，“输入—过程—输出”是其基本脉络，并以此形成了几种不同的评价取向：“政治经济学”取向，认为有效学校是指学校如何能增进国家的政治经济优势；“生产力”取向，看学校如何有效地转化投入为产出；“附加值”取向，看学校如何有效地促进个人发展；“制造者与消费者”取向，认为有效学校决定于制造者（老师）和消费者（学生）的质量；“内容”取向，认为有效学校是由课程的质量与范畴来判断的；“折衷”取向，认为有效学校应由各个层面来评鉴，包括效率、效能、参与者的特质等。由此形成了多种学校效能评价模型。

---

① Charles Teddlie and David Reynolds: *The International Handbook of School Effectiveness Research*, Falmer press, 2000.

② Coleman, J, S., *Equality of Education Opportunity*, U. S. Government Printing Office, 1966.

③ Creemers, B. P. M.. *The goals of school effectiveness and school improvement*. New York: Routledge, 1996.

④ J. Scheerens & R. Bosker, *the Foundation of Educational Effectiveness*. New York: Pergamon, 1997.

⑤ OECD(1997). Education at a Glance, 1996.

二、学校效能评价模型在我国中小学绩效评估中的借鉴与运用

学校效能是一个动态向量，学校效能评价也是一种宏观水平的综合评价，其评价对象是学校整体，而不是教师和学生个体。学校效能评价是在资源投入一定的情况下，对学校自主办学关于促进学生成长、教师发展、学校进步程度所进行的综合测量以及对其价值进行判断的过程。通过这种评价，比较学校在一定时间内，在原有的基础上经过努力（而不是不公平的条件占有）所取得的“实际进步程度”，或学校的“实际加工能力”，而这恰恰是当前我国中小学绩效评估的关键。

为此，从政治学、经济学和社会学三个取向上综合考虑影响学校教育发展的因素，通过定量分析与定性分析结合，外部权威评价与关键群体满意评价及自我评价结合，形成综合评价数据，然后进行学校之间的效能比较，从而得出单位时间内每个学校发挥积极作用的能力及其实际结果，并进行校际比较。其基本模型如图 7.1 所示。

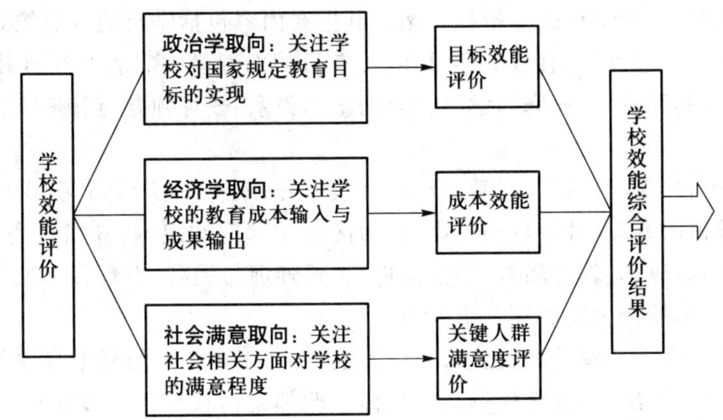

图 7.1　学校效能评价的多元等级评价模型

该评价模型实际上是一个多元等级评价模型。多元模型的潜在逻辑是一个层次的资料（如班级）适合众多第二层次单位中的每一个单位（如年级）的回归模型。对第一层次的指标参数测量于是变成了第二层次回归（适合描述第二层次单位）依靠的变量。测量技术把两个层次的回归模型结合为一个单独的多元模型。同样，也可构建三层模型来描述三个层次的效果，如学生层次、年级层次和学校层次的效果。而且，多元模型可用来描述学校在一段时间里的效能变化。① 按照等级、多元统计的思路，根据上述的具体分析，学校效能评价基本模型即可转化为：

$$E = E' \times K_1 + E'' \times K_2 + E''' \times K_3$$

E：学校效能；E'：目标效能评价结果；E''：成本效能评价结果；E'''：关键人群满意度评价结果；K_1：目标效能评价权重；K_2：成本效能评价权重；K_3：关键人群满意度权重。

三、中小学学校效能评价的主要指标

评价指标是指对评价对象进行评估的指示性标准或规定性目标，它是自觉和非自觉、理

---

① Goldstein, H. *Methods in School Effectiveness Research*, *School Effectiveness and School Improvement*, op, cit, 1997.

性和非理性的统一。评价指标的确定是依据评价主体需要的主次、强弱和价值的大小,选择若干内容作为评价活动的反映对象,组成一个有机且有序的价值判断标准。学校效能评价指标因评价目的和关注内容的不同而选择不同的指标。

(一)目标效能评价指标

目标效能评价假定学校具有实现既定目标的能力,并通过最后实现的结果情况来检验学校的效能。这种评价的一般逻辑是,从国家对教育的要求出发,确定一些学校要实现的项目和标准,达到标准就是效能高,否则就效能低。其评价指标是由权威机构设定的。

比如在美国,芝加哥大学全国鉴定研究中心与《美国新闻和世界报道》杂志开展合作,1997—1998 年先后在美国 6 个大城市对 1 053 所高中学校进行了调查,确定了 6 个大城市的 96 所优秀中学的范例。其基本的评估指标内容包括学业标准、基础课程、教学水平、教师专业发展、家校合作、学校管理和出勤率等 7 个方面。

世界经济合作与发展组织 1996 年在总结和回顾 OECD 国家学校教育政策与实践之效能的基础上,制定了一个学校效能指标框架。其主要内容包括学校的专业领导能力、学校教职员工有共同的看法和目标、有效的学习环境、有目的的教学、高期望、积极强化、监测学生的进步、学生的权利和责任、家庭与学校有效的伙伴关系、教育领导与管理能力、学校教职员工的稳定性等。

对我国 13 个省、市、自治区的《普通中小学校督导评估方案》①进行分析可以看出,我国普通中小学督导评估方案是国家或省、市、自治区督学部门制定的,其指标主要包括办学方向、管理体制和领导班子、教育质量、办学条件、教师管理与提高、教育教学工作、行政工作的常规管理与创新、学校特色发展等 8 个方面。

目标效能评价存在一些弊端,比如,在内容上,习惯于用统一的标准来评价所有学校,忽视了学校的差异性、层次性、特殊性;而且,目标一般都是由权威机构设定的,但权威机构设定的标准是否全面、是否正确、是否代表了广大公众的要求都难以明判,这些评价指标对单位时间教育成本的投入产出问题也难以反映;特别是它可能还会衍生出以“控制”为核心的评价倾向,即权威机构有可能将那些接受控制、不折不扣执行标准的学校视为效能高的学校,而那些有主见、有创新的学校有可能遭到否定乃至排斥。因此,还需要有其他模式予以配合。

(二)成本效能评价指标

成本效能评价的基本观点是,学校“效能高”“绩效大”就是对于定量的教育资源输入,能够产生数量较多、质量较好的教育成果输出。或者说,学校“效能高”“绩效大”就是以较少的教育资源消耗,获得较高的学校教育成果输出。基本公式是:

$$\text{学校成本效能}(E'')=\frac{\text{学校教育成果}(\text{输出 }R)}{\text{教育资源消耗}(\text{输入 }C)}$$

即 $E''=R/C$。

根据学校发展的实际,利用教育经济学的相关理论和现代统计学的一般原理,对学校的输入成本和输出成果的评价指标进行如下的框定和选择:

1. 学校教育输入的指标

---

① 国家教育督导团办公室.中小学校督导评估方案选编[M].北京:清华大学出版社,2001.

教育输入从主体上看，一般主要包括学生家庭方面的、教师方面的、学校方面的输入；从内容上看，主要包括人力、物力、财力和时间等方面的输入。

2. 学校教育输出的指标

学校教育输出指标主要包括以下几个方面：

第一，学生的文化课成绩是学校教育输出的指标之一。学生文化知识水平的提高是学校教育的基本任务，其成绩是学校效能的基本表现。同时，应关注影响学校教育的“负输出”①，如辍学率、留级率等。

第二，学校学生的特长发展和品德素质。同时，还应该关注其学校教育的“负输出”，如学生近视眼发生率、学生犯罪率等。

第三，教师获得的成果奖励。同时应该关注学校教育的“负输出”，如教师教学事故等。

第四，学校整体工作成果，表现为学校获得的各种奖励和荣誉。同时，关注学校教育的“负输出”，如学校违规事件和安全事故等。

第五，经营学校开源节流的成果。一方面，是在学校管理过程中对现有财政投入的节约；另一方面，是学校对外经营、服务所获得的经费。

（三）关键人群满意度评价指标

满意度是指一个人接受产品或服务的体验与期望值之间的感觉状态或匹配程度。学校服务的关键人群包括学校主管部门、毕业生被录取的高一级学校（或就业的工作单位）、社区、家长、学生等。有效能的学校是那些能满足各种关键相关人群的正当需要的学校。② 因此，学校的效能可以通过评价学校满足这些关键人群合理要求的程度来体现，其主要指标包括：

1. 学生对学校的满意度

学习生活；师生关系；生生关系；校园生活丰富度；学生成就感。

2. 家长对学校的满意度

校风学风情况；学生学业负担情况；学生进步幅度；家校联系情况。

3. 毕业生对母校的满意度

毕业生对学校的教育管理模式、学校开设的课程、学校购置的教材、任课老师的教学、学校的实习实验条件、学校的校园环境、曾经的住宿条件、学校的后勤服务工作、学校的毕业指导及推荐是否满意等。

4. 高一级学校（或工作单位）对毕业生的满意度

高一级学校的教师、班主任、领导（单位领导或同事）对该校毕业生在新学校里（工作单位）的政治表现、道德品质、知识结构、学习（工作）态度、创新能力、社会相容性等方面综合素质的综合评价。

5. 社区对学校的满意度

学校是否主动服务社区；学校教育资源是否向社区开放；学校是否主动与社区联系；学校学生的文明礼貌情况；学校在社区中的知名度、美誉度等。

6. 教育主管部门对学校的满意度

---

① 所谓“负输出”，本文特指与学校教育目标相背离，对教育有不良影响的工作结果。下同。

② 郑燕祥.教育的功能与效能［M］.香港：广角镜出版社有限公司，1991.

可以结合目标效能评价的结果予以确认。

本章小结

学校效能观大致可以分为两类，一类是以学生为关注点的学校效能观，另一类是以学校为关注点的学校效能观。前者比较关注学生的学业成绩和受到的综合影响，后者更加关注学校的发展，包括学校投入—产出论、学校目标达成论、学校环境适应论、学校可持续发展论、满足外部重要群体需要论、内部和谐满意论。效能学校就是指有现代管理观念和教育观念，学校办学有特色，教师专业得到发展，校园安全，环境和谐，教师工作敬业，学生学习努力，学生状态良好，以较少的投入获得较大的产出，教育质量或“教育加工能力”高于同类学校的学校。有关影响效能学校因素的研究很多，不同研究者得出的结论也很多元。学校效能评价模型随着学校发展和效能研究的发展而不断演进，学校效能评价指标因评价目的和关注内容的不同而不同，主要有成本效能评价指标、目标效能评价指标、关键人群满意度评价指标。

思考题

1. 试述效率、效益与效能的区别与联系。
2. 什么是有效学校？它有哪些基本特征？
3. 目标效能评价的主要指标有哪些？
4. 在学校效能关键人群满意度评价中的“关键人群”包括哪些部分？从哪些方面来评估家长对学校的满意度？

第八章 学校人员管理

学习目标

了解中小学校长素质的构成;了解校长的选拔、任用与考核规定;掌握校长的职责和职权要求;理解校长负责制与学校民主管理的内涵。了解教师的基本素养;了解教师的资格与任用要求;掌握教师激励的策略;理解教师专业发展的内涵和途径。了解学生常规管理的内容;掌握学生班级管理和学生社团管理的要求和基本策略。

建议学时

3 学时

教师导读

本章按照学校人员管理的主体将其分为三节内容,分别是校长管理、教师管理和学生管理。对本章的学习应是在理解的基础上以记忆知识点为主。第一节着重理解校长负责制与学校民主管理的内容;第二节着重理解教师激励、教师专业发展的内容;第三节着重理解学生常规管理和班级管理的内容。学习完本章的内容,能够获得对学校人员管理的整体认识,能够掌握人员管理的一些策略和手段,对于实际的学校人员管理活动有一定的借鉴意义。

一切管理活动,都是以人为主体的组织协调活动,对人的管理始终是管理的基本内容。因为在教育管理中,管理者是人,被管理者是人,通过管理要形成的产品也是人。因此对人的管理,是教育管理的核心问题。

第一节 校长管理

一、校长素质

校长是学校发展的重要力量,因此世界各国都非常重视校长管理。但是由于各国的文化、办学基础和管理体制不同,对校长的要求也不尽相同。下面以美国、日本和中国为例来看看不同国家对校长素质的理解和规定。

(一)美国对校长素质的规定

美国将中小学校长具备的素质概括为以下 11 个向度①:

① 张德伟.美国校本管理背景下中小学校长的素质能力及其培养培训[J]. 外国教育研究,2007(2):35-41.

（1）品德规范：包含自我行为与专业精神。

（2）政策与法律：教育政策与教育法令。

（3）教育思潮：教育潮流与教育哲学。

（4）教育领域：教育愿景、学校经营、激励技术、团队合作协调、授权、指挥协调、注重绩效、提高必要协助与专业发展等。

（5）沟通能力：口头沟通、书面沟通、说服力、协调能力、冲突解决、敏感度。

（6）自我与人际互动：与他人相处、多元文化观、终身学习、生涯规划。

（7）问题解决能力：计划组织、学生辅导、执行决策、执行行政事务、问题分析判断、资讯科技能力、危机管理、时间管理、适当决策能力。

（8）情绪智商：挫折容忍力。

（9）公共关系：了解政治生态、社区资源、与家庭教师关系、与上级关系。

（10）教育研究与评价：教学视导与评价、课程发展、行动研究。

（11）教育经费：预算编列、执行预算、资源分配、采购法规、财务管理。

（二）日本对校长素质的规定

日本对中小学校长应具备的素质也有10个方面的要求①：

（1）要有研究精神，不断学习日益更新的知识。

（2）要有肚量，胸怀广大，不拘小节。

（3）要有领导能力，能坚持原则，切忌八面玲珑。

（4）要有使命感，对事业一往无前，坚忍不拔。

（5）要有积极性，有干劲。

（6）对学生有深厚的爱，一视同仁地爱护每一个学生。

（7）要有广阔的视野，眼光远大，富有理想。

（8）身体健康，性格开朗，办事光明磊落。

（9）谦虚，诚实，努力培养受人爱戴的品质。

（10）要善于培养优秀接班人。

（三）我国对校长素质的规定

在我国有一种说法叫“一个好校长就是一所好学校”，说明校长在学校发展中的地位和作用是非常大的，所以，我国向来重视校长的选拔与任用。不同历史时期，我国对校长的素质要求也是不同的，它在某种程度上既反映了我国教育发展的变化历程，也反映了我国对校长这一角色认识变化的历程。尤其是随着教育发展对校长的要求越来越高，校长的专业化日益成为校长队伍建设的关键。2013年2月教育部颁布实施《义务教育学校校长专业标准》，该标准首次系统建构了我国义务教育学校校长的6项专业职责，即规划学校发展、营造育人文化、领导课堂教学、引领教师成长、优化内部管理、调适外部环境，并将这6项专业职责细化为60条专业要求，由专业理解与认识、专业知识与方法、专业能力与行为三方面组成，具有较强的指导性和规范性。当然，这只是对义务教育阶段学校校长的要求，对于其他类型学校的校长还没有分类细化。结合国内学者的研究成果和学校办学实践，我国中小学

① 张琴秀，王媛. 中小学校长素质研究20年综述［J］. 教育理论与实践，2007(13)：19-22.

校长应具备的基础素质大致可以概括为以下四个方面①。

1. 思想道德基础

（1）政治思想——具有较高的政治觉悟和政治理论水平，重视学习政治理论，树立科学的世界观，掌握辩证唯物主义的方法论，坚持坚定正确的政治方向。

（2）职业思想——热爱教育事业，具有高度的事业心、责任感和奉献精神，为实现职业理想勤奋努力，坚持不懈。

（3）教育思想——具有正确的教育思想，能尊重教育规律，自觉执行党和国家的教育方针、政策、法规，坚持依法治教，科学育人。

（4）道德品质——诚实正派、廉洁奉公、严于律己、谦逊通达，遇事能选择符合社会伦理道德的行动，个人行为符合做人标准，能成为师生的表率。

2. 专业知识基础

（1）政治理论与国情知识——具有马克思主义、毛泽东思想和邓小平理论基本知识；懂得中国近现代史和国情特点；具有国际基本知识，了解中国与世界的关系；了解本地区的历史、自然环境与经济、社会的发展状况。

（2）教育法律、法规与政策知识——熟悉国家有关中小学教育法律、法规及政策的基本内容，在学校管理中能够正确地理解和运用。

（3）现代学校管理知识——了解现代学校管理理论的新发展，掌握基本原理、基本规律和方法、技术。能够从实际出发，灵活运用管理知识，改进学校管理，提高学校管理绩效。

（4）教育学科知识——具有中国教育史的基本常识，了解现代教育科学各门学科特别是教育学、心理学、教育技术学、教育经济学和教育社会学等学科的新发展，从中吸取有益的思想和方法；熟悉我国现行中小学课程计划、各科教学大纲和部分学科教材内容，了解国内外中小学教育教学改革动态及其发展趋势。

（5）其他相关知识——了解与中小学教育有关的自然科学、人文科学基础知识和现代科学技术在学校教育中的应用情况，了解社会政治、经济、科技和文化发展对中小学教育产生的影响和提出的新要求，并积极研究学校教育如何适应社会变革和发展的需要。

3. 能力基础

（1）思维能力——具有系统思维的品质，能从整体和长远的利益出发，用联系的、发展的观点思考问题；能进行创造性思维，善于分析新情况，产生新思路，提出新主张。

（2）学习能力——勤奋学习、不断进取。善于运用有效的方法，学习和运用新知识、新技术，追求自我超越，不断发展。

（3）解决问题的能力——善于思考，能抓住问题的关键，提出解决问题的方案，果断有效地付诸行动。

（4）语言文字表达能力——有较强的运用语言文字的能力。有口才，善于说服别人；有较强的写作能力，逻辑性强。

4. 健康基础

（1）身体健康——有健康的体魄，能坚持经常锻炼身体，保持充沛的精力。

（2）心理健康——心胸开阔，乐观向上，自强不息；能正确处理个人所面临的挑战及压

---

① 贺乐凡.中小学教育管理[M].上海：华东师范大学出版社，2000：161.

力;能承受挫折和委屈,善于自我调节,保持心理平衡。

二、我国中小学校长的选拔、任用与考核

(一)校长的选拔

1. 基本条件

第一,坚持党的基本路线,维护四项基本原则,自觉抵制和纠正"左"的和右的思想倾向。

第二,具有必需的文化和专业基础。乡(镇)完全小学以上的小学校长,应具有不低于中等师范毕业的文化程度和小学高级以上教师的职称;初级中学的校长,应具有不低于大学专科毕业以上的文化程度和中学一级以上的教师职称;高级中学和完全中学的校长,应具有不低于大学本科以上文化程度和中学一级以上教师职称。中小学校长均应获得"岗位职务培训合格证书",实行持证上岗的制度。

第三,身心健康,能胜任校长工作。

2. 素质要求

第一,思想素质要求。坚持正确的政治方向;具有一定的马克思主义理论修养和较高的思想水平,能运用马克思主义立场、观点和方法,分析教育现象,指导学校工作。忠于人民教育事业,具有为祖国培养下一代人才而献身的精神,热爱教育,热爱学校,热爱学生,依靠教职工办学。

第二,岗位知识要求。掌握马克思主义基本理论,熟悉历史知识。中小学校长应具备马克思主义基本理论,掌握中国近现代史和国情基本知识。了解国家的基本法律、法规,熟悉教育基本法及相应法律、法规,自觉执行教育方针,依法管理学校,并能运用法律手段维护学校和师生员工的合法权益。熟悉教育学科、心理学科、管理学科的基本理论,能自觉按照教育和管理规律管理学校,成为教育和管理的行家。

第三,岗位能力要求。具有根据政府法律和方针政策,结合学校实际,制定规划、计划的能力。

(二)校长的任用

我国基础教育实行"分级办学,以县为主",校长的任用权属于地方一级教育管理机构,在符合国家有关校长任职标准的基础上,地方教育主管部门拥有比较大的自主权。由于各地差异比较大,校长的任用方式也不尽相同,目前主要有委任制、考任制、招聘制、选举制和综合制五种方式①。

(1)委任制。即按照管理权限,由国家法定的任免机关依照一定标准和程序,直接任命校长的制度。委任制的优点是教育主管部门直接任命校长,由于校长与政府的关系密切,教育方针政策的执行能得到国家的直接支持,同时,校长也能够较好地保证国家教育政策的贯彻实施。其缺点是选拔的范围较小,主管领导人的印象产生权威效应,往往干扰任用标准的执行,而且因群众参与程度不高,透明度低,难以形成竞争机制。

(2)考任制。即通过考试,按照规定的条件和考试成绩,择优任用校长的制度。我国也有部分地区正在试行校长考任制。考任制的优点是,标准统一,公开考试,择优录用,体现了

---

① 贺乐凡.中小学教育管理[M].上海:华东师范大学出版社,2000:169.

平等竞争的原则,可广招优秀人才出任校长。其缺点是对应考人员的素质难以进行全面深入考察,群众参与的程度低,而且由于主要凭考试成绩录用校长,容易出现失误。

(3) 招聘制。即按照统一标准,向社会公开招聘校长的制度。招聘的程序,是由教育主管部门制定统一的校长资格标准,本人提出申请和治校方案,招聘单位组织审查、评议,择优确定人选,受聘人和招聘单位签订合同,出任校长。在办学体制日益多元化和办学竞争日益激烈的背景下,通过招聘的方式选拔优秀人才担任校长,目前在我国很多地方被采纳。此种校长任用制度在英、美等国已普遍采用,优点是标准公开,评审严格,签订协议,双向选择,体现了平等竞争和依法治校的精神。缺点是偏重个人办学主张和答辩水平,群众参与程度不高,缺乏透明度,难以对个人素质进行全面审查。

(4) 选举制。即在一个地区或一所学校内,由全体教师,或由全体教职工直接选举校长的制度。中小学校长的任用中,一些省(市),如北京、江苏、湖北、广东等,也在进行选举校长的试验。选举制的优点,是群众参与的程度高,考察自然而全面,能体现民主管理的原则。其缺点是,选举往往受群众整体思想水平、舆论和从众心理的影响,引导不好也易产生偏差。

(5) 综合制。这是我国改革开放以来,在群众参与和创造的基础上,正在实施和完善的一种校长任用的制度。综合制运行的程序是,公开推荐(群众推荐加自荐),组织部门按校长任职资格和标准进行考核,个人提出办学主张,组织考试或答辩,群众评议,主管部门正式任命。有些地区和学校还要求被任命的校长经过一年的试用才能正式上岗。这种任用校长的制度,是在吸收了以上其他四种任用制优点的基础上形成的。

校长任用制度中还有一个校长任期问题。关于校长任期的规定大体有两种类型,即常任制和任期制。

(1) 常任制。即校长一旦接受任命,除政绩特别低劣或因健康不能坚持工作者外,可无限期担任现职。这种制度一般在校长被纳入公务员或国家工作人员系列的国家实行。日本、法国的校长任期实行常任制,我国过去实行的也基本属于常任制。

(2) 任期制。即规定校长任期的年限和连续任职的期限。校长的任期每届一般为 3~5 年,可以连任。有的规定校长先试用一年,然后续任两年,再续任 4 年,之后可连任,任期不限。

(三) 校长的考核

考核校长,是推动学校工作的重要措施,是加强校长队伍建设的重要手段,是激励校长自身更快成长的动力之一。

改革开放以来,我国对校长的考核进行了一些改革。在实行校长负责制的中小学,各地都在进行考核校长的实验,按照中共中央组织部《关于实行干部考核制度的意见》,校长的考核包括德、能、勤、绩四个方面,以考核实绩为主。对校长工作的实绩的评判,要实事求是,要充分考虑校长所在学校的原有基础、社会环境和生源状况,离开了具体条件考核校长,就会使一些人盲目自傲,另一些人心灰意冷,都难以达到预期效果。

(四) 校长职级制改革

由于传统的校长管理制度的种种弊端,行政控制的严苛致使校长管理制度亟待革新。1993 年上海市开始试点实行校长职级制,其目的就是取消中小学校现有的行政级别,为校长单独设置职务等级,并对具备任职资格的校长进行全面综合考评,依据其专业素质和工作绩效确定相应等级,校长的选拔任用管理完全归口教育行政部门,从而建立起符合教育改革发展规律的事业单位人事管理制度。① 作为针对建立校长专业技术职务而专门设立的一项管理制度,校长职级制可以综合反映校长的学识水平、经验资历、教育教学水平、领导管理能力以及工作业绩表现。校长职级制是校长管理方式的一次重大变革,也是一项涵盖中小学校长任职资格、选拔任用、聘用管理、使用评价、监督管理、薪酬等方面的系统工程。当前,全国各地实施方法虽各不相同,但基本内容包括五个方面。

1. 取消校长行政级别

这是当今校长管理的主流趋势,也是对行政身份管理的一种扬弃。实行校长职级制后,校长的职级,完全从行政级别(处级、科级)中分离出来,也不再与学校的等级(如重点中学、完全中学、初级中学)挂钩。新担任的校长或副校长,即使是重点中学或完全中学,也可能是三级一等校长,而长时间在初级中学担任校长或副校长的,如有较高的管理水平、办学成绩的,可评为一级甚至特级校长。

2. 制定各等级校长的任职资格条件

条件规定,任职校长必须要同时具备基本条件和具体条件。基本条件是每一个校长参加职级评定时必须具备的条件,它具有同一性的特点;具体条件是校长评定不同等级时,所应该具备的相应条件,它具有导向性的特点。

3. 校长职务等级自成序列

这是取消校长行政级别后校长专业发展的新取向。对此,全国各地基本有如下几种思路。如上海市的做法是:中小学各设置五级十二等。设置校长职务级别,主要以原国家教委颁发的《全国中小学校长任职条件和岗位要求》作为基本素质要求,每个职级的任职资格条件,则在职责、水平、能力和业绩上提出不同要求。广州则采取三级七等的橄榄型结构,即一级两等,二级三等,三级两等。而北京市中小学校长职务等级分为五级十等,任职条件包括:主持学校全面工作的能力,在学校管理、教育改革中取得的成绩,带领教师开展教学、科研的成果,学校在社会上的知名度以及任校长的年限,等等。

4. 建立比较科学的校长素质测评指标、考评标准和方法

校长职级的认定不受原来学校级别、规模、类型和性质的限制。评定校长的职级,主要依据校长个人的学历、资历以及德、能、勤、绩,重点考察和测评校长的教育教学水平、对学校的管理能力以及所取得的实际成绩,以科学、严格的考评手段和方法,规范的评审程序,经过由教育行政领导、专家组成的校长职级评审委员会评定。

5. 建立与校长职务等级系列相匹配的校长职级工资制度

为了更好地鼓励中小学校长的工作积极性和创造性,努力提高办学水平,须适当提高校长的工资待遇。在实行中小学校长职级制的同时,实行中小学校长职级工资制度。校长职级工资是与校长职级评定相配套的以校长岗位为主要特征的工资制度,体现职务、责任、能力、实绩与合理报酬相统一的原则。

三、我国中小学校长的职责和职权

(一)校长的职责

校长职责是校长应尽的责任。校长职责一般都是由国家行政机关以政府法规、条例的

① 吴志宏,冯大鸣,周嘉方.新编教育管理学[M].上海:华东师范大学出版社.2009:194.

形式向社会公布。

我国校长具体职责的规定,大体包括以下一些方面:

(1) 全面贯彻执行国家的教育方针、政策,实现德、智、体、美全面发展的教育目的,坚持社会主义的办学方向。

(2) 执行党的知识分子和干部政策,充分发扬民主,依靠教职工办学。

(3) 主持学校全面工作,对德、智、体、美、劳等各方面的教育教学及科研、图书资料、生产、总务、行政等各方面工作,实施全面管理,提高教育和管理质量。

(4) 发挥党的政治核心作用和教职工代表大会的民主监督作用,正确地实行校长负责制。

(5) 发挥学校教育的主导作用,与社会教育和家庭教育紧密配合,建立良好的育人环境。

(二) 校长的职权

校长职权是校长应拥有的权力。职权是国家赋予的,带有某种强制性。中小学已经实行校长负责制,校长应该拥有以下三种主要权力。

1. 教育改革自主权

在执行统一的教育方针和教育政策的前提下,校长的教育改革主动权是校长行使决策和指挥权最基本的条件。没有教育改革自主权,就不可能出现有特色、有生气的学校。

2. 人事权

为了实现对人的指挥,校长必须有人事支配权,包括校内人员聘用和辞退权、岗位调动权、编制内进人权、机构设置权和教职工奖惩权等。

3. 经费支配权

所谓经费支配权,主要指对上级下达的预算经费的分配、使用权和预算外经费的管理、使用权。

四、校长负责制与学校民主管理

(一) 校长负责制

校长负责制是指在上级党组织和教育行政部门领导下由校长全权代表学校负责学校重大事务决策和日常事务管理的一种组织制度。校长负责制作为我国中小学的一种管理制度,自实施以来,极大地提高了学校校长工作的积极性,改进了学校管理方式,调动了教师群体参与学校管理的热情。1985 年 3 月,《中共中央关于教育体制改革的决定》发布,正式提出改革学校管理体制,要求“学校逐步实行校长负责制”,同时要求“有条件的学校要设立校长主持的、人数不多的、有威信的校务委员会,作为审议机构”,“要建立和健全以教师为主体的教职工代表大会制度,加强民主管理和民主监督”,并对党组织的职能和要求做了明确的规定。1993 年,中共中央、国务院颁布的《中国教育改革和发展纲要》明确提出,“中等及中等以下各类学校实行校长负责制”,至此,校长负责制作为我国中小学校的管理体制得以确立。

1995 年全国人大制定并通过的《中华人民共和国教育法》首次在“法律”条文上(第 30 条第 2 款)明确规定:“学校的教学及其他行政管理,由校长负责。”在我国基础教育各类学校大力提倡“校长负责制”。2010 年 7 月第四次全国教育工作会议召开,会议要求中小学全面贯彻落实《国家中长期教育改革和发展规划纲要(2010—2020年)》,要完善普通中小学的管理制度,包括校长负责制、校务会议等制度。《国家中长期教育改革和发展规划纲要(2010—2020年)》对在新的历史条件下继续推进学校管理体制改革,完善校长负责制发挥了很好的指导和推动作用。

(二)实施校长负责制的意义

1. 有利于责权对应

管理重在责权清晰。校长负责制的实行,使校长的权力以制度化的形式得到强化,校长依法行使权力成为可能。校长成为学校行政的最高领导者、决策者和指挥者,校长既"领导"又"负责",把责权统一起来,实现了决策和指挥的高效率。同时,"三位一体"的管理体制下各组成部分的权力得以明晰,校长、党支部、教代会各司其职,各负其责。这样一种管理体制的形成,有效地改善了以前学校管理效率低下的局面,提高了学校的管理水平。

2. 有利于发挥校长办学的创造性

校长负责制的实施使校长能专心于履行职责,以学校发展为己任。校长也可以充分利用管理的权威调配各种教育资源,充分发挥办学的积极性和创造性,不断探索办学模式和办学途径。

3. 有利于调动教职员工的积极性

学校发展的根本在于教师。校长负责制的实施使校长拥有了较大的人事自主权,校长有权决定教师个人的任用与发展,可以很好地调动教师工作的积极性。同时,校长既是学校的领导者,也是教师中的一员,这种双重角色更加有利于管理者和被管理者的沟通和对话,有利于创造良好的相互理解和相互支持的工作氛围。

(三)校长负责制下的民主管理

每个人的理性都是有限的,校长当然不例外。在决策过程中,校长个人的时间和注意力都是有限的,关注的领域也会相对集中,在这种情况下,校长个人做出的决策难免会出现偏颇和顾此失彼的现象。"决策应该由基层做出,改革的根本力量来自于学校教育工作者的头脑中、手中和心中。"①因而,需要组织成员的共同参与,依靠组织的力量来提高校长决策的效率。实际上,校长负责制并不意味着学校一切事务都由校长一个人说了算,"家长制"和"一言堂"显然不是校长负责制的初衷。校长要想深入了解学校问题和师生员工的需求,真正做到科学决策,就必然要注重民主管理,要信任教职工并向他们赋权,使他们有机会、有意愿参与学校管理。通过信任和赋权增强教职工的主人翁意识和责任感,促进每个组织成员的努力工作和自我发展。校长负责制下的民主管理应重点从以下几个方面入手。

1. 充分发挥教代会的民主管理职权,避免校长的独断专行,提高教代会工作的有效性

坚持和完善以教代会为基本形式的学校民主管理制度,既遵循了党的教育政策和国家的法律法规,更符合广大教职工的利益。应当在实践中确保教代会工作的有效性,认真履行教代会的职责,赋予教代会的权力要落实到位。

2. 管理机构要下移,让教职工真正能参与学校管理

教育行政部门应当向学校放权,但是这个权力并非完全交给校长个人,而是交给整个学

① 冯大鸣.试论校长负责制的重构与再造[J].教育理论与实践,2003(01).

校组织。学校应当向教职工放权,使教职工有权参与学校管理,并通过带动教职工学习,使其成为其工作范围内的专家和领导者。

3. 要构建社区人士、家长及学生参与学校管理的机制

如今,学校和社会的关系越来越密切,学校的外在环境越来越复杂,其对环境的依赖程度也越来越明显。为确保学校各项工作的正常开展,就需要更多人及多元化的智慧。因此,学校应保持开放的态度,接受社区、学生及家长参与决策、参与管理,并接受他们的监督。

第二节 教师管理

"百年大计,教育为本;教育大计,教师为本",教师向来被看成是决定教育质量的根本因素之一。什么样的人才能做合格的教师、如何激励教师努力工作、如何促进教师发展关系着教育发展的未来,是教师管理的重要任务。

一、教师的基本素养

教师是学校发展的核心力量,教师的素养对学校和学生的发展起着至关重要的作用。对于教师基本素养的界定,学术界有众多的研究,其中我国有学者从建设面向21世纪新型教师队伍的要求出发对教师素养要求所做的分析与阐述,是具有代表性的,其观点是将教师的基本素养概括为基础性素养和专业素养两个方面。①

(一)基础性素养

1. 个人价值取向和发展的内动力

包括:事业心、责任心、爱心和自我发展的内在追求等。

2. 宽厚扎实的文化底蕴

包括:文、史、哲、艺的基本人文素养和科学、技术的基础素养等。

3. 实践创生的思维能力

包括:在发现、处理和解决问题中表现出来的创造性以及在实践中进行探究与策划、反思及开拓的思维能力等。

(二)专业素养

1. 学科专业素养

包括:熟练掌握所教学科的知识体系与结构、学科发展的历史趋势;熟悉相关学科的知识范围、性质与相关程度;了解学科知识与人类多种实践(从社会、生产、研究到生活、人生发展)的多重关系,以及它在实践中的多种表现形态;掌握进一步学习和研究所教学科的基本途径与方法,适应知识更新,满足培养学生创造意向和能力的要求。

2. 教育专业素养

包括对学校教育、教学实践和学生的内在认识,以及用这种内在认识去研究、策划和改进、创造自己的学科教学实践和行为的本领。

---

① 叶澜."新基础教育"论——关于当代中国学校变革的探究与认识[M].北京:教育科学出版社,2006:360-365.

二、教师的资格与任用

（一）教师的资格

我国实行教师资格证书制，凡准备从事教师工作的公民，必须具备法定的教师资格，取得合格证书，才能成为教师。

在思想品德方面，教师除政治立场正确外，还必须热爱教育工作，热爱学生，忠诚于社会主义教育事业，团结同志，工作勤奋，具有奉献精神，堪为学生师表。

在文化专业知识方面，教师必须具备相应的最低学历。取得幼儿园、小学教师资格，要具备大学专科及以上学历；取得各类初、高中教师资格，要具备大学本科及以上学历。

在健康方面，教师要保持身体和心理健康，能胜任繁重的教育教学工作。

（二）教师的任用

中小学教师资格，由县级以上地方人民政府教育行政部门认定。中等专业学校、技工学校的教师资格由县级以上人民政府教育行政部门或有关主管部门认定。

取得教师资格的人员，首次任教时，要有试用期。有政治问题、道德败坏、被剥夺政治权利及故意犯罪被判刑者，不可取得或须取消教师资格。

教师任用制度，主要有派用制、聘用制和代用制三种①。

派用制是由上级教育行政部门，根据教育、教学工作的需要，有计划地向学校派遣教师的制度。这是当前我国教师任用的主要形式。它的优点是国家能按照需要发展师范教育，按照统一的标准培养教师，并对教师的使用进行统一管理。这种制度的缺点是，教师派入容易调出难，不能形成合理的流动机制，往往使学校管理失去活力，使校长无法行使用人权力，从而使校长负责制流于形式。

聘用制是教育行政部门或学校，通过一定的契约或合同聘用教师的制度。聘用双方明确各自的权利、义务和责任，教师可以应聘，也可以拒聘；教育行政部门和学校可以择优聘用，对不称职的教师可以不聘用，实行双向选择。自 1986 年以来，根据党中央、国务院关于改革职称评定，实行专业技术职务聘任制的规定，我国各级各类学校相继实行了教师职务聘任制度，这是我国教育领域适应改革开放和社会主义市场经济建设，加快教育人才队伍建设的一种表现。30 年来的实践表明，聘任制对提高我国教师队伍质量，促进教师队伍专业化，加速教育人才流动产生了深远影响。

代用制是教育行政部门为解决某些地区，特别是农村地区教育发展与师资严重不足的矛盾，聘用一部分适合任教的公民到学校代课的制度，被聘用的人员一般被称为代课教师。新中国成立后，由于师资准备不足，而受教育规模日益扩大，代课教师曾经在相当长的一段时间内成为我国中小学，特别是农村和偏远山区中小学教师队伍的重要组成部分。这种制度虽然缓解了师资短缺的困难，但由于标准不统一，管理不规范，以致整体质量难以保证，同时代课教师待遇一般都比较低，流动性大，既不利于调动他们的积极性，也不便于管理。随着教师培养规模的扩大，特别是高等教育大众化以后，教师来源日益多样化，教师队伍的需求和供给的矛盾得到了相当程度的缓解，在很多地区，特别是城市和教育发达地区，已经出现了供大于求的局面，代课教师已经成为一个记忆，正式退出历史舞台。

---

① 贺乐凡.中小学教育管理[M].上海:华东师范大学出版社,2000:175.

三、教师激励

激励是管理心理学的一个概念,“主要是指激发人的动机,使人有一股内在的动力,朝向所期望的目标前进的心理活动过程。激励也可以说是调动积极性的过程”。① 美国心理学家威廉·詹姆斯有句名言:“人性最深刻的原则就是希望别人对自己加以赏识。”他还发现,一个没有受过激励的人仅能发挥其能力的20%~30%,而当他受过激励后,其能力是激励前的3~4倍。教师是促进学校发展和引导学生成才的主要力量,是学校教学与管理最核心、最关键、最活跃、最根本的因素。因此,建立教师成长的激励机制,有助于激发教师的工作热情,最大限度地调动教师工作的积极性和创造性。②

教师激励机制既是学校发展和学校教育教学质量的保障,也是教师自身发展的需要。从心理学的角度来讲,激励是根据人的需要,科学地运用一定的外部刺激手段,激发人的动机,使人始终保持兴奋状态,朝着期望的目标积极行动的心理过程。在调动内在潜力去实现组织目标过程中,激励发挥着重要的功能。激励是人力资源管理中最关键,也是最具有挑战性的主题和任务。

在当前的学校管理中,常用的教师激励策略主要有以下几个方面。

(一)物质激励

物质激励主要包括两方面的内容:一方面是通过普遍提高全体教师的经济收入和福利待遇来调动教师积极性;另一方面是建立一定的物质奖励机制,对工作成绩突出的教师给予必要的物质奖励,以鼓励教师为教育事业做出更大的贡献。

(二)目标激励

目标激励是指通过设置科学合理的学校发展目标,让教师看到未来美好的前景,并将这一前景与教师当前的工作学习和未来的个人发展联系起来,从而激励教师为实现预定目标而积极投身于学校的各项工作。

(三)成长激励

成长激励是指实施学习成长计划,建立教师专业发展机制,让学习成为教师职业生涯的第一需要,健全学习保障体系,开展校本培训,组织形式多样的学习活动,重视教师的个人专业发展和成长,关注教师社会价值的实现。

(四)情感激励

情感激励是指学校领导通过与教师谈心、家访、探病、交朋友,与教师建立正式或非正式的情感联系,了解他们的发展愿望和遇到的种种困难,真诚地帮助他们解决问题,使教师心情舒畅、情绪高昂地投入教育教学工作之中。

(五)榜样激励

榜样激励是通过领导者的以身作则和率先垂范,或通过发现、总结和宣传校内先进人物的典型事迹,为广大教师提供积极工作、努力进取的参照和范例,从而激发教师为效法榜样而奋发向上。

---

① 吴志宏,冯大鸣,周嘉方.新编教育管理学[M].上海:华东师范大学出版社,2009:220.

② 吴志宏,冯大鸣,周嘉方.新编教育管理学[M].上海:华东师范大学出版社,2009:221.

（六）信息激励

信息激励是通过组织教师外出参观先进学校、请外校教师来学校传授经验以及向教师推荐报纸杂志有关教改的信息资料，使教师在不断的信息交流中，体会社会变化之迅速和教育改革之紧迫，由此而促进教师产生抓住机遇、奋起直追、力争上游的积极心态。

（七）团队激励

团队激励是指培养教师的团队精神，激发教师的凝聚力，建立合作、和谐的团队建设机制，在学科教学中注重团队建设，资源共享；年级管理中注重团队建设，形成合力；学校党务群团以及各种非正式群体注重团队建设，营造和谐氛围。

上述种种教师激励策略反映了领导者从不同的角度、不同的侧面来调动教师积极性的手段与方法。它们之间不是完全割裂的，而是相互交叉甚至部分相互包容的。因此，在教师管理的实践中，往往需要领导者根据不同的情况，综合运用各种教师激励的策略，才能收到预想的效果。

四、教师专业发展

（一）教师专业发展的内涵

教师专业发展，又称教师专业成长，是指教师在整个专业生涯中，依托专业组织、专门的培养制度和管理制度，通过持续的专业教育，习得教育教学专业技能，形成专业理想、专业道德和专业能力，从而实现专业自主的过程。它包括教师群体的专业发展和教师个体的专业发展。

1. 教师群体的专业发展

教师群体的专业发展是教师职业不断成熟、逐渐达到专业标准，并获得相应的专业地位的过程。它既是教师个体专业化的条件与保障，同时也最终代表着教师职业的专业化。教师群体的专业发展主要包括以下内容①：

（1）教育知识技能的体系化，形成学科专业和教育专业，国家对教师任职既有规定的学历标准，也有必要的教育知识、教育能力和职业道德的要求。

（2）国家有教师教育的专门机构、专门教育内容和措施，教师教育专业化。

（3）国家有对教师资格和教师教育机构的认定制度和管理制度。

（4）形成社会公认的教师专业团体。

2. 教师个体的专业发展

教师个体的专业发展是教师作为专业人员，从专业思想到专业知识、专业能力、专业心理品质等方面由不成熟到比较成熟的过程，即由一个专业新手发展成为专家型教师或教育家型教师的过程。教师个体的专业发展的具体内容是：

（1）专业理想的建立。教师的专业理想是教师在对教育工作感受和理解的基础上所形成的关于教育本质、目的、价值和生活等的理想和信念。如“让每个学生都成才和成人”的理念等。

（2）专业知识的拓展。教师的专业知识是教师职业区别于其他职业的理论体系与经验系统。教师的专业知识拓展包括三方面：首先是量的拓展，即教师要不断地更新知识，补充

---

① 全国十二所重点师范大学联合编写.教育学基础[M].北京：教育科学出版社，2008：125.

知识,扩大自己的知识范围。其次是知识的深化,即从知识的理解、掌握到知识的批判,再到知识的创新。再次是知识结构的优化,以广泛的文化基础知识为背景,以精深的学科知识为主干,以相关学科知识为必要补充,以丰富的教育科学知识和心理科学知识为基本知识边界的复合性的主体知识结构,是专业性教师追求的目标。

(3) 专业能力的发展。教师的专业能力就是教师的教育教学能力,是教师在教育教学活动中所形成的顺利完成某项任务的技能和技巧。一般来说,应包括以下几个方面:一是设计教学的能力;二是表达能力;三是教育教学组织管理能力;四是教育教学交往能力;五是教育教学机智;六是反思能力;七是教育教学研究能力;八是创新能力。

(4) 专业自我的形成。教师的专业自我就是教师在职业生活中创造并体现符合自己志趣、能力与个性的独特的教育教学生活方式以及自身在职业生活中形成的知识、观念、价值体系与教学风格的总和。包括自我形象的正确认识;积极的自我认识;正确的职业动机;对职业状况的满意和对理想的职业生涯的清晰认识等。

(二) 教师专业发展的途径

1. 新教师的入职辅导

新教师的入职辅导是 20 世纪 70 年代发展起来并被人们所广泛接受的一种促进教师专业发展的指导措施。新教师的入职辅导有一个安排有序的计划,意在专门向新教师提供至少为期一年的系统而持续的帮助,使之尽快适应环境,进入角色。经常采取的策略是安排有经验的导师进行现场指导,并与之分享经验。

2. 在职培训

教师的在职培训是一个十分广阔的活动范围,除了传统意义上教师之间课堂教学观摩、互相研讨,以及校外的相互研讨、进修以外,近几年还发展起了若干有效地促进教师专业发展的培训模式。主要包括以下几种途径和模式:

(1) 教师发展学校。教师专业发展学校是 20 世纪 80 年代末崛起于美国的一种新型教师教育模式,90 年代逐步被我国学者所认同并在一些地区开始尝试。这种教育模式力图在大学的教育学院与中小学之间建立协作体系,以此实现教师职前培养与在职教师专业发展的一体化。

(2) 校本培训。校本培训是为中外教育专家和学校所推崇的有效在职培训方法。这种培训是由学校发起并组织实施,旨在提高教师的教育教学能力,使教师得到专业发展的一种方式。校本培训的主要特征是:培训对象以其所在学校教师为主;培训内容考虑学校及教师个人发展需求;教师参与培训的计划制订、实行和评估;通常采取导师制,开展学术讲座、案例教学法和课题带动法等多种形式。①

(3) 反思性教学。反思是教师着眼于自己的活动过程来分析自己做出某种行为、决策以及所产生的结果的过程。教学反思包括对于教学活动的反思、在教学活动中的反思和为教学活动而做的反思。

(4) 教师行动研究。教师行动研究的特点是“为了行动而研究,对行动进行研究,在行动中研究”。研究性教学最终将改变教师的生活方式,使教师职业由技术型走向学术型。

---

① 中小学教师继续教育校本培训研究课题组.中小学教师校本培训研究报告[J]. 教育研究,2002(11):85-90.

第三节 学生管理

学生管理是学校管理的重要组成部分，是对学生在校内的学习及生活进行的有计划性的引导、组织和调控，通过指导、规范或约束学生的行为，促进学生的健康发展，并保障学校的正常教学活动的基本秩序。学生管理主要包括针对学生日常学习和生活的常规管理及针对学生社团的活动管理。

一、学生常规管理

（一）学生常规管理的原则

学生常规管理是针对学生一日在校学习和生活中各个方面的行为进行的管理与规范，涉及课堂管理和校园生活管理（包括课间管理、进餐管理、宿舍管理等）。学生日常管理应遵循以下原则：

首先，学生管理要重在制度和规范建设，任何管理行为都要有章可循、有据可依，并引导学生理解各种条例、规则、守则背后的合理性基础。学校管理者与教师的管理与惩罚行为要尽量减少情绪化色彩，降低随意性程度，否则学生学会的只是害怕规则，而不会真正做到敬畏规则、遵守规则。

其次，中小学学生常规管理应注重保护学生权益。保护学生权益涉及教育法律、未成年人保护的专门法律及民事、刑事、行政和诉讼等众多法律规范。[①] 学校和教师必须加强法治观念和权益保护意识，杜绝在日常管理中采用体罚和变相体罚，杜绝使用语言暴力，杜绝侵犯学生的个人隐私等。

第三，在常规管理中尊重学生的主体性，着力提高学生的自我管理意识和自我管理能力。学校管理者和教师在日常管理中不宜“事必躬亲”，应放手让学生以主人翁的身份自己去做，教师在这个过程中只是扮演好辅助者和支持者的角色。同时，学校要充分发挥学生群体的功能，不但要提高少先队、共青团和学生会等组织的自治水平，也要在学生中发展各种竞赛和互助互学活动，使学生在相互帮助和监督中，逐步实现由他律到自律的转变。

第四，在学生管理中要注重发扬民主精神，充分尊重学生的人格，尊重学生在学习及其他活动中的自主参与、自主选择、自主探索和自主发展的意识与权利。民主需要制度的保障，需要有明确的制度和规范保障师生之间、生生之间的民主协商，以及学生社团内的民主选举。

（二）学生常规管理的内容

课堂管理和班级管理是学生常规管理中最重要的两方面内容。课堂管理是教师与学生通过课堂因素的有效整合，建立起有效的课堂教学环境，形成师生间、生生间的互动，在促进知识建构的过程中，使学生在认知、技能、方法、情感与价值观等方面得到发展。课堂管理无疑是服务于教学和学习的。我国基础教育与课程教材改革已进行多年，凸显以学生为主体、以学生为中心的教育理念。在这个背景下，越来越多的学者指出，课堂管理要改变过去管得过多、统得过死的管理方式，要尊重教师和学生作为“课堂人”的生命本质，发挥“课堂人”的

---

① 黄兴胜.学生权益保护：中小学管理的首要价值取向[J].人民教育，2007(23)：15-18.

主动性和创造性，使课堂管理由教师的单方控制走向师生、生生的多方合作，由强调"认真听讲"这种被动学习的方式过渡到提倡"平等参与、共同探讨、共同研究"的探究性学习的方式。①

班级管理是以行政班为单元，对班级内的学生进行的常规管理与评价。班级教学—规模化教学是近代以来教育普及化的过程中产生的比较"经济"的，容易形成规模的教学方式。在我国，自新中国成立以来，班级一直是学校进行教学及管理活动的基本单位，承载着集体主义的价值取向。根据社会学家涂尔干的道德教育理论，学校教育是个体社会化的重要阶段，应注重培养学生的集体意识、规则意识和理性的纪律精神。② 班级管理无疑最集中体现了这一教育使命。但同时我们也要认识到，这个日趋多元的社会越来越强调以人为本，班级管理也要充分体现人文关怀，更加尊重学生的个体差异，以更多元的标准评价学生的行为。此外，基于培养学生自主管理能力的要求，班级管理不宜被视为班主任和基本班干部的职责，而应进一步突出参与性，为更多学生创造参与班级事务的机会，提高他们的参与意识和参与热情。

（三）学生常规管理的要求

1. 注重实践

常规管理的基本特征是它的常规性和实践性。良好的规范和习惯，不是贴在教室墙上的口号就可以直接带来的，而必须要经过日常生活中的不断践行才能内化于心。所以，学生常规管理必须是经常性的，要注重规则的前后一致性以及规则之间的统整性，这样才有助于学生内化规则意识和纪律精神。

2. 加强经常性检查

管理与评价是联系在一起的。没有经常性的检查，也就谈不上常规性的管理。必须制定执行各项规章、条例的标准，并严格按标准加强检查。通过检查，了解学生行为和目标间的差距，并督促学生校正自己的行为偏差，以不断获得进步。

3. 开展遵守常规的评比

学生课内学习一般不搞评比，不搞分数指标。但是由于学生学习常规有可操作的行为标准，因而它的执行是可以评比的。学校管理者可以通过执行常规的评比，建立起良好的生活、学习秩序，以提高教育和管理的质量。

4. 树立先进典型

榜样是学生常规管理的重要手段。先进典型是正确执行常规的楷模，楷模在教育学生中具有非常重要的示范和导向作用。榜样是形象化的管理目标，它比管理者单纯的说教或强制性的条规约束，更能为学生所接受。

二、学生社团管理

学生社团是学生根据自己的兴趣、爱好和特长，按自己的原则自由组成的课外群众组织的总称。它在发展学生独立工作的能力，扩大知识领域，丰富课余生活，发挥学生的兴趣、爱好和特长等方面都有重要作用。在我国，中小学学生社团是20世纪80年代开始逐步兴起

---

① 张东，李森.课堂管理创新：内涵、方向、策略[J].教育探索，2005(10).

② [法]涂尔干.道德教育[M].上海：上海人民出版社，2001.

的,时至今日已成为提升学校办学质量、打造学校文化特色的重要渠道。

(一) 学生社团的类型

社团活动最突出的特征在于以学生作为活动主体,鼓励学生自主定位社团目标,自主设计社团组织结构与活动规范,自主策划和实施社会活动,自我反思和探索社团活动的路径。从学生自主开展活动的角度出发,李伟胜认为,学生社团可分为教师主导型、自发尝试型和自觉发展型。① 教师主导型的活动从目的到内容与形式基本上都由指导教师决定;自发尝试型的活动中学生拥有更大的自主空间,但缺乏必要的规范,学生活动处于自发尝试阶段;自觉发展型的活动既强调为学生创造自主探索空间,又强调教师的合理指导,使学生的自发行动趋于理性的自觉行动。

(二) 学生社团的组建与社会活动的开展

学生社团是学生自己的组织,只有在自主的前提下,他们才会积极参与。为此,学校学生社团的组建,从人员的组合、机构的设置到导师的聘请,都应充分体现学生的主体性,使得他们乐于参与。

学生可以根据自己的兴趣、特长、学习愿望与时间安排组建不同的社团,并自由选择参与社团活动。在这个过程中,教师应注重将学生的兴趣引导为“志趣”,逐步增强自由选择中的理性成分。

社团的主体与特色确定后,就要确定活动的组织机构与组织规范,以保证社团的正常运行。学校每个社团都应设立相应的岗位,并由学生和相关指导老师来担任,而负责人的产生需要经过社团内竞选演讲、学生推评,这些都是让学生践行民主精神的宝贵机会。为确保学生社团活动的有效开展,学生可自主聘请导师,也可在学校聘请的有相应特长、符合条件的教师、社会人士、家长中选择。

在社团管理机制上,强调学生自己管理自己,自觉遵守社团活动的规则、制度,自主分配、协调社团内工作。首先是制定严密的规则,确定社团活动的目的、内容、原则、制度等;其次是充分调动学生的积极性,让学生自己完成方案,尽量使每一位学生都得到锻炼。

在社团运行机制上,强调学生自主地对活动的开展做出具体化、程序化的安排,即在动手前“理清问题变量,准备操作工具,布局探究步骤,做好分工合作”。要让小社员们积极参与策划,将活动的主题、目的和程序,活动的时间、地点,以及相关人员及其职责等都事先做好筹划,以使活动有章可循,有序开展。围绕社团活动主题,教师应通过启发引导学生内在的学习需求,创设和谐、宽松、民主的氛围,让学生参与社团活动,自主、能动、创造性地开展实践活动。

在开展社团活动的实践中,通过充分发挥学校的主导作用与社团的能动作用,构建多维度、多主体的评价机制,使自我评价、伙伴互评、教师评价、校外评价相结合。

三、各具特色的学生管理

不同国家由于文化和教育传统的差异,在学生管理上会有不同的理解和管理方式,从而形成了丰富多彩又各具特色的管理模式。了解别国的学生管理,可以从中汲取更多的管理经验,为进行学生管理提供更广阔的视野和思路。这里选择几个有代表性的学生管理做法

---

① 李伟胜.中学推进学生社团建设的三种思路[J].上海教育科研,2010(7):41-44.

做一些简要的介绍。

（一）英国的学舍制

在英国，小学的学生管理较为简单。教师在课内是任课教师，在课外则是学生的辅导员，负有照看学生的责任。中学的学生管理相对比较复杂，通常采用学舍制（House System）和学级制（Year System）两种学生工作管理体制①。

为了便于在课外对学生进行管理，英国的一些学校在校舍设计上采用建立学舍的方法。一所学校被分成若干个学舍，每个学舍都配有小礼堂、餐厅、教师办公室。每个学舍设舍长1名，向主管学生工作的副校长负责，统管本学舍的学生管理工作。舍长领导若干名辅导员，每名辅导员负责一个辅导小组，承担具体的学生管理工作。学生入学时，被编入其中一个学舍的某一个辅导小组。这样，每名学生都由指定的教师负责管理，即便是课外发生的问题也能得到及时的处理。另外，在学舍的安排上，通常将高年级学生和低年级学生分配在一起，让高年级的学生学会照顾小同学，使低年级的学生在课外也能得到保护。

（二）日本的生活指导

在日本，学生管理中的许多内容是通过生活指导来完成的。其内容包括以下五个方面：修学指导；职业指导；余暇生活的指导；健康指导；性格指导。② 随着社会的发展，近年来生活指导的内容也进一步扩展，主要涉及九个方面：班集体生活指导；学生健康人格指导；确定目标与激励实现目标的指导；学会在校内和在社会中过民主生活，使用民主权利的指导；适应社会道德行为规范的指导；选择行为方式、做出决定的指导；认识社会矛盾、启发改造社会意向的指导；了解世界，跟世界各国公民友好交往，做"国际人"的指导；预防和矫正问题行为和犯罪学生的指导。

由于生活指导涉及面广、头绪繁多，因而需要建立一个强有力的组织体系来加以实施。为此，日本建立了完备的教师指导体系，教师人人承担生活指导责任；设置了健全有效的生活指导机构，学生指导部是负责此事的专门机构，并且配备了专门的生活指导员和教育咨询员；以班主任为生活指导教育的具体组织者和推动者，并且注重形成学校、家庭和社区的合力。③

（三）美国的家长参与

美国的教育行政体制是典型的地方分权类型，联邦政府及教育部在学生管理方面没有太多统一的要求，地方和学校担负着学生管理的大部分职责。在学校层面上，对学生的管理主要是通过规章制度的约束和家长的参与实现的。许多中小学为学生制定了明确的规章制度，其条文往往是十分具体而详尽的。但由于各种原因，学校各项规章制度的执行情况并不理想，学生的违纪现象一直较为普遍。近年来美国的学校加强了与家长的合作，以求达到有效管理学生的目的。比如，建立向家长报告制度，向家长介绍学生的在校表现、学习成绩，解释学校的工作计划，从家长那里了解学生在家的表现和对学校的意见与建议，使学生家长随时配合、参与对学生的管理。④

---

① 金含芬.学校教育管理系统分析[M].西安：陕西人民教育出版社，1993：203-206.

② 安藤尧雄著，马晓塘，刘北鲁译.学校管理[M].北京：文化教育出版社，1981：75-77.

③ 李茶晶.日本中小学的生活指导教育[J].河南教育，2001(4).

④ 吴志宏，冯大鸣，周嘉方.新编教育管理学[M].上海：华东师范大学出版社，2009：178.

本章小结

学校人员管理包括校长管理、教师管理和学生管理三方面的内容。校长管理包括校长素质、校长的选拔与任用、校长的考核、校长职级制改革、校长负责制与学校民主管理五个方面。校长素质包括校长的思想道德基础、专业知识基础、能力基础和健康基础。校长的选拔方式包括委任制、考任制、招聘制、选举制和综合制五种任用方式，校长的任期分为常任制和任期制两种。对校长的考核主要包括德、能、勤、绩四方面的表现。教师管理包括教师的基本素养、教师的资格与任用、教师激励和教师专业发展四个方面。教师的基本素养包括基础性素养和专业素养两方面；我国中小学教师的任用目前有派用制、聘用制和代用制三种方式；教师激励包括物质激励、目标激励、成长激励、情感激励、榜样激励、信息激励和团队激励七个策略；教师专业发展的途径主要有职前培训和职后培训两方面。学生管理包括学生常规管理、学生班级管理、学生社团管理和其他国家的学生管理四个方面。

思考题

1. 你认为一个合格的校长应该具备什么样的素质？
2. 什么是校长职级制？谈谈你对校长职级制管理的看法。
3. 如何在校长负责制下推进学校民主管理？
4. 结合实际谈谈如何有效实施教师激励策略。
5. 如何做好学生的常规管理？
6. 案例分析：

老赵原先在区教育局机关工作，后来被调到 A 校任校长。上任伊始，赵校长就仔细查阅了所有教师的档案，以便对教师队伍状况做到心中有数。不久，A 校原教导主任退休，经党政讨论，决定在校内外物色一位新主任。作为物色工作的一部分，赵校长分别找一部分骨干教师谈话摸底，其中包括物理组的杨老师。在赵校长与杨老师谈话结束时，赵校长礼节性地讲了下面一段话："杨老师呀，好好工作，像你这样的年龄（35 岁）已经有了很不错的工作能力和经验，今后会大有用武之地的。"说者无心，听者有意。赵校长的结束语，竟给杨老师留下了极深刻的印象，并由此产生了许多联想。

后来，学校决定从校外引进一位教导主任。任命一宣布，群众中并无什么大的反响，但杨老师的表现却很反常，时常发无名火，甚至顶撞领导。赵校长并未意识到杨老师的变化与那次谈话之间有什么联系，更不了解杨老师是 A 校有名的"敏感者"。由于杨老师是物理组的骨干，过去一贯表现不错，赵校长就找他谈话，很委婉地批评了他的表现后，对他做了一番鼓励，结束语是这样的："你过去的表现一直不错的，你的能力领导和群众也是了解的，希望你不要为一些小事而发火，以破坏别人对你的好印象。"这次谈话，果然见效。杨老师不仅改变了常发无名火的情况，而且积极性比以前更高了。

一个学期后，那位从校外引进的教导主任因故调到区里工作，于是 A 校又得提拔一位新主任。当时 A 校教导处的两位副主任均是理科教师，从工作出发，提拔了语文组组长任教导主任。这一下，杨老师再也沉不住气了，到支部书记那里大骂校长"耍人"，并坚决要求调离学校。至此，赵校长方才恍然大悟，不禁摇头感叹当校长的艰难。

试从教师管理的角度评价赵校长的“感叹”。

第九章　学校财产和财务管理

学习目标

通过本章的学习，理解学校财产和财务管理的意义，明确学校财产和财务管理的重要内容，掌握发挥学校财产和财务管理作用的方法，以提高教育质量和办学效益。

建议学时

3 学时

教师导读

本章包括财产管理和财务管理两部分，在学习过程中需要对各知识点进行相应的识记、领会和应用。学完本章之后，考生要能够准确识记本章涉及的核心概念，如财产管理、国有资产等，深刻理解相关的管理原则，初步掌握涉及的具体管理方法，如账务处理、财务分析等，并关注其在学校实际工作中的应用。

第一节　学校财产管理

学校财产是保证完成教学和各项工作任务所必需的物质条件。如何有效地加强学校财产管理，防止财产流失，提高财产的使用效率，是学校当前需要研究解决的重要问题之一。

一、学校财产管理的意义

学校财产管理是对学校物质财富的计划组织、使用保管的活动。财产分为固定资产和流动资产。固定资产是指企业、机关、事业单位或其他单位经济组织中，供长期使用并保持其原有实物形态的劳动资料或其他物质资料，如房屋、建筑物、机器设备、运输工具等。学校固定资产是指那些单位价值较高，使用期较长，并在使用过程中基本上保持其原有实物形态的行政设备，如家具、部分行政物资等。流动资产在非物质生产领域中，主要指使用期限较短，在使用过程中不能保持原有实物形态的物质资料，如各种材料、低值易耗品等。资产还包括有价证券及现金、银行存款、应收账款等。

学校财产是国家财产的组成部分，是教学、科研、办公、生活的重要物质基础，做好学校财产管理对于保护学校财产的完整与安全，保证学校各项教育教学工作的顺利开展，充分发挥其效能起着至关重要的作用。学校财产管理既包括常规管理，又涉及技术方面的管理。

要做好这项工作，需要管理人员在具备一定的专业素养和业务能力的基础上，有高度的事业心和责任感，使学校财产做到物尽其用，适应学校教育教学发展的需要。

二、学校财产管理的要求

（一）学校领导重视财产设备的管理工作

主管校长、总务主任要切实把财产管理工作纳入工作日程，并定期检查财产设备的管理情况。

（二）根据学校实际需要有计划地科学建造、购置和更新

计划是科学管理的重要手段之一，在日常管理中，学校财产物资的建造、购置和更新要有计划地进行，制订计划时要尽量满足教学工作的需要，全面周到。首先要根据事业需要和单位财力的可能，有计划地安排；其次要立足当前、预计未来，进行科学预测和分析，制定可行方案，做出最佳选择。

（三）做好清产核资的基础工作，心中有数

发动群众扎扎实实地清仓查库，核定资产，要账物相符、账账相符，而且要保管得当，不允许出现国家财产流失的现象。

（四）制定必要的规章制度

建立制度是管好设备的保障，如学校财产管理制度、班级财产管理制度、各类器材使用维护制度、财务赔偿制度、外借物品登记制度等。这些制度的制定，既使财产设备管理有章可循，又使广大师生参与管理，提高管理水平。

（五）管理中渗透思想教育，做到管理育人

要注意对学生进行财产管理的教育，培养学生爱护公物和勤俭节约的道德品质及主人翁意识。在教育过程中注意要求管理人员和教师处处以身示范，发挥榜样作用。

三、学校国有资产管理

（一）学校国有资产界定和管理目标

学校国有资产指学校占用或使用以货币计量的国家经济资源，包括公立学校财产及民办公助学校、民办学校中属于国有的财产，主要指学校的固定资产。学校国有资产管理不同于企业的资产管理，也不同于其他事业行政机关的资产管理。从资产来源看，形成学校国有资产的经费来源主要是国家教育经费，是物化了的教育经费。从核算方式看，学校固有资产以收付实现制作为结算基础。从构成和使用看，学校国有资产种类繁多，利用率需要提高。从管理形式看，学校国有资产实行统一领导，分口分级、管用结合的方式。

学校国有资产的管理要力求保持国有资产的安全完整，使国有资产合理、有效、节约地使用，对于非经营性的资产转化为经营性资产坚持有偿使用，同时要建立健全各项管理制度。

（二）学校国有资产管理的原则和制度

1. 学校国有资产管理原则

总原则是统一领导，分工负责，管用结合，合理调配，物尽其用，减少浪费，防止流失，保值增值。在此原则指导下，建立各种内部管理细则。

国有资产管理原则主要有：

(1) 神圣不可侵犯原则。

(2) 统一政策,分级管理,管住管活原则。

(3) 价值管理和实物管理相结合原则。

(4) 效益原则。

(5) 法定原则。

(6) 动态平衡原则。

2. 学校国有资产管理制度

(1) 固定资产验收制。填写验收单,验收单必须有三方签字(采购、保管和主管),三联保管(会计账、总财产账和分保管账)。

(2) 财产保管制度。建账(明细账);分大类(专用设备,一般设备,文物陈列品,图书,其他固定资产);账要一式两份(200 元以上设卡);分类贴签,建立登记制度,坚持借用批准手续,调出财产须经批准,贵重物资专人专柜管,有安全措施;核对账,月末由财会、财产人员核对;定期盘点、清查;盘盈盘亏,及时查明原因入账。

(3) 固定资产报废报修制度。要查明原因,权限万元以上归国有资产管理局统一处理。

(4)固定资产索赔制度。教职工个人因非正常使用造成的资产流失、教职工非公用损坏丢失报废、学生玩耍打闹非正常损坏报废、外单位借用损坏丢失报废等情况都应赔偿。

(5) 国有资产报告制度。向国有资产管理局和主管部门报告的主要内容有:统一报表,分析报告,国有资产季报、年报、临时报表等。

(6) 低值易耗品制度。200 元以下批量使用一年以上的,年初各处室报计划,领导研究,统一购买,各处室专人负责;剧毒、易燃易爆品由专人保管,按计划购买,领用限额。

执行制度的具体要求是:

(1) 要使财产统一调配。学校财产由总务处统一调配使用,专门设备的使用要有领用、借用、回收等手续,学校的固定资产一般不借给个人私用。

(2) 学校设备不得任意拆改,必须拆改的,单价在 500 元以上的设备应由上级主管局审批,500 元以下的设备拆改要校长批准。

(3) 严格执行奖惩制度。对爱护公物确有成绩的集体和个人要大力宣传、表扬,并给以物质奖励;对损坏公物的班级、个人要批评教育,按规定赔偿,对情节严重的要给予纪律处分。

(4) 每学期期末应对全校财产进行清理,财产保管人员要如实填报增减情况报表,在校内做到账账相符、账物相符,发生差错后,要认真做好复查,经过主管领导审批,按一定程序才准予调整。

(三) 学校国有资产管理的账务处理

1. 记账要求

凡产权属于学校的固定资产均应入账,包括工会、校办厂、职业教育办公室等部门使用的部分。

2. 记账方法

会计员要在会计账目中设“固定资产基金”和“固定资产科目”用以核算、反映、监督单位内固定资产的情况。

账账相符既包括总、分保管员之间的账目相符,也包括会计的账目与财产保管员的账目相符。

3. 固定资产的核算记账

凡购入调入的固定资产按购入、调入价格记账；凡自己制作的固定资产按工科造价计价；凡旧存的，无法查明原价的固定资产，可根据市场价格估计记账；凡捐赠的固定资产按捐赠协议的数额计价。固定资产不计算折旧。报损、变卖和调出均按原价注销。

4. 固定资产的增置

不论是购入、调入、自制、改制的设备，还是外单位调剂、捐赠的设备，都要先经过财产保管员验收，填写实物验收单。

属于国家控制购买的各项商品都要严格遵守有关规定，办理“专控商品”的审批手续。

5. 固定资产的减损

减损有多种情况，一般指丢失、被盗、调出、变价处理、报废（指经有关部门鉴定，不能使用且不能修理的固定资产）等。

固定资产的减损须经学校主管校长批准后，报上级主管部门审批、备案，方可报废做减损处理，并核销固定资产。

6. 固定资产的分类

目前有多种分类统计方法。根据学校情况，分为以下十类：家具类，电教电器类，体育器材类，交通运输、生产工具和炊事机械类，乐器类，图书类，被服装具类，教学仪器类，房产类，其他类。

7. 妥善保存

财产变动的各类凭证、批件应装订成册，要防虫、防霉、防火、防盗。

在管理中，要注意尊重各级人员的管理权限，既要各司其职，又要相互协作。

四、学校设备的购置与维护

根据教育发展和教学需要，及时购置必要的仪器设备，并做好设备的保养与维修，是财产管理工作的重要环节。

（一）学校设备的购置

1. 在设备购置中须注意四个问题

（1）及时性。这是由总务工作的服务性决定的。学校的整体工作是按步骤、有规律地运转，这就需要及时主动地提供服务。每学期末，应征集教研组的意见，提前安排好下学期的设备供应。学校实验室应将新购的教学仪器向教师介绍，方便教学使用。各种生物实验的原材料标本，如解剖用的鱼、蛙等，要及早联系和准备，否则由于季节等原因用品将不好供应。

（2）适用性。设备购置要根据教学的需要，这就要求购置人员既要了解教学进程，又要熟悉各种设备的功能特点，既要了解设备的价格信息，又要了解其发展前景。要避免购置数量过多而造成积压和浪费。

（3）预见性。即购置设备应考虑到学校的整体发展规划。要注意仪器设备的更新换代，注意新学科、新技术、新工艺的引进。购入设备要考虑其相对稳定性，避免重复投资。

（4）正确执行合同。经济合同是保护双方权益的具有法律效力的文件。凡购买设备或来料加工，除“一手交钱，一手交货”当时给清的情况外，都应当采用书面形式订立合同。

2. 订立合同的注意事项

(1) 标的:经济合同双方当事人权利和义务所共同指向的对象,包括货物、劳务和工程项目,是订立经济合同的目的和前提条件,因此标的是一切经济合同的主要条款。

(2) 数量和质量要求:明确具体的数量和质量要求,应有书面协议。

(3) 价款或酬金:是取保产品和接受劳务的一方向对方支付的代价,它用货币数量体现了等价交换的原则,也是合同的基本条款之一。

(4) 履行合同的期限:经济合同都有一定的期限,违背了就会造成损失,因此要明确规定交货期限,交货地点,交付办法。违约责任:指合同当事人未按合同履行义务而应承担的责任。违约责任包括违约金和赔偿金,一般可根据有关法律规定来确定,也可双方依法商定,并具体写入合同协议书。

签订合同双方要加盖公章,并有法人代表签章。有时还需上级部门盖章证明,或请国家公证机构公证。通过公证,可以帮助当事人把条款中含义模糊、内容不完善、不具体的部分加以补充、修改,从而防止纠纷,消除隐患。

(二) 学校设备的保养和维护

1. 专人保管,责任到人,做好仪器设备的日常保养工作

对于专用教学仪器设备(学校实验室、计算机室、音乐、语言、电教、医务等)以及其他非专用设备,都要根据设备的不同性能采取不同的保护措施,制定具体的管理办法,责成专人负责。在日常保养的同时,还要定期检查。

2. 要及时做好仪器设备的维护工作

管理人员应根据仪器设备的损坏情况,有计划地对设备进行小修、中修甚至大修。修理时要坚持自力更生和勤俭节约的原则,对于那些修理多次,陈旧落后不值得再修理的设备,可申请改造或报废。

仪器设备的修理与维护保养是相辅相成的。保养工作做得好可以减少损坏频率,减轻损坏程度,延长仪器设备的修理周期。而修理工作做得好并且及时,又给保养工作创造了有利条件。两者不可偏废。

3. 建立学校设备维护制度

每学期末,总务处要对学校的有关设备进行全面的维护,建立起完整的维护制度。国有资产管理改革的方向是集中财力,资源共享,集团购买,大型设备政府采购,民办公助,持证上岗,加强财产管理人员的培训和考核,不断提高其素质和管理水平,充分发挥国有资产的教育效益和经济效益。

第二节 学校财务管理

维系一所学校运转最重要的是争取资源的能力和配置资源的水平。资金的筹集、分配和使用,对学校的发展有着直接、重大的影响。财务管理作为学校管理工作的核心,其管理的好坏直接影响到学校的财务状况,乃至学校事业全面、协调、可持续发展的能力。

一、学校财务管理的内涵

学校财务管理即指学校资金运转过程中的计划、组织和控制,它是利用价值形式,通过

资金运转,组织财务活动,处理校内外财务工作的一项管理工作。它既是学校总务管理的首要职责和主要任务,也是国家财政工作的有机组成部分。学校财务管理主要包括预算管理、资金管理、预算外资金管理、支出管理、财务报告、建立健全财务管理制度、财务监督等。学校财务管理的主要任务是,落实国家的教育方针和财政制度、财经纪律,管好用好教育经费,提高教育投资效益;根据学校教育教学活动的需要,做好财务预算和使用管理,使有限的财力充分发挥作用。

二、学校预算管理

预算是财政学概念,就公共财政而言,预算是指政府在每一个财政年度的公共收支计划。学校预算属于事业单位预算,它是事业单位遵循党和国家的有关方针政策,按照国家要求下达的事业计划的货币表现。它是学校管理活动的资金反映,是确定事业单位与国家预算之间资金缴拨关系的基本文件,也是学校开展各项财务活动的基本依据。

(一)编制预算

1. 依据和原则

编制预算的主要依据有:党和国家有关方针、政策和财政财务制度的规定;上级下达的关于编制预算的指令性文件;学校计划年度内的事业发展计划;学校上年度预算执行情况及其分析;学校人员编制和费用标准;学校各部门为完成计划目标和任务对资金的需求情况等。

编制预算时还要参照以下原则。

(1) 量入为出,略有节余。

(2) 保持重点,照顾一般。一方面要处理好行政性支出和业务性支出的关系,首先保证业务性支出,即教育教学活动的需要,尽量压缩行政性支持;另一方面要处理好维持费用和发展费用的关系,首先保证维持费用,对发展费用既要考虑需要,又要考虑可能。

(3) 依靠群众,民主理财。

(4) 量力而行,尽力而为。

2. 内容与编制方法

学校预算属行政事业单位中的全额单位预算,实行“预算包干,结余留用”办法。普通中小学的年度预算,分为经费支出和杂费收入两部分。

编制学校预算是一项复杂细致、政策性比较强的工作,应在校长领导下,组织有关人员认真编制。具体编制方法包括以下几个方面。

(1) 预算和分析上年度预算执行情况。一般先确定预计执行数,以当年1—9月实际执行数加上10—12月份预计执行数之和为上年度预算执行数;然后调查分析各项收支定额、收支标准、执行情况及其原因,总结经验教训,提出增收节支措施,为计划年度预算的编制提供可靠的数据。

(2) 核实基本数字。主要包括:班级数、学生数和教职员工数,确保准确无误。

(3) 正确核算各项收支指标。

(4) 严格划清资金界限。

(5) 正确运用经费包干结余,即要加以合理安排。

(6) 以上各项工作经调查无误之后,分别填制预算表格,主要有:经费支出预算表;修缮费预算明细表;设备购置费预算明细表;教育事业费预算基本数字表。核算资料应严格按照预算科目填列,有的科目要附扼要说明,表明编制所需经费的根据和计算方法。

(7) 预算初稿编成后,经主管校长审阅,提交校务会议讨论通过或教代会审议,校长签署核定,报请上级主管部门审查核发。

(二) 执行预算

预算经上级审查批准之后,即具有法律效力,学校应贯彻执行。

(1) 严格按计划办事,上级按计划拨款,凡是计划内的项目,保证资金供应。否则一律不予开支。

(2) 及时掌握预算执行情况,严格控制好经费的使用。

(3) 预算执行中为适应客观情况的变化,可以按有关规定和必要的程序及时进行必要的调查。

(4) 执行中应依靠群众,实行民主理财。预算下达后,应使学校中各部门负责人清楚了解年度预算的分配计划,通过讨论研究落实各部门使用预算的分配数,有的可采用"统一领导,分级管理"办法,调动群众当家理财的积极性,保证业务费用到教学上。

(5) 坚持"一支笔"审批制度。所谓"一支笔"审批制度,是指一个单位在财务管理上的经费支出实行由一名领导主要负责审核签字,财务人员再根据领导的审批给予报销。"一支笔"审批制度对于加强单位内部财务管理,防止多头审批,避免财务管理的混乱局面,控制成本支出,规范单位经济行为,保障各项工作的顺利完成,都发挥了一定的作用。

(三) 检查监督

检查和监督的依据是年度预算和有关规定,党和国家的方针政策、制度、法令等。检查的内容,一是实行正确核算管理所需的基础工作和会计资料的管理及国家会计制度的执行情况;二是各项经费支出是否符合有关规定和标准;三是学校管理者是否自觉地遵守财经纪律和财务制度。检查方式有:经常性检查与定期检查相结合;单项检查与全面检查相结合;教育部门组织校务人员抽查与自查结合;专业人员检查与群众监督结合;检查与交流管理经验结合等。

(四) 编报决算

决算报表是学校全年完成事业计划和教学任务成果在资金上的反映,也是全年预算执行情况的总结,应给予足够的重视。总务主任应监督有关人员做好年终清理和年终结账工作。决算的编制是以预算编制表和资金活动的账簿记载、会计报表资料为基础,由财会人员按收支项目数额核算,实事求是地编制,决算编制要做到内容真实,数字准确,账表相符,分清资金渠道,做到表报齐全。初稿编成后,交主管领导审阅,由校务会议或行政会审查通过,校长签署,一式两份,一份交上级主管部门备案,一份留校存档。

三、学校资金管理

(一) 学校预算内资金管理

行政费、事业费收入,除按国家规定纳入财政预算管理外,均作为学校预算内资金管理,实行财政专户存储和计划管理。各学校按隶属关系到同级财政部门办理专户存储手续。

(1) 凡属行政性、事业性收费,除国家规定使用的专业票据外,均使用行政费、事业性统一收费票据,或使用财政局批准的专用收费票据。

（2）各学校在购领收费票据时，必须将已使用过的票据收费金额统计上报同级财政部门，并按时报送资金平衡月报表和票据使用情况季报表。

（3）各级财政部门根据各单位统计上报的收费金额，结合资金平衡月报表和票据使用情况季报表，核定其存入财政专户存储的金额，各学校在办完专户存储手续后，方可购得新的收费票据。

（4）各学校的行政费、事业性收费，凡不按规定办理专户存储或弄虚作假、隐瞒不报、转移资金的，同级财政部门将停止其购新的收费票据，并按违反财政纪律处理。

（5）财政部门必须接受同级财政部门的监督和检查，并接受审计部门的审计。

（6）各学校在财政专户存储的资金，按规定用途支配。支用时，向同级财政部门编制用款计划，经审查批准后给予支付。

（二）学校预算外资金管理

预算外资金是相对预算内资金而言，是按政策规定自收自支管理的各种资金的总和。这部分资金的收支、运用、核算、监督等事项，构成学校预算外资金的管理。由于来源渠道不同，预算外资金在管理上必须坚持原则，突出重点。

1. 学校预算外资金的构成

按来源渠道，预算外资金由以下五部分构成：

（1）按国家或地方行政部门规定的收费部分。如学杂费、住宿费等。

（2）按规定为学生代办的收费部分。如书费、作业本费等。

（3）学校创收部分。如学校校办工厂、农场按规定上缴学校的利润收入（计划数）、各项减免税收入、返还学校的工资、成本等收入。

（4）国内有关单位与个人、国外友好团体与个人的捐款。

（5）有偿服务的收入。如教学服务收入、科研服务收入、设备场馆租赁收入等。

2. 预算外资金管理应遵循的要求

（1）严格按照国家的方针政策和财务制度办事。首先，预算外资金的收支范围和项目，除了国家统一规定和经过省、市、自治区批准的以外，各单位不得巧立名目，擅自增加、扩大和改变收支项目。其次，不得将预算收入转入预算外收入，将预算外支出转作预算支出。再次，凡是已经统一规定了征收标准或者提取比例的，非经原批准单位同意，不得擅自变动。

（2）各项收入应由学校集中管理。即全部交由总务处入账管理，各单位不能私设小金库，也不能把公款用个人名义存入银行。校办企业可以单独开户立账，根据有关规定实行企业化管理办法，财会人员必须认真执行《会计法》，并应接受总务处的指导和监督，其全部收入情况应定期送总务处综合上报主管部门审查。

（3）划清资金渠道，坚持专款专用。遵循“专款专用、专款结报”的原则，不得互相挤占挪用；对于按规定或经批准可以合并利用的资金，也应当按计划合理分摊，其分摊数额分别列入各项目的支出。

（4）管好收入凭证。必须建立收入凭证的领用、登记、结算、保管等管理制度，防止收入不入账，借给外单位或个人挪用等情况发生。

（5）实行计划管理，应编制预算外资金收支计划。对收入既要积极打足，又要稳妥可靠；对支出，本着先收后支、留有余地的原则，结合预算内资金统筹安排。

（三）现金管理

1. 现金的使用范围

现金的使用范围包括：职工工资、津贴、个人劳动报酬、根据国家规定颁发给个人的科学技术、文化艺术、体育等各种奖金；各种劳保、福利费用以及国家规定的对个人的其他支出等。

2. 现金的库存限额

经单位申请，开户银行按各单位实际需要，核定开户单位3~5天的日常零星开支所需的库存现金限额。学校为保护国家资金的安全和执行现金管理规定，核定限额的库存一律不得超过限额，超过限额应及时存入银行。

3. 现金收支的规定

（1）学校收入应给交款人开具国家统一规定的正式收据，并应于当日将款项送存银行。

（2）学校支付现金，不得从本单位的现金收入中直接支付（即坐支）。

（3）学校从开户银行提取现金，按现金使用范围签发支票，写明用途，由学校财务负责人签字盖章，经开户银行审核付给现金。

4. 现金核算的要求

（1）现金的收支保管要由指定的出纳人员负责，建立健全现金账目，逐项记载现金收付。会计出纳要分开，不得兼任。

（2）严格办理现金收支手续，收付现金要日清月结，每天核结库存，按期与会计核对账目，保证账目相符，账款相符。

（3）任何人不得挪用现金，不能以借据“白条”抵顶现金，不准谎报用途，套取现金，不准将单位收入现金以个人名义存入储蓄所，不准保留账外公款。

（4）在规定标准下的预算内和预算外支出都应按来源渠道分别办理现金支付，若发生留用，应立即予以调整。

总之，现金管理是我国一项重要的财经制度，加强和改善现金管理，有利于教育改革的顺利进行，有利于对社会经济活动的监督，杜绝利用现金收取高回扣、贿赂，杜绝腐败现象。

（四）银行存款管理

根据财政制度规定，学校预算内外资金都应存入银行，一切支出除可以用现金支付以外，都要通过银行办理转账结算，缩小现金流通量，加强资金监管。目前学校常用的银行结算方式有：

1. 支票结算

支票是银行的存款人（学校）签发给收款人办理结算或委托开户银行将款项支付收款人的票据。支票分为现金支票和转账支票，现金支票可以在现金管理规定范围内从银行提取现款，转账支票只能用于同城单位之间，学校付给外单位的劳务、货款及其他款项。转账支票不能对个人签发，不能提取现金或转存储蓄。学校应执行签发和使用支票的规定。

（1）支票应由财会部门统一负责办理，经审查用途和金额后，由指定专人保管和签发。支票必须写明收款单位名称、开票日期、款项用途和金额，大小写金额符合要求，并盖有预留银行的印鉴，支票和使用的印鉴不能由一人保管，印鉴应由会计或总务主任保管。金额和收款人不得更改，其他项目需更改时，必须加盖印鉴，作废的支票，不准撕毁或丢失，应在注销后与存根一起妥善保管。

(2) 一般不许携带不填写金额的支票,如确需携带时,须经有关负责人批准,并在支票上填好收款单位名称,签发日期和款项用途,还应规定使用限额和报销期限。

(3) 签发支票的金额起点为 100 元,但对结清银行账户所开的支票,不受金额起点的控制。

(4) 签发支票应使用墨汁或碳素墨水填写。

(5) 签发支票的金额不得超过本单位的存款金额,即不准签发空头支票,否则,银行除按情况处理外,还要按票面处以罚款。

(6) 收款单位收到支票后,必须在规定的有效期(七天,从签发的次日算起,到期日遇假日顺延)送交银行办理结算手续。

(7) 学校支票和银行账户不准出借或转让给别的单位或个人使用。

(8) 遗失现金支票,应及时向银行挂失支付;遗失转账支票,银行不受理挂失,可向电视台申请播放遗失支票号码作废的声明。

2. 汇款

汇款是汇款人委托银行将款项给外地收款人的结算方式,分信汇和电汇两种。

3. 委托收款

委托收款是收款人委托银行向付款人按合同月收取款项的结算方式,如电话费、水费、电费、供暖费等。

(五) 往来款项管理

往来账款分为应收账款和应付账款或其他应收应付款两类。应收账款用于为完成某项工作任务,预先支付的款项,事后结账报销。如暂时差旅费、探亲车船费借款、住院押金借款等各项临时性支出。应付账款用于暂存临时代管的款项,和事后应归还的款项。如暂存学生书本费、讲义费、提取的职工福利费、离退休活动费、住房公积金等。

各项暂付款,原则上不得用于个人借支,也不能借给没有预算关系的单位。经批准的因公借款,要按核定的预算计划和规定的手续取得借据,说明借款原因、报账时间,方可支付。原则上应一借一清,前借未清的不能再借。借款人办事结束后要在规定的报销期限内结清报账,如有余额应及时收回。不按期结算,会计人员有权按财会制度采取措施扣款。除年终出差未回,人员的差旅费可跨年结算外,其他借款原则上应全部结清。年终未结往来款项应将每项经济往来逐笔结转下年。

要定期检查往来款项的结算工作,防止应收应付账款混乱,算清往来账款时应按处理权限、经主管校长批准,认真处理前账。

四、学校支出管理

支出管理是指对学校的各种经费支出的计划、组织与控制。支出管理是财务管理的重要内容之一,其核心是充分发挥资金效益,对学校教学、科研任务完成和国家教育事业发展具有重要意义。

(一) 按会计科目划分学校支出的基本内容

预算内支出包括人员经费支出和公用部分支出,其中人员经费包括工资、补助工资、职工福利费、人民助学金、离退休人员费用、主要副食品价格补贴。公用部分包括公务费、设备购置费、修缮费、业务费等。

预算外支出包括教职工福利奖励、学生福利奖励、劳务报酬、公务费、业务费、校舍修缮费、设备购置费和其他支出。

（二）支出管理的原则

1. 强化预算约束，严格审批制度

学校预算经校行政会批准后要认真落实，学校按计划组织收入，控制支出，不得办理无预算、无计划、超预算和违纪的支出。财务支出必须控制在学校财务允许的范围内。个人部分特别是结构工资指标要精打细算，不得突破规定的工资总额；公用部分要严格控制，按计划处理。学校重大开支应由行政会研究确定，预算执行中，较大开支由主管财务的校长或副校长"一支笔"审查标准，学校其他领导无权审批，日常开支由总务主任签字报销。

2. 按规定的资金渠道办理支出

预算内外支出要按计划指定的用途、单独核算，自求平衡，保证规定用途的资金需要，不得随意挪用。对上级拨付专款坚持按规定的用途列报支出。

3. 严格审查支出的原始凭证收据

总务主任按有关政策制度审核各种原始凭证，严把支出关。原始凭证是反映学校经济业务、明确经济责任、具有法律效力的书面证明，是记账的原始数据。

4. 购买专控商品，办理报批手续

凡需购买专项控制的商品者，必须报上一级财政控制社会集团购买办公室审批，到指定商店购买。未经批准的，一律不得购买。

五、学校财务分析与财务报告

（一）学校财务分析

学校财务分析是利用会计、统计和预算等有关资料对学校财务活动过程和结果进行比较、分析、研究的一种方法。通过分析、比较和研究，对单位财务收支管理状况可以做出正确的评价，掌握其运作规律，不断揭露财务活动中的各种矛盾，发现存在问题，总结管理经验，改进财务管理工作。

学校财务分析要坚持及时性原则、客观性原则、效益性原则。国家财务法规政策是学校财务分析的基本依据，除此之外，还必须有完整的能客观反映学校经济活动的核算资料，包括凭证、账簿、报表等。学校预算是财务分析的标准，把实际资料和预算进行对比分析，考核预算执行情况，找出未完成原因，为下期预算的编制提供科学的依据。

学校财务分析的内容包括：

（1）事业计划完成情况分析（基本数字表，决算说明）。

（2）学校预算执行情况的分析。

（3）资金活动情况分析，分析财产物资增减变动，有无积压和浪费。分析往来款项的结算情况，找出未结算的原因。分析包干结余情况，各种专项结余情况有无闲置资金，结余是否合理。

（4）经费使用效益的综合评价：评价维持部分经费（个人和公用部分）、专项经费执行情况及效益，固定资金的利用率。

（5）如全年经费出现超支情况，应认真分析，弄清原因。

（二）学校财务报告

学校财务报告是学校财务经费情况的总结，包括财务报表和财务情况说明书，主要内容有收入支出、节约和分配负债经营、下期财务重大变化和数字说明等。

财务报告是在定期财务分析的基础上形成的，是财务活动情况分析的结果。财务报告的内容，一般包括财务基本情况（包括财务现状和预算），执行情况和上年比较、和预算比较的结果，分析原因（收入增加和支出减少影响因素），发现问题和不足，提出建议和意见。

编写财务分析报告时应注意实事求是，如实反映情况；重点突出，观点与材料相统一；分析中肯，结论正确；措词正确，文字简明扼要。

六、学校财务管理制度和财务监督

（一）建立健全学校财务管理制度

学校的财务管理制度是指根据国家或上级主管部门制定的有关规章制度、法令，结合学校实际制定的学校内部财务工作的行为规范、行为准则，是学校财务工作统一思想、协调行动、分清职责、健全组织的依据。

财务制度的建立与执行，有利于贯彻和执行国家的教育方针政策，保证教育教学工作的正常进行；有利于贯彻国家有关的财务方针政策，遵守财经法令和财经纪律；有利于简化手续，方便教职工，提高财务工作效率。

为使财务工作更好地为教育教学服务，学校应根据各项财政、财会法规，结合新形势下的新情况、新问题，从学校实际出发建立健全各种必要的财务管理制度，明确规定各项财务工作要求及具体方法，作为组织财务活动、处理财务关系的规范，使有关人员明确工作要求，配合财务人员做好财务工作。

根据规定，学校需要建立的主要制度有：会计人员岗位责任制；支票、收据等空白票证管理制度；现金管理制度；固定资产管理制度（包括出入库制度，使用、维修、保养、保管等制度）；支出报销审批制度；家具、用具保管和使用责任制，遗失损坏索赔制度；借阅、保管、销毁、移交会计档案制度；往来款项管理制度；结构工资方案、奖惩制度。

建立健全制度的关键是落实，对不该报销的费用坚决不予报销，对违反制度的现象坚决进行抵制，不讲情面，不徇私情。

（二）对财务人员的要求

提高财会人员政治和业务素质，充分调动财会人员的积极性、创造性，建立一支高水平的财会队伍，是强化财务管理的必要前提和重要保证。学校要求由一名校长分管财务，并由总务主任协助校长管好财务工作，在财务管理过程中对财务人员的具体要求有以下几个方面：

（1）根据财务部要求，持《会计证》人员方能上岗任会计或出纳工作。财会人员要相对稳定，人员任免应报局财务科审批。调动工作或离职必须与接管人员办理交接手续。由局派干部同总务主任或主管校长一起负责监督。

（2）根据财政部要求，学校会计人员应达到中专以上水平。

（3）财会人员要熟悉会计法，并认真贯彻实施，要有强烈的法律意识，敢于坚持原则，对违反制度、政策的事要勇于斗争，对领导是否执行制度进行监督。

（4）财会人员必须作风正派，廉洁奉公，不以权谋私，认真负责，具有高度责任感。

（三）财务监督

学校财务监督是指对学校预算收支计划的完成情况和国家的有关方针政策、财经纪律以及学校的各项财务规章制度的执行情况所进行的监督和检查。

学校财务监督的基本任务是：保证国家有关财经方针政策的正确贯彻执行；促进各种资金正确地筹集、使用和管理；执行财务制度，加强财务核算，讲求工作效率、经济效益和经济责任；堵塞收支漏洞，同违背和破坏预算计划规定以及挥霍、侵吞、盗窃、浪费学校资金等行为进行斗争；保护教职工当家理财的权益，调动工作积极性，促进教育、教学、科研工作。学校领导要在服务中进行监督，在加强监督中更好地服务。

严格按国家的法律、规章制度办事，是财务工作的基本要求。财务人员要坚持原则，秉公办事，不怕打击。通过审核会计基础工作以及预算编制和执行情况、学校收入、资金使用、财产管理等情况，严防贪污盗窃、营私舞弊；监督财政、财务制度和财政纪律的执行，减少损失浪费，提高经济效益。

本章小结

学校财产管理是对学校物质财富的计划组织、使用保管的活动。它既包括常规管理，又涉及技术方面的管理。做好学校财产管理对于保护社会主义财产的完整与安全，保证学校各项教育教学工作的顺利开展，充分发挥其效能起着至关重要的作用。财产管理过程中，学校领导首先必须重视财产设备的管理工作；其次根据学校实际需要，有计划地科学建造、购置和更新相关财产；做好清产核资的基础工作；同时制定必要的规章制度；在管理中渗透思想教育，做到管理育人。

学校国有资产指学校占用或使用以货币计量的国家经济资源，包括公立学校财产及民办公助学校、民办学校中属于国有的财产，主要指学校的固定资产。学校国有资产管理需要遵循统一领导，分工负责，管用结合，合理调配，物尽其用，减少浪费，防止流失，保值增值的总原则，在此原则指导下，建立各种内部管理细则。学校国有资产管理制度包括固定资产验收制、财产保管制度、固定资产报废报修制度等。管理过程中的账务处理需要专人负责核算。根据教育发展和教学需要，及时购置必要的仪器设备，并做好设备的保养与维修，是学校财产管理工作的重要环节。

学校财务管理是指学校资金运转过程中的计划、组织和控制。它是利用价值形式，通过资金运动，组织财务活动，处理校内外财务工作的一项管理工作。学校财务管理主要包括预算管理、资金管理、预算外资金管理、支出管理、财务报告、建立健全财务管理制度、财务监督等。预算管理包括编制预算、执行预算、检查监督和编报决算四个环节。资金管理包括预算内资金管理和预算外资金管理，需要明确各类资金的构成，并遵循相应的要求进行科学高效的管理。支出管理是指对学校的各种经费支出的计划、组织与控制，包括预算内支出和预算外支出。

思考题

1. 学校财务管理的内容有哪些？

2. 学校预算外资金主要由哪些部分构成？如何管理？

3. 如何做好学校预算？

4. 如何做好学校设备的购置和维修？

5. 什么是学校国有资产？如何理解并贯彻国有资产管理原则？

6. 案例分析：

某小学校长在春节前听本学校教师讲，周边的几所学校春节都给教师发 200～300 元的福利费，而学校没有。校长问财务人员，能不能发钱搞福利，财务人员回答财务制度规定不行。校长迫于压力，以关心教师为名指使学校总务人员给商店交税费开具购“办公用品”的发票，由他审批到学校报账套取现金，给教职工发过节费。后来这件事情被举报到市监察局，经查情况属实，校长也如实承认，虽然钱不多，但是性质恶劣。考虑到校长态度端正，也没有多拿，上级研究决定给予校长党内警告处分，所发的过节费全部收回。

结合学校财务管理的相关知识，思考：在此案例中，校长的做法违背了哪些原则？市监察局的做法有何依据？

第十章 学校德育管理

学习目标

了解德育管理在学校管理中的地位和作用以及德育管理与一般管理的区别，掌握德育管理的基本原则和提高自我德育管理能力的主要方法，学会运用有关德育管理的理论分析和解决德育管理实践的具体问题。

建议学时

4学时

教师导读

立德树人是教育的根本任务。在现实的学校中，往往会存在"重智轻德"的问题，教师往往把德育工作和教学工作对立起来，认为做德育就会影响教学质量的提高。这样一种认识从根本上背离了学校的育人宗旨，不利于"立德树人"教育根本任务的有效落实。这一问题产生的原因是多方面的。其中，对于德育以及德育管理基本内涵和本质特征认识的模糊和错位，是产生以上问题的重要思想根源。因此，学习和了解德育管理，具有十分重要的现实意义。

德育管理是跨学科的知识领域，因此，要学好德育管理，需要对管理学、伦理学、教育学、德育原理等学科知识有必要的了解。另外，德育管理是一项实践性很强的活动，这就要求在高度关注有关德育管理理论学习的同时，要密切关注德育管理实践的发展，自觉地将理论与实践有机结合起来。

学习者学习完本章，会增进对学校德育管理本质的认识，有助于运用科学的德育管理思想分析具体的德育管理实践问题，从而切实提高育人能力。

第一节 学校德育管理的地位与特点

德育是一项复杂的人类实践活动，涉及方方面面的内容。为使各项德育工作目标能够有序、高效地完成，就必须对其进行有效的管理。特别是在当前日益复杂的社会环境下，德育所面临的各种新问题、新挑战层出不穷，要想积极地回应这些问题和挑战，就必须做好德育管理工作。

一、德育管理的地位

德育管理,主要是指在特定时空环境中,通过计划、组织、领导和控制等手段,协调各管理要素,尤其是管理者与被管理者之间的关系,整合与优化各种德育资源,形成德育合力和整体优势,以增强德育实效性,实现特定德育目标的过程。德育是学校工作的重要组成部分。从工作内容的角度,学校各项任务可以分解为德、智、体、美等几个方面。但是,从教育的根本任务来看,德育又不仅仅是一项独立的工作,而是整个教育的灵魂,体现在学校教育的所有层面。教育如果剥离了其中的德育因素,它就很难再被称之为教育。从这个角度出发,学校管理与德育管理的关系就可以表述如下。

(一)就工作分工而言,学校管理包括德育管理

学校作为社会组织的构成部分,承担着重要的育人职能。基于人成长的复杂性和长期性,学校工作必须由多个部门分工合作才可能完成。因此,现实的学校工作中一般都划分为教学、管理、服务等部门来共同完成育人的最终目标。在这样一种以工作为取向的学校管理体系中,德育管理只是作为学校管理的组成部分,与教学管理、后勤服务等处在一种平行的管理地位上。这样一种工作区分是有意义的,它确保了必要的德育时间、空间、人员以及资源,有利于德育能够落到实处,也有利于德育专业化程度的提高。但是,这样一种分工存在的一个缺陷是:本应是所有教师和部门都应承担的德育任务,似乎就变成部分人和少数部门的事情,从而削弱了学校德育的整体合力。所以,仅从整体与部分的角度去理解学校管理与德育管理的关系是有缺陷的。

(二)就教育目的而言,德育管理影响学校管理的性质和方向

虽然学校的日常工作主要可以分为教学、科研、管理、服务等部分,但是,它们之间并不是各自独立存在的。作为学校整体工作的有机组成部分,它们都以不同的方式承担着共同的育人目标。因此,在教育目的层面上,所有的学校管理工作都服从和服务于培养品德高尚的合格公民。在中国,全部学校管理工作的目标就是要培养有理想、有道德、有文化、有纪律的社会主义建设者和接班人。从这个角度看,德育管理就不仅仅是学校管理的有机组成部分之一,而是从根本上影响着学校管理的性质和方向。如果背离了这一根本目标,将会动摇国家教育的社会主义性质。

(三)就存在形态而言,德育管理与学校其他管理相互渗透,彼此促进

虽然在工作层面,可以在学校内部划分为不同的管理部门,但是,在实际工作中,不同管理部门之间的工作是相互影响、相互渗透的。在中小学中,最主要的两大管理部门是德育管理部门与教学管理部门。但是,一些学校往往将这两部门的工作对立起来,认为抓德育管理就会影响教学。其实,好的德育管理与好的教学管理之间应该是一种良性的互动关系。一方面,好的德育管理可以促进教学。学生思想道德素质的提高,必将进一步使其明确学习目的,激发学习动机,养成良好的学习习惯和坚强的学习意志,这些都会在无形中提高教学管理的质量。学生良好的品行也将使教师从大量的纪律管理中解放出来,使他们将更多的时间和精力投入到教学当中,从而不断提高教学质量。另一方面,教学管理水平的提高所带来的学生学习成绩的提升,将进一步激发学生的学习兴趣,从而减少各种违法违纪行为的发生。同时,教学效率的提高也将赋予德育更多的时间和空间。由此可见,德育管理与教学管理相辅相成,彼此促进。

总之,在学校管理中,处理好德育管理与其他各项工作之间的关系,是保证学校各项工作健康、有序发展的前提。在把德育当作一项具体工作来抓的同时,要时刻把握德育管理在整个学校管理中的方向作用,使之渗透和体现在各项工作之中,从而形成一个有机的学校德育系统,促进学生思想道德素质的健康发展。

二、德育管理的特点

德育管理除了具有一般管理所具有的追求管理效率的特点之外,还具有其特殊的规定性。这些特殊的规定性主要是与德育管理的社会属性联系在一起的,体现在以下几个方面。

(一) 目标的方向性

德育管理的首要特征就在于其具有鲜明的政治方向性,这是由德育的性质和根本任务决定的。任何国家的德育,都带有该国鲜明的制度特征,体现其特有的政治要求。我国是社会主义国家,必须坚持学校德育的社会主义办学方向,致力于培养有理想、有道德、有文化、有纪律的社会主义建设者和接班人,这是整个德育工作的根本方向。德育管理同样必须与这一根本方向相一致。当前,坚持德育管理的政治方向性,就是要坚持社会主义核心价值观在德育工作中的主导地位,确保各项德育工作的社会主义性质。

(二) 影响的教育性

德育管理不仅有助于德育效率的提高,其本身也是重要的教育影响,其功能主要体现为管理育人。对于德育管理而言,管理育人主要体现在这样几个方面:第一,管理者的素质具有重要的德育功能。在德育管理活动中,管理者是重要的道德榜样,其自身的思想道德修养会深刻影响学生思想道德素质的发展。第二,德育管理的各项规章制度直接影响学生思想道德的发展。在德育管理中,规章制度对学生思想道德素质的发展具有重要的规范和约束作用。第三,管理手段、方式也是重要的教育力量。不同类型的管理,往往会造就不同的德育效果。过于集中、强制的德育管理,既不利于调动各方的德育积极性和创造性,也容易压制学生发展的多方面需求。而民主、人道的德育管理,则容易获得学生的认同,进而有利于其形成良好的思想道德素养。

(三) 过程的伦理性

德育管理的对象固然包括各种物质资源,但是,管理工作最为核心的是人的工作,尤其是学生的思想工作。因此,德育管理就不能用对待物的方式管理学生,必须注重管理过程的伦理性或者道德性。第一,德育管理要建立在教育公平的基础上,确保以公正的方式对待每个学生。这是对德育管理道德要求的底线。第二,在确保公正的前提下,德育管理要体现教育因材施教的特点,确保每个学生在管理中获得适合其特点的差异性对待。第三,德育管理要符合学生思想道德发展的年龄特征。对于低龄儿童而言,德育管理应该具体、明确。但是,对于高年级的学生而言,德育管理更多的是方向性、原则性的指导,不宜过多包办。这样才能真正确保德育管理最大限度地体现其育人功能。第四,德育管理要能够赢得管理对象的真正认同。德育管理固然有行为管理的一面,但是,其更为根本的是管理对象对各项管理工作发自内心的认可。没有这种内心认可,德育管理就只能流于表面,不能真正深入人心,也不可能实现其育人的根本目的。

(四) 参与的全员性

德育是一项系统工程,它不是由某几个人和某个部门单独就能完成的。从根本上来说,每一个学校中的教职员工都是德育工作者，都对学生的发展有着深远的影响。由于德育效果的取得是建立在对学生的高度认可的基础之上，因此，吸收学生参与德育管理，可以增强学生的主人翁意识和自治能力，从而有利于学校德育管理目标的有效落实。同时，学生思想道德素质的发展不仅仅是学校自身的事情，更需要家庭、社会的通力合作，共同努力。从这个角度看，德育管理的主体既包括学校里的所有教职员工，也包括家庭、社会和国家等教育主体，具有全员性。

第二节 学校德育管理的要素和层次

深入了解德育管理的要素和层次，对于进一步理解和把握德育管理的内涵及其运行机制，有着十分重要的意义。

一、德育管理的要素

德育管理的要素，就是构成德育管理活动所不可或缺的各种基本元素，主要包括德育管理目标、德育管理主体、德育管理客体、德育管理制度、德育管理环境等。

（一）德育管理目标

德育管理目标，主要说明的是德育管理的方向及其预期的结果，深刻影响着整个德育管理工作的方方面面。它不仅是德育管理的出发点，也是德育管理的落脚点，贯穿于整个管理活动的始终。因此，德育管理目标在整个德育管理中居于核心地位。具体而言，德育管理目标在德育管理中的作用主要有以下几点。

1. 定向作用

目标的重要作用是为活动提供方向，没有方向或者方向不明确，整个德育管理将会处在一种混沌的状态而缺乏动力。同时，如果在目标的设定上有问题，也会深刻影响德育管理的实效性。目标太高则难以实现，而目标太低则不能充分发挥德育管理的应有作用。另外，如果目标本身存在问题，违背了德育的基本规律，那么，德育管理者越是往这个方向努力，它所造成的消极甚至是负面的影响也就越大。比如，如果将德育管理的目标设定为学生对教师的绝对服从，那么，这样一种错误的目标将会把学生培养成毫无反思和批判精神的人。这显然与当前培养有创新精神和独立思考能力的社会主义合格公民的目标是相违背的。

2. 整合调节作用

德育管理目标一方面规定了整个管理活动的性质并指明了管理的方向，另一方面对德育管理活动的展开具有动员、控制等调节作用。首先，德育管理都是围绕管理目标的实现而展开的。在一定管理目标的指引下，管理者可以发动相关人员，将分散着的人力、物力、财力等资源有机整合起来共同为实现该目标服务。其次，当管理过程发生偏差的时候，管理目标将是调节管理内容、方法的重要指标。最后，德育管理目标也是激励德育管理组织部门及其人员自觉承担德育职责、发挥管理主动性的重要力量。

3. 评价作用

德育管理目标对于衡量和评价一项德育管理活动的有效性有着十分重要的意义。当一项德育管理活动结束，要对其科学性和有效性进行评价时，德育管理目标就是评价该活动的重要依据。因此，德育管理目标自身的科学性问题就显得尤为重要。目标设定太高，那么对德育管理的评价则容易偏低。目标定得太低，则容易导致对德育管理结果的过高评价。这些都不利于发挥德育管理目标的评价作用。

（二）德育管理主体

德育管理的主体是整个德育管理活动的发起者、组织者和实施者，对于德育活动的展开起着主导作用。在德育管理目标已设定的前提下，德育管理活动的质量在很大程度上就取决于德育管理主体的素质。德育管理主体主要有两种类型：一种是以实体存在的管理组织或部门；一种是以个体存在的管理者。前者是后者得以发挥作用的合法性依据，而后者则是前者职能的具体化。

1. 德育管理组织

德育管理组织是各系统（部门、单位）拟定德育规划、实施德育方案、实现德育目标的必不可少的机构，是德育管理的前提。从广义的角度看，凡是承担学生思想、道德、政治以及各项行为规范教育职能的机构，都可以称之为德育管理组织。但从狭义的角度看，德育管理组织仅仅是指有计划、有目的、有组织地直接从事德育工作的专门管理机构。它区别于各系统（部门、单位）内部那些具有德育管理功能但不以德育管理为主的其他管理组织。

2. 德育管理者

德育管理者是指在实际的德育管理活动中具体实施管理行为的人。在各个德育管理组织和具体德育管理活动中，管理者都起着主导作用。无论是管理目的的设定、管理计划的制订还是管理方式方法的选择，管理者都在其中起着十分重要的领导、决策、组织、控制和评价的作用。没有管理者，德育管理就不可能进行。

3. 德育的自我管理

在传统的德育管理中，学生主要是处在一种被管理的地位。这种独角戏式的管理忽视了学生的主体性，压抑了他们的自主、自理、自治能力的发挥，不利于学生的健康发展。在现代学校德育管理中，要有意识地调动学生参加到管理中来，使学生成为相关制度的建设者、执行者和评价者，让学生逐步学会自我管理，成为学校德育管理工作的不可或缺的一部分。这一方面既有利于相关管理制度有效落实，另一方面也有利于学生参与意识、自治能力的培养。具体而言，可以发挥各种学生组织，如学生会等在学生自治等方面的作用。

（三）德育管理客体

德育管理工作的展开，除了有管理的主体之外，还必须有管理客体，否则，所谓的管理工作就只能是一种无所依托的空想。对于德育管理而言，其基本管理客体是德育工作的所有资源，具体包括：人力资源、财力资源、课程资源、活动资源、时空资源等。德育管理的主要方式，就是对这些资源进行合理化、科学化的配置，以使其能够形成整体合力，高效完成特定的德育管理目标。虽然德育管理客体从管理关系的角度看主要处于被管理、被支配、被协调的地位，但是，从管理的效能来看，它却是确保管理得以进行的必要物质基础。德育管理资源的特点，在很大程度上也影响着相关管理目标的制定和管理主体能动性的发挥程度。这是因为，管理目标的科学性是建立在对已有管理资源的充分分析的基础之上，它是制定管理目标的重要依据。如果没有对各项德育管理资源的有效了解，那么，在此基础上所制定的德育管理目标必定是有问题的。另外，德育管理资源在很大程度上也限定了德育管理主体发挥作用的空间。主体只能够在客体所提供的现实资源的基础上进行管理，脱离这些资源，主体将失去发挥主观能动性的现实依据。因此，德育管理目标、德育管理主体和客体三者之间是相互影响、相互制约的。

在所有德育管理资源中,人的因素是其中的核心要素,是特定管理目标得以具体落实的关键,深刻影响和制约着其他类型资源作用的发挥。在德育管理中,人是劳动主体和劳动工具的统一,一方面既作为管理主体的姿态出现,另一方面也是德育客体的重要组成部分。也就是说,在德育管理活动中,作为主体而存在的人,其主要任务是制定科学的管理目标、计划,协调相关的德育资源;作为客体而存在的人,在德育管理中主要就体现为他是特定管理工作的承担者,如执行特定的制度并监督制度的落实,对各种财力和物力资源的优化组合,以言传身教的力量影响学生思想道德素质的发展等。

(四)德育管理制度

管理制度是引导和规范管理行为,协调管理主体与管理客体关系,落实管理目标的基本途径。良好的德育管理制度,是德育管理各项工作科学、有序进行的重要保障。对于学校而言,具体的德育管理制度主要包括三个层面。

1. 宏观层面的德育管理制度

从中央政府到地方教育行政部门,都有许多文件,如中小学德育纲要等对学校德育管理制度有明确的规定。

2. 学校层面的管理制度

各校都会根据自身实际情况制定各种旨在提高德育实效的规章制度,主要包括两个方面:一是学校德育管理制度的建设,其内容主要体现为各种德育规章制度文本。如《班主任工作职责》《中小学生守则》《中学生日常行为规范》等。二是学校德育活动以制度化的方式固定下来,成为学校德育管理工作的常规。如例行的每周升旗仪式、固定的党团队活动等。

3. 班级层面的管理制度

每个班级也会根据班级的实际情况,制定与德育活动有关的管理规则,比如班级公约以及某些班级社团制度等。班级德育管理制度既是教师实施德育班级管理的重要工具,也是学生实现德育自我管理、自我发展的重要途径。

具体而言,德育管理制度对德育管理活动的展开具有以下几方面的重要作用。

第一,德育管理制度可以为管理活动提供良好的预期,减少管理工作的不确定性,为人们的管理活动提供较为明确的行动路线和标准,从而有利于克服管理的盲目性和无序性。在制度规定明确的管理环境中,管理活动中的每个个体都能够明确各自的权责,并对自我的活动结果有较好的行为预期。

第二,德育管理制度对管理活动的进行具有重要约束功能,主要表现为限制和保障两方面:限制主要是指规定了管理活动中不同管理层次人员的权利和义务的界限,一旦发生越界行为,行为者将会受到制度的惩处;保障是指制度可以防止管理人员在正常行使管理权利时受到侵犯和伤害,保证其权利的有效实现。

第三,德育管理制度在利益调节方面具有十分重要的整合功能。在管理活动中,由于不同人之间的需要、动机和目标的不同,对利益需要的表达方式也不一样,必然会发生利益要求上的冲突和矛盾。这就需要整合不同利益群体的冲突和矛盾。德育管理制度通过减少管理活动的不确定性,约束各方的管理行为的方式,可以最大限度地实现管理各方的通力合作,共同实现管理目标。

第四,德育管理制度本身就是重要的德育资源,对学生思想道德素质的发展具有直接的作用。任何制度都包含着一定的价值原则和伦理精神。德育管理制度也不例外。管理制度中的价值原则和伦理精神,或通过明文规定的规范对学生产生某种伦理道德上的要求,或通过具体的组织形式、运作程序潜移默化地影响学生思想道德的发展。德育管理制度不仅仅是文本制度,其核心应该是管理活动中的所有人对待制度的态度。合理的管理制度从合理的价值观出发,对学生的学校生活做出合理的安排。学生在按这种制度规范行事时,也会对这种制度内在的价值产生心理认同。这种价值认同将会对学生思想品德发展产生更为深远和长久的影响。

(五) 德育管理环境

任何管理工作都不能脱离特定的环境进行。德育管理除了表现为德育管理诸要素之间的相互作用之外,它还处在客观的环境当中。环境一方面成为管理工作的背景,另一方面也是管理活动获取各种资源,得到各种支持的基础。德育管理的顺利进行,需要一定的物质支撑。比如,一定的经济基础是确保德育管理正常运转的重要保障。不同的经济发展水平,会在很大程度上影响德育管理的效果。另外,诸如空间、时间等物质资源,也是德育管理的重要物质基础。没有这些,德育管理就失去了赖以存在和发展的条件。这些都有赖于德育管理环境的提供。与此同时,环境也制约着德育管理系统构成的形式。德育管理系统的特点、结构和功能是由德育管理目标决定的。但是,环境的影响也不容忽视,不同的社会制度和文化,将会深刻影响德育管理的形态和成效。建立什么样的德育管理系统,从事什么样的德育管理活动,实现什么样的德育管理目标,都必须从客观情况出发,不能脱离德育管理所处的具体环境去追求不切实际的管理目的。

良好的环境将会对德育管理工作的顺利开展发挥正面的推动作用,反之,则会阻碍管理工作的顺利进行。实际上,德育管理是一个对环境的动态适应。在很大程度上,组织系统对环境变化的适应能力如何,关系到系统自身的生存、稳定和发展,关系到组织目标能否实现。只有对环境有及时的认识、理解和反应能力以及较强适应能力的组织,才能不断发展,最终实现组织目的。因此,德育管理要想取得成功,就必须重视德育管理环境的建设。

二、德育管理的层次

德育管理的层次,主要指的是德育管理系统内部在管理职权上的管理职位的级数。合理的德育管理层次,对于提高管理效益具有十分重要的作用。当学校规模较小,德育工作较为简单的时候,学校德育管理的层次也就相对较少。当学校规模较大,所承担的德育工作较为复杂时,学校德育管理的层次也就相对增多。一般而言,学校管理层次的多少,应根据学校规模的大小而定。目前,我国绝大部分学校采用的是三层管理体制。

在学校德育管理中,居于管理上层的是学校领导,由相关学校负责人承担,主要管理者为校长以及分管德育的副书记。处在中层地位的是德育处等管理部门,主要管理者为这一部门的负责人。基层的德育管理单位是班级,主要管理者是班主任。

(一) 学校上层德育管理

学校上层德育管理是整个学校德育管理的核心,规定着学校德育管理的性质、目标、任务和方向。因此,学校德育的上层管理侧重于发挥管理工作的计划和组织职能。一方面,通过德育计划,确立学校德育活动的总体目标,并制定达成这一目标的实施方案;另一方面,动员、协调各德育职能部门及其管理人员,确定各自的权责范围,确保德育目标的有效落实。

学校德育管理在保证必要的统一性要求的前提下,应赋予德育处、班级在德育管理中充分的自主性空间,这样才有利于调动广大师生员工参与德育的积极性和创造性。

(二)学校中层德育管理

中层德育管理是学校德育管理的枢纽,是学校负责学生德育工作的职能机构。一方面它是连接学校与班级德育管理的中间桥梁;另一方面它自身也实际承担着各种德育管理工作。就其中间桥梁的作用而言,中层德育管理承担着上传下达的重要任务,学校领导的德育管理理念需要通过这一层级的管理具体向各个班级传达。就其自身承担的德育管理工作而言,中层德育管理的主要任务是在学校的领导下,制订和完成学校德育工作计划,搞好学校德育工作和日常管理工作的布置、检查、评定,努力提高教育质量。其中,学校常规管理,班主任工作以及学生会、共青团(少先队)工作的管理是其日常工作的主要内容。

(三)学校基层德育管理

班级是学校教育活动的基本单位。班级德育管理是学校德育管理的基层执行者,对于整个管理成效的取得具有直接的作用。其具体任务如下:

1. 落实学校德育管理目标,制订班级德育工作计划

班级德育管理是一种有目的的活动。班主任要根据我国的教育目的和学校管理目标的要求,从本班的实际出发,组织学生干部讨论,提出全班共同的奋斗目标和具体措施,制订出每学期切实可行的班级工作计划,不断地引导学生前进。

2. 建设良好的班集体

班集体既是班级德育管理发挥作用的基础,又是班级德育管理的对象。建设一个良好的班集体,是班级德育管理的中心工作。

3. 组织好班级教师集体和家长集体

班级德育管理工作,主要是由班主任来进行和完成的,但有许多工作必须通过班级科任教师和学生家长的配合来完成。班主任不能“单枪匹马”,而应团结、依靠班级科任教师和学生家长,并且形成一个以班主任为核心的、有统一目标的班级教师集体和家长集体,共同管理好班集体。

4. 班级德育常规管理工作

班级常规管理工作不仅是落实班级工作计划的一个具体的环节,也是使班集体能正常工作的必要条件。忽视班级常规管理工作,必然会造成班集体的混乱和不协调,进而影响班级管理目标的实现。

虽然不同层次的德育管理者都承担着计划、组织、领导和控制的管理职能,但是,由于不同层次的管理者具体职位的不同,他们在管理职能的实际落实方面也会有所侧重。总体而言,由于上层德育管理规定整个学校德育的目标和方向,因此,其用在计划、组织和控制职能上的时间比基层德育管理多。而基层德育管理主要涉及的是具体德育工作的展开,因此花在领导职能上的时间则比上层管理更多。即使就同一管理职能而言,不同层次的德育管理者所从事的具体管理工作的内涵也不完全相同。例如,就计划职能而言,上层管理人员更关心的是学校德育整体的长期战略规划,中层德育管理人员则偏重中期的管理计划,基层德育管理者更偏重于短期的工作和任务。

第三节 学校德育管理的机制及其实施

德育管理机制就是德育管理者为了实现既定的德育管理目标而将德育管理的基本要素，如管理目标、管理主体、管理客体、管理制度和管理环境等进行相互作用、相互耦合、相互联系而形成的制约关系和功能体系。德育管理主要是通过管理的导向机制、动力机制、运行机制和约束机制来促进学校德育的良性运行。

一、导向机制及其实现

所谓导向机制，主要指的是学校德育管理活动自身所具有的引导广大师生员工不断朝向特定的德育目标迈进的积极促进的机能。这一导向机制主要是通过目标导向、舆论导向、行为导向和评价导向实现的。

（一）目标导向

德育管理目标作为整个德育管理活动的出发点和落脚点，一方面指明了德育管理工作的方向，另一方面也对师生员工具有重要的凝聚作用和激励作用。特别是当这一目标充分体现和反映大家的共同利益和愿望的时候，目标对组织成员的凝聚力将会大大增强。

为确保德育目标导向功能的有效发挥，在德育管理中，可以采用目标管理。它要求学校中的上级和下级一起协商，根据学校德育的使命确定一定时期内学校德育的总目标，由此决定上下级的德育责任及其所对应的分目标，并把这些目标作为学校评估和奖励每个部门和个人贡献的标准。实际上，目标管理是参与管理的一种重要形式。在目标管理中，目标的制定者就是目标的执行者。不同岗位中的员工，在目标管理的框架下，都对自己的责任和义务有清晰的认识，并且这些责任和义务是基于个体同意的基础之上，因此，它有利于调动每个组织成员工作的积极性和创造性。相比于单纯依靠外在制度强制要求的管理模式，目标管理更具有人文关怀的色彩。

（二）舆论导向

德育管理需要借助于一定舆论环境的支持。好的舆论环境对于德育管理的推进具有一种"事半功倍"的积极促进作用。要营造良好的舆论氛围，就必须立足于学校德育管理的实际，充分依靠和发动广大师生员工参与德育管理的积极性和主动性。为此，学校德育管理要善于"造势"，重点是要营造良好的育人氛围，开展全员育德，切实把"德育为首""德育为先"落实到学校的各项工作中。这一方面需要学校的大力宣传和广大师生员工的内在认同，另一方面也需要学校在有关政策制定方面给予足够的支持，通过切实提高德育工作者的地位来彰显学校教育的价值取向。在营造学校良好德育管理的舆论氛围过程中，要坚持舆论导向的方向性原则，确保用正确的舆论鼓舞人。

（三）行为导向

在德育管理中，榜样的力量是无穷的。尤其是管理者的榜样示范，对于德育各项管理活动的顺利进行，意义更是显而易见。这实际上是管理的一种境界，即"其身正，不令而行；其身不正，虽令不从"。在德育管理中，管理者的人格修养、思想观念、态度立场等对被管理者而言，具有十分有效的行为导向作用。因此，德育管理者不仅是制度的制定者，更应该是制度的身体力行者。这首先对于一般教师的德育行为具有正面的示范作用，而且对于学生也具有十分重要的教育意义。对于正在成长中的青少年学生来说，成人，尤其是具有权威的成人是他们成长中的“重要他人”，深刻影响着他们的人格发展。因此，德育管理者的榜样示范作用，是学校德育管理取得效果的关键。

（四）评价导向

评价具有明显的行为导向作用。在很大程度上，有什么样的评价标准，就会有什么样的行为选择。因此，在德育管理中，倡导和采用什么样的评价指标，将会对实际的德育有着十分重要的影响。在以分数、升学率为唯一评价标准的教育环境中，德育的发展空间是十分狭小的。在很多情况下，德育只能让位于教学。而以行为表现为评价依据的德育管理，将会催生大量“为行为而行为”的现象的产生。由于评价机制在德育管理中的重大导向作用，在制定有关德育管理评价制度时，应该坚持发展性和全面性原则，重视学生内在思想道德动机和发展前景的考量，而不是仅仅重视学生当下某一维度的行为表现。

二、动力机制及其实现

德育管理的动力机制主要指的是激活德育管理活力，维持德育管理健康有序进行的内在驱动力。如果德育管理缺乏动力机制，那么，整个德育管理活动将会缺乏必要的生机与活力，也缺乏可持续发展的力量。德育管理的动力机制在实际运行中主要是通过各种激励机制来激发管理者与被管理者的内在动机、满足个体多层次的需要来实现的。具体而言，这些激励机制大致有奖惩激励、竞争激励和意义激励。

（一）奖惩激励

德育管理要想健康有序运转，就必须建立起明确的奖惩机制，旗帜鲜明地表达哪些行为值得肯定，哪些行为应该受到批评。好的奖惩机制，将会极大地激发师生员工的德育热情。而坏的奖惩机制，则会削弱甚至取消德育管理的效能。因此，奖惩机制的好坏事关德育管理成效的高低。要具备好的奖惩机制，首要一点是确保所制定和颁布的奖惩制度的合法性，即奖惩制度的制定要广泛征求师生员工的意见，体现制度制定本身的民主性。其次，奖惩制度要体现教育性，在追求平等的基础上要能够根据奖惩对象的特点区别对待。第三，奖惩制度要坚持物质奖励和精神奖励相结合，尤其是要注重精神奖励对人和学校发展的激励作用，避免单纯靠外在的物质刺激去调动师生的积极性。

（二）竞争激励

竞争是保持组织活力的重要机制。如果在德育管理中缺乏竞争意识和竞争能力，那么，学校德育管理很容易安于现状，缺乏进一步发展和提高的活力。在学校德育管理中，竞争主要分为两大类：一类是校内竞争，另一类是校际间的竞争。校内竞争主要是激发学校内的德育活力，有个体竞争和团队竞争两种类型。个体竞争主要指师生员工积极踊跃地参加各种“争先创优”活动，努力向更加理想的道德榜样靠拢。团队竞争主要是以班级为单位，努力在学校中树立自己良好的班风和校风。校外竞争就是与各兄弟学校在德育方面相互取长补短，树立学校的德育特色。在竞争中，要明确竞争目标，竞争不是相互拆台，而是通过竞争的方式实现共同发展、共同进步，因此，创设公平公正的竞争环境是十分必要的。

（三）意义激励

意义激励是主要通过提升德育管理主体意义感的方式实现的激励。人的需要是多层次性的，不仅有满足基本生存需要的内驱力，也有自我实现的强烈愿望。在很大程度上，正是自我实现的需要使人类区别于其他生物。在现代社会中,人的自我实现的需要往往是与其工作紧密联系在一起的。如果一个个体能够从其所从事的工作中最大限度地实现自我本质力量的对象化,并从中获得一种积极的心理体验,那么,这项工作对于他而言就不再仅仅是一个谋生的手段,而是值得奋斗一生的事业。在这种情况下,个体很容易在工作中获得一种职业的幸福感,这种幸福感反过来又会进一步激发个体以更大的热情投入到工作之中。因此,德育管理工作自身就蕴含着巨大的激励因素,关键是个体能否从这项工作中关照到自我本质力量的实现。为确保德育管理工作激励效果的取得,德育管理工作自身应该具备这样几个主要特点:首先,德育管理工作要与个人的特点相结合,在具体工作分配上要考虑个体的兴趣爱好。其次,德育管理工作要有必要的个体创造和发挥的空间,不宜将各项工作规定得太死。第三,德育管理工作要充满人性的关怀,而不是对规则和制度的简单运用。总之,要善于采取各种方式引导个体认清德育管理工作的意义,学会在工作中自我激励。

三、协调机制及其实现

导向机制和动力机制规定了德育管理的方向和动力基础。德育管理要想在实践中发生作用,还必须协调管理系统各要素以及德育管理系统与其他社会系统之间的关系。德育管理的协调机制就是德育管理主体为了增强德育组织的整体功能,实现德育目标,借助制度、文化等力量在德育组织内部建立起来的适时调节德育组织要素之间以及德育组织与学校外部德育力量之间相互关系的机能。其作用主要表现在:协同德育系统内部各机构之间的相互配合;协调德育系统与家庭、社会合力育人的相关工作。

(一)制度协调

制度是协调德育管理的基本方式。制度协调最重要的特征就在于其正式性,它将德育管理各要素之间的关系以制度的形式予以确定下来,从而明确不同层次德育管理部门和德育管理者之间的权责关系。其次,制度协调带有较强的强制性特征。不管个体是否愿意,一旦一项德育制度协调机制正式建立,它都会对个体的行为有强制性的要求。如果违反相关制度,必然会受到相应的惩罚。制度协调的第三个特征就在于它具有较高的自动性,即完善的德育管理规章制度有助于人们产生较为明晰的行为预期,从而形成相对固定化的行为模式,这可以自动维持德育管理活动的有序进行。因此,建立健全各项德育管理制度,是确保德育管理各项工作健康有序进行的重要保证。

(二)文化协调

文化协调是一种看不见的协调机制,在德育管理中具有十分重要的作用。如果说制度协调是刚性的、显性的协调方式,那么,文化协调就是柔性的、隐性的协调手段。相比于制度主要作用于人的行为,文化更多地是通过作用于人的思想观念和情感世界而发生作用。因此,它可以有效地避免直接的刚性管理可能引起的管理对象的情绪抵抗,以一种潜移默化的方式作用于组织中的每个个体,从而对管理对象产生深刻和长远的影响。文化协调最主要的是要形成一种为所有成员都共同认可和接受的价值观。对于德育管理而言,文化协调主要是通过形成一种全员育人的共识和舆论氛围,增强不同部门、不同群体之间的协作意愿而实现的。

学校德育管理的协调机制从显性方面看,主要靠制度的方式予以直接管理和落实。从隐性的角度看,则主要是通过文化的力量作用于人的思想观念而发生作用。一项有效的德育管理,必然是制度协调和文化协调的有机统一。

四、约束机制及其实现

任何一个组织的健康发展都离不开一定的约束机制,以确保组织的各项活动能够沿着既定的目标不断迈进。德育管理的约束机制主要指为实现既定的德育管理目标而需要对德育活动中的组织和个体在思想和行为等方面有所限定的过程和方法。在德育管理中,其约束机制是多方面的。总的来讲,可以分为法规约束和道德约束两大类。前者主要强调的是德育管理的外在约束,而后者则重在德育管理的内在约束。

(一) 法规约束

德育管理的法规约束,主要指的是德育管理的各项工作必须在国家法律允许的范围内,贯彻落实党和国家的教育方针,不能违背国家的总体育人目标。一是要把国家的法律法规作为约束德育管理工作的首要准则,严格遵守各种法律法规要求。二是在国家法律法规的框架下,结合自身实际,制定符合学校特点的德育管理规章制度。

(二) 道德约束

德育管理本身当然也应该合乎道德性。法规的约束是外在的,带有较强的强制性色彩。而德育管理的道德约束,主要是从组织和个体德性的角度而形成的由内而外的自我约束,是一种柔性的约束管理机制。虽然道德约束是柔性的,但是它对个体和组织的约束却是最深刻、最持久的。道德约束一方面靠个人的德性修养,另一方面则靠组织文化的感染和引导。因此,在学校德育管理中,一方面要大力提升管理者的道德修养,另一方面则需要形成健康的管理文化。

第四节　提高学校德育管理者能力的途径

德育管理者是整个德育管理活动的发起者、组织者和执行者。因此,德育管理者管理能力的高低将在很大程度上影响德育管理成效的大小。实际上,德育管理是一项十分专业的实践活动,需要掌握专门管理能力的人才能胜任。因此,提高德育管理者的能力,必须走专业化的发展道路。具体而言,可以从以下几个方面提升德育管理者的专业能力。

一、提升德育管理者的管理水平

作为管理者,必须掌握必要的管理知识,了解管理的一般规律,才能做好管理工作。尤其是在当前复杂多变的时代背景下,管理工作正受到多方面的挑战。积极应对这些挑战,就必须掌握最新的管理理念和管理方法,增强管理者的道德领导力,才能不断开拓德育工作的新局面。

(一) 及时更新管理理念

管理理念是管理行为的先导,对具体的管理行为具有十分重要的指导作用。但是,管理理念不是一成不变的,在本质上,管理理念受制于管理实践的发展。随着管理实践的不断发展,新的管理理念会不断产生。因此,管理者要密切关注德育管理实践的发展,关注各种新的管理理念,能够以一种积极主动的开放姿态吸收各种新的、富有成效的德育管理理念。这就需要德育管理者具有一种不断学习、终身学习的态度,能够对管理学、教育管理学等学科有自觉的学习和研究。

（二）掌握主要的管理方法

管理方法是德育管理得以具体落实的重要载体。德育管理者要具备基本的管理能力，包括领导能力、组织能力、计划能力、协调能力、控制能力等。只有具备基本的管理方法和管理能力，德育管理者才能够在日常的管理工作中游刃有余。要掌握这些方法和能力，一方面要向书本学习，另一方面则要在实践中不断锻炼和提高。同时，要善于与同行沟通和交流，引进先进的管理理念和方法，丰富和充实已有的管理模式。

（三）增强道德领导力

管理者的领导力水平对管理成效的取得具有决定性的作用。长期以来，管理者的领导权威主要建立在制度规定的基础之上，即管理者对被管理者的领导力是以制度的方式予以确立和保证的。这种来自于制度的管理权威固然有利于确保管理工作的有序进行，但是，其管理效果更多指向的是被管理者的行为，很难保证被管理者内心的真正认同。对于德育管理者而言，其管理不仅要在行为层面对被管理者有影响，更要能够在心理层面引发被管理者的内在认同。这就离不开德育管理者道德领导力的提升。道德领导力的权威不是来源于制度的规定，而是来自于共享的价值观念和理想，来源于领导者自身的道德感召力，这种领导力能够得到被管理者发自内心的认同。

因此，德育管理者需要不断提高自身的道德素养，形成组织发展的共同愿景，用组织文化和组织精神的力量来促进管理活动的顺利进行，切实提高自我的道德领导力。为此，德育管理者一方面要能够鼓动广大师生员工的干劲，为他们描绘一个德育发展的美好愿景。另一方面，德育管理者要成为广大教师的楷模，做好榜样示范作用。

二、提高德育管理者的教育素养

德育管理者除了要掌握一般的管理知识外，还必须具备必要的教育素养。这既是德育管理区别于其他组织管理的重要方面，也是确保德育管理能够切实发挥作用的重要保证。对于德育管理者而言，其基本的教育素养应该包括以下两个方面。

（一）有正确的教育观

教育观对于德育管理者而言意义重大，在很大程度上，有什么样的教育观，就会有什么样的德育管理。首先，要有正确的教育功能观。教育不仅是个体谋生的手段，也是个体发展、自我实现的重要方式。其次，要有正确的学生观，充分尊重和发挥学生在德育管理中的主体性、主动性和创造性。最后，要有正确的德育观。德育固然有约束学生行为的作用，但是，其根本目的是为了塑造学生的心灵，增进学生的幸福。

（二）掌握基本的教育理论

德育管理建立在了解和掌握学生身心发展规律的基础之上。德育管理者首先必须认真学习发展心理学、个性心理学、社会心理学等与学生思想道德发展密切相关的心理学知识。此外，学校德育目标的落实，总是要通过特定课程、活动、校园文化及学校制度等途径去实现。因此，德育管理者必须对课程与教学理论、德育活动模式、校园文化与制度建设等相关的教育学和心理学的理论有透彻的了解和把握。只有这样，才能够确保德育管理的专业性和教育性，提高德育管理的绩效，并对学生开展扬长避短、因材施教的德育。

三、加强德育管理者的道德修养

德育管理者不仅通过一定的制度、方法开展具体的管理活动，而且其自身的人格修养和道德素质，也具有重要的教育意义和管理作用。对于德育管理者而言，尤其要强化的道德素养主要有以下几点。

（一）把握管理方向

德育管理具有明确的方向性。在中国，要确保管理的社会主义方向，就需要德育管理者具有较高的政治素养：一是要具备坚定的社会主义政治立场，具有高度的政治敏锐性，能够主动、及时领会和贯彻落实党和国家的有关政策纲领和教育方针。二是要具备良好的政治行政能力，能够处理好德育管理中的党委领导和行政工作之间的关系，具有大局意识。三是要具备全面、现代的政治价值观，能够在德育管理工作中体现良好的民主作风和平等意识，把学校德育管理工作作为社会主义政治文明建设的重要组成部分。

（二）确保管理公正

所谓公正，就要求德育管理者在管理过程中能够做到规则面前人人平等，一视同仁地对待所有教师、学生。无论是学校领导还是普通教师都应该自觉地遵守统一的德育管理规则，要能够积极主动地完成管理职责所规定的各项工作要求。同时，也不能因学生的家庭、性别、成绩、民族、信仰等因素而歧视学生。当然，德育管理中的公正并不要求绝对的平等，而是要求具有教育的差别性原则，即德育管理者要根据学生的具体特点进行管理。

如果说公正是管理者最基本的道德原则的话，那么仁慈则是对管理者在道德方面更高的要求。在德育管理过程中，管理者凭公正原则开展管理无可厚非，但是，由于德育管理的最终目的是促进学生思想道德素质的健康发展，因此，衡量管理结果是否有效的教育标准就不能仅仅停留在形式的公正方面，还要考察这种管理是否对学生思想道德素质的发展有实质性的正面影响。这更符合教育本身对“爱”的肯定。

（三）坚持以身作则

在德育工作中，身教重于言教。管理者的榜样示范对于德育管理工作的顺利推进意义重大。因此，德育管理者不仅是各项德育制度、计划的制订者，更应该是这些制度的身体力行者。在德育管理中，最忌讳表里不一、言行脱节。因为言行不一不仅会影响被管理者对管理者人格形象的判断，更会动摇他们对相关管理制度合法性的信心，从而最终妨碍德育管理实效的提高。因此，德育管理者必须在日常生活中做到言行一致，尤其是对于自己所提出的各种德育管理制度，能够率先垂范，以身作则。

（四）发扬民主作风

民主不仅是一种社会制度，更是一种生活方式。对于德育管理者而言，民主更是确保管理工作科学有效的重要前提。在德育管理过程中，管理者要避免一言堂，要广开言路，听取各方意见，积极吸纳广大师生参与到德育管理的各项工作当中，充分调动学生、教师、家长参与德育的积极性和主动性，形成全员育人的良好管理环境。当前尤其要进一步发挥学生在德育管理方面的积极性、主动性和创造性。

本章小结

德育管理是学校管理的重要内容。就教育目的而言，德育管理影响学校管理的性质和方向;就存在形态而言,德育管理与学校其他管理相互渗透,彼此促进。德育管理的要素主要包括德育管理目标、德育管理主体、德育管理客体、德育管理制度和德育管理环境。而德育管理的层次则主要包括学校德育的上层管理、学校德育的中层管理和学校德育的基层管理三个层面。学校德育管理的机制主要包括导向机制(目标导向、舆论导向、行为导向、评价导向)、动力机制(奖惩激励、竞争激励、意义激励)、协调机制(制度协调、文化协调)和约束机制(法规约束、道德约束)。自我德育管理能力提高主要有三种途径,分别是:提高自我管理水平,包括及时更新管理理念、掌握主要管理方法、增强道德领导力;提高自我教育素养,包括树立正确的教育观、掌握基本的教育理论;增强自我的道德修养,包括把握管理方向、确保管理公正、坚持以身作则、发扬民主作风。

思考题

1. 德育管理与一般组织的管理有什么不同?
2. 学生在德育管理中的地位和作用是什么?
3. 举例说明某个德育管理机制在现实德育管理的应用。
4. 如何提高德育管理者的专业水平?
5. 案例分析:

在西安市某实验小学,学生们被分成了两类,一半孩子戴着鲜艳的红领巾,另一部分孩子则戴着绿领巾。该校老师解释,学校给学习、思想品德表现稍差的学生发放了绿领巾以资激励。

请结合德育管理的特点谈谈你对"绿领巾"事件的看法。

第十一章　学校课程管理

学习目标

掌握课程管理、校本课程开发和课程评价的内涵，了解国家课程、地方课程和校本课程的关系及其管理要求，了解校本课程开发的模型及其要素，掌握校本课程开发的程序及议题，掌握学校课程评价的基本方法。

建议学时

4 学时

教师导读

《基础教育课程改革纲要(试行)》(2001)提出基础教育实行国家、地方和学校三级课程管理体系，开启了中央、地方与学校三者课程管理权力与责任的再分配。学校获得开发校本课程的专业权力，需要学校在课程领导、课程实施、课程管理、课程评价等多个环节不断变革，以探索适合学生发展的课程体系。本章讨论了学校的三级课程管理权责，尤其介绍了校本课程开发的概念、开发模型及程序。

第一节　学校课程管理的任务

课程管理的概念众多，可以从宏观和微观两个层面来理解课程管理。宏观层面上的课程管理主要包括国家和教育行政部门的学校内部的课程管理；微观层面上的课程管理仅指对课程编制、实施和评价过程的管理。① 本节对课程管理的探讨主要是从宏观和微观两个层面开展的。

《基础教育课程改革纲要(试行)》(2001)提出我国基础教育实行国家、地方和学校三级课程管理体系："学校在执行国家课程和地方课程的同时，应当视当地社会、经济发展的具体情况，结合学校的优势和传统、学生的兴趣和需要，开发和选用适合学校的课程。学校有权力和责任反映在实施国家课程和地方课程中所遇到的问题"。② 在此背景下，学校的课程管理需要注重国家与地方、学校与学校之间的普遍性和特殊性，在融合的基础上促进学校课程的独特性发展。

---

① 唐世纲. 论课程管理的困境及其出路[J]. 教育探索，2006.(04)：15-17.

② 教育部. 基础教育改革纲要(试行)(教育[2001]17号)，2001.

一、课程管理的内涵

对课程管理的内涵有多种不同理解。《教育大词典》将“课程管理”界定为“课程编订、实施、评价的组织、领导、监督和检查”；[①]廖哲勋将课程管理界定为“在一定社会条件下，有领导、有组织地协调人、物与课程的关系，指挥课程建设与课程实施，使之达到预定目标的过程”。[②] 这两种界定聚焦于课程管理的事务。国外学者斯塔克（Stark）与拉图卡（Lattuca）认为“课程管理”是“为确保成功地进行课程的编制、协调、实施、支持、评价和改进而履行的责任和行使的权力”。[③] 这种理解聚焦于课程管理事务的权力与责任。所以，总体来看，课程管理不仅包括课程编订、实施、评价的组织、领导、监督和检查等事务，还包括课程管理事务里的权力与责任。

二、学校课程管理的任务

（一）课程生成系统的管理任务

课程生成系统的管理是学校课程管理的第一步。钟启泉认为，课程编制是课程管理的核心部分。[④] 我国学校的课程包括国家、地方和学校三级课程，面对不同性质的课程内容，学校课程管理的任务也不一样。

1. 学校对国家课程的管理

国家课程是“政府旨在提高教育质量的核心教育策略。它赋予所有学生清楚、全面、法定的学习权利，规定教学的内容和目标，明确学业成就的评价方式”。[⑤] 学校对国家课程计划管理的任务主要是：研讨国家课程标准，严格执行国家课程计划的同时，不断发展符合自己学校文化的课程计划。

国家课程计划针对学校的课程目标、实施与评价各环节提出了若干原则性的要求：国家课程标准以课程计划为依据，主要阐述或规定各类各科课程的性质和作用、学习目标、课时分配、学习的内容要点和基本的学习要求、教学建议、教材编写与选用、教学设备与设施、学业评价等问题。[⑥]

针对国家课程的要求，学校对国家课程管理的权责包括：[⑦]

（1）执行国家的课程文件，确保课程计划与课程标准的严肃性。学校进行课程管理任务的第一项是执行国家的课程文件，确保课程计划和课程标准的实施：切实落实课程改革纲要的要求，开足开齐课程，严格控制课时总量，不得随意增加或减少课程门类及课时。

（2）结合学校自己的特点和实际需要制订课程实施计划。我国幅员辽阔，地区之间、城乡之间以及校际之间的教育资源与状况差异较大，实施完全一致的课程编制是不切实际的。

---

① 顾明远.教育大辞典（第一卷）[M].上海：上海教育出版社，1990：201.

② 廖哲勋.课程学［M］.武汉：华中师范大学出版社，1991：328.

③ Joan S. Stark & Lisa R. Lattuca.*Shaping the College Curriculum*：*Academic Plans in Action*[M]. Boston，Allyn & Bacon，1997：312.

④ 钟启泉.现代课程论［M］上海：上海教育出版社，1989：367.

⑤ 汪霞.国家课程和学校课程——英国中小学基础学科解析（之一）[J].外国教育资料，2000（6）：13-17.

⑥ 廖哲勋，田慧生.课程新论［M］.北京：教育科学出版社，2003：282.

⑦ 杨中枢.学校课程管理研究[D].西北师范大学，2004.

廖哲勋等指出，我国各地区经济、文化等方面存在着严重的不平衡性，宜实行“多纲多本”的课程编制格局，实施多样化的课程管理手段。①

（3）对国家课程计划和课程标准的学习和研讨。学校的课程管理一方面要保障国家课程计划的实施，同时亦需符合自己学校的特点，课程管理的第三个任务便是增加课程之间的相互适应。课程的相互适应意味着把课程变革视为变革的执行者相互适应、相互改变的过程，根据特殊情境的需要，把“计划的课程”变为“修改的课程”，是成功的课程管理的基本要求。② 促进课程之间相互适应的一个重要途径是学校加强对国家课程计划及课程标准的研讨，以及国家课程的校本化改造，使得国家课程里的知识与学生的生活经验相适应。这种研讨和学习主要通过教研组层面及教师个人层面来进行。

2. 学校对地方课程的管理

我国当前实施的“三级课程管理体系”里，地方课程的管理也是学校课程管理的一个重要部分。地方课程又称为“地方本位课程”，或“地方取向课程”，是“在国家规定的各个教育阶段的课程计划内，由省一级的教育行政部门或其授权的教育部门依据当地的政治、经济、文化、民族等发展需要而开发的课程”。③

学校对地方课程管理的权责是：结合学校的特色有选择地执行地方课程。与国家课程相比，地方课程紧密结合地方社会、经济和文化资源与特色，亦是联结知识与学生生活经验的课程。学校需要组织教师研讨地方课程，并且对地方课程进行二度开发。

3. 学校对校本课程的管理

相较于学校对国家课程和地方课程主要的课程管理职责为执行和二度开发，校本课程则完全是学校的自主开发。所谓校本课程开发（School-based Curriculum Development）就是参与学校教育工作的有关成员，如教师、行政人员、家长和学生，为改善学校的教育品质所计划、指导的各种活动。校本课程开发以学校为中心，以社会为背景，通过中央、地方与学校三者权力、责任的分配，赋予学校人员权责，由学校教育人员结合校内外资源与人力，主动进行学校课程的计划、实施与评价，以满足校内学生的学习需要。④

学校负责开发、实施和评价校本课程，在开发校本课程时学校要关注课程的整体性和系统性，要与国家课程和地方课程保持协调，同时考虑学校自身的特殊性。有关校本课程开发的具体内容在本章第二节论述。

（二）课程实施系统的管理任务

课程实施就是把课程计划付诸实践的过程，它是达到预期的课程目标的基本途径。在课程实施环节，学校课程管理的主要任务就是保障资源的合理开发和利用，加强对课程的常规管理。

1. 学校对课程资源的开发和管理

（1）学校课程资源的开发和管理要有利于实现课程目标，要符合学生的身心发展特点，

---

① 廖哲勋，田慧生.课程新论［M］.北京：教育科学出版社，2003：309-310.

② 张华.课程与教学论［M］.上海：上海教育出版社，2000：345.

③ 崔永.重建我国基础教育课程管理的框架［A］.钟启泉等.为了中华民族的复兴，为了每位学生的发展——基础教育课程改革纲要解读［C］.上海：华东师范大学出版社，2001：355.

④ 黄政杰.课程改革（第三版）［M］.台北：汉文，1999：185.转引自黄显华，朱嘉颖等.课程领导与校本课程发展［M］.北京：教育科学出版社，2005：44.

满足学生的兴趣爱好,反映学校和学生发展的需要。开发课程资源的意义在于结合学校实际和学生的经验,提高课程的适应性,谋求课程目标高质量地实现。

(2) 学校要突破教材局限,拓宽课程资源开发的途径。教材一直是我国学校教育的主要课程资源,以至于人们常常误以为教材是唯一的课程资源。实际上,除了教材以外,还存在很多课程资源,比如网络、学校环境、教师本身的知识储备,等等,所以在进行课程资源管理的时候,要拓宽资源开发的途径,学校和教师要转变观念,利用一切有利于教学的资源和条件。

(3) 加强教材管理。教材是学校课程资源的一个重要组成部分,教材的质量是影响课程目标实现的一个重要因素。学校要根据自身的生源特点和教师队伍情况,选择合适的教材,要注重教材的多样化和选择性,要关注教材内容的科学性和难易程度。

2. 学校对教学活动的管理

教学活动的管理是整个课程实施环节中的核心,无论是国家课程、地方课程的实施,还是校本课程的实施,都是通过教学活动的开展实施的,教学活动管理是确保课程实施系统管理的核心。学校对教学活动的管理任务主要就是加强学校的教学常规管理和课堂教学管理。有关教学活动的管理在下一章有更为详细的阐述。

(三) 课程评价系统的管理任务

课程评价是按照一定的价值和目标对学校课程体系及其实施情况所做出的一种判断。评价本身是一把“双刃剑”,既能发挥积极的作用,也会产生一些消极的效应。如果仅仅是关注学生成绩,用学生的成绩等量化的形式来考核教师、考核课程就会导致消极的作用。

1. 学校对课程评价目的的管理

课程评价是根据课程目的来组织的。《基础教育课程改革纲要(试行)》提出,要“改变课程评价过分强调甄别与选拔的功能,发挥评价促进学生发展、教师提高和改进教学实践的功能”。[①] 学校对课程评价目的的管理主要包括:勿将课程评价的功能仅仅限于分等,除了鉴定、分等的管理作用外,评价还可以发挥激发学习动机的激励作用,反馈的调节作用,分析学生学习困难与问题的诊断作用,以及促进个性品质和自我意识的发展作用。

2. 学校对课程评价方法的管理

单纯的对课程评价目的的管理并不能促进学生的发展、教学的改进。学校为了促进课程评价的发展,还要对课程评价的方法进行管理。首先,加强与专家的合作,建立合理的评价指标体系。其次,学校和教师应根据课程的性质和特点,选用适合的评价方法,比如成长记录袋、日记的使用。最后,学校和教师应该综合运用多种评价方法,实现课程评价的多元化。这一部分的内容在后面的内容中有具体的阐述。

3. 学校对考试的管理

考试是学校课程评价的重要形式,主要是针对学生的一种课程评价。对考试的管理也是学校课程评价系统管理的重要组成部分。学校要对考试的难度、范围进行监督和管理,倡导教师采用多种形式的考试,管理学生的学业成绩,这是课程管理不可推卸的任务。

---

① 教育部. 基础教育改革纲要(试行)(教育[2001]17号),2001.

第二节　校本课程的开发与实施

一、校本课程开发的结构模型

校本课程的开发,可根据活动类别、人员组成和时间长短的不同组合,以及课程开发的系统思维和要素,建立多种模型。

(一) 校本课程开发的三维模型

澳大利亚科廷大学教育学院教授科林·马什(Colin Marsh)及其研究团队建构了一个基于活动类别、人员参与和时间承诺的校本课程开发三维模型(见图 11.1)。

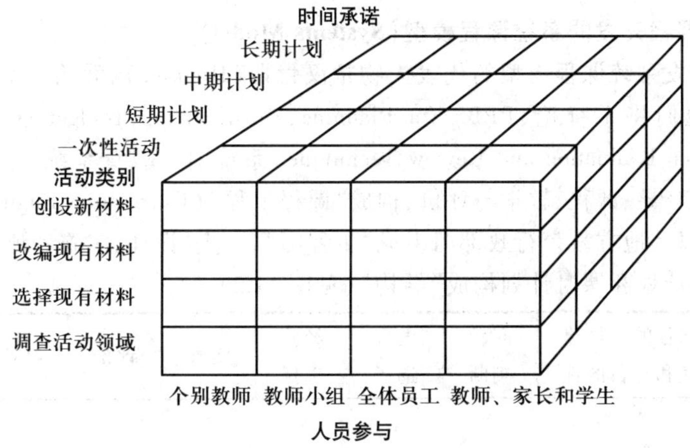

图 11.1　校本课程开发变量的矩阵图①

如图 11.1 所示,一项典型的校本课程开发活动既可以是由教师小组将初级科学操作书加以改编作为短期计划的一部分,以便提高教师在较高年级中的科学教学,又可以是由教师、家长和学生团队为地方社区创设新的材料,以作为在整个学年中予以实施的长期计划的一部分。

(二) 校本课程开发的行为主义模型(Behavioral Model)

校本课程开发行为主义模型的代表人物是泰勒(Ralph W. Tyler)。他认为开发课程需要回答四个问题:学校应该达到哪些教育目标? 为了实现这些目标,应该提供哪些教育经验? 这些经验怎样有效地组织起来? 怎样才能确定这些目标已经达到? 如表 11.1 所示。

表 11.1　校本课程开发的行为主义模型②

信息来源:社会、学生、科目内容	建立试探性目标	选择依据:学校教育理念 学生学习经验	建立教学目标	选择组织有关经验,形成课程	教材评估

① 赵中建,马什.澳大利亚的校本课程开发——访澳大利亚科廷大学马什教授[J].全球教育展望,2001(10):1-2,54.

② Ralph W. Tyler, *Basic Principles of curriculum and Instruction*, Chicago: University of Chicago Press, 1949:1. 转引自胡洪伟,刘朋.美国校本课程开发模式评析[J].课程·教材·教法,2001(6):73-75.

(三)校本课程开发的经营管理模型(Managerial Model)

校本课程开发经营管理模型的代表人物是塞勒(J. Saylor)、亚历山大(W. Alexander)和刘易斯(J. Lewis)。该模型视学校为一个社会系统,学生、教师、课程专家以及教育管理者均被赋予一定的角色。如表 11.2 所示。

表 11.2 校本课程开发的经营管理模型①

外部影响:法律规章、研究数据、专业单位、政府指导 内部压力:社会因素、学习者、知识	形成课程目标(包括目的和具体目标),设计课程	课程特点:包括内容、组织形式和适合学习者的需求	课程实施: 1. 教学指导 2. 教学经验	课程评价: 1. 教师教学效果 2. 课程的有效性

(四)校本课程开发的系统课程模型(Systems Model)

校本课程开发系统课程模型的代表人物是汉肯斯(Honkins)、乔治·彼查姆珀(George Beauchamp)。他们将系统论、PPBS (a Planning, Programming, Budgeting System)系统和PERT(the Program Evaluation and Review Technique)系统引入教育系统。这个模型包含五个子系统:管理、督导、课程、教学与评价,构成"课程工程"(Curriculum Engineering)。校长、指导者、合作者以及地方教育行政部门组成"工程师",产生、设计、实施和评价构成"阶段",科目、教材、单元计划和课时计划构成"结构"(见图 11.2)。

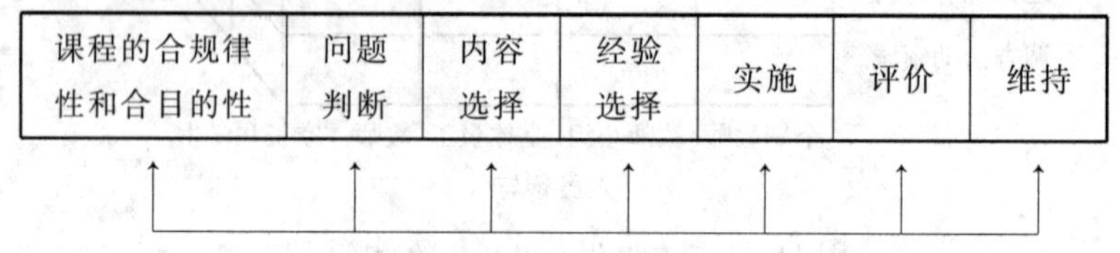

图 11.2 校本课程开发的系统模型②

(五)校本课程开发的人本主义模型(Humanistic Model)

校本课程开发人本主义模型(见图 11.3)的代表人物是温斯蒂恩(Weinstein)和凡蒂尼(Fantini)等。他们认为,上述三种课程模型强调课程的内容技术化和稳定性,忽视受教育者的自我意识和自我实现。因此,他们提出"课程情感目标",帮助学生解决问题和引起关注。这种模型从推理型(Deductive)走向归纳型(Inductive),从传统内容(Traditional)走向相关内容(Relevant)。

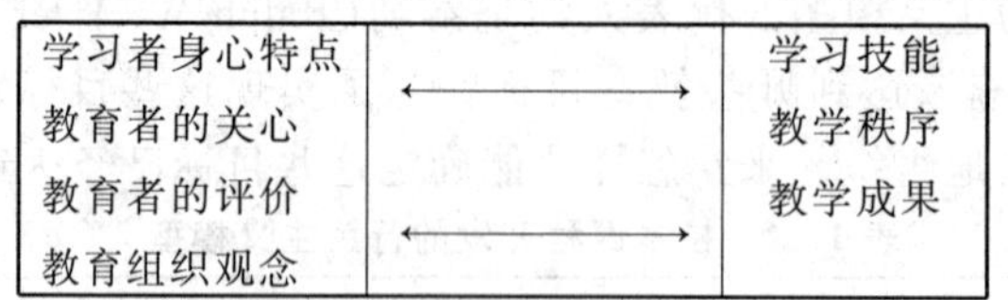

图 11.3 校本课程开发的人本主义模型③

---

① J. Galen Saylor, William M . Alexander, Arthur J. L ewis [Ed], *Curriculum Planning for Better Teaching and Learning*, 4th.ed: New York, 1981: 29-30. 转引自胡洪伟,刘朋.美国校本课程开发模式评析[J].课程·教材·教法,2001(6):73-75.

② Francis P. Hunkins. A Systematic Model for Curriculum Development.NASSP Bulletin, 69(1985).P.24. 转引自胡洪伟,刘朋.美国校本课程开发模式评析[J].课程·教材·教法,2001(6):73-75.

③ Gerald, Weinstein and Merio D. Fantini.Toward Humanistic Education, P35, New York; Praeger, 1970, the Ford Foundation. 转引自胡洪伟,刘朋.美国校本课程开发模式评析[J].课程·教材·教法,2001(6):73-75.

这五个模型从多个维度讨论了课程开发的系统思维及其要素：校本课程开发可依据活动类别、人员组成与时间长短，组建不同维度的方案（三维模型）；学校是社会系统的一个组成部分，校本课程管理需考虑学校外部与内部的要求、资源（经营管理模型）；校本课程开发的督导与管理（系统课程模型）；课程目标，内容，内容的组织，学习者的经验与需求，评价的设计（所有模型）。

二、校本课程开发的程序

校本课程开发的程序包含八个步骤：成立组织；审议课程概念；分析现状；拟定目标；编制方案；实施方案；评价方案；修订方案。“课程维持”贯穿于校本课程开发全过程，如图 11.4 所示。

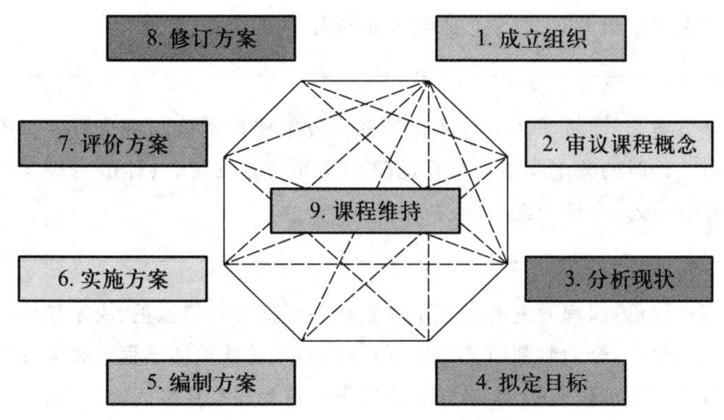

图 11.4　校本课程开发程序

校本课程开发程序、议题如表 11.3 所示。

表 11.3　校本课程开发的程序与议题

程序		议题
1	成立组织	成立课程开发委员会或小组。小组成员包括：教师、主任与校长；学生与家长；社区与社会相关人士；大学合作研究者；教育行政管理者 确定课程开发工作程序，拟定校本课程开发计划
2	审议课程概念	课程具备从狭义的“学科”到将之界定为“由在学校指导下儿童所拥有的全部经验”的广义概念，①课程开发委员会成员需于校本课程开发前讨论课程概念，就“课程”概念的广义或狭义内涵与外延达成共识

① Hollis L. Caswell and Doak S. Campbell, *Curriculum Development*, New York: American Book Company, 1935, p.66. 转引自[美]詹姆斯·G.亨德森，理查德·D.霍索恩.革新的课程领导（第二版）[M].杭州：浙江教育出版社，2005：28-29.

续表

程	序	议　　题
3	分析现状	了解相关教育法律法规、政府政策与规定、社会需求，以及学校文化、历史；调研利益相关者需求；运用SWOT分析法调研校本课程开发资源
4	拟定目标	课程目标是对教育所期望的结果的陈述。① 建构学校教育哲学，确定校本课程总目标与分类目标
5	编制方案	分析学习者（包括特殊教育需求儿童）的身心特点、经验，依照学生学习的心理逻辑与课程内容的知识逻辑编制课程内容，融合学生经验与知识体系；课程内容需具备可靠性、实用性、可学性、可行性与社会公平 拟定课程组织形式、教学形式与校本课程管理方案
6	实施方案	实施方案，开展教学活动与课程管理。校本课程实施的一个重要标准是保障课程实施的课时。课时的分配要结合学校的整个学年计划安排，具体的每周课程活动总量以及时间要综合考虑，合理分配时间。②
7	评价方案	形成性评价：课程开发的过程中收集相关证据及反馈意见，决定如何修订课程计划 总结性评价：全面判断所开发的课程的质量，关注整体学程或整体课程的效果 评价的问题可以包括：谁来做评价决策？需要回答什么问题（课程计划与课程实践的质量；学生学校生活的质量；学生学习的质量；革新的评价者把课程视作一个由实践、过程与学习结果组成的复杂几何体）？如何收集和分析数据？解释和判断数据的标准是什么？谁来分析数据、做出判断，并应用判断的结果？ 课程评价考虑三个关键因素：行动研究；对话；循环过程。③
8	修订方案	依据评价内容，修订课程与课程开发方案
9	课程维持	采取有效方式、方法保证课程得以延续，贯穿校本课程开发与实施的全过程。例如：教师能及时得到校本课程开发相关知识、技能的培训；课程、课时能得到保障；有充足的教师资源等

① [美]詹姆斯·G.亨德森，理查德·D.霍索恩.革新的课程领导（第二版）[M].杭州：浙江教育出版社，2005：94.

② 廖哲勋，田慧生.课程新论［M］.北京：教育科学出版社，2003：309-310.

③ [美]詹姆斯·G.亨德森，理查德·D.霍索恩.革新的课程领导（第二版）[M].杭州：浙江教育出版社，2005：128-130.

第三节　学校课程评价

一、学校课程评价的内涵

在《国际课程百科全书》的“课程评价研究”条目中，桑德斯(Sanders, J. R.)较为全面地从要素、过程等方面界定了课程评价的含义。他主张课程评价指的是研究课程优缺点和有价值的各个方面，其中包括课程的设计、需要、过程、材料、目标、环境、政策、各类支持保障措施及结果。① 按照这一界定的理念，郭杰将课程评价界定为：运用一定方法，在课程的组织到实施阶段，搜集资料并给予价值判断的过程。②

无论是桑德斯还是郭杰，都强调课程评价是对前期的材料组织到后期实施过程的评价，而不只是课程实施的过程评价。课程评价的实施范围广泛，可以在任何一个层面实施，如全国范围、地区范围、学校范围、课堂范围等。课程评价是学校课程管理的重要环节，它为学生发展和改善课程管理等多方面提供反馈意见和依据。课程评价的环节主要是：审核/审查—计划—执行计划—监控/评价—审核。虽然理论上评价的这几个环节是环环相扣、不重叠的，但是在具体的实施环节过程中，却是有很多交叉的。比如，在执行阶段，为了检查学生对课程知识的掌握情况和计划的适用性，监控和评价就同时发挥着作用，为不断改进执行计划提供依据和支持。③

正如前面界定的那样，学校课程评价应该包含着从前期的组织到后期的实施，所以学校课程评价应该关注课程的三个维度④：

(1) 计划的课程：进入课程计划的内容(也就是选择材料)。

(2) 提供的课程：教师教的内容(组织材料，进行教学)。

(3) 接受的课程：学生实际体验到的内容(实施后的成果)。

学校课程评价的一个重要内容就是评估这三个维度之间的匹配程度，将学校的课程计划融入到课程中去，让学生在课堂上实际体验到。实际上，学校课程的这三个维度，很多人只是关注到了教师教的环节，前面的环节以及教师教之后学生实际体验到的内容都被忽略掉了。

对校本课程的评价影响着校本课程的实施与修订，澳大利亚科廷大学的马什教授提出校本课程的评价计划，涵括了课程目标、学生体验、空间与设施以及教师的诸多方面⑤：

(1) 课程开发工作的目的和重点。

(2) 为学生所提供的学习体验的性质和氛围。

(3) 每个学生的进步。

---

① Sanders J R. Curriculum Evaluation Research [A]. Lewy A. The International Encyclopedia of Curriculum [M]. New York: Pergamon Press, 1991.

② 郭杰. 高校课程发展性评价的理性思考[D]. 广西师范大学, 2011.

③ [美]戴维·米德伍德, 尼尔·伯顿. 课程管理 [M]. 杭州: 浙江教育出版社, 2008: 107.

④ [美]戴维·米德伍德, 尼尔·伯顿. 课程管理 [M]. 杭州: 浙江教育出版社, 2008: 107.

⑤ 赵中建, 马什. 澳大利亚的校本课程开发——访澳大利亚科廷大学马什教授[J]. 全球教育展望 2001(10): 1-2, 54.

（4）课堂中空间和设施的安排与使用。

（5）教学方法和教学材料。

（6）儿童从一个年级升至另一个年级的经验的延续。

（7）教师的工作负担、压力、责任和士气。

二、学校课程评价的功能

评价本质上是一种价值判断，课程评价也不例外。哈丽特·塔尔马齐概括了课程评价的五个价值问题①：

（1）内在价值问题。内在价值问题主要关注的是用评价来判断课程是否有良好的并且适合人们的哲学和心理学观念。

（2）工具价值。课程评价的工具价值主要就是判断课程的实施与目的之间建立的联系，能否合理地实现课程规划中的内容。

（3）比较价值。课程的比较价值主要关注的是不同方案可以满足社会期望的程度以及学生成绩的比较。

（4）理想化价值。在课程的实施过程中，利用评价的功能不断完善自己的设计方案，设计出更佳的方案来提高学生的参与度和成绩。

（5）决策的价值。教育工作者主要依靠课程评价的功能为课程实施提供决策依据，来决定课程是否保留、修改和放弃等。

正如前面所说的课程评价的五个价值，现代课程评价的功能概括起来也就是：

1. 诊断功能

课程评价是课程实施过程中的最后一个环节，是检验课程目标是否实现以及实现程度的最后一项工作，它能够反映课程实施的内在价值②，对课程活动中存在的问题进行揭示和分析后提出课程改进的建议。比如，学校通过学业评价，能够找到学生在课程的学习过程中存在哪些不足，进而找到学生学习困难的原因，开展有效的针对活动，师生协同采取措施，判断课程教学目标的达成程度与实现的条件，为改善课程提供信息基础。

2. 甄别功能

课程评价的甄别功能主要就是对课程对象与评价指标的适应程度进行区分和认定。比如通过教育测量的评价，一系列的指标能够反映出学生的学习成就，从而甄别评价指标与课程对象的符合程度是怎样的。

3. 导向功能

课程评价对实际课程实施的活动具有导向的功能。课程评价指标所肯定的东西，就成了有价值的、为人们所追求的东西；课程评价指标所否定的东西，就成了没有价值的东西，也就是成为了评价所忽略的东西。课程评价在课程实施的每一个环节都具有导向作用，设置的评价指标能够为课程的实施和改进提供导向功能。

4. 调节功能

课程评价能够反馈课程实施的结果，能够让批评者明确自己的优势与不足，从而不断地

---

① 联合国教科文组织.教育——财富蕴藏其中[M].北京：教育科学出版社，1996：序言.

② 姚晓春.我国课程评价功能实现与存在的缺陷[J].现代教育论丛，2000(04)：9-11.

调整课程的目的、实施以及内容等，促进学生的不断进步和自身的进一步发展。比如在教学中，通过教学评价，能够成功地调节教学内容，控制教学速度、教学节奏、教学密度、教学难度等。①

5. 促进功能

课程评价的促进功能是通过课程评价让被评价者正确地认识到自己的优势与不足，在这个基础上，为课程、教学的改进提供信息，让学生和教师增强自己的发展积极性和主动性。一般来说，积极的课程评价能够促进学生的学习，增进学生的学习自信心，激励学生的学习兴趣。

三、学校课程评价的主体和方式

（一）课程评价的主体

学校课程究竟由谁来评价一直是一个比较有争议的问题，有的建议由课程专家来评价，也有的主张由学校自己来组织评价，这些认识都有一定的道理。但是在实践中，课程评价主要是由相关领域专家来实施的。随着课程改革的推进和新的课程观的确立，人们更多地倾向于把课程看成是一个建构的过程，所以特别强调课程实施者和受教育者在课程体系建设中的意义和功能，也主张课程评价的多元参与。

多元化的课程评价主体首先是作为课程实践者的教师。根据新课程改革下教师角色的专业化发展要求，教师的角色已经由过去的领导者、包办者转化成学生学习的促进者、学习者和合作者。教师的评价能够引导学生、家长及其他有关人员开展课程评价。② 例如，任课教师对学生成绩的评价，班主任对学生思想品德的评价等，都能够为课程的活动指明方向。

多元化的课程评价要高度重视学生的参与，学生是学校课程的直接受益者，所以学生的意见在学校课程评价中占有十分重要的地位。让学生参与到课程评价中，能够满足不同利益参与者的要求，比如家长、学生本身的利益需求。学生的看法是课程评价和改善课程的一个重要依据，让学生参与到课程评价中，能够实现双赢的局面，能够在促进学生对课程本身理解的同时，有助于培养他们的自我评价意识和管理自己学习的技能。③

多元化的课程评价主体也要重视学校领导以及教育管理部门和家长的意见。④ 以校长为首的学校领导集团是全校教育活动的领导者和管理者，学校要根据上级要求和自己学校具体的情况来实施课程，在具体的管理过程中出主意、想办法、提方案、做决定等。评价是决策的前提，所以学校领导者应该成为课程评价的主体，为科学的决策提供依据。评价与指导是教育行政部门的主要职责之一，是教育行政机关加强业务领导和管理不可缺少的重要环节。所以，课程评价应该将教育管理和行政部门的意见纳入。一个学生的成长离不开家庭和学校的双方互动，家长是教育活动的参与者，也是教育结果的重要责任者，他们不仅关心子女的学习情况，也关心学校及教师的威望、水平与质量。家长能够为学校的改进以及课程的实施等提出意见，促进教育质量的提高。

---

① 孙丽. 数学课程评价功能浅析[J]. 辽宁教育学院学报，2002(09)：28-29.

② 张瑞，刘志军. 教师：不可或缺的课程评价主体[J]. 课程.教材.教法，2008(08)：11-16.

③ [美]戴维・米德伍德，尼尔・伯顿.课程管理 [M] .杭州：浙江教育出版社，2008：121.

④ 严权. 新课程评价主体应体现多元性[J]. 上海教育，2004(17.)：26-27.

（二）课程评价的方式

课程评价的发展大致经历了三个阶段，即前课程评价时期，课程评价初创与发展时期，课程评价的反思与重建时期。不同时期，课程评价的方式有着不同的特点。[①] 前课程评价时期，主要是指20世纪30年代以前的漫长发展时期。这一时期课程评价的方式受到了教育测量运动的影响，课程评价的方式也逐渐从经验式考试到追求客观和科学。在课程评价初创与发展时期，即20世纪30—70年代，课程评价的方式仍然是客观的实证主义。到20世纪70年代后，课程评价进入到反思和重建阶段，在这一时期，课程评价的方式开始走向多元化，不仅注重实证主义，而且也注重人文化，注重和考虑人的需要与价值，注重人的心理感受和情感体验，强调人与人之间的对话和交流，从更加适合人性的角度开展课程评价。

学校课程评价的方式很多，从课程评价的目的来看，一般可以分为事实性评价和发展性评价两种。

1. 事实性评价

事实性评价主要是为了说明课程实施的结果，是为了证明课程实施的成果。事实性的课程评价报告交给有权处理的校内或校外有关机构，比如教师将学生的成绩交给校长，交给教研组作为对整个课程资源的审核；学校领导将课程评价的报告交给校外的检查人员，或者是由某个部门将评价报告交给高级管理层，作为各个部门分配课程资源的审查依据。学校内部的课程评价报告可以为教研组的校本课程的完善提供事实依据。上交给高级管理层的评价报告，能够作为考核一个学校的重要指标。

2. 发展性评价

发展性评价是为改进学校课程质量而实施的评价，主要是为了提高学校课程实施的某个方面，比如课程本身的内容、教师的教学和考试方法、学生的发展需要等。

在实际的操作过程中，事实性的评价和发展性的评价会出现相互包含的现象，特别是当外部机构介入时，评价活动就往往包括这两个目的。比如，教师向一名外来的教学检查人员解释他的教学计划，他就可能介绍自己的教学质量，证明他的教学的有效性，这是事实性评价。当然，在这之前教师为了达到改进教学的目的，会让他的同事评价他的工作，教师会坦诚自己的优点和缺点，并寻求同事的建议，使他的工作做得更加出色。与同事之间的商量更多的是发展性的评价，从而提高课程的质量。在这个案例中，可以看出，评价活动往往包括了事实性的评价和发展性的评价。

四、课程评价的标准

课程评价是课程编制的一项重要工作，课程评价的标准涉及课程实施的整个环节，也就是课程评价的标准体现在目标评价的标准，内容评价的标准，过程评价的标准和成果评价的标准。[②] 目标评价的标准在于不同的课程根据学生发展的需求来选择课程的目标，进而设置出一些二级目标分类指标。比如在实施化学教学的时候，中学化学大纲包括了教学目的、教学要求、教学内容、教学方法要求和评价教学效果的方法五个方面，很显然，这五个因素就构成了目标评价的主要指标，每个主要指标又可根据其各自的对象拟定出更为具体的指标，

---

① 刘志军. 发展性课程评价方法的探讨[J]. 课程.教材.教法，2004(01)：15-23.

② 毕华林. 化学课程评价的标准和方法[J]. 化学教育，1995(08)：16-17.

构成目标评价的标准。内容评价过程实质上一个内容分析过程,根据一系列有组织的标准和方法对教材内容进行分析和描述。过程评价的标准是在实施过程中设置的课程评价标准,主要注重学生在课程实施过程中学到的技能。成果评价要根据既定标准测量学生达到预定课程目标的程度。

不同的课程设置,有不同的课程评价标准,这些都与具体的课程评价指标相结合。比如说化学课程的学习,课程评价的指标会包括对基本概念和基础理论的理解以及实验技能技巧等方面。① 再比如,很多学校都开设了心理健康教育的相关课程,但是不同年级课程评价的指标就会有所不同,中小学更注重的是基本知识的储备和了解,到高年级就更加注重心理压力的排解等。② 20 世纪 90 年代末,随着计算机应用的不断发展,网络教育逐渐普及,不同国家对网络课程设置的课程评价标准也是不一样的。纵观目前国外网络课程的评价,除了要符合一般传统课程的基本要求,还必须具有与网络相关的特点,比如突出交互学习的重要性,重视学习环境的评价以及教学管理与支持的评价内容。而我国的网络课程在设置课程评价指标的时候,一些评价的指标体系都不是很完善,评价项目和指标数目不匹配,缺乏普遍的实用性等。③

所以,综上所述,课程评价的指标是根据具体的课程以及地区、学生的特点设置的,没有统一的课程评价标准,需要在课程评价的标准中关注学生的知情意行的发展以及知识与技能、情感态度与价值观的发展,从而促进学生的整体性发展。

本章小结

课程管理不仅包括课程编订、实施、评价的组织、领导、监督和检查等事务,还包括课程管理事务里的权力与责任。学校对国家课程管理的权责包括研讨国家课程标准,严格执行国家课程计划的同时,不断发展符合自己学校文化的课程计划。学校对地方课程管理的权责包括结合学校的特色有选择地执行地方课程。学校需要组织教师研讨地方课程,并且对地方课程进行二度开发。学校对校本课程管理的权责:开发、实施和评价校本课程,与学校层面的国家课程和地方课程管理作为一个整体来做考虑,同时考虑校本课程的特殊性。

校本课程开发意味着中央、地方与学校三者之间课程管理权限的重新分配,达成新的权力分享与责任分担。校本课程开发的模型,展现了课程开发的系统思维及其要素,主要模型有三维模型、行为主义模型、经营管理模型、系统课程模型、人本主义模型。校本课程开发的流程包含八个步骤,即成立组织;审议课程概念;分析现状;拟定目标;编制方案;实施方案;评价方案;修订方案。

课程评价是学校课程管理的重要环节,它对学校课程建设具有诊断功能、甄别功能、导向功能、调节功能和促进功能。课程评价需要有多元主体的参与,包括课程专家、教师、学生、教育管理者和家长。根据课程评价的目的,评价方式可分为事实性评价和发展性评价。

---

① 李玉珍,王喜贵. 高师化学教学论课程评价方式的改革尝试[J]. 内蒙古师范大学学报(教育科学版),2010(07):125-127.

② 张琴. 构建大学生心理健康教育课程评价标准研究[D].四川师范大学,2013.

③ 余菜花. 网络课程评价标准研究[J]. 继续教育研究,2008(04):64-66.

课程评价没有统一的标准，要因地制宜，要关注学生的知情意行、知识与技能以及情感态度与价值观的发展。

思考题

1. 何谓课程管理？学校对国家课程、地方课程和校本课程的管理任务分别是什么？
2. 何谓校本课程开发？它有哪些主要模型？
3. 为什么说学生应该成为课程评价的主体之一？
4. 何谓发展性课程评价？学校如何做好发展性课程评价？
5. 结合本章中有关课程评价方面的知识，尝试开发自己学校的课程评价标准。

第十二章　学校教学管理

学习目标

教学管理工作是学校管理工作的重中之重，通过对本章知识的学习，了解教学管理工作的主要任务和原则，掌握教学计划管理、备课管理、课题教学管理、作业管理和学习效果评价管理的主要内容和要求，了解教学工作评价的功能、类型和程序，能够用所学知识评价自己的教学效果，能够进行教学资源的开发和利用。

建议学时

4学时

教师导读

学校教学管理，顾名思义即对学校教学工作进行的管理。从管理的主体来看，教学管理的含义有广义和狭义之分。广义的教学管理既包括教育部及其下属教育行政机构对各级、各类学校及其他教育机构的教学工作进行的管理，也包括学校内部的教学管理；而狭义的教学管理只指后者。本书所指的教学管理是学校内部的教学管理。

学校教学管理是学校管理者根据国家教育目的、培养目标和课程标准，运用科学的管理理论、原则和方法，对学校教学工作的各个环节进行科学合理的组织、指导和监控，以达到提高学校教学效能的目的。教学工作是学校工作的核心，它是学校教学正常运行的基础，并且有助于带动其他各项工作的开展，同时，教学管理也是提高教学质量，不断促进教师发展提高的有效途径。

学习本章内容时，应注意将教学管理与本书其他章节的内容联系起来，思考学校其他工作的管理是如何为保障教学服务的，教学管理的各个环节又如何促进学校其他工作的有序进行。

第一节　教学管理的任务和原则

一、教学管理的主要任务

（一）确立科学合理的教学管理目标

教学管理的目标是学校教学的指导思想，对教师的教学活动起到支配作用，同时影响和制约着教学工作的开展，因此，确立科学的教学管理目标是教学管理的首要任务。

什么是科学合理的教学管理目标呢？教育是培养人的活动，学校管理应践行人本管理的原则，因而教学管理更要以学生的发展为基本目标。在教学管理中，学校要树立“一切为了全体学生的全面发展”的基本理念，坚持为全体学生的利益服务，不能为追求效率而重视一部分学生，放弃另一部分学生；坚持以教学促进学生的全面发展，实施素质教育，而非为分数、为成绩而教学，更不能以牺牲学生的健康为代价。

首先，教学管理目标应与国家的教育教学目标相适应，贯彻国家的教育方针，按照国家的教学计划、教学大纲等规划课程与教学，以促进国家总体教育目的的实现。

其次，教学管理目标亦不能背离学校管理的总体目标，只有两者协调一致，学校教学工作才能顺利开展，同时教学工作也将促进其他各项工作的顺利完成，以最终保障学校管理目标的实现。

（二）建立健全教学管理制度

完善的规章制度和正常的运行秩序是一项工作顺利开展的前提，教学工作也不例外。在教学管理中，建立和健全教学管理制度是必不可少的，也是维护正常教学秩序的前提。

为保证教学活动的有序进行，教学管理制度应做到全面性和灵活性的统一。全面性即规章制度要涉及教学工作的各个重要方面，如建立明确清晰的教学指挥系统，合理安排学校的课堂教学、课外文体活动和科技活动，保证教师的备课、上课、调课、听课、研课等学习、研究活动，既要协调各项活动之间的冲突和矛盾，又要了解各方面的情况和意见①；灵活性是指制度要留有协调和变通的空间，教学是一种创造性的活动，是为促进教师和学生主观能动性的发挥，制度的目的不是规定和约束，而是以引导和保障为主。

（三）促进教与学的积极性

为了实现教学这一目标，教学管理的核心任务是促进教师的“教”与学生的“学”，提高教师“教”与学生“学”的积极性和主观能动性。一方面，教师是教学活动的主导，是教学的主要组织者和实施者，教师的学术水平、教学艺术水平、教学改革的积极性等因素，都直接影响教学成效与教学质量②。因此，教学管理亟须充分调动教师参与教学活动和教学改革的积极性和创造性，学校应深入了解教师各方面的需求，引导和鼓励教师进行科研探索、自主开发和改进课程，使教师在提高教学质量的同时完善自身的专业发展，促进自我价值的实现。

另一方面，学生是教学活动的主体，教学管理应促进教学活动中学生主体作用的发挥。课堂中，教师应该让学生成为主角，给学生充分表达观点和想法的机会，不用唯一的标准答案去限制学生的创新思考和想象力。教师应引导学生的学习和思考过程，而非代替他们思考，这样才能充分调动学生学习的积极性，使教师和学生协力完成教学任务，达成教学目标。

（四）加强教学改革和创新性管理

在学校教学管理中，除了保障常规的教学管理制度建设和教学工作实施，还应重视教学创新，引导和激励教师在教学内容、教学方法和教学组织形式等方面不断进行改革和实验。

---

① 李钰. 现代教育管理及创新研究［M］. 成都：电子科技大学出版社，2010：123.

② 范国睿. 学校管理的理论与实务［M］. 上海：华东师范大学出版社，2003：417.

加强教学改革，首先要营造民主和谐的教学管理氛围①，学校领导要给教师和学生充分表达自己意见和建议的平台，众人拾柴火焰高，如此也能加强教师和学生的主人翁意识，加强改革的动力；其次要加强学校内的科研管理，让教师和学生都有机会成为“研究者”，以科研成果带动改革和创新，尤其是加强教师的研究意识，促使教师深刻理解自己的教学行为和学生的学习行为，不断总结和改善教学工作；最后，学校要走出校门、扩宽视野，增强与其他学校的经验交流，积极了解和学习其他学校、其他地区甚至其他国家的教学改革经验，取彼之长，补己之短，在改进和创新中不断前行。

案例

“翻转课堂”模式简介

“翻转课堂（the flipped classroom）”也叫“颠倒课堂”，这种课堂最突出的特征是学生先自学，教师再针对学生不理解的地方进行讲解，是一种与传统的“教师先教，学生再理解”相反的课题教学模式。

◆ 翻转课堂的起源

翻转课堂被作为一种特殊课堂模式而受到推广，最初源于美国科罗拉多州落基山的林地公园高中。在 2007 年，该校两名化学教师开始使用录屏软件录制 PowerPoint 演示文稿的播放和讲课声音，并将视频上传到网络，以此帮助缺席的学生补课。后来，这两位老师让学生在家看教学视频，在课堂上完成作业，并对学习中遇到困难的学生进行讲解。这种教学模式受到了学生的广泛欢迎，2012 年在林地公园高中的开放日上进行了展示，促进了这种课堂教学模式的推广。

近年来，在麻省理工大学、耶鲁大学、哈佛大学等世界名校的公开课以及 TED 演讲、MOOK 学院的带领下，网络上涌现出大量的优质教学资源，也为翻转课堂的开展提供了资源支持。

◆ 翻转课堂的实质

传统的教学过程通常包括知识传授和知识内化两个阶段，知识传授是通过教师在课堂中的讲授来完成，知识内化则需要学生在课后通过作业+操作或者实践来完成。在翻转课堂上，这种形式受到了颠覆。知识传授通过信息技术的辅助在课后完成，知识内化则在课堂中经老师的帮助与同学的协助而完成，从而形成了翻转课堂。

翻转课堂重新定义了教师与学生的角色：教师是学生学习的促进者，学生是学习的承担者。翻转课堂的综合效用既来自对教材的信息化整合，也来自教学结构和流程的合理调整，故翻转课堂的效能增值是从理念到方法的整体性变革的必然结果。

◆ 翻转课堂的利与弊

翻转课堂的“利”：

1. 为学生创建个性化学习的环境，尤其在班级授课制背景下，使教师的指导更加具有针对性。

2. 加强学生学习的主动性，课前观看视频的过程中既促进其思考，也能促进学生与家长间的交流。

---

① 范国睿. 学校管理的理论与实务［M］. 上海：华东师范大学出版社，2003：416.

3. 更加符合学生的学习规律,促进发现式学习,使学生的非智力因素得到提高。

翻转课堂的“弊”:

1. 翻转课堂的运用具有局限性,不是所有的课程和所有年龄段的学生都适合翻转,对于内容复杂艰涩的课程和认知水平较低的年龄段学生,不宜实行翻转课堂。

2. 需要较高的信息化技术的支持,如需要创建微视频学习平台,只能在特定条件下使用。

3. 翻转课堂需要占用更多课余时间,有可能加重师生负担。

二、教学管理的原则

(一)规范性原则

前文已阐释过教学管理的重要任务即建立健全教学管理制度、维护正常的教学秩序,要想达成这个任务,首先要遵循的原则就是教学管理的规范化和常规化,只有使管理工作趋于规范化和常规化,才能克服教学过程中的不稳定因素,保证学校教学有序和持续开展,并形成优良的教风和学风。

要形成规范科学的教学管理传统,学校首先要明确规定教导主任、教研组长、班主任、各科教师等的工作职责,促使大家各安其分、各司其职;其次需要建立教学常规,对教学过程、教学质量、教务行政等工作都制定具体制度;最后,还要坚决贯彻学校的各种教学管理的政策、规章制度,使规定落到实处,保障教学管理的有章可循、有条不紊。

(二)系统性原则

系统理论认为,整体并不是部分的简单加总,整体功能大于部分功能的总和,部分脱离整体便不会保存原有的属性。系统性管理把管理的各个环节和组成部分看成一个相互联系、相互制约的整体,因此教学管理是由教学过程管理、教学质量管理和教务行政管理共同组成的整体。教学管理的最终目标是促进学生和教师的共同发展,因此任何一项教学管理工作都应该以谋求整体目标的达成为导向。

教学管理系统性原则的另一方面,是要处理好各项工作之间分工与协调的关系。分工是为了各专业的人员更高效地完成工作,提高局部效率,而协调能够促进各部门、各人员之间的资源整合和有效沟通,保证整体效率。如班主任与科任老师之间的沟通与协调、教研组与年级组之间的沟通与协调、德智体美劳五育之间的沟通与协调,都是遵循系统管理原则的重要任务。

(三)灵活性原则

虽然中小学的教学管理要注重规范的落实与秩序的形成,但人是具有个体差异和多变性的,教学管理并不能失去其灵活性,要因时制宜,根据情况进行必要的调整。因此,在教学管理中要给教师和学生留有一定的空间,促进其自我管理、自我服务意识的形成,让教师和学生参与到管理中,才能增加他们对管理工作的认同,更有利于目标的达成。

教学管理的灵活性需要体现在教学管理工作的各个环节。例如教师在课堂教学管理中,就需要正确认识和处理好如下几个关系:正确认识和处理传授知识与发展智力培养能力的关系,树立正确的质量观;正确认识和处理教与学的关系,树立正确的学习观;正确认识和处理传授知识与思想品德教育的关系,树立正确的育人观;正确认识和处理全面发展与因材施教的关系,树立正确的人才观;正确认识和处理减轻负担与提高教学质量的关系,树立正确的效率观①。

（四）发展性原则

教学管理的根本目的在于促进学生的全面发展和教学质量的提高。因此教学管理工作要坚持以人为本、以学生的发展为核心的原则，教学工作要符合学生的认知规律和心理特点，立足于学生未来的长远发展而非短期的成绩考核，同时营造师生互动的氛围，促进学生主动地学习和探索，重视能力的培养而非知识的识记。

在中小学教学管理中贯彻发展性原则，管理人员首先要切实了解学生的发展水平和个人特点。其次，要把握好教学要求和任务难度，根据维果茨基的“最近发展区”（学生已有水平和经过努力能够达到的新的要求之间的一段区域）理论，只有接近“最近发展区”的知识才比较容易被接受，才会促进学生的发展，高于或低于“最近发展区”的教学都是低效的。所以，教师要为学生的学习任务合理设置难度，最大限度地促进其发展提升，既不能过于繁难，也不能太容易。最后，教师要注重在教学中运用启发的方法，给学生创造更多发现学习和意义学习的机会，帮助他们提高学习能力。

案例

首都师范大学附属小学的“真·美”教学管理观

首都师范大学附属小学的教学管理观，是一种试图体现和倡导生活化教学理念的教学管理观，管理宗旨不是教学行为的管理，而是教学生活的管理，不是针对人的管理，而是对生命的管理。

多年来，学校全体教职工一直践行并发展着“童心教育”的基本价值诉求，积极探索人本化的管理模式，强调以学生为中心，重视教师的专业发展，并以课程和教学作为实现学校发展理念和发展目标的重要抓手。学校的管理已经从关注技术、关注方法的理性层面上升至关注生活、关注生命的文化高度。

“真·美”是首都师范大学附属小学教学管理文化的核心，也是其教学管理观最为简洁、质朴的表述。“真”主要涵盖“真教、真学、真会”三个方面；“美”主要涵盖“知美（指探求学科知识的奥妙）、行美（指教师管理有序、学生训练有素）、人美（包括教师的教学风格、人格魅力以及师生的着装得体等内容）三个方面。

“真·美”教学管理观有两个宗旨：

◆ 实现对学校师生教学生活的管理

教学生活管理是相对于教学行为管理而提出的，对于不懈追求文化创新的首都师范大学附属小学来说，在童心教育理念的指导下，他们在传统的教学行为管理模式的基础上实现发展和超越，实现对教学生活的系统管理。

◆ 以“尊重生命为本”的教学管理

在教学生活管理模式中，首都师范大学附属小学重视的是教师与学生的生命发展，强调的是一种人本化的教学管理理念。教学活动是认识生命、点燃生命、激扬生命的生命化教育过程。教学管理以研究学生为起点，建设服务型的教学管理规章。

---

① 李钰. 现代教育管理及创新研究[M]. 成都：电子科技大学出版社，2010：121.

第二节 教学管理的内容

教学管理是学校管理的核心工作，其包括的内容纷繁复杂，从教学活动实施的时间顺序来看，教学管理可以分为教学活动实施之前的教学计划管理，教学活动过程的管理，以及教学活动结束之后对教学工作进行的评价。

一、教学计划管理

教学工作计划，主要包括学校教学工作计划，教研组工作计划和教师学科教学计划三种计划，反映教学管理的三个层次，是教学任务层层落实的保障。

（一）学校教学工作计划

学校要根据教育方针，按照培养目标及上级教育行政部门有关文件规定和工作部署，结合学校的实际制订工作计划，提出明确的目标任务和主要的工作内容、要求和措施；学校教学工作计划，由校长负责，在教学校长、教导主任的参与下共同制订，在听取和征求群众意见，经校行政会议通过，并于每学期开学初向全体教职工报告；学校教学工作计划可包含于学校总体工作计划之中，也可根据学校总体工作计划，独立制订；学校教学工作计划应将其工作内容与措施明确责任到人，由教学副校长负责跟踪、督促与反馈，校长随时对工作落实情况予以检查和调控。

（二）教研组工作计划

教研组工作计划应根据学校教学工作计划结合本学科、本年级实际情况制订，是学校教学工作计划在教研组的具体体现；教研组工作计划应以推进课堂教学改革，提高学科教学质量，促进学生发展为中心，以实施备课组教研活动，促进教师专业能力提升为重点；教研组工作计划应该在充分调研学科教学情况，广泛征求本学科教师意见的情况下，由本学科全体教师共同讨论制订，并报教导处审批备案。

教研组的工作计划由教导处负责督促落实，学校定期组织检查并进行及时有效的反馈。学期结束时，各教研组应对照工作计划，结合工作质量和效果，做好工作小结，并将其和相关过程资料报教导处备案存档。

（三）教师学科教学计划

每学期开学预备周要以备课组为单位组织学科教师集中研讨学科课程标准、学科教材及学情教情，教师以此为基础制订好学科教学计划，并填写好教学进度表，交至教导处备案。

学科教学计划是对学期内学科教学应达成的目标任务及所采取的措施进行规划，其重点应该是对学生学习情况予以分析并制定相应对策措施。学期中学校应对各学科教学计划和进度执行情况有计划地进行检查，督促落实。学期结束时教师应对照计划，结合教学效果进行认真反思、总结，并撰写教学反思或教学工作小结，经教导处审阅后存档。

教学计划管理的关键点在于各类计划的制订是否科学、合理、有效，学校相关领导及教师在计划实施过程中是否实施了有效的调控，是否做到了层层落实，在计划实施期限到达后是否进行了计划目标达成度的对照自查，是否进行了认真的工作总结和反思。

二、教学活动过程管理

完整的教学活动过程包括教师备课、课堂教学、课后作业和学生学业评价等环节。每个环节的管理是否到位,都影响着教学的有效性和教学目标的达成。

教学活动过程是根据教学目标和学生身心发展的特点,由教师的教和学生的学所构成的双边活动过程,这个过程是由教师、学生和教育措施等要素构成,教师是教学过程的主导因素,学生是教学过程的主体。教学活动过程管理主要包括备课管理、课堂教学管理、作业管理及学习效果评价管理四个环节。

(一) 备课管理

认真备课是上好课的前提,也是提高教师教学水平的有效方式。学校领导和教务部门要注重对备课工作的管理。

首先要向全体教师提出备课要求。备课要求要联系学校实际,使它既符合教学法的一般原则,又能反映时代特点,能为广大教师所接受。这些要求主要是:明确教学的目的和要求,包括知识、技能、智力和思想教育方面的要求;掌握教材的前后联系及重点、难点;了解、分析学生的情况,使教学从学生实际出发;精心设计课堂教学,包括实验的设计、讲授的设计、基本训练的设计等。

其次,要健全备课制度。备课有个人备课、教学小组备课、教研组备课等形式,对教师的个人备课要进行必要的检查和督促;要强调在个人准备的基础上进行集体备课,包括教学小组备课和教研组备课;集体备课要有安排,要定时、定内容、定中心发言人。

最后,要保证教师有足够的备课时间。对教师备课要进行指导和帮助,要为教师备课创造一切必要的条件。

(二) 课堂教学管理

课堂教学是教学工作的中心环节,其他教学环节都是直接或间接地围绕上课来进行的。教师主要是通过上课这种形式向学生传授系统的科学知识,发展学生的能力和对学生进行思想教育,学生也主要是通过上课这种形式来获得教育。因此,教学管理的核心是管理好课堂教学,确保课堂教学质量。

首先,要向全体教师提出上好课的基本要求。这些要求主要是:教学目的明确、具体;教学内容理解、表达正确;教学方法得当,师生双方积极沟通;教学效果好、效率高,师生关系融洽,课堂气氛好等。

其次,要切实保证上课有计划地进行。按照教学计划规定的上课时数进行教学,不能以任何借口随便停课;把课堂教学作为上课的基本形式,保证课堂教学的时间。

最后,要经常研究、改进课堂教学。"教无定法,贵在得法",好的教学方法都有一定的适用范围,不存在脱离教学情境的万能教学方法,因此,要加强教学法的研究,通过研究来不断改进课堂教学。要组织开展听课、观摩教学等教研活动,要支持、鼓励教师勇于探索和尝试上课的新方法,要围绕学生主动性、创造性的发挥不断创新教学内容、教学策略和教学手段等,不断提高上课质量。

(三) 作业管理

布置和批改作业是教学中不可忽视的工作。它对学生理解教材、巩固知识、训练思维、增进智能、提高能力都有重大的作用。同时,还可以帮助教师检查上课的效果,了解学生学

习的质量,迅速获取反馈信息,及时改进教学。教学管理应当把这一环节当作一项重要工作来抓。对这一环节的管理要注意以下几点:

首先,要指导教师科学地布置作业。主要是:作业要符合教学大纲的要求,一般不能偏高、偏低;要做好作业习题设计;要有各种类型的作业和各种类型的题目,包括加深理解概念的作业、熟悉法则的作业、灵活运用和综合运用所学知识的作业等;作业的次数、分量要适当,不能过多或过少,要从学生实际出发,考虑不同学生的具体情况提出不同的要求。

其次,要加强组织有关教师之间的联系,沟通教学情况和作业负担。要适当限制各科作业的时间。

再次,对作业的批改要有明确的要求。一般来说应要求教师认真批改作业,教师认真批改作业才能促使学生认真完成作业,提高学生学习的积极性。批改作业也能真正了解学生的学习情况,能及时改进教学。但由于批改作业工作量大,常常与备课发生矛盾,所以批改作业要提倡多种方式,不一定所有作业都要全批全改或精批细改。多种批改形式相结合不仅效果好,而且能提高教学效率。

最后,要搞好作业讲评,通过作业讲评,肯定学生作业成绩,指出问题,提出进一步的要求。特别优秀的作业应予以传观,有创见的应予以表扬、鼓励,敷衍了事的应帮助其改正。要表现出一种勤于思考、勇于探索、治学严谨的好学风。

(四)学习效果评价管理

学生学习效果评价主要是指对学生进行的考试和考查。考试和考查是检查教学效果、进一步改进教学工作的重要措施,因此要重视这一环节的管理。

首先,考试和考查要有制度。对各门学科考查、考试的时间和次数要统一安排,要适当控制次数,不能过于频繁。教学质量不是考出来的,而是靠平时不断探索和创新,靠扎扎实实工作得来的,不能把考试作为管理教学的指挥棒。考试之前要组织系统复习,不搞突然袭击。考试形式要多种多样,以利于全面检查质量。考试和考查的范围应当按照教学大纲和教材的规定进行,试题要有利于培养学生分析问题和解决问题的能力,要有利于发展学生的智力和创新能力。

其次,指导教师要认真、准确地评定试卷。教师要拟定标准答案或参考答案,要按标准评分,且评分要公正。评定过程中注重学生的自主性和创新性,对不同的解题方法和理解角度要有包容的态度,促进学生创新能力的发展。

最后,学校管理者和教师要对考试结果进行分析,有针对性地研究学生的学习效果和成绩表现,深入了解学生掌握知识不足的地方,制定促进学生能力培养和知识掌握的科学合理的改进方案。

案例

成都树德中学的高三教学过程管理

成都树德中学的高考质量连续多年在教育局考评中获得各项指标第一,尤其是2008级在当年招生不太理想的情况下再夺成都市第一,意义非常重大,其主要原因在于树德中学对高三教学工作实行了严密有效的教学管理。

◆ 分段工作计划,分解总目标

把总目标进行分解,突出阶段性目标对于高三教学工作的引领,保证教学策略科学、有效,同时也有利于教学各环节的管理和评价。以各阶段的大型测试把高三分解为几个不同的阶段,备课组在宏观把握的基础上制订分阶段的教学计划,并在实施过程中不断调整。所以,备课组有详细的零诊、一诊、二诊、三诊、冲刺阶段工作计划等。每一次计划出来后汇集成册,全年级的老师坐在一块儿交流,各种好的思路和方法得以推广,不同的教育思想得以碰撞,在研讨中把计划修订得更为务实,更具可行性。

◆ 落实教学细节管理,确保实效性

落实教学"四必"的常规管理,即讲必练,练必阅,阅必评,错必纠。

讲必练:指对知识点的讲解之后必须辅之以精当的练习确保知识过手,以课内练习或课后作业等方式呈现,让学生在实践中运用课堂所学来独立解决问题,了解自身对知识的掌握程度,查漏补缺,把教师所讲真正内化为自己的知识,确保知识过手。

练必阅:指对学生的作业必须批改,要求是"全批全改、详批详改、及时批改"。教学必须要研究学情,作业的情况是获得真实学情的最重要途径。"全批全改"指教师要对所有学生的作业进行批改,"详批详改"指批改作业时要对所有作业练习给出明确的判断,"及时批改"指的是作业情况要及时反馈给学生,一般应该在下一节课前给到学生手上,为下一个知识点的学习扫清障碍。

阅必评:指在广泛地了解学生知识掌握情况下及时进行有针对性的讲评。通过讲评引导学生弄清错因,有利于切中学生产生错误的要害,澄清模糊认识,强化基础知识。这是针对学生易犯的错误及疑难问题加以透彻的剖析,要求学生积极地参与对答案的修正、说明和补充工作。这种方式能有效地提高学生的学习效率,使学生在改正错误的同时,消灭产生错误的原因,扫除了他们在学习中的障碍,为学生的再学习打下基础。

错必纠:指讲评以后还要追踪学生订正的情况,检查学生对错误的批注,做到考后一百分,使每个学生都能基本熟练地掌握所学知识。当然这里面针对学生的不同层次要求会有所不同。

三、教务管理

教务管理的目的是为了保证教学计划的顺利进行,做好教务管理工作是建立正常、稳定的教学秩序和提高教学质量的重要前提。教务管理工作涉及的内容十分繁杂,主要包括编班、编排课表、编排校历和作息时间表、学籍管理等内容。

(一) 编班

按照我国中小学实行的班级授课制,班级是学校的基本组织单位,编班工作即根据一定的规则将学生进行合理分配。编班时应注意遵循以下的原则:

第一,编班前要充分了解学生的发展情况,包括知识水平、认知方式等的发展水平。

第二,平行班级的人数大致相同,不能超过当地教育行政部门规定的班额标准,有条件的学校应尽量减少班额,实行小班化教学。

第三,男女生混合编班,每个班的男女生比例应大致相同。

传统的学校编班都以行政班级为基本单位,每个行政班级有固定的班级领导核心、教室以及稳定的教师团队,同一个班级的学生执行相同的教学计划。但21世纪以来,因材施教、以学生为本的教育思想不断发展,在中学已经产生许多"走班制"的新型编班制度。这种制度下的学生,不再有固定的行政班级,而是模仿高校的导师制度。每个学生在导师的指导下,根据自身的知识和能力水平选择适合自己的课程,一千个学生就有一千张不同的课表,使因材施教不仅体现在教学方法上,而且从制度上和教学组织形式上达到新的突破。

(二)编排课表

课表是教学计划的具体体现,是日常教学活动最直接的指挥棒,因此课表的编排不仅要符合教学规律,也要符合学生生理和心理的发展水平。课表的编排,要注意符合以下原则:

第一,要符合学生的认知特点。如周一和每天的第一节课学生的学习能力是不高的,因此难度较大的课程应安排在周二、周三、周四、周五的第二、第三节课的时间;文科与理科课程、形象思维为主与抽象思维为主的课程、课后作业较多与较少的课程在排课时要穿插搭配起来;性质相同的课程、以书写或笔记为主的课程不应该进行连排,要求视力紧张的课程和作业课应安排在光线较好的时段,体育课应避免于饭后立即进行等。

第二,课表编排要考虑到充分利用教学设备。如某些课程需要的功能教室、文体设备、实验室、活动场地等,应注意合理排开。

第三,课表编制完成后,要反复检查,保持课表的相对稳定,并分别印发全校课表、教师课表和教学班课表。

(三)编排校历和作息时间表

学校的校历是学校学期或学年整体工作的宏观时间表,编制校历应提前安排好开学、节假日、学校的重大会议、师生团体活动的时间,以便其他学校工作计划的顺利制订。

学校的作息时间表指导着师生每一天的工作和学习安排,应充分了解学校师生的实际需求,合理安排上课、下课、三餐和体育活动的时间并严格执行,保证学校师生形成良好的作息习惯,保障教学工作有序进行和师生的身心健康。

(四)学籍管理

中小学的学籍管理是指学校管理者根据国家的教育目标、政策与方针,以及学校的办学目的、对学生的培养目标等要求,对学生的基本信息、学习及各方面的表现进行全程的记录和评价,对学生的入学、转学、休学、复学、退学、借读、升级、留级、开除、肄业、毕业等事宜进行处理。学籍是受教育者通过正规招生考试渠道被学校正式录取后,注册办理的学生资格,对于学生代表着学习的权利和资格,对于学校而言则意味着要承担对这名学生教育、管理、服务的义务与权利,学籍具有一定的法定约束力。

根据教育部2009年9月开始实行的《中小学生学籍管理办法》,学籍档案的内容应至少包括:学籍基础信息及信息变动情况;学籍信息证明材料(户籍证明、转学申请、休学申请等);综合素质发展报告(含学业考试信息、体育运动技能与艺术特长、参加社区服务和社会实践情况等);体质健康测试及健康体检信息、预防接种信息等;在校期间的获奖信息;享受资助信息;省级教育行政部门规定的其他信息和材料。

学校的学籍管理不仅要围绕学籍档案涉及的内容进行严格和规范的管理,也应注意学籍管理的方式方法,在保留纸质学籍档案的同时,逐步推进学籍档案的电子化以及管理方式的信息化。学校要不断完善学籍管理制度,重视学籍信息的收集、汇总、校验、上报,逐渐应用电子学籍系统开展日常学籍管理工作,确保信息真实、准确、完整。

(五)提升教务管理的信息化水平

学校管理在硬件设施和软件平台建设方面都在进行全面革新,现代信息技术深入到学校管理的各个方面,教务管理的内容量大且多样,将信息技术引入到教务管理中,能够极大地提高管理效率，给教务信息的统计和分析带来巨大的方便。

教务管理的信息化能够覆盖教务管理的方方面面，包括编排课表、校历、作息时间，记录成绩、学籍等信息。有了信息技术的帮忙，不仅可以大量节省收集和统计信息的时间，而且能够对这些信息进行分析，通过统计学发现隐藏在数据背后的教学问题。

要想提升教务管理的信息化水平，应从硬件和软件两个方面来努力：一方面，学校要不断完善硬件设施和教务管理信息系统平台的建设和维护。另一方面，学校要重视对教务管理人员进行系统的培训，提高其信息素养。教务管理人员应在了解信息技术基础理论的前提下，掌握计算机知识、传播理论、网络知识等，掌握在管理中从事信息活动所应具备的信息获取、分析和运用等能力。

第三节 教学评价

教学评价，即按照一定的价值标准和教育目标，利用定量或定性的方法系统地收集资料信息，对学校教学工作的实施效果进行定量或定性的评估以及价值判断。

一、教学评价的功能

教学评价是教育评价的重要组成部分，有效的教学评价能够提高教学的质量，引导教师反思自己的教学行为，修正自身的教学理念，促进其专业发展，也能够确立学生的主体地位，形成良好的师生互动关系，使教学工作更好地促进师生的共同成长。具体来讲，教学评价主要有以下功能：

（一）积极导向功能

教学评价的导向功能通过评价目标和指标体系实现，教师对教学评价目标及评价指标的学习和理解，可以使其教学目标的设计更加科学，教学行为更加符合素质教育的要求，更加符合现代教学的理念。

（二）激励调节功能

教学评价结果为被评价者提供自我展示的平台和机会，若采取恰当、积极、具有建设性的评比和反馈方式，能够成为一种积极有效的激励手段，从而激发教师和学生的工作积极性与学习积极性。

（三）检查诊断功能

教学评价通过对教学工作全方位的评价，能够发现老师“教”和学生“学”存在的问题，了解教学工作的进展和不足，检查学生学习的情况，分析教学过程中有效和无效因素，确定改进的方法和措施。对教师“教”的诊断有助于教学质量的提高，对学生“学”的诊断更对提高学生的学习质量有重要意义。

（四）反思总结功能

孔子说“吾日三省吾身”，自省就是建立在对自我进行评价的基础上。教学评价能够使教师和学生看到其他人对自己的评价，会引发教师和学生对自己的反思和总结，成为自觉的内省与反思的开始，促使其认真总结自己的日常工作和学习，提高自我分析和自我监控能力。教学评价是促进教师成长的重要手段，教师可以在自我评价、他人评价、评价学生中进行自我反思。

二、教学评价的类型

（一）按评价的性质分类

1. 定性经验评价

根据评价者的认识和经验对被评价对象的成就或特征做出非数量的分析和评定，亦即评价者从经验归纳出发对被评价对象做定性的评估，诸如等级法、评语法、分析法等。

2. 定量分析评价

评价者把评价目标分解成体现目标实现的重要因素，把这些重要因素逐一转化成评价指标，并构成指标体系，根据指标和指标体系对被评价对象进行统计分析评价，诸如相关分析法、回归分析法、多元分析法、统计检验法、模型识别与综合评判法等。

定性经验评价和定量分析评价是相互联系的，定量分析评价以定性经验评价为基础，定量分析评价又是定性经验评价的深入、集中和全面的反映。

（二）按评价的标准分类

1. 绝对性标准评价

在各被评价对象完全独立的情况下，确定一个客观标准，把每一个被评价的对象与这个客观标准进行比较、评价。

2. 相对性标准评价

在被评价对象中，选择一个或若干个对象作为基准，把每一个被评价对象与这个基准进行比较、评价。

3. 个体内差异评价

把每一个被评价对象的过去和现在的水平进行比较、评价，或者把每一个被评价对象的若干个不同的方面进行比较、评价。

（三）按评价的作用分类

1. 定位性评价

在教学活动前对学生上课前的准备情况进行的评价，也叫预备性评价或安置性评价，比如评估学生是否已经掌握了预定教学活动所需要的知识和技能，能够在多大程度上可以达成预设的教学目标，等等。

2. 诊断性评价

对教学过程的每一个环节，或者每一个方面所达到的实际水平做出评价，一般侧重于绝对性标准评价法，其重点在于实际水平。

3. 形成性评价

也称为过程性评价，是在教学过程中的评价。对教学过程是否达到了局部的教学目标做出评价，以便做出及时的教学调整，其重点在于反馈、调节和改进，而不是为了甄别和选拔。

4. 总结性评价

在教学过程终了后，对教学过程做出的评价，其主要作用是对教学效果做总结性的评价，重点在于教学效果。总结性评价使用范围比较广，但在使用时要防止以偏概全，关键是信息要全面，要结合其他评价结果对整体教学情况做出客观的判断。

三、教学评价的程序

从教学评价自身进行的过程划分，教学评价的一般程序可以分为预备、实施、分析和反馈三个阶段。

（一）预备阶段

在预备阶段，首先是教学目标条件分析。在进行教学目标和教学条件的对比分析时，要注意宏观的教学背景分析和被评价对象的状态分析，确定教学评价要解决的主要问题，以保障评价的针对性，提高评价的实效性。其次是制定评价方案。确定评价的目的和预期效果，规定评价的内容和准则，限定各准则相应的权重，选择评价的方法，以保障评价的目的性，提高评价的规范性和可操作性。第三是建立评价组织。落实评价的组织和机构，选择评价者，以保障评价的权威性，提高评价的效度。

无论哪一种评价都离不开科学的指标，无的放矢的评价是没有意义的。因此，根据一定的教学目标，建立科学的评价指标或指标体系是教学评价的必要条件。在评价的预备阶段要充分讨论和选择评价的指标，建立科学的教学评价指标体系。这个指标体系必须满足以下条件：

（1）明确性，即各项指标目的明确，表达清楚，能反映总体评价目标。

（2）完备性，即在充分考虑总体评价目标的各个局部的情况下，每项指标都能在局部反映总体评价目标，使得整个指标体系内容全面、系统。

（3）独立性，即指标体系中的各项指标联系紧密，既相辅相成，又相互独立，使得指标体系构成一个有机的整体。

（4）可行性，即各指标切合实际，计算方法科学、明了、规范，完全具有可测性，尽可能具有简单可操作性。

（二）实施阶段

在实施评价时，首先要收集信息资料。根据评价方案尽可能全面地收集信息资料，要求信息资料具有准确性、及时性和系统性。其次是分析评议评分。根据评价的目的和收集到的信息资料，运用科学的方法对被评价对象做出符合实际的评判，这种评判与教学测量紧密相关。第三是综合整理汇总。这是教学评价实施阶段和分析阶段的过渡环节，要求综合整理汇总的信息资料全面、准确、系统、明了。

（三）分析和反馈阶段

在分析和反馈阶段，首先是形成综合判断。在充分的分析、评议和评分的基础上，根据综合整理汇总的信息资料，做出相应的形成性评价和诊断性评价，并从总体上对被评价对象做出定性的或定量的综合评价。其次是向有关方面反馈评价信息。由评价所获得的信息，一般应该向三个方面进行反馈报告：一是向被评价对象反馈，以利于进一步的教学改革；二是向有关决策者报告，向他们提供决策的重要依据，但不是唯一的依据；三是在有些情况下，还要在一定范围内公布评价结果，可以使同行能相互学习、相互借鉴、相互鼓励和相互监督。

第四节 教学资源的开发和利用

一、教学资源的内涵与意义

教学资源是为教学有效开展提供的素材等各种可被利用的条件，通常包括教材、案例、影视、图片、课件等，也包括教师资源、教具、基础设施等，有时候还可以包括教育政策等内容。所以，从广义上来看，教学资源泛指在教学过程中被教学者利用的一切要素，包括支撑教学的、为教学服务的人、财、物、信息等。从狭义上来讲，教学资源主要包括教学材料、教学环境及教学后援系统。

教学资源对于教学的顺利开展和教学质量具有非常重要的支持作用，俗语云“巧妇难为无米之炊”，即使再高明的老师也需要借助教学资源才能发挥其教学智慧和专业能力，教学资源贫乏是教学低效的一个重要因素。在当前教育改革日益深入的背景下，对学生素质的要求越来越高，越来越多样化和个性化，对学校教育和课堂教学提出更高的要求，学校生活和课堂教学要更加丰富多样，而要实现这样的目标，就需要更多的教学资源支持。当然，在今天这样一个物质极其丰富、技术高度发达的信息化时代，学校可以利用的资源是非常广泛的，关键是需要学校突破观念上的障碍，突破学校围墙，从更大的范围内来思考学校的教育和教学，以“不求所有，但求所用”的思路拓展学校的教学资源，这样才会打开学校教学工作的新局面。

二、教学资源开发和利用的主要途径

（一）信息技术辅助教学资源的开发与利用

随着现代社会信息化的不断发展，我国中小学数字化程度越来越高，如多媒体教学的广泛普及、学校数字图书馆的建设和学校信息化管理等。此外，随着云时代的到来，原有的教育理念、教学模式、教学方式等也将发生改变，大数据的出现必将催生出新的资源观、教学观、发展观，正如翻转课堂、慕课（MOOC）和微课程的出现一样，这种改变都使传统的以教师上课资源为核心的资源建设向以学生学习资源开发为核心的资源建设转型。

在这种变革面前，首先要做的就是提高教师的信息素养水平，学校的设备再先进，如果教师不会运用或无法掌握其精髓，便造成了资源的浪费，且无法规避传统课堂的诸多缺陷。因此学校要注重对教师信息技术能力进行培训和提高，并组织教师研发信息技术背景下新的教学方法与教学理念。

案例

温州二中的平板教学

2013 年，温州二中率先推出“翻转课堂”，先后为全校学生配备了平板电脑，鼓励自主学习。教师提前制作好“微课程”视频或文件，学生们先在家有步骤地进行自学，并尝试完成预习检测题，提交给老师。老师了解了每位学生掌握的情况及程度，便能够在课堂教学中“以学定教”。每节课还能空出 15 分钟左右的时间，让学生做当堂练习。课后，学生们还有时间做拓展练习。

2014年10月召开的全国学校慕课建设与翻转课堂教学观摩研讨会上，温州二中12个班级现场开课，向来自全国各地的学校老师展示了平板电脑在课堂上发挥的作用。

现场授课时，在教室里黑板旁边，多了一块带有平板电脑功能的"白板"；课本旁边，多了一块平板；教室的桌椅还摆成了四方桌。蔡老师用了约15分钟，对圆周角的知识点进行讲解，随后课堂就变成了学生们的"小天地"。

面对老师给出的难题，通过分组讨论，各小组轮番上台，展示解答方案。"一组采用添加两条辅助线的方式，你们还有更好的方法吗？""战书"刚下，就有小组立马接招。几番过招，一道求圆周角的题，就出现了3种解题方法，大家都铆足了劲，看看谁解得更巧妙。课堂的气氛几度推向高潮。

下课前10分钟，同学们再次使用平板电脑，进行当堂检测。蔡老师轻轻地在自己的平板电脑上点一下，就能看到每个学生的检测成绩、错题，还能进行汇总排名。这样一来，学生这节课掌握了多少，易错点在哪里，都能一目了然。

（二）本土文化辅助教学资源的开发与利用

知识是无限的，而国家课程的知识却是有限的，为了突破固有课程知识的局限，学校要开发和利用本土文化的辅助教学资源，这里的本土文化是指地方文化和学校文化。本土文化的特殊性和亲和性，能够丰富教学资源的内容，使教学内容更加生活化，更容易亲近学生，激发学生的学习兴趣，促进学生全面发展。

本土文化资源十分丰富，学校周边的自然环境、名胜古迹、历史人物、民风民俗、企事业单位等都是学校的教学资源，学校要充分加以利用。关于本土资源的开发和利用，在学校规划和学校课程管理的章节中都有具体阐述。在追求特色办学和教学创新的过程中，本土文化可以为学校形成个性化的办学模式、教学模式提供最直接和最持久的支持。

案例

庞各庄第二中心小学的田园教育课

农家娃不下田、不识稼穑，在京郊农村渐成普遍性问题。大兴区庞各庄第二中心小学开展田园教育，四百多名学生每周一节田园课程，养花、种菜、喂鸟、制作葫芦烙画、烹制丰收宴，学生们在快乐的特色教学活动中不仅学会稼穑，更把乡土文化根植于心中。

踏进学校，鲜花盛开的花圃、瓜果满架的农艺园以及鸽子、乌鸡、孔雀并存的雏鹰实践园，一一映入眼帘。安静的田园式校园里，四年级一班的同学正在室外上田园课。松土、刨坑、分苗……今天的课目是种白菜。9岁的田芳小心翼翼地托起育秧钵，将秧苗轻轻倒出，植入坑中。

"这些学生都是农家子女，由于生活条件好了、父母心疼，绝大多数以前都不会耕作，不识农时。2003年4月，学校提出以乡土文化立根，开展田园教育。春天，种花播菜种；夏天，拔草浇水防治病虫害；秋天，收获；冬天，育苗。一年四季，学生不离农事。"庞各庄二小校长杜少岗介绍。除了学校的专业老师外，他们还请来大兴各村的种养殖能手、农业技术专家当老师。

庞各庄二小的田园教育侧重探究式学习，鼓励学生在动手种植与养殖中发现问题，自己借助书籍、网络，请教农业专家寻找答案。这有利于培养学生的创新精神与创新能力，而这点恰恰是我国学生的薄弱之处。

田园教育不仅让孩子们学会耕种、收割，还把乡土文化、农业发展历史渗透在点点滴滴之中。学校展室里，收集展示着石磨、铡刀、耘锄、粮斗等20来件农具；教室外墙上，美术教师手绘出一幅幅古代农耕图；“葫芦艺苑”“向阳轩”“棒棒班”等特色班级的同学们，分别研究葫芦、向日葵、玉米等农作物的历史，挖掘其文化内涵，作为班级精神。

（三）校外场馆辅助教学资源的开发与利用

城市现代化建设的飞速发展，使得更多的公共空间具有教育意义，是教学资源开发的良好阵地。如北京的各种博物馆、科技馆等展览场馆，都是对中小学生进行科普教育、传统文化教育的实践基地，学校应充分利用这些场馆的展教功能，进行教学资源的开发与利用。

在校外场馆教学中，要重视教师或家长的作用，不仅需要老师和家长在活动之前做好充分的知识、方法和情感的准备，而且要让孩子也做好知识、方法和情感的准备。在活动过程中，老师或家长要以对知识的充分掌握、活动的极大热情去激发孩子的兴趣，引导他们在参观或学习过程中养成科学思考和科学探究的习惯，做到有引导性地进行活动。另外，如果有条件可以尽量请相关领域的专家、教授来为学生讲解，因为他们不仅拥有更专业的视角，更渊博的知识，而且可以起到榜样的作用，对学生产生更大影响。

案例

《童眼看朝阳》——学生自编的校本教材

2009年开始，呼家楼中心小学坚持每个月带领学生走出校门，走进社会实践大课堂，极大地开拓了学生们的视野，激发了他们探索丰富多彩的校外世界的热情。

◆ 由学生组建的编辑部

“童眼看朝阳”是呼家楼中心小学2010—2012年社会实践活动的主题。这两年的时间，学校教师带着不同年级的学生，走进了朝阳区的很多资源场馆活动中，学生们看到了朝阳区旅游与社会实践资源的快速发展，为自己生活的地方如此美丽而骄傲，但也发现了一些问题，如像郊野公园这样的一些可以供学生开展社会实践活动的资源至今鲜为人知，存在资源浪费。六年级的几位学生在社会实践回来后写了一篇日记，不仅手绘了公园的详细路线地图，还把自己对郊野公园的建设意见写了下来。在学校德育处教师的牵线下，来自三个校区的这些爱玩儿、会玩儿的孩子，在几个积极分子的带动下组织起来。2010年11月，由学生们构成的“社会实践活动攻略编辑部”就此成立。

◆ 由学生设计的校本教材

85个学生开始面向朝阳，在课余时间从网络、书籍、电视、旅游局查找信息，共搜集到朝阳区70多个博物馆信息和26个郊野公园信息，学生们分别认领所要调查的地点，以小组集体行动的形式开始社会实践活动。经过大半年的资料收集和文章撰写，学生们共汇编了朝阳区境内能找到或有据可查的25个博物馆和24个郊野公园，写下了无数手稿。

◆ 学生学习自己编写的校本教材

看着捧在学生手中的无数手稿，校长欣然决定帮学生集结这些学习成果，正式出版成册。从一股初生牛犊之力到编辑成为正式出版物，在这个不短的过程中，学生体验到了艰辛，更收获了自主学习的能力，同时，把自己的收获分享给一同成长的伙伴。学生们把书命名为《童眼看朝阳——朝阳区社会实践活动攻略》，分为博物馆卷和郊野公园卷。从 2012 年 3 月起，它作为第一套学生自编的课程走进了学校的课堂。师生人手一册，学生不仅在校本课上听小作者们的讲授，还利用节假日和全家一起抱着“攻略”去游览。

本章小结

教学管理是要为确立科学合理的教学管理目标、建立健全教学管理制度、促进教与学的积极性、加强教学改革和创新性管理这四个任务而服务的；在教学管理中，要注意贯彻规范性、系统性、灵活性和发展性四项基本原则。教学管理的主要内容分为教学计划管理、教学活动过程管理和教务管理。教学计划管理要覆盖学校教学工作计划、教研组工作计划、教师学科教学计划三个层面；教学过程管理要紧抓备课、课堂教学、作业、学习效果评价四个方面；教务管理则包括编班、排课、编制校历、学籍管理等内容。教学管理要注重评价环节，明确评价具有积极导向、激励调节、检查诊断和反思总结的功能，并掌握一些基本的评价方法。教学资源的开发和利用是保障教学顺利和有效开展的重要手段，充分运用信息技术手段、本土文化和校外场馆来不断丰富教学资源。

思考题

1. 教学管理的原则有哪些？
2. 如何做好学生作业管理？
3. 教学评价有哪些主要方法？
4. 结合你所在学校的周边环境，为自己的教学绘制一张资源图，并结合自己的学科谈谈如何在教学中利用这些资源。

第十三章 学校科研管理

学习目标

理解学校教育科研的基本定位，理解校本研究、行动研究和反思研究的内涵，了解学校教育科研组织的建立和运行机制，能对自己的教育教学研究或同行的教育教学研究进行分析和评价，初步尝试制定或完善本学校的教育科研管理制度。

建议学时

3 学时

教师导读

学校科研管理，首先需要把中小学科研与一般意义上的科研区分开来，了解校本研究、行动研究和反思研究作为中小学科研的基本定位。本章的重点是学校科研管理体系的构建，而这一部分知识的实践性又非常强，在教学过程中可以结合书中的案例或者自选一个科研管理质量比较高的学校作为案例，在课前做一些阅读和调研，然后围绕案例进行讨论，分析案例学校科研管理的理念、具体操作方式和效果，从而归纳出中小学科研管理的一般规律和做法。科研评价也可以找一些案例，特别是一些有矛盾冲突的案例或者反例来进行讨论和分析，这样效果会更好。

第一节 学校教育科研的基本定位

随着社会的转型，“全球化”“后现代”“信息化”“知识经济”“学习型社会”等词汇纷至沓来，人们也得到了又一场思想解放。与此同时，“关注个性”“关注差异性”“关注每一位学生”等观念在教育领域也备受关注。在此背景下，秉持“一切为了每一位学生的发展”的新课程改革应运而生，“可持续发展”“生成”“综合素质发展”等越来越被人们所认可和接受。这些都对当前学校的教育教学和管理提出了新的挑战：教育教学质量的提升不能仅仅依靠实践经验的积累，更需要科学理论的指导；传统、因循守旧的办学行为已不能满足学生、教师和学校越来越迫切的多样化发展的需求，如何面对不断变化的新挑战，满足人们对高质量教育的需求，成为每一位学校管理者都在思考的问题。“教育科研”因其具有推进中小学教育教学改革和发展、提升教师的专业素养、促进学校整体水平提升的全局性意义而成为学校教育发展的有力增长点。

所谓学校教育科研主要是指以学校教育教学、管理现象和问题为对象，以中小学教师和教育管理人员为主体，以科学方法为手段，在教育教学实践中，基于学生发展、教师发展和学校发展的实际问题的解决，以探索教育规律，促进学生全面发展和个性发展、教师的专业提升和可持续发展、学校教育教学质量提高和品牌形成为目标的研究过程。

因为学校教育科研强调对教育教学实际问题的解决以及所有教师的积极参与，所以学校教育科研具有基础性、群众性和实用性，需要每一位教师都有一种使命感：教师应是研究者而非教书匠，要以“研究”为己任，“研究”是教师必备的武器。基于此，学校教育科研的基本定位应是：校本研究、行动研究和反思研究。

一、学校教育科研应是校本研究

20世纪60年代前后，伴随着“教师即研究者”运动的开展，校本研究在英美开始受到关注。当时人们越来越多地认识到，没有学校参与特别是教师参与的教育研究，是无法使教育研究成果很好地在教育实际中加以运用的。后来这种研究逐渐演化成直指学校问题，将学校实践活动与研究活动密切结合在一起，大力倡导学校教师参与研究的校本研究。① 在我国，随着新课程改革的深入，特别是三级课程管理政策的提出和推行，“基于学校”“在学校中”“为了学校”的“校本研究”观念和意识也受到人们越来越多的关注：以学校所存在的突出问题和学校发展的实际需要为选题范围，以学校教师作为研究的主要力量，通过一定的研究程序取得研究成果，并且将研究成果直接用于学校教育教学的研究活动。② 不难看出，这一认识与人们对开展学校教育科研的初衷不谋而合。可以说，直接指向学校师生发展、学校发展的教育科研在本质上也是校本研究。

首先，解决教育教学实践中的问题是中小学教育科研具有生命力的根本。与专业研究人员的研究所不同的是，中小学的教育科研是基于学校的现实和发展需要，针对学校存在的问题而进行的，如怎样提高课堂教学效率，怎样培养学生的自主学习能力，怎样养成学生的良好品德，等等，这些问题是中小学教育科研的切入点，科研应围绕着实际问题的解决，并着眼于具体工作的改进和完善。其中，有研究价值的问题一般包括两类：一是转化性问题，就是把教育理念、教育观念、教育成果转化为具体实践活动时所遇到的问题；二是改进性问题，这是善于发现问题、思考问题的教师为改进自己的教学方法，提高教学效率所发现的问题。③

其次，学校教育科研的目的是为了促进学生、教师和学校的发展，促进教育教学改革的顺利进行。学校教育科研和一般意义上所理解的专业研究人员所从事的“教育科研”或“教育研究”不同，其主要目的不是对“一般教育科学规律”的追求，而是为了更好地服务于学生的全面发展和个性发展，服务于教师的自主发展，服务于学校的教育教学质量的全面提升和品牌建设。仅仅为了追求文章发表、装点门面、为研究而研究的学校教育科研，都是“伪研究”。

再次，学校教育科研需要每一位教师的积极参与。学校教育科研不是少数几个人的专

① 郑金洲.校本研究指导[M].教育科学出版社，2002:12.

② 郑金洲.校本研究指导[M].教育科学出版社，2002:19.

③ 毕凌燕.学校教育科研应该定位在哪里[J].当代教育科学，2003(16):50.

利，因为每一所学校、每一位教师在教育教学实践中都会遇到各种各样的问题和矛盾，需要发挥每一位教师的智慧，借助于研究探索问题解决的途径和方法；即使尝试去借鉴已有的研究成果或他人的经验，也需要教师先将其内化为自己的理解和认识，再根据自己的实际情况有选择或有改变地运用。

所以，从学校教育科研的切入点、目的和主体来看，学校教育科研在本质上是"校本"的，需要在研究过程中紧扣"以校为本"这一关键，不能解决学校的实际问题、不能促进教师和学生的成长和发展、不能促进学校课程和教学改革的研究都背离了学校教育科研的价值追求。

二、学校教育科研应是行动研究

"行动研究"是20世纪三四十年代出现在社会活动领域的一个词汇，一般认为该词语有两个来源，一个来源是1933—1945年间，柯利尔(J.Collier)和同事所进行的改善印第安人与非印第安人关系的研究，他强调研究的结果必须能为实践者付诸运用，鼓励实践者在行动中为解决自身问题而参与研究。另一个来源是20世纪40年代，美国社会心理学家勒温(K. Lewin)和他的学生一起所进行的提高人际关系质量的研究，他指出了行动研究的特征是"参与、民主，注重对社会知识及社会变革的贡献"。后来前哥伦比亚大学师范学院院长考瑞(S. M.Corry)第一个系统地将行动研究介绍到教育中来，又经艾略特(J.Elliott)、博格(W. Borg)、斯腾豪斯(L.Stenhouse)、凯米斯(S.Kemmis)等人的努力，"行动研究"一词的含义逐渐丰富，其关键性特征也逐步沉淀为"参与、改进、系统和公开"，①即强调教师以研究者的身份"参与"教育实践，并以自己的"理解"，采用"系统"而非零散的、注重研究的科学性而非仅仅注重实验的方法，指向对教育实践的"改进"，在此过程中，强调教师间的合作与对话和成果的相互分享。

中小学教育科研在一定意义上应是行动研究。首先，强调通过教师在教育实践中参与问题解决，"改进"实际工作，提高教育教学质量；其次，强调教师的研究过程和行动过程的有机结合，并注重教师之间以及教师和其他研究者之间的合作和对话；再次，强调教师的亲力亲为，"参与"和"协助"都不能准确表达行动研究对教师积极性和参与度的渴望，教师应是当仁不让的研究主体。

对于教师开展行动研究的程序，凯米斯提出了"计划—行动—观察—评价"，弥尔斯(G. Mills)提出了"确定问题—资料收集—资料的分析与解释—确定行动计划"，博格提出了"确定问题—选择方案—确定研究的参与者—收集资料—分析资料—解释和应用结论—报告研究结果"，②从中可以看出，行动研究并不固定为某一种固有的程序，它仍然遵循研究的"科学"方法，强调研究的科学性，只是与以往任何时候相比，教师开展的行动研究更强调教师自主研究意识的参与。总之，是行动研究的精神而非所谓的程序和模式在更大意义上指导着中小学教师的教育科研。

而对行动研究过程中科学性的把握，主要体现在研究方法的运用和过程设计方面，如果缺少了恰当研究方法的选择和严密的过程设计，那么教师所开展的教育科研活动也仅仅只是"行动"而非"研究"。因此，教师开展的行动研究应围绕问题的解决，以研究的视角去设

① 刘良华.校本行动研究[M].成都:四川教育出版社,2002:9.

② 刘良华.校本行动研究[M].成都:四川教育出版社,2002:172-173.

计行动，以研究的视角去实施行动，既不能离开行动去做研究，也不能用行动去替代研究。[①]

三、学校教育科研应是反思研究

无论是基于“校本研究”的角度还是“行动研究”的角度，中小学开展的教育科研都离不开教师自主、自觉意识的参与，因为与其他研究者比如专业研究人员相比，他们能更细致地体察教育现象的变化、实践活动的背景，而且研究方案的实施和研究结果的运用也离不开他们的理解和行动，他们具有其他人难以替代的作用。但是，当前很多学校开展的教育科研，有些教师缺乏主动性，总认为教育科研是少数几个人的事情，即使参与了课题研究，也只是简单听命于他人的设计、他人的思想，没有自己的想法。如何确保教师积极、主动地投入学校的教育科研？如何确保他们能将行动与研究融为一体？这需要教师以反思的态度和意识积极参与研究，即进行反思研究。

早在20世纪80年代初，鉴于萧恩(D.Schon)所强调的“实践者在自己的行动中用自己设计的情境化策略尝试性地解决复杂的、不确定的、不稳定的、独特的甚至有价值冲突的问题”，[②]“反思性实践”或“反思性实践者”概念得以提出。而教师的反思研究，一是指教师对实践中出现的问题进行系统思考，获得深刻的理解，并在此基础上改进自己的教育教学，二是指教师在教育教学实践过程中，自己监控自己的教学，不断修正原来设计的教学方案，从而使问题得以更好的解决。反思研究强调将教师的意识、观念、认识及其实践活动和实践活动方式紧密结合在一起，从而使教师在实践活动中以自我意识和实践自觉不断提高的方式来解决问题，完善教育教学实践。

之所以强调教师的教育科研应是反思研究，一是强调中小学教师完全有必要也完全有能力开展教育科研活动；二是强调开展教育科研的动力来自于教师自己，因为教师开展教育科研的初衷就是对问题的解决，而这些问题往往是教师自己或者身边的问题，他们对这些问题深有感触和体会；三是强调教育科研所聚焦的问题经常来自于教师的反思，因为这些问题不会凭空出现，很多时候当教师对原有教学经验不满足时，甚至要对原有经验进行颠覆时，问题才会出现，这就需要教师经常对自己或他人的教育教学实践进行回顾或审视；四是强调高质量的学校教育科研更需要教师科研意识和科研习惯的养成，而教师的科研意识和科研习惯正是在不断反思和审视自我或自我所在的群体中形成的。

基于以上认识，认为教师开展的反思研究，应基于教师自己的问题，以自己的智慧进行教育选题，指导自己的教学实践，即使是有专业研究者参与，他们也只是“咨询者”或“协助者”，帮助教师设计研究方案，指导和评价教师的研究过程和结果。而且教师的反思研究不仅仅是强调教师个体的反思研究，还可以开展教师群体的反思研究，与其他教师或研究者一起研究面临的问题，共同寻找问题解决的策略。

第二节 学校教育科研组织的建立

学校教育科研是教师成长的脚手架，也是学校发展的助推器，但这里有一个前提条件，

① 吴为民.学校科研：如何把握“行动”与“研究”的关系[J].上海教育科研，2012(11)：12.

② Schon D. (1983) *The Reflective Practitioner: How Professionals Think in Action*. Basic Books Inc. Publishers：8-14.

即需要学校切实基于教师教育教学和学校发展中的问题开展真实的研究。但是当前很多学校的教育科研存在着各种各样的问题:第一,虽然不乏有些学校的科研活动开展得轰轰烈烈,各级教育行政部门或学校也出台了各种指标来评定教师的科研成果,然而,花费了大量的时间、精力和资源,却不能解决教育教学实践中的问题,不能促进师生和学校的发展,科研的效果无法体现出来,甚至还异化为帮助学校争面子、教师评职称的工具。第二,由于学校和教师之间缺少沟通和交流,也存在选题重复或选题不平衡的现象,造成人力、物力的浪费和科研的低效。第三,有些教育教学问题的解决仅仅凭借教师个人的力量无法完成或完成得不够深刻。因此,如何确保学校教育科研的正确方向,充分发挥每一位教师的科研能力,确保科研活动有序、高效运转,并内化为教师、学校发展的日常行为,有效地解决问题等,这些都涉及学校教育科研的组织问题。这也是本章要重点讨论的内容。

一、建立教育科研组织

学校教育科研组织建设是提高学校教育科研管理层次和科研水平的需要,是优化和完善学校管理组织结构的需要,它是根据学校组织、管理和开展教育科研的需要,由学校中各类教育科研组织形成的一种组织结构。具体来说,学校教育科研组织主要是指围绕学校教育科研目标,正确贯彻国家、省、市等有关教育的政策要求,根据学校教师的基础和特点,充分调动教师的主动性、积极性和创造性,把学校人力、资金和设备科学地结合在一起,建立教育科研的最佳结构,以达到有组织、有计划、有控制地协调组织或成员之间活动的目的。恰当的教育科研组织,可以放大个体努力的功效以达到单独活动所不能达到的效果,有效地提高学校教育科研的工作效率。因为“组织”的含义主要有两方面:作为名词的“组织”和作为动词的“组织”。作为名词的组织主要是指“按照一定的宗旨和系统建立起来的集体”;作为动词的组织主要是指“安排分散的人或事物,使其具有一定的系统性或整体性”,含有安排、安顿的意思。因而建立教育科研组织可以从以下两方面着手:

(一)建立学校教育科研组织网络

学校教育科研组织网络主要是指建立和健全学校各种教育科研组织机构,形成教育科研管理网络化。而组织结构则是组织各部门之间关系的一种模式,具有沟通、指挥组织中各方关系、确保各方统一行动、提高组织的工作效率的作用。当前大多学校的教育科研组织结构是按照学校部门的职能来组建的,具有功能性组织的作用。从 20 世纪 70 年代末、80 年代初学校教育科研工作启动以来,学校教育科研组织网络大致可以分为校长室直管型、教导处兼管型、教科室专管型三种①。校长直管型是指学校不设置专门的教育科研管理机构,不配备专职教育科研人员,教育科研工作由校长室统一部署,校长或副校长全面负责学校的科研工作。教导处兼管型是指学校仍然不设置专门的教育科研管理机构,不配备专职教育科研人员,教育科研工作由教导处负责和管理。教科室专管型是指学校设置专门的教育科研管理机构,配备专职教育科研人员,教育科研工作由教科室具体负责和进行管理。比如,1988 年上海崇明县实验小学尝试建立的学校层面的教育科研组织网络就是教科室专管型的一种,见图 13.1。②

① 李忠,乔云桥.学校教育科研的运行机制[J].上海教育科研,2005(11):82.

② 袁秀英,等. 建立学校教育科研管理的运行机制[J].上海教育科研,1990(6):19.

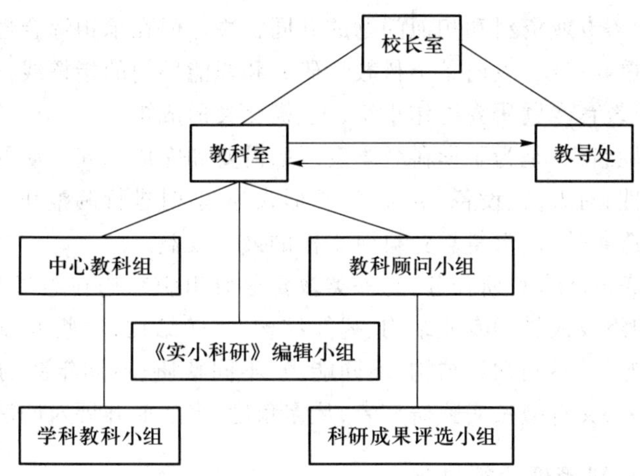

图 13.1　上海崇明县实验小学教育科研管理网络结构图

其中各级组织机构的基本职能是:教科室是经上级主管部门批准的、与教导处并列、由分管教学的校长主管的部门,设主任及资料情报员各一名,下设三个小组,全面负责学校教育科研的日常管理工作。下设三个小组的职能是:校中心教科组负责校级以上(含校级)重点课题的研究,并具体指导下设的学科教科小组开展教育科研活动,学科教科小组是最小的科研组织单位。《实小科研》编辑小组负责汇编校内的教育科研成果、国内外教育科研动态及教育科研的基本知识等。教科顾问小组主要是为教育科研人员提供业务咨询,下设教育科研成果评选小组,聘请在教育科研方面有相当造诣的教师担任评委。

学校教育科研职能部门的建立,完善了学校组织结构中开展教育科研活动这一实际需要的功能,使学校管理的组织结构更适应时代特征和客观要求。而以教育科研职能部门为主导的学校教育科研组织体系的形成,则起到了沟通学校各项教育科研工作的关系、优化教育科研组织结构的作用,保证了学校教育科研部门功能的发挥。当然,学校教育科研组织网络的模式并不是固定的,学校可以根据自己的实际情况和需要,来建构适合自己学校的教育科研组织网络。

(二)根据需要调整科研组织结构

上面是从一个名词的角度来谈教育科研的“组织”问题,即作为学校的一个部门应该如何来建构。而从动态的角度来谈教育科研的“组织”问题,则是基于某一项科研任务的需要,对学校教育科研部门在人员组合和沟通渠道等方面进行调整和安排。

从动态的角度来理解学校的教育科研组织,其组织的结构可以有如下几类:跨学科综合研究组织、矩阵式组织和弹性组织。

跨学科综合研究组织主要是针对综合性的教育教学理论和实践问题的解决,把有关专业、学科背景的教师或其他人员集中起来,建立综合性的研究组织,这种组织形式有利于促进各学科教学之间的交流,有助于综合教育问题的解决。

矩阵式组织是在传统的科研组织形式上发展起来的。传统的科研组织有两种形式,即按教师所教学科和年级来组织科研,以及按科研任务来建立科研组织。矩阵式组织结构打破了传统的限制,将按教师所教学科与科研任务的建制综合考虑,采用纵向与横向相结合的办法,处理学科与科研任务之间的关系。学校教育科研组织,可以根据教师学科和专业来建立研究组,以利于积累专业资料和相似问题的共同解决。但在承担综合性科研任务时,可以把不同学科的教师重新组织,纵向是学科教学研究和职能部门的指挥线,横向是某综合项目研究的指挥线,形成教育专题研究协作小组,纵、横交叉形成矩阵。

教育科研的弹性组织,是为了学科教学发展的需要和完成不同性质的科研任务,更充分地发挥教师的创造性,对人员、设备、资金、组织形式等,适时进行调整和组合,为教师的合理流动和学术交流创造条件,以求得教育科研工作的最大效益。

为了保障顺利完成教育科研任务,每一类教育科研组织结构在组建时还应充分考虑人员的结构问题,比如组成人员的专业结构、智能结构、年龄结构,这些方面尽可能多元处理,尽可能将拥有不同专长、不同知识结构、不同能力、不同特质、不同年龄的人员组合在一起,既有擅长理论研究者,又有擅长实践研究者,从多角度、多层面开展对问题的研究。

二、完善教育科研管理运行机制

学校教育科研管理的运行机制是指学校教育科研工作系统的运行过程和方式。学校教育科研组织能否充分发挥其作用和价值,还在于理顺教育科研运行过程中各组织机构之间、各成员之间的关系,协调它们之间的相互作用,只有当组织机构运作有序、行为规范时,才能正常发挥各自职能,增强科研组织运作的质量,提高学校教育科研的效益。而学校教育科研管理运行机制的完善可关注以下方面:

(一)建章立制,规范教育科研行为

如何凝聚每一个组织成员的力量朝向同一个目标,共同为一个特定的任务而努力,除了充分信任他们之外,还应该制定相应的规章制度去规定他们的工作要求,规范他们的工作行为。教育科研管理制度就是学校为了实现教育科研管理的目标,根据相关法律、法规以及学校自身的管理制度,以学校的实际情况为基础,为激发教师群体热爱科研、参与科研,对学校教育科研的各项工作和各类人员的要求加以条理化、系统化,规定必须遵守的与教育科研管理相关的行为准则和工作规程。学校教育科研管理制度的制定应充分考虑学校的现状、问题和发展蓝图,是在国家有关规定的基础上,为学校量身定做的科研管理制度,具有个性化的特点;学校教育科研管理制度的制定是为了促进科研的顺利进行,更好地解决教师的教育实践问题和学校的发展问题,强调调动学校内部每一位教师参与教育科研的主动性和积极性,因而应是学校的教师和学生所共同认可的制度。

学校教育科研管理制度可以对科研管理的各个方面进行规范,比如针对学校科研管理机构的教科室制度,还有学校科研组织制度、学校科研启动制度、专家指导制度、科研交流制度、学校教育科研课题管理制度、学校科研课题评审制度、学校科研激励制度等相关制度,将学校教育科研的发展纳入到有序规范的轨道。

(二)加强过程管理,优化学校教育科研运行的每个环节

学校教育科研的运行过程应包括以下几个基本环节:确定目标、制订计划、组织实施、检查反馈和总结提高。① 对学校教育科研的管理要紧密结合教育科研的过程来进行。

第一,学校应根据师生发展和学校发展的需要,通过对校情的调查,在调查研究、自我诊断的基础上,充分发挥每一位教师的智慧,制定出切合实际的学校教育科研总目标。这种目

---

① 李忠,乔云桥.学校教育科研的运行机制[J].上海教育科研,2005(11):80-81.

标可以分为长期目标和短期目标,长期目标可以几年一个周期,反映学校的整体努力方向;短期目标可以学年或学期为周期,体现学校某个阶段的努力方向。

第二,要根据学校的教育科研目标,制订详细的科研实施计划或方案。学校教育科研计划的内容包括长期目标和短期目标、指导思想和工作任务、研究进程和质量要求、管理措施和保障机制等。

第三,教育科研的组织实施是关键性环节。学校教育科研有了明确的目标和具体的计划之后,关键是组织力量,强化教育科研过程的监督与管理,布置任务,进行实施,协调和检查教育科研的实施情况。学校教育科研的运行和管理在实施阶段的主要任务是正确贯彻有关政策,采取有力措施对教师的科研工作进行阶段性检查和随时随地的技术指导;经常了解、督促、协助各个科研组织机构和每个科研课题组解决研究过程中的问题;尤其对一些长期性、涉及范围较广的研究项目,可指导科研人员采用"滚动式"方法,分步实施,逐年完成,并逐步进行检查评审,为提高科研活动的组织水平和课题研究成果的质量奠定坚实的基础。

第四,当科研课题已经开始实施时,学校科研管理者的主要任务是检查、反馈计划执行和工作落实情况。

第五,总结提高是学校教育科研运行的最后阶段,也是学校教育科研过程管理的终端环节。一方面要做好科研成果的总结和提高工作,比如要求课题责任人撰写课题研究总结报告,组织有关人员进行成果鉴定和结题验收,选择优秀科研成果,组织成果推广工作等。另一方面是要做好科研经验的总结和提高,比如要求课题负责人撰写科研工作经验总结,搭建交流平台组织工作研讨等。

(三)多措并举,完善教育科研信息管理[①]

教育科研信息管理主要包括教育科研的信息与档案管理。教育科研信息资料是开展教育科研不可缺少的条件,在课题研究中,研究者及时准确地掌握教育科研情报,可以避免重复无效的劳动,也能增强科研信心。

科研档案是人们在从事教育科研活动中形成并经过整理的科研文件材料,是反映本单位科研活动的真实历史记录。任何教育科研课题,不论是基础理论研究还是应用研究,从选题、调研、实验、出成果到科研文件的整理归档,是一个完整的过程。通过实施科研档案管理,可以全面反映科研活动的过程,同时也为后人检索资料提供方便。学校要根据科研工作的需要,建立科研信息资源库,聘任兼职教研员,让其负责信息的收集和整理工作,建立研究档案,最大限度地利用好信息资源,为科研工作服务。

第三节　学校教育科研评价

随着教育科研工作的普及,开展学校教育科研工作评估已成为一些地方教育科研管理的重要内容,也是学校为教育科研实施有效管理、监督而采取的重要手段之一。学校教育科研评价是指对学校教育科研过程的科学性程度做出评估,同时审视教育科研的成果,对研究目标的实现程度做出价值判断。[②] 学校教育科研评价必须服务于学校的发展和学生的发展

① 彭丽虹.学校教育科研管理的优化策略[J].教书育人,2010(9):42-43.

② 裴娣娜.教育研究方法导论[M].合肥:安徽教育出版社,1995:373.

目标,如果偏离这一目标,学校教育科研就失去了价值和意义。

通过评价得到的反馈信息,可以使研究者按照一个好的教育研究应有的标准,对研究目标、过程和方法进行及时调整,总结成绩,提出问题,以保证研究目的的实现;通过评价,使教育行政部门或学校领导加强对学校教育科研的宏观调控和指导。在开展学校教育科研评价时,应关注以下方面:

一、学校教育科研评价的原则

(一)坚持发展性和导向性原则

开展教育科研评价的目的是为了进一步把握学校教育科研的方向,既能基于问题并致力于问题的解决开展研究,又能让科研人员看到自己的成绩和不足,为进一步提高研究水平、达成研究目的吸取经验教训。另外,学校教育科研评价应充分考虑学校教育科研工作的基础,认真考察学校教育科研工作发展的状况,不同起点、不同发展阶段的学校应该有不同的评估侧重点。有些学校起步较早,业绩突出,科研评价还应关注其发展进步的程度。

(二)坚持关注过程和关注结果相结合的原则

对教育科研"过程状态"的评价,就是从对学校科研机构的建立、规范的制定、科研计划的制订、科研活动的开展,到科研成果的总结、推广的全过程、各个环节的工作成绩和存在的问题进行评价。对"过程状态"的评估有利于及时发现学校教育科研中存在的问题,进而提出整改的意见,确保科研的方向和目标。而对教育科研"结果状态"的评价,则主要是评价教育科研所取得的成果,它集中反映了一所学校科研的质量与水平。① 在评价过程中,两者要相互结合,不能厚此薄彼。

(三)坚持科学性与可行性相结合的原则

要建构适切的评价标准,选择恰当的评价方法,体现评价的科学性和可行性。而适切的评价标准的建立,必须有利于学校的教学与科研活动的开展,另外,还应特别关注评价的目的是什么,是为了了解学校科研是否合格,还是为了了解学校科研是否优秀?而考察是否"合格达标"的学校和是否"优秀"的学校所采用的指标体系是不同的。前者主要针对教育科研工作刚刚起步或者比较薄弱的学校,主要反映学校教育科研常规工作的开展情况、制度与条件的建设和保障情况。后者主要针对教育科研活动开展得较好、有一定基础的学校,评价着重在工作的策略水平和工作质量方面。同时,还应关注在评价过程中选择恰当的方法,以能比较准确、客观地反映出学校科研的实际情况。

二、学校教育科研评价的内容

教育科研评价的内容取决于对学校教育科研活动过程的系统分析。北京师范大学裴娣娜教授以图 13.2 所示的形式描绘了教育科研评价的过程系统。②

从图 13.2 可以看出,教育科研评价的内容主要集中在四个方面:目标、过程、结果和条件。

首先,教育科研的目标评价。学校教育科研的目标主要是解决学校的实际问题,因此,

---

① 施常明,等.学校教育科研评估初探[J].教育科学,1994(2):27.

② 裴娣娜.教育研究方法导论[M].合肥:安徽教育出版社,1995:375-377.

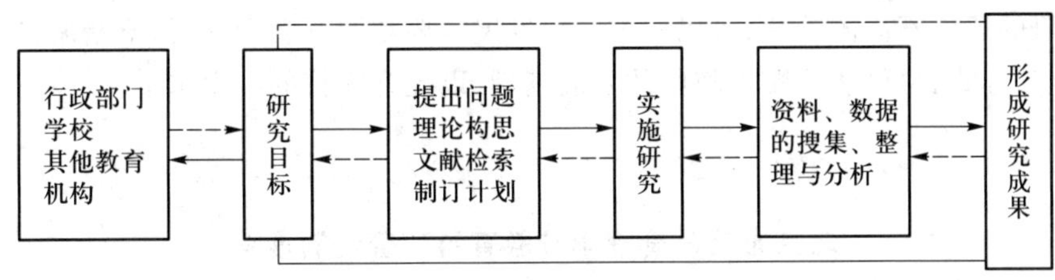

图 13.2　教育科研评价过程系统

在评价时,可以侧重考虑所选的研究问题是否有价值;通过研究,该问题在多大程度上得到了解决。

其次,学校教育科研的过程评价。对过程的评价涉及研究的准备、研究的实施、研究的总结各个阶段。过程评价包括两类,一类是整个研究结束后对研究过程进行全面系统的反思,另一类是在研究过程中随时地审视考察,以便及时发现并预测实施过程中潜在的问题。

第三,教育科研成果的评价。成果主要体现为两种形式,一种是理论性研究成果,另一种是应用性研究成果,中小学校的教育科研成果一般体现为应用性研究成果。对研究成果的评价,要看其在多大程度上解决了教育教学实践问题,是否有助于教育教学工作的改进,是否促进了教育改革的进展,等等。

第四,教育研究条件的评价。这一点是关注科研效益的评价,即关注科研启动的基础,如学校科研的起点、现有基础,以及科研过程中投入的人力、物力状况。在评价时应关注不同学校的起点差异,指标的使用应具有弹性。一般来说,科研投入越低,科研成果应用效果越好,那么,该科研项目的效益就越大,即要重点关注科研投入与科研成果转化为促进教育教学的实际力量后产生的效益之比。

除了以上所说的对科研本身做出评价外,还可以对学校科研组织机构、研究人员、研究群体(团队)进行评价。

三、学校教育科研评价的方式

教育科研评价的方式是多种多样的,大致可以分为三类:研究者自我评价、同行专家评价、行政部门评价。无论哪一种类型的评价方式,都必须掌握科学的评价方法。而对学校教育科研进行评价不是某一种方法就能完成的,需要多种方法的综合运用;不仅要考虑评价方法的科学性,还应考虑评价方法的可行性。评价方法的科学性主要体现在:评价指标体系的建立,评价工具手段的合理运用,评价信息系统准确收集以及对评价结果的定性与定量相结合的判断分析。

进行教育科研评价时,要在保证科学性的基础上,将观察、访谈、测验、问卷调查、个案分析、专家意见征询等多种方法结合起来,并严格按照规程进行操作,力求建立程序化的工作步骤。同时还应处理好以下问题:改变单一的外控性评价,倡导主体多元、形式多样的评价方式,加强自评与外部评价相结合,把对学校的科研评价变成教师对管理目标研修的学习性行为;处理好定性评价和定量评价的关系,既要给出定性结论,又要给出量化信息,使评价尽可能客观公正。

学校管理的形式在不断变化,与此相适应的,学校科研管理的形式也在不断变化,因此,对学校科研的评价不应固着化，可以根据学校发展需要和课题管理需要，不断调整学校科研评价的内容、方式，尽可能地贴近教师的发展基础，以提升学校的办学水平。

案例

北京市信息管理学校教育科研管理制度①

一、教科研课题的设定、立项与检查

1. 校级教科研课题的设定

在校长领导下，根据学校五年规划和发展需要，结合教育、教学、管理实际情况，每年度或每学年度，由教科室负责人牵头，其他成员共同参与，在一定范围调研的基础上，开列出一批校级教科研备选课题。这些课题应具有现实性、导向性、层次性和可操作性，数量十至几十不等，经主管校长同意，提供给广大教师作为选题参照。

2. 校级教科研课题的立项

选题立项前，教科室工作人员要做深入细致的咨询指导工作，帮助欲立项者调整和选定课题，使其具有研究价值和可操作性。这一沟通环节十分重要，要下大力量抓好。

立项课题须经论证。立项论证由教科室组织，邀请有关人员参加。立项报告审批由教科室负责人完成。

3. 经费审定

教科研经费的审定是一项牵动研究者切身利益、影响研究成果大小的较为细致的工作，教科室应当切实做好。

课题按其重要性分为重点、一般两类，按其研究人员多少分为 A、B、C 三级。1998—1999 学年度经费审定参照下表。

校级立项课题经费参照表(元/年)

级别	A 级:1~5 人	B 级:6~10 人	C 级:10 人以上
重点课题	1 500	2 000	2 500(一年左右)
一般课题	1 000	1 500	2 000(0.5~1 年)

区级课题经费=1.5×同类同级校级课题经费。

市级及以上课题经费=2×同类同级校级课题经费。

4. 校级及以上各级立项课题的检查

课题的过程检查采用“定期汇报交流与日常巡回检查相结合”的办法。每学期教科室听取课题负责人交流汇报工作 1~2 次，教科室及时发现问题、解决问题，平时则巡回检查指导。

二、教科研方法培训、咨询与指导

(1) 学校每学期安排不少于两次的教科研方法讲座或经验交流。对课题承担者，必要时可集中安排系列讲座，外请与自讲相结合；分期分批进行，保证效果。

---

① 韩敬愈. 建章立制规范学校教育科研管理[J]. 当代教育科学，2003(22)：51-52.

(2) 教科室每学期出2~3期教科研资料《信息动态》专辑，供课题研究者与广大教师学习参考。

(3) 及时借入和购进有关的书籍、音像制品、资料等，供研究者使用。

(4) 教科室工作人员应在努力提高自身素质的基础上，对课题研究者和广大教师主动、热情地进行教科研和教改方法指导，并提供信息咨询服务。

三、教科研劳动的认定、检查与酬劳

1. 对教科研工作的认定

教科研工作是一种复杂细致的、创造性的智力劳动，应当予以承认并给予报酬。教科研工作目前适宜采用“从粗认定原则”和“课题包干制”管理办法。

2. “课题包干制”

课题立项后，课题负责人对教科室实行课题三包制，即包课题、包经费、包成果。完成有奖，完不成有罚。奖金单列，不在课题经费中；罚金不单列，含在课题经费中。课题经费是学校对每位课题承担者教科研工作的认定和酬劳，内含研究人员的交通费、资料复印费等研究费用支出，由课题负责人安排使用。用于研究所购图书可在学校报销后借出。

立项后，校教科室将课题经费的1/4发至课题组；课题运作正常，半年或中期再发1/4；一年或认定成果后再发1/2。假如中期课题停止运作，课题经费停发；后期没有成果或成果不合格，扣发后期的1/2课题经费。

教育教学日常工作中的教改、实验、研究及成果奖励，由教育教学两处管理。

四、教科研成果的鉴定、推广及奖励

(1) 区、市、国家级课题成果的鉴定、推广及奖励随立项单位。

(2) 校级教科研课题应做好中期成果汇报检查和结题审定工作。

(3) 校级教科研课题成果的鉴定采用“行家委员会审定和教职工民主评议”相结合的办法。每半年或每年度学校安排一次教科研成果报告会。会前，行家委员会将校级课题成果首先进行审定，投票排序，权重占60%；成果报告会结束后，由教职工投票评议，权重占40%。按两个结果之和排出次序。即：

校级课题成果鉴定=行家委员投票×60%+教职工投票×40%

行家委员会成员由5~6人组成：校长1人、主管副校长1人、相关部门负责人1人、教科室负责人1~2人、区教科所负责人1~2人。

获奖论文学校负责汇编成集并推荐发表。

(4) 奖励比例及金额：

奖励比例为校级课题成果总数的50%~60%。

奖励金额：市、区级获奖者，学校再付给相等数额的奖金；校级获奖者，学校比照区级同类奖金的4/5发放。

五、教科研经费的来源、使用和报告

1. 教科研经费的来源

包括两部分：校拨部分，国家级、市级重点课题上级拨款部分。

校拨部分，每年(或学年度)初由教科室根据立项课题和学校财务情况写出年度教科研经费预算报告，报学校校务会审批，数额约3~5万元/每年。教科研经费采用“预算包干制”。

重点课题上级拨款部分原则上用于该课题的研究。

2. 教科研经费的使用

包括三部分:课题经费+会议等研究费用支出+成果奖励。

课题经费采用包干制,由课题负责人写入课题立项报告,数额参照第一项第3款,会议等科研费用支出的总原则是“节俭有效”,课题经费审批权在校教科室;成果奖励详见第四项第(4)款。

六、教科研文档的收集、整理与保管

(1) 严格财、物管理。教科室设“教科研经费使用明细账”和“物品进出库明细账”,严格履行财务手续。每学期向主管副校长、财务副校长报告一次经费使用情况,并接受有关方面的财务监督、检查。

(2) 教科室档案及时收集、分类保存,年终向学校办公室转交存档。

本章小结

随着素质教育的不断深入,人们越来越认识到学校教育科研工作对教师专业发展和学校提升的重要性,教育教学中遇到的很多困难都需要利用科研的手段来解决,“科研强师”“科研兴校”“科研兴教”得到了广泛认同。而如何加强学校教育科研工作的管理,发挥教育科研在学校教育教学改革中的先导作用,也成为学校管理的重要方面。

学校科研管理首先需要准确理解学校科研的定位,学校科研是“校本研究”“行动研究”和“反思研究”。学校要建立、健全科研组织,完善科研组织网络以及运行机制,并注重对学校教育科研项目本身、科研组织机构、研究人员、研究群体(团队)等进行评价,建立和完善科研管理制度,充分调动每一个教职员工开展教育科研工作的积极性,保持广大教师从事教育科研工作的热情。学校教育科研管理还需要建立科研评价系统,用科学的方法来评价学校的科研状态和科研质量。

思考题

1. 什么是行动研究?为什么说中小学教育科研是行动研究?
2. 学校教育科研网络包括哪几个部分?
3. 教育科研评价的内容有哪些?
4. 如何提高科研评价的科学性?
5. 案例分析:

在一所农村中学,教师工作踏实、认真,教学成绩在同类学校中也名列前茅。但教师的教育科研意识不强,学校的教育科研气氛不浓,为了促进学校的教育科研工作,进一步提高教育质量,学校制定了《教育教学及科研成果奖励条例》,对发表、获奖的论文进行奖励。

奖励条例制定后不久,该中学教数学的刘老师在一本中学数学教学杂志上发表了一篇论文,是一篇有关教学的实验报告。不久,这篇论文又在省教育学会数学教学分会的教学论文评比中获得了二等奖。根据学校制定的《教育教学及科研成果奖励条例》,刘老师可得奖金800元。但有教师向学校反映:刘老师的论文名为实验报告,其实根本没有进行过实验。

另外,论文中用以表示成绩的数据与事实不符。对这种弄虚作假的论文,不应该发给奖金。但是,又有教师认为,学校既然制定了明确的科研奖励条例,就应该严格执行。

思考:这笔奖金该不该发?中小学教科研的定位是什么?

第十四章　学校安全管理

学习目标

了解学校安全管理的重要性以及学校安全管理的理念和内容，能够结合具体案例分析学校安全管理中存在的主要问题；掌握安全管理的主要方法，并能够运用所学知识帮助学校解决一些安全管理中的实际问题。

建议学时

3 学时

教师导读

学校安全工作是学校管理工作的重中之重，了解安全管理的理念是做好学校安全管理工作的前提。本章的很多知识点都超越了学校管理的领域，建议在学习本章时，让学生先做一些有关学校的法律文本和知识梳理，比如《未成年人保护法》《教师法》等。此外，安全管理的实践性和操作性都很强，为避免只讲一些条条框框，选择一些具有代表性的案例，结合案例进行讨论和学习会有助于提高学习效率。

第一节　学校安全管理的理念

一、学校安全管理的内涵

"安全"按照韦氏大词典的解释，就是指人和物在社会生产生活实践中没有或不受或免除了侵害、损伤和威胁的状况。① 这个解释包含了两层意思，一是人的安全，二是财产的安全。当然，人的安全是第一位的，也是学校安全管理的重点。但是对学校安全管理的内涵，不同的研究者给出的界定并不一致。一种观点认为"学校安全管理就是着眼于预防或控制各种危险的出现，或者把各种危险的发生控制在最低限度，实现学校教育和谐发展、学生健康成长的目标。"②还有一种观点认为"学校安全管理是学校管理的一项重要内容，是通过管理手段实现控制安全事故、消除安全隐患、减少人员财产损失的目的，使学校达到一定的安

① 陈珍国.学校安全管理[M].上海：复旦大学出版社，2008：10.

② 张爽.近年来有关安全研究问题的述略[J].首都师范大学学报，2011(3)：52.

全水平,使学生在安全的环境中学习、生活的管理活动。"①总之,学校安全管理是学校管理的重要内容,它是为了保障学校学生、教职员工的生命和财产安全,通过一系列决策和行动,以实现有目标、有计划、有组织地控制和预防危险的活动过程。

二、学校安全管理的理念

(一)以人为本

中小学生正处于成长阶段,身心发展还不完善,受到伤害、威胁的可能性较大,需要在家长、教师等成人的监管下成长。当学生在学校期间,学校具有管理和监护的权利和责任。但是,有的学校本着所谓对学生负责任的态度对学生进行管理,为了学生的安全,把学生处在严格的监管之下,减少组织室外活动、严格限制学生在学校的时间、体育课减少很多具有挑战性和威胁性的活动等。在这种管理模式下,学生缺乏主动性和创造性,给学生的身体和心理造成了严重的伤害,这种管理是缺乏人文关怀的。学校安全管理的目的是让学生身心和谐发展,不受各种事故的伤害和威胁,上述学校的这种管理模式已经背离了安全管理的目的和目标。学校安全管理要充分体现"以人为本"的理念,以保障和促进学生的健康发展为目标,管理制度、规则的设计和运行应彰显对学生的尊重、理解和关爱,这是学校安全管理人文关怀的核心理念。②

学校安全管理要体现"以人为本",就必须尊重学生、理解学生、保护学生、爱护学生、发展学生,让学生在人文精神的关怀下健康成长。学校要尊重学生作为被管理者的合理需求、自主性和自我发展的权利,促进学生的个性发展,让学生在自由轻松安全的环境中学习、生活,发挥创造性。在尊重学生的同时,当学生发生问题和受到伤害时,学校作为管理者更应该理解学生、保护学生和爱护学生。学校管理者要认真聆听学生的想法,一方面要带着自己的判断去处理学生的问题,另一方面也要站在学生的立场去判断,使学生感受到关爱。中小学生的认知水平有限、防范意识差、应变能力弱和社会经验不足,需要成人的引导和保护,但成人的引导和保护不能过度,不能以牺牲发展为代价。

在安全管理过程中,遵循"以人为本"的理念就是要突出学生在安全管理中的主体地位,变被动保护为自主防护,要充分相信学生,创造各种条件和渠道,培养学生的安全意识、安全防范能力和安全行为习惯。

(二)法律意识

学校安全管理的困境主要表现在两个方面,一是教师、学生、家长和一般社会成员的法律意识淡薄;二是安全事故的诱因十分复杂,学校经常处于防不胜防的处境。要解决学校安全问题,需要有很强的法律意识,做到依法管理,通过法律手段更好地保护学生、教师和学校的权利,同时学校也需要在法律的框架内承担必要的责任。

学校在安全管理中,首先要进行法律教育。学校要充分了解和熟悉有关法律法规对学校应该承担的权利和义务的规定,要让所有教职员工熟悉有关未成年人的各种法律法规,比如《未成年人保护法》《教育法》《义务教育法》《教师法》《学生伤害事故处理办法》等。其次要依法管理。学校在具体的管理实践中要自觉遵守法律规定,不能制定有违法律的管理规

---

① 陈珍国.学校安全管理[M].上海:复旦大学出版社,2008:10.

② 尹晓敏.论学校安全管理的人文关怀[J].中国教育学刊,2007(8):33.

定，更不能做出违法行动。比如教师有偿补课和家教、侮辱和体罚学生等。再次要善于利用法律资源来为学校保驾护航。比如聘用专门化和专业化的学校保安人员、聘用兼职学校法律顾问、与地方司法部门和警察部门合作等，这些都是学校安全管理的重要力量。

（三）责任意识

学校安全事故发生后，面临的最重要的问题就是明确责任的主体是谁，应该承担什么样的责任。所以，在学校安全事故中，首要的是责任主体明晰化，使每个责任主体都清楚自己的权利、义务和应该承担的责任，也就是明确利害关系；如果责任主体没有履行或者违背法律规定的权利和义务，就应该承担相应的责任。

学校安全责任的主体包括学校内部和学校外部两个方面。在内部有校长、各部门管理人员、教师和学生；在外部有政府、教育主管部门及其相关人员、家长、社区等。在这些责任主体中，学校是学校安全事故的主要责任承担者，但是在具体的安全事故中，往往会根据事故的缘由、事故的大小等来确定具体负责人。并不是所有发生在学校内部的事故学校都是事故的责任主体，比如学生因购买了过期食物而造成的食物中毒就不应该由学校承担主要责任，应该由出售的商家或者商店负主要责任；还有一些事故是需要多主体分担责任的，比如自然灾害导致的学校伤害和财产损失等就需要根据不同责任主体在其中的功能和影响程度来决定所承担的责任。

树立责任意识，一方面可以强化相关责任人对学校安全的重视，使各方主体能够主动地、自觉地维护学校安全，承担责任；另一方面也有利于动员和组织各种资源、力量来共同防范和解决学校安全问题，同时在安全事故处理中也更容易界定权责，建立合理的赔偿机制。以往一旦出现安全事故，家长、社会都来指责学校的失误，把所有的责任都归因于学校。实际上，学校安全责任是需要整个社会联合起来共同维护的，学校的安全问题不仅仅是学校问题，也是家庭问题和社会问题，应该共同承担，责任分担。通过责任分担，可以有效地整合社会资源，实现分类管理、分工合作，充分调动各个部门的积极性和创造性，共同营造安全健康的教育环境。

第二节　学校安全管理的内容

一、学生伤害事故管理

按照教育部颁布的《学生伤害事故处理办法》，“学生伤害事故是指学校实施的教育教学活动或者学校组织的校外活动中，以及学校负责的校舍、场地及其他教育设施、生活设施内发生的，造成在校学生人身伤害后果的事故。”从对学生伤害事故发生的时间、地点来看，学生伤害事故是特指在学校正常教学过程中，由于管理不善等原因所造成的伤害，显然对于这样的伤害事故，学校应负有主要责任。

为防止和减少学生伤害事故的发生，学校在安全管理过程中要做到以下几点。首先，学校要设置专门的机构，委派专门人员来负责，并且要明确其管理职责。其次，建立常规化安全检查制度，对学校的设施设备要进行定期检查、检修和维护，建立预报预警机制，并在有隐患和危险的地方做好标识。第三，加强对管理人员的专业化培训。学校设施设备安全问题的辨识和预防是一项比较专业化的工作，需要管理人员有专业的知识和技能。如果学校内部缺乏这样的专业化人员，应该及时委托校外专业机构或专业人员来不断进行设备的检修和维护。第四，要积极动员社会其他组织和机构共同构建学生伤害事故发生的防护体系。在很多时候，学生伤害事故是发生在由学校组织的校外活动中，比如春游和学生实践活动等，由于活动时间和场所的开放性，很多意外和偶然性危险事件防不胜防，有时候甚至是超出学校自身的能力，需要动员各种资源和各方力量来共同维护学生安全，以保障教学的顺利开展。第五，要加强对学生的安全教育，提高学生的自我防护能力。很多情况下，学生伤害事故的发生都是因为学生缺乏安全意识和自救能力所造成的，比如游泳、跳水、爬山等。学校在日常安全管理过程中，要加强对学生安全常识的教育，并根据学校和学生的情况，加强一些基本的防护能力训练。

二、学校暴力事件管理

学校暴力事件是指行为人针对在校师生实施的身体上和心理上的暴力行为，并由此造成被侵害对象的身体和心理上不同程度的伤害。按照发生的原因，学校暴力事件可以分为三类。第一类为师生矛盾引起的暴力事件，如学生遭到教师毒打、学生不服从管理对教师大打出手。第二类为学生之间的暴力事件。在学校里，学生往往根据自己的兴趣、爱好组成不同的小群体，这种小群体往往会因为意见不合或者一些摩擦而发生冲突。学生们重义气、讲感情，一旦发生冲突，就会引起打群架，造成的伤害和负面影响都非常大。第三类为社会人员造成的暴力事件。社会的不法分子混入学校，为了发泄个人的私欲，可能对师生和学校财物造成严重损害，甚至是犯罪。近年来，我国学校暴力事件频繁发生，如发生在 2010 年 3 月 23 日的福建南平实验小学的血案就是因为犯罪分子仇视社会所造成的。所以，对学校暴力事件的管理是学校安全管理的一项十分艰巨的任务。

防止学校暴力事件的发生，首先要加强分类。学校暴力事件类型多样，原因复杂，管理者需要对各种有可能发生的暴力事件非常清晰，并分类进行管理。其次，要加强调研，尽可能多地发现潜在的暴力源，比如有暴力倾向的教师和学生、学校周边人群特征和分布、社会治安状况，等等。第三，要适时介入和干预。除了一些由校外人员所造成的意外暴力事件外，对于学校内部的潜在暴力源，一旦发现，必须立即介入和干预，以防止更大破坏性事件的发生，特别是对那些有暴力倾向的教师和学生来说，学校要及时进行心理疏导和说服教育，必要时可以报告给执法机关。

三、学校卫生安全管理

学校卫生事故是在学校内部由于卫生问题而发生的对师生身体和心理健康造成伤害的事故，主要包括食物中毒、药物滥用以及传染病等。学校卫生事故是学校里发生概率比较高的安全事故，所以，学校卫生安全管理是学校安全管理的一项常规工作。原国家教委与卫生部在 1990 年颁布了《学校卫生工作条例》，规定了学校卫生工作的主要任务是：检测学生的健康状况；对学生进行健康教育，培养学生良好的卫生习惯；改善学校卫生环境和教学卫生条件；加强对传染病、学生常见病的预防和治疗。

学校要做好卫生安全管理，首先需要确定卫生事故发生的主要场所。比如食堂就是发生食物中毒的高危场所。对主要场所要重点防范，包括建立专人负责制度、日清制度、追责制度等；而对于由校外送餐公司提供服务的学校来说，学校需要与送餐公司签订责任承诺和相关卫生事故责任书。其次,要明确学校卫生安全事故的主要威胁。学校卫生安全与学校环境、学校规模和当地饮食习惯都有很大的关系,所以,不同地区的学校卫生管理工作和面临的问题是不一样的。比如在温度比较高的南方地区,主要是防止食物过期和腐败变质,以及一些高温地区特有的传染病;而在低温的北方学校,卫生安全可能会是另外一些问题。当然也有一些共同的问题,比如营养搭配不当引起的问题等。学校在加强卫生安全管理上要因地制宜,对症下药。第三,学校要做好传染病预防工作。青少年是传染病易发群体,学校要根据季节特点,做好各种传染病的预防工作,并积极与学校外的医疗机构建立稳定的合作关系,建立应急机制。第四,要加强卫生安全管理教育工作,一是对后勤人员的卫生意识、卫生习惯和营养学等方面的知识进行培训,提高后勤人员的素质;二是要对学生进行卫生安全教育,包括良好的生活习惯和体育锻炼习惯等。

四、学校网络安全管理

随着互联网技术的不断发展,互联网不断普及,我国发展到现在互联网已经普及到千家万户。在学校里,信息技术运用到了课堂教学,学生接触互联网已经成为其生活不可分离的一部分。无疑互联网给学生的学习、教师的教学带来了很多便利,学生在这种教学条件下表现出更多的积极性、主动性和创造性,促进了教育教学的多样化。但是,互联网也给学生的身心健康带来了威胁。

中小学生面临的网络安全主要是在这样几个方面:学生沉溺于网络无法自拔,荒废了学习;互联网出现很多不良的信息网页,影响学生的世界观、人生观和价值观;由于沟通交流软件的丰富,学生用手机摇一摇就可以认识很多人,其中不乏不法分子,如果双方见面很容易造成不可预见的后果;由于中小学生身心发展不成熟,网络很容易诱发学生犯罪;学生长期坐在计算机的屏幕之前,对学生的身体造成了严重损害,很多小学生早早地戴上了眼镜,身体肥胖,性格孤僻,不会与人沟通和交流等。中国青少年网络协会第三次网瘾调查研究报告显示,我国城市青少年网民中网瘾青少年占 14.1%,约有 2 404 余万人;在城市非网瘾青少年中,有 12.7%的青少年有网瘾倾向,人数约为 1 800 余万。

面对上述情况,必须重视网络安全管理。一是加强对学校的网络信息管理。青少年身心发展不成熟,对良莠不齐的网络信息没有明辨是非的意识和能力,学校作为教育单位要对网络信息进行一定的监控和过滤,防止不良信息对学生的干扰。二是与家长和社区合作共同防范,要动员家长做好孩子的教育工作,养成良好的上网习惯。要与社区合作清理和监管学校周边的网吧,签订拒绝未成年人上网责任书,为学生创造良好的教育环境。三是对学生加强网络安全教育,让学生清楚网络的利弊,并学会一些辨别不良信息和网络不法分子的方法。

五、学校交通安全管理

随着社会经济的发展,人民生活水平的提高,私家车越来越多,交通越来越拥挤,造成交通事故的可能就越来越大。学校交通安全主要发生在学校周围,在学生上学和放学的路上,中小学生交通事故频频发生。为了保证学生的上下学安全,很多学校用校车接送孩子上下学,但由于学校对校车缺乏检查、维修,校车事故也经常发生。据统计,我国每年因交通事故造成中小学生及学前儿童伤亡的人数超过万人,其中 2011 年全国共发生涉及中小学生及学前儿童的道路交通事故12 320起，造成2 670人死亡、11 417人受伤。从交通方式看，儿童在步行时发生交通事故导致死亡的人数占儿童交通事故死亡总数的45%。

学校面临的主要交通问题是校内车辆安全问题、学校周边交通安全问题和校外交通安全问题。校内车辆安全问题主要是指学校道路设置不合理、人行道狭窄，进入学校的车辆不知道减速慢行，学校交通指示牌不合理等。学校周边交通安全问题主要是指学校门口重要的道路和交叉口，由于道路复杂、人口集中，易造成交通事故。校外交通安全问题主要是指学生在上下学途中发生的和在学校组织的校外活动中发生的交通事故。学校要注意对这三方面交通问题的管理，在校内要提醒车辆减速慢行，在学校周边的道路和交叉口要注意疏散学生，合理安排上下学时间，错过行人和车辆集中的时间。在校车管理上要坚持依法规范管理校车，比如杜绝黑车、聘用熟练的专业司机、对校车进行经常的检查和维修等。当然，交通安全事故的频发也与学生交通安全意识缺乏有关，要加强对学生遵守交通规则的良好习惯的培养。

六、自然灾害和消防安全管理

自然灾害主要是指洪水、地震、台风等自然现象对人类造成的灾害。我国是一个自然灾害频发的国家，近几十年来发生过很多次大地震，如唐山大地震、邢台大地震、汶川大地震，都给人民的生命和财产安全造成了严重的损失；在东南和西南丘陵、山地地区经常发生滑坡、泥石流等自然灾害；沿海地区经常受到台风、洪水的威胁。因此，学校做好自然灾害的防范和应对是非常重要的。第一，学校要熟悉所在地区常规自然灾害的类型及其危害，特别是有可能对学生造成的伤害。第二，要建立自然灾害预警机制，保障信息畅通，当自然遭害发生时能够及时处理，能够最大限度地减少师生生命和学校财产的损失。第三，学校要树立危机意识，加强周期性的重大灾害发生时的模拟逃生训练，以提高师生对重大灾害的防范意识和应对能力。

学校内的消防安全事故通常发生在学生的宿舍里和学习场所，主要原因是学校设施的电线老化、插头插座接触不良、电器设备陈旧；在室内燃烧纸张、师生吸烟等火源使用和处理不当；各种实验室易燃物品的存放和保管不当，等等。在消防安全管理上，学校一是要对可能引发火灾的因素进行周期性检查，特别是对用电线路和用电场所的检查和维护、实验室物品的保管和存放等，同时要对学校配备的各种消防设施设备进行周期性检查，要及时更换过期和损坏的消防设备。二是要禁止将火源带入学校，比如严禁校园内吸烟行为。三是要开展火灾安全知识讲座，教会学生在各种火灾发生情况下的逃生意识和方法，教会学生安全使用各种消防设施设备等。四是要对容易引发火灾的场所和消防设施设备的维护建立责任人制度。

第三节　学校安全管理的保障措施

一、我国中小学学校安全管理中存在的主要问题

（一）专门立法不够和有法不依

法律是维护学校和师生安全的重要手段。目前，我国已出台了多部法律，如《中华人民共和国教育法》《中华人民共和国义务教育法》《中华人民共和国未成年人保护法》《预防未

成年人犯罪法》《中华人民共和国食品安全法》《学生伤害事故处理办法》《中华人民共和国教师法》等。这些法律对各方主体的权利和义务都做了相应的原则性规定，在很大程度上为学校安全管理提供了法律依据。但是由于学校安全事故类型多样，不同类型的安全事件中，各方主体的权利、义务和责任差距很大，很难通过这些法律规定来界定各方主体的责任，给学校安全管理工作带来了巨大挑战。

在法律执行方面，存在对各项法律和政策落实不到位的问题，如学校不按照法律所规定的内容进行管理，而是一味地对中小学生的各项活动进行限制；政府、家长和社区缺乏对学校监督的有效机制，导致很多法律条文失去约束力等，有法不依的现象非常普遍。

（二）学校管理过程中缺乏有效的措施

国家通过立法来保障学校和师生的安全，规定了责任主体人的权利与义务，但是在具体的管理过程中还缺乏有效的措施。一些学校安全危机意识薄弱，缺乏对各类安全事故的预测、应对、评估和总结。比如缺乏对各种电线、电器设备进行定期检查，在容易发生火灾的地方，没有完备的消防设施；安全事故发生后，缺乏及时的评估和总结，没有给予相应的责任人应有的惩罚，即使总结也大多流于形式，没有真正做到吸取经验教训，虽然在事故发生后的一段时间内，学校能够时刻保持警觉的状态，但不能够长期保持下去。

（三）学校安全教育薄弱

学校安全管理不仅需要完整的法律体系，在管理过程中不断加强预测、应对、评估和保持，还需要依靠学生的自觉和自主。目前，我国在安全教育方面薄弱，第一，由于应试教育文化的影响，学生学业成就成为学校压倒一切的目标和任务，学校安全管理长期以来得不到足够重视。第二，学校安全教育走过场，内容枯燥乏味，不能很好地切合学生的兴趣特点。第三，安全教育习惯于“应付”和“事后诸葛亮”，只有在上级主管部门的要求下，或者是出现重大事故后，才会加强安全教育，且总是集中在一段固定的时间，缺乏持久性、连续性和系统性。

（四）安全责任主体不明确

学校安全最关键的一环是责任明确，落实到位。学校安全需要每一位责任主体认真负责，把握好安全工作的各个环节，做到分工有序，合力完成任务，形成一个有机的体系。由于各种安全事件发生的时间、场所和原因错综复杂，责任主体难以明确界定，政府、学校、学生以及家长在不同的安全事件中该承担怎样的责任很难说清楚。一旦发生事故，所有的责任都归结于学校，使学校变得胆小怕事，只能采用一种机械的方式，甚至是牺牲学生发展的方式来保证学生的安全。另一方面，各个责任主体的责任意识不强，对自己该承担的责任没有落实到实处，总是报以事不关己的心态。而学校一旦出了安全事故后总是习惯于采取“息事宁人”的处理办法，无限地承担了各种本来不应该、也无法承担的责任，这在很大程度上助长了其他责任主体推卸自己责任的意识。

二、学校安全管理的保障措施

（一）加强专门立法

随着学校安全形势的日趋严峻和安全事件纠纷不断，最近几年，在全国不少地方都加强了地方性学校安全管理的立法。比如辽宁、云南、黑龙江、上海等省市和宁波、深圳、武汉等地陆续出台了学校安全管理的地方性法规。2001 年，上海为处理校园伤害事故专门立法，立法准备工作长达7年的《上海市中小学校学生伤害事故处理条例》获得通过；2005年，深圳颁布了《深圳市学校安全管理条例》。但是学校安全管理的整体的、完善的法律体系建设仍然任重道远。

学校安全立法的目的是“赋予公安机关、教育部门、学校等主体以学校安全管理的权力和职责，划分学校突发事件中的法律责任，最终以保障学生安全和权利为依归。”①通过立法，法律发挥着引导和约束责任主体的行为，明确各个责任主体在学校安全管理中的角色定位以及保障必要的人力、物力和财力，为学校安全事件的防范和处理提前做好准备。

（二）严格规范安全管理过程

安全管理过程包括预测、应对、评估和保持四个方面。对学校存在的安全风险进行预测，可以防患于未然。以往的安全管理太过于被动，往往在事情发生之前没有准备，发生之后又不知如何应对，造成了难以挽回的损失。对风险进行预测，可变被动管理为主动管理，变单一管理为综合管理。风险的预测包括单类风险临界值预测和学校总体风险临界值预测，对达到和超过临界值的风险，学校要及时进行干预和处理。

当安全事件发生后，要能够迅速形成一套应对措施，及时处理，防止事情扩散。学校安全事件发生后，学校要能够形成一套完整的应对和处理程序，包括“接警与初步研究判断、学校先期处置、启动学校安全应急预案、学校领导者现场指挥与协调、保持信息畅通、临时恢复。”②学校要把握好每一个环节，确保每一个环节环环相扣。

对学校安全评估是指在事件发生之后，能够给相关责任主体应承担的责任进行认定，并进行合理的判定，总结这次事件的经验和教训，对未来工作制订合理的计划。学校安全评估中首先是确定评估主体和评估对象，其次是建立科学规范的评估指标体系，学校可以参照《全国中小学幼儿园安全管理办法》自行研制。由于评估是一项专业性很强的工作，如果学校自身没有能力解决评估问题，可以通过聘用专业的评估机构或专业人员来进行评估。

对学校安全的保持就要求学校安全管理要本着认真负责的态度，做好防微杜渐的工作，在相当长的一段时间不发生任何意外，保证学校的安全。学校安全的保持需要学校能够制定一定的安全标准去判断学校的安全状况，并根据标准，对学校安全进行经常性的检查和预防。

（三）加强学校安全教育

保障学校的安全，不仅需要加强立法，还需要加强学校的安全教育。学校开展安全教育的途径主要有四种：一是针对中小学生开展一定的安全教育课程，根据安全事件发生的类型进行专题编制。二是除了独立设置安全课程以外，在其他课程教学时，可以结合课程主题和内容渗透安全教育知识。三是开展有关安全知识的专题讲座。四是组织安全教育的体验活动，如火灾逃生、地震演练、参加社区活动、体验交通管理员等。采用活动形式需要全社会通力合作，学校要与社会相关机构保持沟通，为中小学生建设安全教育的体验基地。通过体验，学生才能真正认识到生命的重要性，从而珍惜生命，自觉远离危险，保护自身安全。

（四）建立责任分担体系

首先，要明确责任主体，并划分其权利和义务。学校安全责任的主体有政府、社会、

---

① 林鸿潮.论学校安全立法及其制度框架[J].教育研究,2011(8):13.

② 王宏伟.突发事件应急管理:预防、处置与恢复重建[M].北京:中央广播电视大学出版社,2009:122-124.

学校、学生和家长。举办学校的地方政府必须依法维护校园和校园周边的秩序,常听取学校安全工作情况汇报,行使学校安全隐患的检查、监督等权力。政府下属的各部门包括教育行政部门、公安机关、建设部门、质量技术监督部门、气象部门、文化部门、新闻出版部门、工商部门、司法部门等部门都应该在政府主体责任之下分担各自对学校安全的权利和义务。学校负责在学校内部进行全面的安全管理和安全教育,同时履行对家长和社区成员进行安全教育的权利和义务。

其次,是事故出现后如何进行追责和赔偿。在安全事件中,作为责任主体要履行对受害人进行赔偿的责任。对受害人的赔偿需要通过制定一定的程序和标准来进行。《学生伤害事故处理办法》第四章第二十四条规定:"学生伤害事故赔偿的范围与标准,按照有关行政法规、地方性法规或者最高人民法院司法解释中的有关规定确定。"为了降低风险,学校在安全管理中要做好责任分担的准备,比如学校既可以作为整体购买保险,也可以为每一位学生购买一份保险,这样在遇到经费赔偿问题时,就可以减轻学校的经济压力。

本章小结

学校安全管理要坚持以人为本、法律意识和责任意识的理念。学校安全管理的内容主要包括学生伤害事故管理、学校暴力事件管理、学校卫生安全管理、学校网络安全管理、学校交通安全管理和学校自然灾害与消防安全管理。

目前,学校安全管理的形势不容乐观,存在诸多问题,学校安全事件频发、类型多样且地点集中,主要是因为缺乏对学校的专门立法、管理过程中缺乏有效的措施、学生安全意识淡薄和责任主体职责不清等。解决这些问题需要加强学校专门立法、严格规范安全管理的过程、加强学校安全教育和建立责任分担体系。

思考题

1. 学校安全管理如何树立以人为本的意识?
2. 目前我国中小学安全管理中存在哪些主要问题?
3. 学校安全管理的基本程序是什么?
4. 简述学校安全管理的保障措施。
5. 案例分析:

林杨波是小学一年级学生。在3月某日的一天下午,他2点钟左右提前到校,学校是下午2点30分打预备铃,2点40分正式上课。学校在开学时已经明确书面告之家长学校的作息时间,并与家长签订了安全责任书。林杨波到学校后没有进入自己的班级教室,当时该班班主任正在教室守护学生,而是与其他几个同学一起在学校操场的篮球架下吊着玩耍,该校大队部学生发现后进行了制止。但当大队部学生离开后,林杨波和其他同学又继续在篮球架下吊着玩耍。2点12分左右,林杨波因手滑未抓牢篮球架下的栏杆,当即坠落,造成其头部损伤。

结合案例回答下列问题:在林杨波事件中谁应当负主要责任?为什么?学校应该承担什么样的责任?今后应该如何防范这样的事故发生?

第十五章　学校信息管理

学习目标

学校管理面临信息时代的变革与大数据的挑战，在信息时代运用现代信息技术推进学校管理的变革是当今教育管理人员所必备的专业素质。通过本章的学习，了解信息时代对学校管理变革提出的新要求，能够对学校信息资源正确进行分类，了解学校信息管理系统的主要架构和内容，掌握学校信息管理过程，并能够将现代技术手段运用到学校管理实践中。

建议学时

3 学时

教师导读

学校信息的管理与使用是学校教育活动正常进行的基本条件，尤其是在信息化和数字化时代，现代教育技术能够实现对学校外部信息和内部信息的收集、储存、传播与使用，极大地提升了信息管理的效率。本章具有较强的实践性，一方面，要掌握学校教育系统在运行中所涉及的各级各类基本信息；另一方面，要具备一定的信息系统理论及现代教育技术基础。在本章的学习中，要注意结合实际，对学校教育活动中的各种信息进行分类与梳理，按照中小学教育管理的规律，探究学校信息管理系统的基本结构、内容与功能。同时，引导学生了解学校信息管理所必备的教育技术基础。在讲授之前，建议让学生结合对中小学教育管理已有的了解，通过头脑风暴等形式列举学校外部信息与内部信息，并尝试架构学校信息管理系统，再逐步进行分析讲解。

第一节　信息时代的学校管理

一、信息时代引发的学校管理变革

20 世纪 90 年代以来，以计算机和网络为代表的信息技术得到飞速发展，各种各样的学习资源、学习技术和教育理念与方法层出不穷，为教育领域带来一场前所未有的变革，学校管理正面临着信息时代与大数据的挑战。教育管理信息化是适应这种变革，推动教育改革创新和持续发展的需要，是教育现代化的重要任务和必由之路。

（一）学校管理理念和理论的变革

观念是行动的先导，学校管理现代化首先是管理意识的变革。教育管理现代化要求增强三个意识:大局意识、开放意识、服务意识①。大数据背景下,学校管理面临着规模大、种类多、更新快的纷繁数据,应树立大局意识,主动开发和利用好信息资源;技术、资源的更新和学校组织的特殊性要求学校管理具有开放意识,抓住现代化的机遇;管理的根本是服务,学校管理要始终持有这一意识,服务好教学,服务好师生的发展。在学校管理理论方面,其变革主要体现在大数据理论、信息系统理论、人本主义管理理论的强化与应用。

大数据理论是在以社交网络基于位置的服务(LBS,Location Based Services)等为代表的新型信息发布方式不断涌现,以及云计算、物联网等技术兴起的背景下应运而生的。Nature早在2008年就推出了Big Data(大数据)专刊,全球知名咨询公司麦肯锡在2011年6月发布报告,对大数据的影响、关键技术和应用领域等进行了详尽分析。大数据具有规模性、多样性、高速性和价值性等特征②,学校管理工作涉及对各种数据信息的收集、分析与利用,这为学校管理带来了巨大的变革与挑战。

信息系统理论是指结合管理理论和方法,应用信息技术解决管理问题,为管理决策提供支持的系统理论③。从组织目标、组织技术以及人员的流动性角度看,学校只是一个"松散联合系统",经常处于"有组织的无序状态"④。学校管理中,尤其是信息时代的学校管理中,信息起着基础性作用。管理人员要收集反映各种资源的有效数据,然后将这些有效数据加工成各种统计报表、图形、曲线等形式,以便各级管理人员了解情况,有效地利用各种资源完成学校任务。学校管理决策的正确性取决于信息的质和量⑤。

人本主义教育管理组织理论是一种将以人为本的价值观作为基础的教育组织理论体系,在这一体系中,人的地位是不同于其他管理要素的具有精神文化属性的主体⑥。信息时代,学校管理绝不仅仅是物质技术的变革过程或制度的创新,而是与学校文化、人的精神特质和基本素养密切相关。对于学校而言,管理实际上就是学校组织内部人与人之间以信息相互交流为基础的沟通过程,从个人信息管理到人际信息交流,都对学校管理人员的情感、宗旨、信念、价值判断、行为标准等"软"因素提出了更高的要求,通过对人性的尊重增强凝聚力,提高学校信息管理的效能。

(二)现代化信息管理平台的建设

现代信息技术引入到学校管理,能够实现管理机制的高度信息化,促进学校最大限度地发挥其职能,提高工作效率。随着科学管理新理念的梳理与信息系统理论的引入,学校管理在硬件设施和软件平台建设方面都需要进行全面革新。

学校要实现管理的高度信息化,必须有完善的硬件设施,这就要求学校要加大经费投入,实现硬件设备的现代化,为管理信息化提供物质基础。对于经济欠发达地区的学校,要确定阶段性发展目标,分步实现硬件设备现代化。

要实现学校管理的信息化,还必须有与硬件构成的网络环境相匹配的信息化应用环境,硬件和软件的建设是相辅相成的。信息化管理平台的建设能够充分实现对硬件设施设备的

① 梁红梅,王景英. 20世纪西方教育组织理论视阈下学校观的嬗变[J]. 外国教育研究, 2007(06):35-39.
② 刘永,等. 信息系统理论与实践[M]. 北京: 科学出版社, 2009:5.
③ 褚宏启,张新平. 教育管理学教程[M]. 北京: 北京师范大学出版社, 2013:125.
④ 李帅军. 教育信息化管理的理论与实践[M].北京:科学出版社, 2007:115-136.
⑤ 高建中. 现代信息技术条件下的学校管理[M]. 西安: 陕西师范大学出版社, 2008:2.
⑥ 高建中. 现代信息技术条件下的学校管理[M]. 西安: 陕西师范大学出版社, 2008:11-16.

有效利用。在平台建设中,一般从最基本、最急需的功能开始,如教务管理中的学籍管理、成绩管理、财务管理等,而后逐渐延伸到更复杂和更高级的信息管理系统。学校信息化管理系统平台需要周密的经费预算和长期的建设过程,才能逐步走向成熟。

(三)信息管理方法的更新

信息化背景下,学校管理的重心整体移向对知识和信息资源的管理,在管理方法上呈现出集中化、个性化和规范化的特点。

在学校实施信息化管理后,各种信息数据成为学校非常重要的资源,学校各个部门通常有各自的信息化管理系统,不利于数据的备份与维护,集中化管理能够统一数据的管理和维护,降低管理成本;现代学校管理系统要求以用户为核心来组织信息资源,提供以人为本的个性化服务,实现个人信息资源的有效管理;要实现信息的共享与传递,提高管理效率,必须使管理规范化,如我国在 2002 年颁布了《教育管理信息化标准》,对我国各级各类学校的信息化建设提出了明确具体的要求,应该成为学校信息化建设的重要依据。

(四)管理人员素质要求的提高

学校管理人员和教师是推进学校管理信息化的主力军。教育信息化管理人员是教师信息化培训的组织者、教育信息化资源的主要提供者,教育信息化管理人员的工作绩效对教师的教育教学有重要影响;教师是教育信息化的参与者、教育信息的提供者,教育信息化管理工作效率与效能的提高有赖于教师的支持与帮助①。

在信息化背景下,学校管理人员要具有较高的思想品德修养,坚持方向性原则,在信息管理中遵守伦理规范;在了解信息技术基础理论的前提下,应掌握计算机知识、传播理论、网络知识等;掌握在管理中从事信息活动所应具备的信息获取、分析和运用等能力。学校在不断完善硬件设施和应用平台建设的同时,还要重视对管理人员和教师的现代教育技术培训工作,使其提高信息素质,充分实现学校管理的现代化。

二、学校管理信息化的内涵

(一)信息、信息社会与教育信息化

"三论"(即系统论、控制论和信息论)对信息的描述是:信息即两次不确定性之差,是描述不定性减少的量。现在一般认为信息是客观事物所具有的一种基本属性,是客观事物运动形式和状态的表征。由于对信息概念的理解层面和角度不同,因此,对信息内涵的表述也是不同的。一般来说,本体论意义上的信息是指包括外部世界的物质客体和人类自身事物运动的状态和方式;而认识论意义上的信息是指,认识主体所感知到的事物的运动状态和变化方式,即人们通过各种感觉器官感知到的所有事物的运动状态和变化,都可以称之为信息。信息交换是人类生存的需要,所有机体都是通过不断与外界交换信息而适应环境,并与周围环境之间保持信息的动态平衡的②。

所谓信息社会,是指在人类经济、文化和社会生活等各个领域都广泛使用信息技术,社会全面进入以创造信息、处理信息、分配信息和运用信息为基础的知识经济时代,也称为信

---

① 褚宏启,张新平. 教育管理学教程[M]. 北京:北京师范大学出版社,2013:1.

② 杜占元. 杜占元副部长在教育管理信息化工作研讨会暨 2012 年全国教育信息中心主任会议上的讲话[J]. 中国教育信息化,2013(01):3-5.

息化社会[①]。在信息社会中，信息成了与物质和能源同等重要（甚至更为重要）的资源，以开发和利用信息资源为目的的信息经济活动迅速扩大，信息及其信息技术对社会发展的贡献率大大高于其他资源对社会发展的贡献率，信息经济在国民经济中占据主导地位，并构成社会信息化的物质基础。

教育信息化的概念是在20世纪90年代伴随着美国信息高速公路的兴建而提出的。在美国的"信息高速公路"计划中，特别把信息技术在教育中的应用作为实施面向21世纪教育改革的重要途径，这一举动引起了世界各国的积极反应。教育信息化的概念有着较为丰富的内涵，包括：教育教学环境的信息化，教育资源、课程教材的信息化，教学模式和教学思想的信息化，教师素质的信息化，教学评估和教育管理的信息化等。在由信息社会带来教育的信息化时代，必然对学校管理提出新的问题和挑战，学校管理的信息化成为适应和服务教育信息化的重要手段。

（二）学校管理信息化

学校管理信息化是指学校广泛利用现代信息技术，充分开发和利用其信息资源，及时把握机遇，做出教学、学生、人事、科研、后勤等方面的管理决策，增进运行效率和效果，从而提高学校发展水平的过程[②]。信息化的学校管理包括两个方面，即学校信息资源管理与学校信息过程管理。其中，学校信息资源管理是从管理信息内容的静态层面来讲的，包括人、财、物等各个方面，随着管理信息系统的引入，构建出各种学校管理信息子系统；学校信息过程管理是从管理信息动态层面来讲的，包括信息的输入、处理、储存、输出和反馈等环节。

对教育管理信息化工作的认识要把握三点[③]。第一，教育管理信息化不能理解为单纯的数据采集，数据采集只是一个基础，其主要任务是通过数据采集来提供服务；第二，教育管理信息化不仅仅是现有管理过程的电子化，而更应注重管理过程的优化与再造；第三，教育管理信息化不是单纯的建立信息系统，更重要的是解决教育管理中的现实紧迫问题，要服务教育改革发展的大局。

第二节 学校管理信息系统

教育活动的一项重要功能就是对人类几千年来积累的文化科学知识信息进行收集、处理、加工和传递，师生之间的相互影响也是通过信息沟通来实现的，因此教育本身也是一种信息加工和交换的活动。信息是教育活动的基础，建立学校管理信息系统是实现学校信息化的重要前提。

一、学校信息资源的分类

学校信息是指经过各级各类学校收集、加工和整理后，能用于学校教育、教学、生产、科研和经营管理方面的各种知识、图形、公式、法则、消息、数据、资料等有效情报的总称。按照

---

① 高建中. 现代信息技术条件下的学校管理[M]. 西安：陕西师范大学出版社，2008:48.

② 张剑平. 管理信息系统及其教育应用[M]. 北京：科学出版社，2008:6.

③ 吴联华. 学校管理信息系统的构建和运用初探[J]. 教学与管理，2004(03):10-11.

信息来源的不同，可以把学校信息资源分为外部信息资源和内部信息资源①。

（一）学校外部信息资源

学校外部信息资源主要包括三种。第一种是上级教育部门下达的各种文件、计划指标等，学校管理决策者要全面掌握并理解其深刻内涵，将其作为学校工作的根本依据。第二种是社会、家长对学校的要求意见和学校教育质量的评价信息等，这是学校工作调控的重要参考依据，学校必须根据实际情况适时地进行分析、评价和调控。第三种是不同学校、区域乃至世界范围内的教育同行的办学经验、教育教学动态等，这类信息有助于学校调整管理策略和管理过程的具体措施，促进学校发展。其他还包括社区发展对学校的影响等。具体如图 15.1 所示。

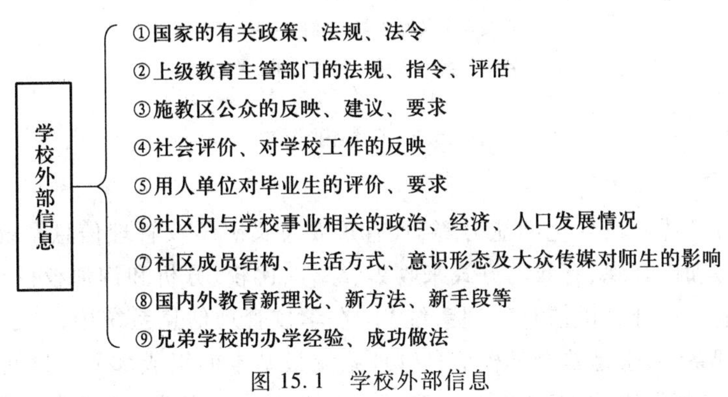

图 15.1　学校外部信息

（二）学校内部信息资源

学校内部信息资源包括学校这一复杂的组织系统在运行中各方面的信息。教务信息，包括教学计划、课程设置、考试成绩等数据；学生信息，包括招生管理信息、学生操行及奖惩管理信息、毕业去向信息等；人事信息，包括教职工基本情况档案和教师业务信息；图书资料信息，包括采编数据、流通数据和统计信息等；财务信息，包括经费预算、核算、账务处理信息；其他还包括资产、文体、卫生、科研等各方面的管理信息。具体如图 15.2 所示。

二、学校管理信息系统

管理信息系统（Management Information System, MIS）一词最早由瓦尔特·肯尼万（W. T. Kennevan）在 1970 年提出，目前，人们通常将管理信息系统定义为“是一个以人为主导，利用计算机硬件、网络通信设备以及其他办公设备，进行信息的收集、传输、加工、存储、更新和维护，以组织的战略竞优、提高效益和效率为目的，支持组织高层决策、中层控制、基层运作的集成化的人机系统”②。在实际应用中，人们往往将“信息管理系统”与“管理信息系统”作为同义词。

现代学校管理是一项涉及人、财、物、信息等多种资源的复杂而又敏感、重要而又繁琐的工作。信息技术为学校管理带来的变革在于数字化和自动化的研究与应用，信息始终贯穿于学校各项管理工作之中，管理信息系统的建立和应用对于优化学校资源配置，提高学校运

---

① 张剑平. 管理信息系统及其教育应用[M]. 北京：科学出版社，2008:13.

② 杨有玉. 基于校园网的教务管理系统设计与实现[D]. 同济大学，2007.

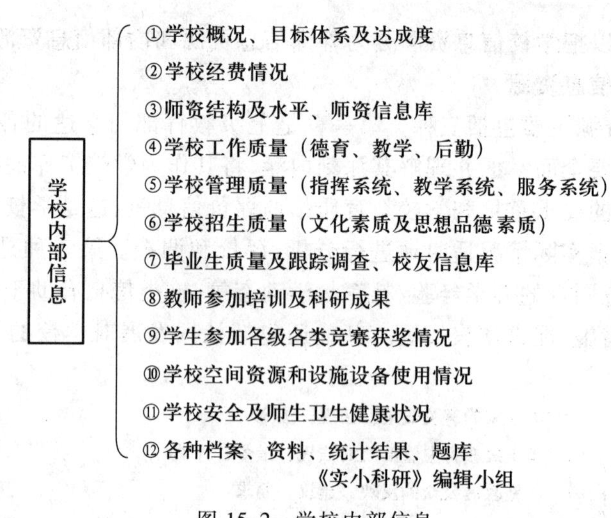

图 15.2　学校内部信息

作效率以及适应环境快速变化的能力等，具有重要意义。学校管理信息系统，即学校 MIS，可以定义为：以及时、客观、有效的方式来收集、综合、比较、分析和沟通校内外信息，为学校管理活动服务的一种计算机信息管理系统①。在学校管理信息系统中，各子系统既是相对独立的职能管理系统，也是整个学校信息管理系统最基本的组成部分。这些子系统共享学生数据库、教职工数据库、图书资料数据库、财产（包括实验仪器、设备和其他固定资产）数据库以及财务数据库五种类型的综合型数据库。此外，在每个子系统中还分别设有各自专用的数据库。学校管理信息系统各个职能子系统的划分和设置，随着学校的类型、规模、管理结构和管理文化等的差异而有所不同，一般而言，学校管理信息系统的基本结构如图 15.3 所示②。

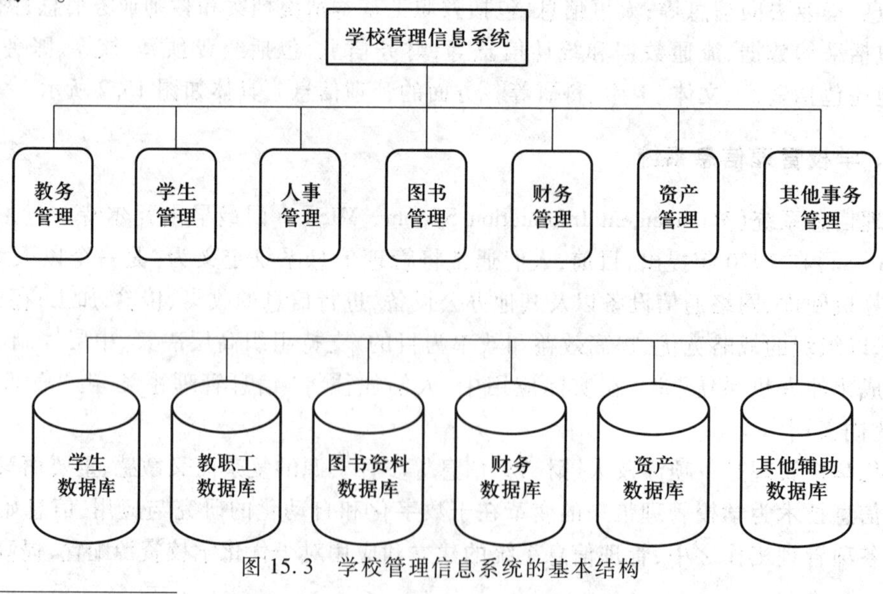

图 15.3　学校管理信息系统的基本结构

① 祝振磊. 学生管理信息系统设计与开发[J]. 科技广场，2011(03)：117-119.
② 傅松寅. 地方综合性大学人事管理信息系统设计与实现[J]. 科技信息，2009(09)：5-6.

（一）教务管理信息系统

教务管理信息系统是对学校教学活动所需信息进行管理和维护，通常包括教学计划、教材、课程表、考务管理、成绩管理等功能模块或子系统①。

（1）教学计划主要包括各学科教学计划的录入、修改和生成，根据教学计划形成各学期的执行教学计划，查询不同学科、不同年级的教学计划和相关教材。

（2）课程表是教学工作的时间、空间和人力的总调度，课程表调度要涉及学生、教师、教室和设备等多方面因素，因而它是教务管理系统中一个十分重要也是比较复杂的子系统。

（3）考务管理是要求必须严格遵循教务管理的基本原则，提供组织和实施教学计划规定的考试报名、安排考场等方面的信息，并提供试卷征订、考试文件等信息。

（4）成绩管理是提供考试记录和成绩录入与统计的子系统，教师能够进入系统进行成绩的录入，实现以班级为单位的成绩统计、学科分类的成绩统计或学生各科的成绩统计等。

（二）学生管理信息系统

学生管理信息系统是对学生信息进行管理和维护，能够实现数据的录入、查询和共享等功能，主要包括学籍管理、奖惩管理、学生工作管理、毕业管理等功能模块或子系统②。

（1）学籍管理包括学籍档案的建立、维护和使用，每学期等级注册情况、学籍档案的变动修改和统计等。

（2）奖惩管理包括班级荣誉管理和学生个人奖惩管理两个方面，班级荣誉管理可以先设置好荣誉项目、授予部门和级别等信息，学生个人奖惩管理包括对学生受到奖惩的学年学期、奖惩类别、奖惩部门、奖惩级别、奖惩内容等项目进行统计与管理。

（3）学生工作管理包括对学生干部、学生活动和学生组织的管理，具体有学生干部的任职信息，班级、学生会、学生社团等正式与非正式群体的活动策划、申请、审批与总结等信息。

（4）毕业管理是对学生毕业信息录入、毕业信息统计和毕业去向等各方面的管理，对于高等学校，毕业管理系统更为复杂，应包括毕业论文或设计、毕业证书与学位、就业管理等内容。

（三）人事管理信息系统

人事管理信息系统是对学校教职工的信息进行管理和维护，主要包括人事信息管理、考勤管理、进修管理、职称管理、招聘管理等功能模块或子系统③。

（1）人事信息管理是针对教职工的基本情况、人事变动进行管理，主要包括个人基本信息、学习培训经历、年度考核信息、奖惩信息等的录入、查询和统计功能。

（2）考勤管理是对采集的各类考勤信息，根据管理权限，管理人员可实现网上查阅并进行审批和修改，教职工也可以对自己的考勤记录进行查询与反馈，考勤管理信息还为工资管理系统提供所需的统计数据。

（3）进修管理是辅助管理人员设立教师进修计划，并在网上发布各种培训和考试信息、收集和统计参训人员名单，教师可通过该系统查询和申请各类进修与培训项目。

（4）职称管理为教师申报职称提供基本人事信息，受理职称申报和数据材料的采集，提

① 吴莉.图书馆管理系统的设计和实现[D].华东师范大学，2010.

② 刘小群，张红.高校财务管理信息系统的设计[J].电脑知识与技术，2012(20):4788-4790.

③ 高鸥.学校设备管理信息系统构建研究[J].软件导刊，2014(04):55-58.

供评委在线审阅申报材料和投票表决等功能,记录教师职称晋升情况和相关信息服务。

(5) 招聘管理主要是根据学校岗位设置和聘任方案,呈现各类岗位信息,通过网络对外发布人事需求,应聘人员可在线申请和获取考核及录用信息,协助管理人员在线完成从职位需求分析到人员筛选和考核录用全过程,录用人员资料可直接导入人事信息管理系统。

(四) 图书资料管理系统

图书资料管理系统是对学校图书资料信息进行辅助管理的系统,按照图书馆业务的流程,可分为采编、典藏、流通和统计等功能模块或子系统①。

(1) 采编管理是图书资料管理人员通过对馆藏、读者和书源的调查,收集所需文献资料信息,并对新书的接受、查重、著录、分类、索引等信息进行的管理,联合目录数据库的建成使图书采编信息的管理规范化和统一化,大大提高了管理效率。

(2) 典藏管理是对采编书目在各书库进行合理分配与调整所需的信息管理,包括入藏登记、藏书调整、分类统计和流通检查等信息的录入、检索与统计。

(3) 流通管理是对图书资料的利用过程中产生的大量读者信息、书目信息和借书信息、还书信息的管理,读者可进行馆藏目录和借阅信息的查询,并通过条码扫描等方式实现图书资料流通信息在数据库中的录入与修改。

(4) 统计管理是对工作量、图书采编、流通、典藏等其他模块数据的统计和呈现,能够为学校图书资料管理的决策与控制提供数据资料和反馈信息。

(五) 财务管理信息系统

财务管理信息系统是学校对有关资金的筹集、组织、使用、结算等方面的信息进行的管理,主要包括财政预算、学生财务、工资核算、账务处理等功能模块或子系统②。

(1) 财政预算是根据财务计划和需要,对资金进行筹集与分配处理,包括课程建设、图书资料、实验设备、活动举办等各方面的财政预算信息。

(2) 学生财务是对学生收费、奖学金、助学贷款等标准、缴纳或发放信息的查询与管理,对于寄宿制中小学或者高校而言,校园卡的使用和银行卡的绑定能够方便学生财务管理的相关流程,节省大量财务处理的人力资源,提高学校运作效率。

(3) 工资核算具有实现教职工基本信息的导入和修改,工资发放标准文件、工资各项数据明细的录入与修改,建立工资档案等功能。

(4) 账务处理可实现整个财务系统的入账管理、报销凭证管理、出纳管理、账目审核,并建立各种财务报表,实现预算和计划执行情况的统计与跟踪。

(六) 资产管理信息系统

资产管理信息系统是对学校固定资产和设备资源的管理,主要包括学校空间资源管理和设备管理两方面的功能模块或子系统。

(1) 空间资源管理主要是指学校基本用地、教学楼、图书馆、实验室、试验田、会堂、宿舍、体育场等各类建筑空间资源信息的管理,实现对学校各类空间资产的登记和录入,对使用、维护、更新改造和报废情况的记录、检索查询和统计汇总功能。

(2) 设备管理主要是指学校各类桌椅橱柜等家具、电教设备、模型挂图、实验仪器、体育

---

① 蒋德仁.学校信息管理策略的研究[J]. 教学与管理, 2006(21):22-23.

② 吴联华. 学校管理信息系统的构建和运用初探[J]. 教学与管理, 2004(03):10-11.

器材、软件资源、炊事用具等设施设备信息的管理，包括设备基本信息、设备维护管理、设备故障处理、设备报废处理和设备状态信息查询等模块①。

（七）其他管理信息系统

除了上述6个方面的信息管理外，学校还应建立以下几方面的管理信息系统：

（1）办公管理系统，支持学校以及各职能部门的公文管理和会议工作，包括各类公文的电子起草、审核、会签、批示、签发、传阅等工作，实现网上协同办公和无纸化办公。

（2）体育、卫生管理系统，主要包括全校体育基础数据、学生体育达标情况、田径运动会等的管理，以及教职工和学生的健康档案管理。

（3）科研管理系统，包括学校科研项目的计划、科研经费的使用情况、科研成果的登录和评估，以及技术市场和科研服务信息等方面的管理。

（4）安全管理系统，对学校的安防机构、人员，物防、技术防范措施，安全规章制度、安全教育与应急演练等信息的管理。

（5）校办企业管理系统，对校办工厂、农场或服务公司的生产、经营等事务进行辅助管理。

第三节　学校信息管理过程

学校是一个开放型的系统，学校与外界以及学校内部之间不断地进行着信息的传播和交流。学校管理信息系统是一个数据处理系统，它输入的是学校管理的相关数据，输出的则是学校管理人员、机构或管理活动所需的信息。这些输出的信息可以辅助学校领导进行决策和执行人员进行相关活动。学校信息管理过程包括信息输入、信息处理、信息储存、信息输出和信息反馈五个环节，如图15.4所示。

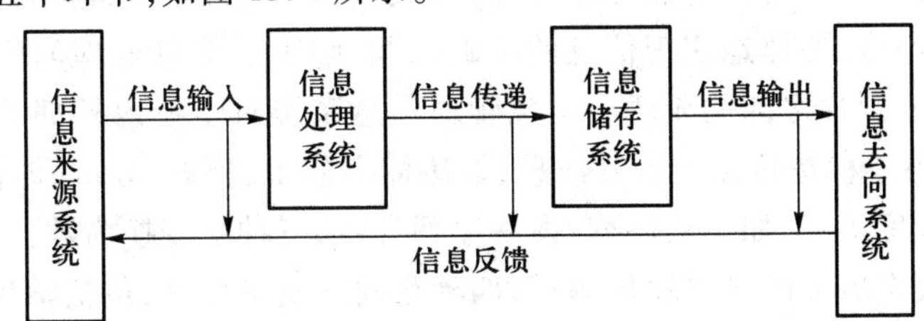

图15.4　学校信息管理过程

一、信息输入

信息输入主要是指学校信息的收集和分类，即在确认原始信息具有完整性、及时性、真实性的基础上，收集相关的、有用的、足量的信息。学校的信息资源相当丰富。按照信息的来源，既包括来自上级党政机关和有关部门、社区、家长、校际交流等的外部信息，又包括学校各组织机构、人员、活动的内部信息；按照信息的种类，包括各种公文、会议、网络、电话、报刊、书籍、信访等多种途径输入的信息。

① 高建中主编.现代信息技术条件下的学校管理[M].西安：陕西师范大学出版社，2008:26.

学校管理信息具有指令性、指导性或参考性等功能①。学校应根据不同性质的信息,选择性地传递到管理信息系统。指令性信息要保持其完整性,如国家教育方针政策、教育法规、课程标准等信息;指导性信息要及时有效地进行收集,根据学校实际采取相应的对策,规范学校的各种教育教学行为,如先进的教育理念、专家学者的建议、教育部门领导的重要讲话等;参考性信息要不失时机地广泛收集,分门别类进行储存和利用,如优秀学校的办学经验、学校内外人员的发展意见等。在学校管理的过程中,学校必须建立健全信息接收系统,保证各种信息来源的通道畅通无阻,针对不同性质的信息及时输入,便于学校管理工作对信息的利用。信息输入是学校信息管理过程的首要任务,是信息处理、储存和输出的基础。

二、信息处理

信息处理主要是指学校对所收集的信息,根据学校管理活动的需要进行分析、比较、选择、归类、统计等科学的加工处理,防止由于信息的失真、假信息和过时信息的滥用而造成失误。学校在管理过程中会产生大量的信息,学校管理人员必须及时地处理这些信息,对随时出现的资料信息进行加工整理,去粗存精,去伪存真,把信息按照某种需要进行选择、分类、排列和计算等。

学校对获取的信息进行加工、整合,还能够不断创造出新的信息,体现出信息处理的创造性。在信息处理过程中产生新的信息、新信息的价值和信息量,主要取决于输入信息的质与量以及它们之间的优化组合。校长是一所学校的信息处理中心,特别是决策层产生的新信息将会直接影响学校的发展方向,学校工作的各个环节实际上都是产生新信息的过程。学校在信息处理过程中应当广泛开展调查研究,集思广益,深思熟虑,从而使信息的处理更加科学和有效,能够促进学校管理工作的顺利进行。

管理信息系统将信息转化为能够被计算机识别、存储和加工处理的数据,实现了信息处理的自动化,能够高效、便捷地实现信息的精确处理,解决了信息处理的复杂性与学校管理人员的时间、能力有限性之间的矛盾。学校管理信息系统对学校内外部信息的加工处理方式主要有四种②:第一种是转化为数量信息,如达标率分布、分数、频次、时间、速度、数量等;第二种是转化为程度语言,如等级序列、发展序列等;第三种是变换为数据比较,如校际之间的横向比较和学校发展上的纵向比较等;第四种是建立质量标准,包括学校工作质量标准和学生质量标准。

三、信息储存

信息储存是指学校对输入的信息通过处理后,按照不同要求和形式储存在相应的系统内。根据信息的性质,可以将信息的储存类型分为永久保存、长期保存、限期保存和暂时保存。信息储存的载体包括印刷型、微缩型、声像型和电子型,随着人类社会的发展,这四种信息载体依次被大规模使用。在信息技术飞速发展的条件下,管理信息系统的使用对学校信息的储存提供了极大便利,各种数据库的使用实现了海量信息的快速储存与提取。但学校管理人员依然是数据库建立、使用与更新的主体,这就要求管理人员提升信息素养,学校应

---

① 教育部关于推进中小学信息公开工作的意见[J]. 海南省人民政府公报, 2011(09):3-4.

② 朱科蓉. 教育信息公开研究[M]. 重庆: 重庆大学出版社, 2008:7.

通过培训、指导等方式促进管理人员信息知识的学习与信息能力的获得。

对于信息的储存，首先要建立各种信息储存子系统，根据不同信息的类型，采取相应的储存形式，由专人负责管理，确保系统内所储存信息的有序性和可靠性，避免冗余。此外，应建立方便完整的信息检索系统，便于学校管理人员进行快速查找和使用；对于信息储存载体尤其是数据库等电子载体，还应建立备份，防止突发事件造成的数据丢失。

四、信息输出

学校信息的输出包括内部信息传递和信息公开两方面。内部信息传递是指通过一定的手段、技术，按照一定的渠道，将信息准确无误、及时迅速地传递到所需要的部门和个人，以满足管理活动的需要。传统的学校信息传递分为三种情况①：第一种是按校长—科室—教师—学生，或者学生—教师—教研组（班主任）—校长，这样由上而下或者由下而上的直线式的信息传递，如工作计划、教学计划、学生情况等，这种信息传递方式具有简洁性、真实性等特点；第二种是以校长为中心的，与各科室、教研组、年级组、班级或教师个人组成的星型传递模式，这类信息主要是各科室之间协调与反馈的信息，一般围绕着某一主题，具有即时性、情感性等特点；第三种是各部门、各成员之间网状的信息传递，这类信息具有信息量大、内容复杂、传递过程灵活无规律等特点，往往没有中心，加入了个人猜测和情感，失真度较大。

信息公开是指学校在办学或提供社会公共服务过程中制作或获取的以一定形式记录、保存的信息，要按照法律法规和有关规定，在相应范围内公开②。学校在进行管理过程中产生和持有的相关信息，只要不涉及国家秘密、商业秘密和个人隐私，都应该向利害关系人和社会公开③。学校信息公开是深化校务公开、促进依法治校、提高管理水平的重要举措。教育部在2010年发布了《教育部关于推进中小学信息公开工作的意见》，指出中小学要主动公开的信息主要有学校基本情况、规则制度、规划计划、学生管理、教职工管理、物资管理、经费收支、安全管理等各方面内容。学校信息公开的主要形式包括学校网站、校长信箱、公告栏、电子显示屏、校内广播电视等载体。

五、信息反馈

在学校信息管理流程中，“计划、组织、监控、评价”四个基本环节循环往复地运转，是一个动态管理的过程。信息反馈是监控和评价环节的主要目的和途径，对学校管理系统的有效沟通和工作改进起到参考、调节的作用。通过信息反馈，学校管理决策系统根据外部环境的变化和学校内部条件的改变，以及决策执行结果等信息重复进行新一轮决策，是不间断的过程。及时的信息反馈表明了学校信息管理的高效运作，直接关系到学校管理的宏观调控和微观指导。

学校信息反馈的方式具有多样性，它在各个环节发挥其调节功能。学校领导在进行决策前，必须对决策对象的现状有所了解，要获取这方面信息，除了浏览相关评价结果和数据

---

① 钟启泉.新课程师资培训精要[M].北京：北京大学出版社，2002：100.

② 徐书业.学校文化建设研究[M].桂林：广西师范大学出版社，2008：13.

③ 郑金洲.教育文化学[M].北京：人民教育出版社，2000：240.

外，还可采取师生面对面交流、教研讨论、校园网信息发布等方式完善决策机制；学校管理各系统在执行工作计划过程中，定期进行阶段性的工作总结汇报，及时调整和完善学校工作；对于教学管理系统，学生提供的反馈信息作为教师调整教学方案的主要参考，体现以学生发展为本的教育理念，可以通过学生评教等方式实现反馈信息的获取；对于教师管理系统，建立教师博客、网络论坛等模块促进教师的沟通与反馈信息的获得，促进教师专业发展；学校在源源不断地向社会和高一级学校输送合格毕业生，通过对毕业生信息的调查与追踪能够为学校调整办学方向提供参考依据；学校还应重视与社会进行信息交流，及时获得社区、家长等外部信息资源的反馈，不断强化学校的开放性和社会服务功能。

第四节　学校管理信息标准化

20世纪90年代以来，我国各级教育管理部门和各级各类学校逐步建立了自己的管理信息系统，对于方便教育教学信息的汇总与管理、提高教育管理效率起到了巨大的作用。但是，随着管理信息系统在教育教学领域的广泛应用与深入，教育信息化的标准问题也开始逐渐暴露：

(1) 由于缺乏一套完整的教育管理信息标准，许多学校和教育管理部门根据自身工作的需要而采集各自信息，它们互相不兼容，在规范性、完整性方面存在很大问题，影响了各教育部门之间的网上信息交流。

(2) 由于缺乏一套完整的软件设计规范，目前各级学校和教育管理部门使用的教育教学管理软件存在较多设计不规范、兼容性和开放性差的问题。

(3) 由于缺乏对教育管理信息化工作的指导和管理，造成财力、物力、人力资源的大量浪费，许多系统建好以后不能或难以充分发挥作用。

上述问题在一定程度上影响了我国教育管理信息化工作的可持续发展。为此，教育部将教育管理信息化标准的制定工作纳入了我国教育信息化建设工程，作为一项基础性工作来抓。2002年，教育部颁布了《教育管理信息化标准》，其中第一部分为“学校管理信息标准”。该标准的颁布和实施，标志着我国教育管理信息化工作朝着网络化、标准化方向迈出了重要一步。2012年，教育部重新修订并颁布了《教育管理信息 教育管理基础代码》等七个教育信息化行业标准，旨在落实《国家中长期教育改革和发展规划纲要(2010—2020年)》对加快教育信息化进程的要求，建立教育信息化标准体系，以保障教育信息化健康有序发展，实现数据互通、资源共享。其中《教育管理信息 普通中小学校管理信息》标准适用于普通中小学校的管理信息体系，它规范定义了基础的数据元素，为中小学校管理信息系统的数据结构设计和使用提供了重要指导。

一、基本术语和定义

1. 信息　information

以适合于通信、存储或处理的形式表示的关于事物状态及其运行规律的知识。

2. 数据　data

信息的可再解释的形式化表示。它能够被计算机识别、存储和加工处理。

3. 数据元素　data element

通过定义、标识、表示以及允许值等一系列属性描述的数据单元，在特定的语义环境中是不可再分的最小数据单元。

4. 元数据　metadata

描述具体的信息资源对象的数据，并能对该对象进行识别和管理，实现信息资源的有效发现与获取。

5. 数据项　data item

具有独立含义的最小标识单位。

6. 数据类　data catalog

描述同一对象（业务环节）的相关数据元素的集合。

7. 数据子类　data subcatalog

数据类所描述的业务环节如可以再分解成若干相对独立的对象，则相对独立的对象相关数据元素集合称为数据子类。

8. 数据集　data set

本标准描述的所有数据元素的集合。

9. 数据子集　data subset

按中小学校职能域（主要管理业务）划分的数据元素的集合。

二、普通中小学校管理信息的体系结构

《教育管理信息 普通中小学校管理信息》统一规范了普通中小学校管理信息的体系及相应数据元素的定义。对普通中小学校管理基本信息的数据元素划分，设计了包括学生、教职工、教研、体育卫生、办公管理、房产与设施、仪器设备、图书管理等 11 个业务管理数据子集和学校基本情况数据子集，各数据子集按信息组织划分为数据类，有些数据类还划分为子类。其体系结构如图 15.5 所示，它还表达了数据集与代码集的关联。普通中小学校管理信息体系由以下 12 个子集组成：

—— ZXXX　学校概况数据子集：组合了学校概况数据类的数据元素定义。

—— ZXXS　学生管理数据子集：组合了学生管理数据类的数据元素定义。

—— ZXDY　德育管理数据子集：组合了德育管理数据类的数据元素定义。

—— ZXJX　教学管理数据子集：组合了教学管理数据类的数据元素定义。

—— ZXTW　体育卫生数据子集：组合了体育卫生数据类的数据元素定义。

—— ZXJZ　教职工管理数据子集：组合了教职工管理数据类的数据元素定义。

—— ZXKY　科研管理数据子集：组合了科研管理数据类的数据元素定义。

—— ZXFC　房产与设施数据子集：组合了房产与设施管理数据类的数据元素定义。

—— ZXSB　仪器设备与实验室管理数据子集：组合了仪器设备与实验室管理数据类的数据元素定义。

—— ZXTS　图书管理数据子集：组合了图书管理数据类的数据元素定义。

—— ZXBG　办公管理数据子集：组合了办公管理数据类的数据元素定义。

—— ZXAQ　安全管理数据子集：组合了安全管理数据类的数据元素定义。

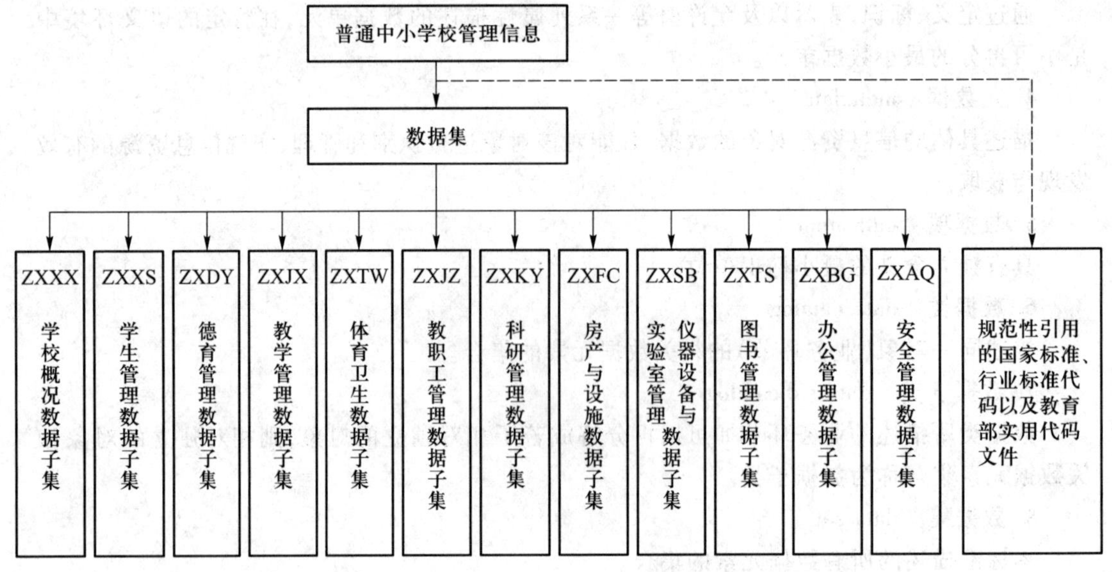

图 15.5 普通中小学校管理信息标准体系结构框图

三、普通中小学校管理信息的数据子集

《教育管理信息 普通中小学校管理信息》这一标准中构建了一个基本的元数据模型，规定了普通中小学校管理数据元素以及管理信息代码，将数据元素的各种属性加以描述。数据模型按照层次从高到低依次为数据子集→数据类→数据子类→数据项，数据项的元数据结构由编号、数据项名、中文简称、类型、长度、约束、值空间、解释/举例、引用编号共 9 项组合构成。该标准对数据项的结构属性及其扩展性进行了描述。

（一）学校概况数据子集

学校概况数据子集包括：① 学校基本数据类；② 年级数据类；③ 班级数据类；④ 机构数据类；⑤ 达标数据类。如表 15.1 所示。

表 15.1 学校概况数据子集

数据子集	数据类	数据子类
学校概况数据子集	学校基本数据类	学校基本数据子类
		校区数据子类
	年级数据类	
	班级数据类	
	机构数据类	
	达标数据类	

（二）学生管理数据子集

学生管理数据子集包括：① 学生基本数据类；② 学籍数据类；③ 毕业数据类；④ 综合评价数据类。如表 15.2 所示。

表 15.2 学生管理数据子集

数据子集	数据类	数据子类
学生管理数据子集	学生基本数据类	学生基本数据子类 学生学习简历数据子类 学生来源数据子类 政治面貌数据子类 家庭通信方式数据子类 家庭成员数据子类 联系人数据子类 学生家庭经济情况数据子类 学生住宿数据子类 军训数据子类
	学籍数据类	入学考试数据子类 注册数据子类 学籍异动数据子类 奖励数据子类 处分数据子类 在校考试数据子类
	毕业数据类	结束学业数据子类 毕业数据子类
	综合素质评价类	评价指标数据子类 评价结果数据子类

（三）德育管理数据子集

德育管理数据子集包括：① 德育基本数据类；② 关注数据类。如表 15.3 所示。

表 15.3 德育管理数据子集

数据子集	数据类	数据子类
德育管理数据子集	德育基本数据类	德育课程数据子类 团队活动数据子类 社团情况数据子类
	关注数据类	严重不良行为学生数据子类 学生欺侮数据子类 未成年学生犯罪数据子类 专职心理健康教师数据子类

（四）教学管理数据子集

教学管理数据子集包括：① 课程数据类；② 教材数据类；③ 教学计划数据类；④ 排课数据类。如表 15.4 所示。

表 15.4　教学管理数据子集

数据子集	数据类	数据子类
教学管理数据子集	课程数据类	
	教材数据类	
	教学计划数据类	
	排课数据类	

（五）体育卫生数据子集

体育卫生数据子集包括：① 学生体育运动数据类；② 医疗保健数据类。如表 15.5 所示。

表 15.5　体育卫生数据子集

数据子集	数据类	数据子类
体育卫生数据子集	学生体育运动数据类	体能与水平测试子类 体育锻炼子类 体育达标子类 体育竞赛子类
	医疗保健数据类	体检批次子类 自述项目子类 生活习惯与病史子类 家族病史子类 体检项目子类 疾病与医疗子类 学生防疫注射子类

（六）教职工管理数据子集

教职工管理数据子集包括：① 教职工基本数据类；② 教职工资质数据类；③ 岗位职务数据类；④ 特岗教师聘任数据类；⑤ 校内异动数据类；⑥ 离职数据类；⑦ 教学数据类；⑧ 工资、保险福利数据类；⑨ 专家数据类；⑩ 兼职数据类；⑪ 学习进修数据类；⑫ 教职工考核数据类；⑬ 住房数据类。如表 15.6 所示。

表 15.6　教职工管理数据子集

数据子集	数据类	数据子类
教职工管理数据子集	教职工基本数据类	教职工基本数据子类 配偶数据子类 家庭其他成员数据子类 学习简历数据子类 工作简历数据子类 奖励数据子类 惩处数据子类 政治面貌数据子类 来源数据子类

续表

数据子集	数据类	数据子类
教职工管理数据子集	教职工资质数据类	学历学位数据子类 语言能力数据子类 岗位证书数据子类 教师资格证书数据子类 特级教师数据子类
	岗位职务数据类	行政、党派职务数据子类 专业技术职务数据子类 工人技术等级及职务数据子类 管理工作数据子类
	特岗教师聘任数据类	
	校内异动数据类	学校内部机构调动数据子类 编制异动数据子类 离岗数据子类 病休数据子类
	离职数据类	离退休数据子类 工作返聘数据子类 离职数据子类 死亡登记数据子类
	教学数据类	教学工作量数据子类 任课数据子类
	工资、保险福利数据类	工资变动子类 工资结构子类 保险福利子类 住房公积金子类
	专家数据类	国内专家子类 来华定居工作专家、学者子类
	兼职数据类	社会兼职职务数据子类 学术团体兼职数据子类
	学习进修数据类	国内进修学习数据子类 出国(境)学习工作数据子类
	教职工考核数据类	教师业务考评数据子类 组织考察(考核)数据子类 干部工作考核数据子类 工人考技考工数据子类
	住房数据类	

（七）科研管理数据子集

科研管理数据子集包括：① 科研项目数据类；② 科技著作数据类；③ 科技论文数据类；④ 学术会议数据类；⑤ 鉴定成果数据类；⑥ 专利成果数据类；⑦ 技术转让数据类；⑧ 获奖成果数据类；⑨ 教案数据类；⑩ 课件数据类。如表 15.7 所示。

表 15.7　科研管理数据子集

数据子集	数据类	数据子类
科研管理数据子集	科研项目数据类	科研项目子类 项目协作单位子类 项目经费子类 项目人员子类 项目合同管理子类
	科技著作数据类	科技著作子类 科技著作人员子类
	科技论文数据类	科技论文子类 科技论文发表子类 科技论文报告子类 科技论文人员子类
	学术会议数据类	
	鉴定成果数据类	鉴定成果子类 鉴定成果人员子类
	专利成果数据类	专利成果子类 专利人员子类 专利出售子类
	技术转让数据类	技术转让子类 技术转让人员子类
	获奖成果数据类	获奖成果数据子类 获奖成果人员子类
	教案数据类	
	课件数据类	

（八）房地产设施数据子集

房地产设施数据子集包括：① 学校用地数据类；② 建筑物基本数据类；③ 建筑物安全数据类；④ 房间数据类；⑤ 设施数据类；⑥ 修缮维护数据类。如表 15.8 所示。

表 15.8 房地产设施数据子集

数据子集	数据类	数据子类
房地产设施数据子集	学校用地数据类	
	建筑物基本数据类	建筑物基本数据子类 建筑物档案数据子类
	建筑物安全数据类	建筑物安全排查数据子类 建筑物鉴定数据子类
	房间数据类	
	设施数据类	
	修缮维护数据类	

（九）仪器设备与实验室管理数据子集

仪器设备与实验室管理数据子集包括：① 实验管理数据类；② 仪器设备数据类；③ 软件资源数据类。如表 15.9 所示。

表 15.9 仪器设备与实验室管理数据子集

数据子集	数据类	数据子类
仪器设备与实验室管理数据子集	实验管理数据类	实验室数据子类 实验项目数据子类
	仪器设备数据类	仪器设备基本数据子类 规格数据子类 价格数据子类 附件数据子类 使用管理数据子类 报损、报废数据子类
	软件资源数据类	软件资源子类 使用管理子类

（十）图书管理数据子集

图书管理数据子集包括：① 图书数据类；② 期刊数据类。如表 15.10 所示。

表 15.10 图书管理数据子集

数据子集	数据类	数据子类
图书管理数据子集	图书数据类	图书基本数据子类 图书订购子类 图书到货子类 图书编目子类 图书借阅与归还子类 图书减少子类
	期刊数据类	期刊基本数据子类 期刊征订子类 期刊合订编目子类 期刊借阅与归还子类 期刊减少子类

（十一）办公管理数据子集

办公管理数据子集包括：① 文件基本数据类；② 收文处理数据类；③ 发文处理数据类；④ 文件清退数据类；⑤ 文件销毁数据类；⑥ 文件借阅数据类；⑦ 文件归档数据类；⑧ 档案登记数据类；⑨ 会议管理数据类；⑩ 制章类；⑪ 用印类；⑫ 数据发布类。如表 15.11 所示。

表 15.11 办公管理数据子集

数据子集	数据类	数据子类
办公管理数据子集	文件基本数据类	
	收文处理数据类	收文处理子类 文件阅办子类
	发文处理数据类	发文处理子类 核稿子类 会签子类 呈批子类
	文件清退数据类	
	文件销毁数据类	
	文件借阅数据类	
	文件归档数据类	
	档案登记数据类	
	会议管理数据类	
	制章类	
	用印类	
	数据发布类	

（十二）安全管理数据子集

安全管理数据子集包括：① 安全管理机构数据类；② 安全保卫人员数据类；③ 物防数据类；④ 技术防范措施数据类；⑤ 安全教育数据类；⑥ 安全规章制度数据类；⑦ 应急演练数据类。如表 15.12 所示。

表 15.12 安全管理数据子集

数据子集	数据类	数据子类
安全管理数据子集	安全管理机构数据类	
	安全保卫人员数据类	
	物防数据类	
	技术防范措施数据类	
	安全教育数据类	
	安全规章制度数据类	
	应急演练数据类	

本章小结

本章主要探讨四个方面的内容:信息时代的学校管理、学校信息管理与系统构建、学校信息管理过程、学校管理信息标准化。现代信息技术引入到学校管理,能够实现教育管理的高度信息化,促进了学校最大限度地发挥其职能,提高工作效率。随着科学管理新理念的梳理与信息系统理论的引入,学校管理在硬件设施和软件平台建设方面正在进行全面革新。

思考题

1. 信息社会对学校管理提出了哪些要求?
2. 什么是学校管理信息化?
3. 学校信息资源可分为哪两大类?请分别举例。
4. 学校管理信息系统的主要结构及其功能是什么?
5. 简述学校信息管理过程的基本环节。

第十六章　学校文化管理

学习目标

了解文化和学校文化的不同观点及其区别和联系，理解学校文化的内涵、学校文化与校园文化的区别和联系，了解学校文化管理的基本指导思想和主要任务，掌握学校文化的结构模型，能够运用学校文化的概念区分学校文化和校园文化，熟悉并能运用学校文化管理的四种路径去探讨学校文化管理的现实问题。

建议学时

3学时

教师导读

本章的学习需要有一定的关于教育、学校、学校教育的认知，学生须有清晰的“教育性”意识，能牢牢把握学校文化管理的特殊性。建议学生在进行本章的学习之前，先行阅读有关文化和组织管理的文献，以便更好地理解学校文化管理的概念。学习本章之后可以延伸阅读国内学者关于学校文化方面的著作和文章，通过比较来丰富学生的知识体系，形成学生自己的学校文化管理观。学生应能够以学校文化管理的实践操作部分作为思考框架，可以对现实中的学校文化建设进行分析、评价和建议。学校文化管理的内容实践性很强，建议教学过程中使用学校文化的具体案例来分析和讲解，会更加有利于对知识的理解。

依据不同的断句方式，“学校文化管理”可以有两种理解，一是“学校文化的管理”，即是对学校具有的各种文化及其表现形式进行管理，使学校的文化得到改进或更加优化，这是把学校所体现出来的文化作为管理的对象来看待；二是“学校的文化管理”，即对学校进行文化式的管理，以区别于对学校的经验管理、科学管理，这是把学校作为管理的对象来看待，并且是以文化的方式来进行管理。在本书中，所说的学校文化管理是取自第一种含义。但是需要明确的是，二者之间是有密切关系的。“学校的文化管理”之所以能够提出来，是因为当前人们越来越认同学校作为一个文化主体而存在，易言之，学校的文化特质日益受到关注，人们认识到了文化对于当今时代学校发展的本体论价值和意义。而若要发挥学校的文化对于学校发展的引领和标识作用，就不能放任学校文化处于模糊和自然的状态，而是要对其进行管理。本章就来讨论学校文化管理的相关问题，首先要回答什么是学校文化，其次来阐述学校文化的结构或者说学校文化是如何表现出来的，最后探讨学校文化如何进行管理。

第一节 学校文化的内涵

一、文化与学校文化

理解学校文化首先需要理解什么是文化，但是文化的概念很多。英国人类学家泰勒(E. Tylor)在《原始文化》一书中认为，“所谓文化乃是包括知识、信仰、艺术、道德、法律、习惯以及其他作为人类的成员而获得的种种能力、习性在内的一种复合的整体。”这个概念强调了文化的整体性和习得性。整体性是指各种人类活动及其结果如知识、信仰、习惯等是存在着内在联系的，不是相互完全区别的。习得性是指文化是在特定的历史文化环境中通过学习而获得的。人类学家米德(M. Mead)非常关注文化的习得性，甚至认为“文化就是社会或亚群体的习得性行为”。泰勒之后，文化研究奠基人威廉姆斯(R. Williams)认为“文化包括了生产的组织、家庭的结构、组织的结构等，它们表达或控制着各种社会关系，构成社会成员间相互交往的特殊形式”。① 该定位强调了文化的结构性和独特性。如果说泰勒着重强调了某种文化在某个社会群体内部的一致性，那么威廉姆斯则着重阐明了某种文化与其他社会里同类文化比较起来的差异性。无论是一致性还是差异性，都是对文化的特征的描述，但是在这种语境中的文化却主要是作为一个名词来表述的，它未能体现文化的能动性以及对于人们生存与生活的内在影响。当代荷兰哲学家冯 · 皮尔森(C.A.Van Peursen)给出一个截然不同的文化概念，他说“文化这个术语与其说是名词，不如说是动词。”“文化主要的不是意指包括诸如工具、图画、艺术作品，更不消说博物馆、大学楼、税务所在内的客体或产物，而是首先意指人制造工具和武器的活动；舞蹈和念咒的礼仪；以及与性爱、打猎、准备食物相关联时的各种行为模式。文化的一个方面是传统，即所有物和规则的传递，然而这种传统是包含在人的活动的变化之中的，是包含在现存文化形式所体现的无数变化和发展的可能性之中的。”②在皮尔森看来，文化是人适应生存和生活的方式。著名学者胡适先生认为文化乃是一种文明所形成的生活的方式。简单来说，文化就是生活的方式。在某种社会群体之内，人们的生活具有很大的一致性，其生活方式是可继承、可认同的。在不同社会群体之间，人们的生活方式又具有很强的差异性和独特性。

学校文化是文化的下位概念。最早提出学校文化这一概念的，是美国学者华勒(W. Waller)，他于1932年在其《教育社会学》(The sociology of teaching)一书中使用了“学校文化”一词。他给学校文化下的定义是：“学校中形成的特别的文化。”他认为，这种文化一方面藉不同年龄的儿童将成人文化变为简单形态，或藉儿童游戏团体保留成人文化；另一方面则由教师设计，引导学生活动的文化形成。学校中的各种仪式，是学校文化的组成部分；学生所认为的学校生活中最重要的活动，则属于文化模式。20世纪70年代以后，一些学者采用现象学、诠释学、民族志等方法研究学校文化。他们认为一向被忽视的诸如学校或班级中的知识选择、组织和评价，学校中社会化和文化的传递以及师生关系等，是学校文化研究的关键。同时，杰克逊等学者从课程论的角度出发，对学校文化进行了研究，首次提出了“隐

① 赵中建.学校文化[M].华东师范大学出版社，2004：300.

② 石中英.论学校核心价值观及其形成[J].中小学管理，2008(10).

性课程”的概念，认为“在学校、班级中促进学生社会化的非学术性经验构成了隐性课程，而这些非学术性经验的主体实际上就是学校文化。”①霍克曼（P. Heckman）认为，学校文化可以理解为教师、学生和校长所持有的共同信念，这些信念支配着他们的行为方式；同时，学校文化和学校本身的传统与历史也有密切的关系。也就是说，学校文化应该是学校校长、教师和学生所共同具有的和共享的信念，其形成又是与特定的学校历史传统相联系的。②

自20世纪80年代我国教育学者关注学校文化建设开始，国内关于学校文化的概念也是众彩纷呈，各抒己见。

郑金洲认为，学校文化是学校全体成员或部分成员习得且共同具有的思想观念和行为方式。具体可以理解为：一是学校文化不仅包括学校全体成员共同遵循的一些观念和行为，而且也包括部分成员共同遵循的观念和行为；二是学校文化既可能会给学校预定教育目的的达成带来积极意义，也有可能阻碍教育目的的达成，这是由学校文化中蕴含的丰富的多样性和差异性所决定的；三是学校文化的核心（即使不是全部的话）是学校各群体所具有的思想观念和行为方式，其中最具决定作用的是思想观念，特别是价值观念。③

俞国良认为，学校文化是学校所特有的文化现象，是以师生价值观（学生为主体，教师为主导）为核心以及承载这些价值观的活动形式和物质形态。其中，学校文化的主要内容是学校在长期的办学过程中所形成的共同的价值观念。④

石鸥认为，大而言之，学校文化是学校全体人员通过共同努力所达到的学校总体文明状态，它既包括学校的物质财富和环境资源条件，更包括学校成员群体的学校意识、学校精神以及学校的行为规范等精神财富。小而言之，学校文化指的是学校成员在长期实践中创造的、共同遵循的精神准则以及在这些准则指导下的学校成员的行为、心理取向及其精神风貌。⑤

季苹特别从学校文化的表象和实质两个角度来定位学校文化，她认为，学校文化的表象是学校中大多数人在组织中表现出来的做事方式和处世态度，其核心是这些做事方式和处世态度的“内隐规矩”和“内隐概念”。⑥

顾明远指出，学校文化是经过长期发展历史积淀而形成的全校师生（包括员工，下同）的教育实践活动方式及其所创造的成果的总和。这里面同样包含了物质层面（校园建设）、制度层面（各种规章制度）、精神层面和行为层面（师生的行为举止），而其核心是精神层面中的价值观念、办学思想、教育理念、群体的心理意识等。⑦

前文列举了教育研究者关于学校文化的定义，各以不同的方式表达了多样的观点，仔细分析，会发现这些定义之间的共同点：

首先，学校文化的主体是学校成员，包括教师、学生、非教学人员等所有在学校这个组织结构里的人。

---

① 俞国良.学校文化新论[M].湖南教育出版社，1999：30.
② 石鸥.学校文化学引论[M].气象出版社，1995：21.
③ 季苹.学校文化自我诊断[M].教育科学出版社，2004：13.
④ 顾明远.论学校文化建设[J]，西南师范大学学报，2006(5).
⑤ 石中英.学校文化的核心：价值观建设[J].2005(8).
⑥ Ziauddin Sardar & Borin Van Loon.*Introducing Cultur al Studies*.Icon Books Ltd，1997：5.
⑦ [荷兰]冯·皮尔森. 文化战略[M].刘利圭，译.中国社会科学出版社，1992：2.

其次,学校文化的表现形式既体现在学校成员的思想观念上,也体现在学校成员的行为活动中,更表现在学校的显性和隐性的规章制度上。观念、行为、制度这些都是文化形式的一种,而所有这些文化形式都是符号形式。

再次,学校文化的核心,或者说灵魂,是价值观。无论是从“文化”这个词的词源来分析,还是从“文化”这个词的日常用法来体会,它总是与人们的主观需要、愿望或偏好有关,也即与人们的价值选择与表征有关。① 但是和学校密切相关的主体有很多,学生、家长、不同的教师群体、校长、社区等,因而会有不同的价值观,但能够称得上一个学校的价值观的,绝不是这些林林总总的各式各样的价值观,它必须是所有的学校成员都认可的,自觉去守护的原则、规范和价值观,这就是学校的核心价值。核心价值体现在学校的办学理念、校训和校风、教风和学风中。学校中的一草一木、一人一事都应该反映出学校的核心价值。

基于以上对文化和学校文化各种理解的梳理和分析,可以将学校文化界定为:学校成员以特定的教育价值观念为引导,使用各种符号系统建构的生活方式。从性质上说,学校文化是学校这个社会组织的文化,主要体现的是学校生活的文化特性。学校虽然是学生求学的地方,但又不仅仅只有学生和学习,为了学生的学习能够有效实现,学校这个组织必然具有专门的组织结构、权力系统、制度保障、组织成员、物理时空等。然而这些要素的存在必须表现出它们对学生学习也即学校教育生活的支持和促进,即学校文化最显著的特征应该是教育性,学校里的一切活动、组织安排都要指向学生更好地学习和发展。

二、学校文化与校园文化

学校文化与校园文化这两个概念虽然只有一字之差,然而内涵与外延都有极大的不同。国内教育理论和实践界最早使用的是校园文化一词,在后来的研究过程中逐渐发现其局限,目前通用的应该是学校文化这个概念了。虽然使用的词不一样了,但是理论和实践界却存在着实际上的混淆使用和误用。因而这里有必要把二者的关系加以澄清。

从内容上讲,学校文化是学校成员以特定价值为核心,使用各种符号系统建构的适应方式。它强调的是一种整体性,用特定的价值统整着学校中的一切文化表现形式。而校园文化在实践中的内涵主要体现在校园环境中的特定文化活动,即学校课程之外的教育活动,如社团活动、课外兴趣小组、艺术节、科技节等。校园文化可以看作是学校文化的一个子系统。

从属性上讲,学校文化是一种学校成员努力适应学校与社会发展的方式,是学校作为一个独立的实体自觉生存和发展的方式,方式背后具有形而上性质的、看不见的价值观念。而校园文化注重于在校园中创造具有教育意义的氛围,这些氛围通过校园文化活动、学校建筑和设计等看得见的东西来呈现。

从主体上讲,学校文化是由学校成员所自觉遵守、保护和执行,校园里的环卫工人、食堂中的做饭师傅都分有学校文化。但校园文化的主体,无论是在理论建设上还是实际行动中,其主体是校园中的学生。

实际上,“校园文化”流行于20世纪80年代,当时学校的文化建设是一种“校园取向”,最终使得文化建设仅仅关注于学校环境的建设和美化,使文化建设停留在表面和形式上,从而出现了一些“宾馆式”学校,豪华学校等反教育现象。而今天的校园文化建设更为注重学

---

① 衣俊卿.社会发展与文化转型[J].哲学动态,2000(3).

校的整体性,注重学校文化的育人性,早已超越了单纯的"校园文化",直指"学校文化"。

第二节　学校文化的结构

理解学校文化的内涵对于学校文化建设来讲还不够,还需要理解学校文化的结构,也就是要回答下面两个问题:一是学校文化由哪些要素组成?二是这些要素之间是什么关系?关于文化的要素构成有很多理论模式,其中具有代表性的就是"洋葱"模型和"冰山"模型,下面分别予以简要介绍。

一、学校文化的"洋葱"模型

"洋葱"模型的支持者把学校文化看作一个包含有三个层次的同心球:核心层是哲学理念层,包括办学的理念、学校的价值观念等;中间层是制度层,包括规范和约束人们日常交际行为和工作态度的法律、条例、规章制度等;最外层是器物层,包括学校建筑等各种物质材料。三个层次之间相互渗透、相互联系,有机地构成了学校文化。

(一) 核心层的学校文化

核心层的学校文化是指学校精神文化,"它是指学校在长期的教育实践过程中,受一定的社会文化背景、意识形态影响而形成的为其全部或部分师生员工所认同和遵循的精神成果"①,包括学校价值观和理念文化。学校价值观是"有关学校核心价值或基础价值的一整套看法或观念,它是从多样的学校价值观中抽取的带有基础性的或能够为不同价值主体共同选择的价值目标"。② 价值观是人们评价和取舍的标准,也是人们行为和态度的依据,它支配着整个学校生活。"学校的制度安排、行为方式、语言符号、风俗习惯和环境建设都应该体现学校的价值观念,是学校价值观念的制度化、具体化、物化和客观化的结果。从这个角度来说,学校价值观念是整个学校文化的核心和灵魂,是学校文化不同部分之间呈现出整体性联系的纽带,同时也赋予学校文化以内涵上的独特性和外观上的可区分性。"③

学校的理念是学校发展中的一系列教育观念、教育思想及其教育价值追求的集合体,是对学校根本问题的看法,是学校自主建构起来的学校教育哲学。具体来说,学校的理念包括:① 学校发展理念。这是以学校领导者为核心的学校全体员工在了解学校的历史与现状的基础上,依据教育规律,结合外界对学校的期望综合而成的学校发展愿景,譬如学校想要成为区级示范学校、成为全国知名的特色学校等定位。② 学校育人理念或者说育人目标。虽然我国教育目的在根本上规定了学校要培养什么样的人,但具体到每一所学校,教育目的应该根据学校在整个教育系统的位置,学校的区域状况,学校的生源、师资、历史特色等情况而转化成具体的学校的育人目标,这既是对以人为本教育理念的尊重,也是学校得以屹立于学校之林的根本。譬如有的学校提出培养"乐活少年"、有的学校提出培养"新市民"等。③ 学校的办学理念。表现为学校的办学方式,发挥着统合、引导、规范学校成员的作用。学校的价值观和理念文化具体指学校精神、学校发展目标、育人目标、办学理念等,它们是一所

---

① 张德,吴剑平.文化管理:对科学管理的超越[M].清华大学出版社,2008:28-29.

② 石中英.学校文化建设:三个基本概念[J].中小学校长,2009(6).

③ 叶澜.试论当代中国学校文化建设[J].教育发展研究,2006(8A).

学校建立的基石，是学校建立的纲领，同时也是学校文化的建设方向和目标。它们贯穿了一所学校建立、发展的始终。

（二）中层的学校文化

中层的学校文化是指学校制度文化。一般而言，人们行为的运行机制是价值观作用于人的意识，意识又作用于人的行为。起到中介作用的意识的外化体现就是制度。学校制度是在一定的价值观指导下建构和完善的，制度文化是精神文化的产物，同时，精神文化也要得到制度文化的支撑才有可能实现。

学校制度文化体现在学校的组织结构和管理制度两个方面。学校组织结构是一种立体化的制度形式，在日常生活中经常会用“机制”这个概念来描述它，它是指学校为了有效实现学校目标而筹划建立的内部各组成部分及其关系的形式。这种形式将确立学校各成员之间的沟通方式、工作规范以及学校管理人员的权利及责任范畴。学校管理制度是学校在教育实践中制定的带有强制性的规定和条例，包括学校的人事制度、教学管理制度、后勤管理制度等所有规章制度。作为师生员工行为规范的模式，学校管理制度能保证师生员工个人活动的合理开展，同时又会成为维护师生员工共同利益的一种手段。一般来说，学校组织结构回答的是为了实现育人和学校发展目标，学校各类人员应该处于何种位置之上，应该从事何种工作、完成何种任务的问题，而学校管理制度回答的则是处于具体位置之上的学校成员需要如何行事的问题。

学校制度文化是学校意识的体现，是学校行为的准则和规范。一所没有制度的学校或者因执行力不高而导致制度形同虚设的学校，工作就会没有秩序，没有效率，并且极有可能引发学生无政府主义、享乐主义思想和散漫懒惰的行为态度。因此，学校必须要建立一套完善的规章制度和严明的组织纪律。只有在完备的、公正的、严明的制度保障下，才可能形成师生严谨的治学态度和正确高效的工作作风。

（三）表层的学校文化

表层的学校文化是指学校物质文化，是“占据一定校园空间的有形实体文化形态，满足学校主体实用需要并蕴含着特定的教育理念、审美诣趣和价值追求的文化形态，是学校文化存在和发展的物质基础和保障，同时也是学校文化的物质载体。”它包括学校进行教学、管理、科研等活动所需要的物质设施和学校环境。但是，学校物质文化并不是泛指学校内的一切物质资料，而是特指具有文化意义的物质设施，例如具有人文意义的雕塑、具有纪念意义的建筑楼、校服、校徽等。

学校物质文化是学校内层精神的外化，折射出了学校所特有的文化底蕴和理想追求，形成一所学校所独有的校园气息，进而积淀为学校所独有的魅力，它们不仅起到美化校园、点缀校容的作用，同时也以其独特的物质形态陶冶、激励着莘莘学子。而这一过程正是学校物质文化的重要之处：设计者和创造者们依据自己心中的理念，为学校留下了一份份物质文化成果，这些物质文化逐渐内化为学校的精神文化，并且在不经意间给每一个学子“烙印”上学校的气息，默默地影响着学生的一生。

二、学校文化的“冰山”模型

“冰山”模型的支持者把学校文化看成两部分：一部分是可以直接观看到的结构，称之为显性结构；另一部分是隐藏的不可见的结构，称之为隐性结构。显性结构包括学校的校园环境(生态环境、师生的形象和学校建筑的布局等)、学校的标志符号(包括校徽、校旗、校歌等)、学校的规章制度、学校的组织结构、管理的行为模式以及其他可见的具有文化意蕴的客观物质存在。隐性结构包括学校的管理思想、价值观念、办学理念,学校精神以及隐藏在日常行为中的约定俗成的文化(如学风)。

学校文化的显性结构是隐性结构的物质载体,是隐性结构的外在表现;隐性结构是显性结构的基石。只有具有一定文化底蕴的物质建筑才能在时间的长河中保存下来,没有隐性结构的显性结构只是一株无根的花,虽有香味但会很快地枯萎、消逝,经不起时间的敲打。现实中,有些学校的领导为了谋求眼前的知名度和功绩,只顾大兴土木,却忽视了隐性结构的重要性或者漠视隐性结构的建设。这些现象的产生,一方面固然是领导们的私心作祟,但另一方面也和显性结构的快见效、易评价,隐性结构的难把握、难控制有关。如何把握好显性结构和隐性结构建设之间的平衡点,是对学校发展的一种挑战和机遇。

不论是“洋葱”模型还是“冰山”模型,都区分出学校文化的物质(显性)和精神(隐性)两大领域,都较重视行为文化。它是师生员工、管理人员在学校教学、管理、科研、学习、生活以及文体活动中表现出的精神状态、行为操守和文化品位,是学校作风、精神状态和人际关系的动态体现,也是学校精神、价值观和办学理念的动态反映。

总体来说,学校文化的体系结构具体可以分为以下三个层次:核心层——学校核心价值观和理念文化;中间层——学校制度文化和在制度基础上形成的行为文化;表象层——学校物质文化和一些符号系统所构成的学校外在形象。

第三节　学校文化管理的任务

文化管理包含三层含义:文化管理是一种管理思想和思潮,是以价值观为核心的文化管理思潮、管理方式,构成文化管理学派;文化管理是一种管理学理论,是管理理论发展的新阶段,是一种以人为中心的管理思想和管理理念;文化管理是把组织文化建设作为管理中心工作的管理模式。① 文化管理的这三层含义或者说指导思想,也是适用于学校这个社会组织的,但是学校文化的管理又有着不同于其他社会组织的特质。

一、学校文化管理的指导思想

(一)育人为本

学校的主要职责在于利用人类已经积累的文化财富,通过教师专业化的工作,来促进青少年一代的有效学习和健康发展,从而将其培养成为社会所期望的社会成员。学校文化正是学校这个社会组织在履行自身社会职责时所产生的一种文化系统,是围绕着“育人”这个核心所产生的一整套价值观念、制度规范、行为方式、语言符号、风俗习惯以及自然和建筑风格。因此,比较起其他的社会组织文化来说,学校文化的核心特征应该是鲜明和强烈的教育性,即学校工作的一切形式和内容,都应该体现明确的教育意图,都应该指向学生更加有效的学习和更加良好的发展。② 因此,对学校文化进行管理,首当其冲的是对学校文化是否坚

---

① 余清臣.学校文化建设的立体化实践[J].教育科学研究,2014(5).

② 张东娇.学校文化管理[M].北京:教育科学出版社,2013:28.

持了育人为本这一理念进行检视。凡是不利于学生学习和成长的要素都应该受到质疑和消除，凡是有违教育教学规律进而影响到教育教学实践的理念和行为都要逐渐杜绝。

（二）价值整合

学校文化管理不应是以一种理想的价值去替代学校已有的各种价值观念，因为这在实践中是行不通的。那么学校文化管理在实施中，不能忽略的就是学校中的价值整合原则。"整合要求突破原有的单一凝固的主流性文化的格局，转向对多维变化的关注，通过辩证的、批判性的取舍，经过结构化的处理，从原先统一失去后出现的纷乱中走出，形成有核心的丰富的统一。"①也就是说要摆脱简单粗暴的价值灌输和虚假的价值抉择，真正理解和尊重各种价值观念、各个群体的价值观念，给予各种价值观念以平等展示和竞争的机会，实现价值的整合，做到一与多的统一。统一之后的"一"是有主有从，有层次、多方面的、开放的和谐统一。

学校文化管理中的价值整合，一方面是学校成员的个体价值观的趋同。处于同一学校中的个体，因其地理空间的相似、文化背景的相同以及不断地日常交往，自然而然地会形成某种具有共同性的价值观念，从而使得日常交往和生活得以实现。但这种趋同既有可能是健康的、符合人类社会交往基本原则的，也有可能是阴暗的、违背基本价值原则的，这就需要组织价值观的介入和引领。另一方面是学校成员的个体价值观向组织价值观的主动趋近。因为人是社会关系中的人，人的价值观天然地会受到社会的建构和影响，而组织的价值观在一定程度上构成了对个体价值观的引导和评价，因而学校成员一般会自动修正和调整其价值目标，以接近组织的价值观。

（三）实践转化

学校文化管理在实施中面临着一个转化的问题，即不能拿学校文化直接去思考和评价学校的各方面工作，而是要有意识地且也必须要把学校文化跟学校的具体工作结合起来，也就是说要把学校文化的思想和理念贯彻到学校的具体工作中去。因为，从具体实践来说，学校各个领域的工作和这些领域的文化建设之间是有区别的。"这里以教学为例进行说明。对教学工作与教学文化建设工作进行区分的一个基本点是：教学文化建设是把学校文化理念贯彻到教学工作中的过程，是学校文化理念引领教学工作的过程。"②换言之，学校文化的理念必须转化为学校各项具体工作的实践理念，尽可能使用学校各种工作领域本身的理念替代学校文化的理念形式。例如，一所学校在文化理念上提出追求"卓越和创新"，教学文化建设中就应该把"卓越和创新"理解为"高质量的创造性教学"。这样做的目的在于使学校文化扎根落地，避免学校文化与学校实际工作相脱节的虚假的学校文化。

二、学校文化管理的主要任务

"学校文化管理里是对学校文化四个具体变量的结构性设计和操作，在原有起点上努力建设相对强文化学校的过程。"③学校文化管理过程就是学校文化的创建和培育过程。因为对绝大多数学校而言，学校文化大都处于一种比较模糊的状态，既然不够清晰，那么也就

① 赵中建.学校文化[M].上海：华东师范大学出版社，2004：320.

② 余清臣.学校文化的载体：仪式建设[J].教育科学研究，2005(8).

③ 郑燕祥.教育领导与改革新范式[M].上海：上海教育出版社，2005：491.

谈不上对它的管理,此时的管理更多的是一种修缮乃至创建工作,使处于朦胧、自发、自然状态的学校文化逐渐明朗、自觉的过程。

(一)学校核心价值观的塑造

学校文化的精华和核心是学校成员共享的价值观和基本假设。学校文化管理必须要围绕价值观这个重点,才能抓住文化的灵魂。

1. 学校核心价值观的凝练

任何一所学校,都有其价值观念。可能是被学校成员所明确认知的,也可能是学校成员习焉不察的;可能有助于师生成长发展,也可能阻碍师生成长发展。因而学校核心价值观的凝练过程既有自我否定的要素,也有自我肯定的要素,但总的来说,学校的核心价值观总是从学校本身中生发出来的。学校核心价值观不会存在贴标签现象,因为价值观反映的是人的思想,标签可以改变语言,但难以改变思想。所以学校核心价值观的凝练必要面对"过去的重大事件"以及"现在流行的故事"。以学校的历史、故事、经验、传统为资源,以学校成员们对学校文化的认知和愿景为导向,采用头脑风暴和全民讨论的方式,借助教育专家的智慧和专业能力,共同凝练和明晰学校的核心价值观,以恰当的词语表达出来,并对核心价值观进行学校各方面工作理念的实践转化,从而形成一套富有教育性、逻辑性、层次性、可操作性的学校文化体系。

2. 学校核心价值观的认同

学校核心价值观凝练出来了并不意味着它就成为学校的核心价值观了。因为核心价值观的来源是学校成员们对学校文化的深层次乃至潜意识层面的认知和理解,而且核心价值观具有愿景和蓝图等理想成分,所以它需要一个不断的、长期的认同机制的运行。一般来说,校长是最接近学校核心价值观的人,所以他毫无疑问地要担负起使广大的师生员工、学生家长、社区及其他校外系统的人们认同学校核心价值观的重任。所以,对己,校长自身要对学校文化有深刻的体认,对学校核心价值观有正确而丰富的认识;对内,校长要做学校核心价值观课程的授课人,有能力、有意识、有智慧地向师生渗透学校核心价值观;对外,校长要做学校核心价值观的形象代言人,以自身的形象、行为、言语来表达和宣传学校核心价值观。

(二)学校制度文化管理

学校组织结构反映的是学校内部具有哪些组成部分以及这些部门之间具有何种关系。所以一所学校的学校文化会决定该校的组织结构,而该校的组织结构则会孕育学校的文化。当学校文化因为时代环境的变化、学校领导人的更换而出现内在的变化需求时,学校的组织也会在结构上出现相应的调整。学校组织结构的调整具有普遍的程序:"确定组织设计的基本方针和原则,进行职能分析和职能设计,设计组织结构的框架,即承担各项管理职能和业务的各个管理层次、部门、岗位及其职责,沟通方式的设计,管理规范的设计,人员配备和训练管理,运行制度的设计,反馈和修正。"①但对学校组织结构的调整一定是三思而后行的结果,需要展开理论论证和教育调查,只有当现有组织结构确实不能推动学校发展有违学校文化的时候才能对其进行调整。尽量避免领导拍脑袋决策、跟风决策、为人设岗等现象。

学校制度是学校进行正常的教育实践活动所必需的,是师生员工活动的行为依据。制

---

① 陈鹤琴.家庭教育[M].上海:华东师范大学出版社,2013:172.

度文本的形成过程一般是:责任部门起草—广泛调查研究—骨干研讨—教代会通过。制度表现为一种文本形式,它所具有的稳定性特征有助于师生员工形成长久的行为反应机制,养成良好的习惯。但制度作为对行为的约束和引导,也存在一定的滞后性和思维定势。学校中总是会出现现有制度所涉及不到的行为,此时现有制度就无法起到对该种行为的指导作用,甚至会因其“新”而将其视为“异”,从而压制新的行为。这就反映出学校制度文化及其管理的必要性。因而对学校而言,不应惧怕、排斥超越现有制度的行为,而是要抓住典型事例进行分析,适时地对现有制度进行调整。

(三)学校行为文化管理

1. 仪式文化管理

仪式是文化的重要载体,学校中存在的众多仪式是学校文化管理中不可或缺的重要内容。“作为一种文化现象或文化载体的仪式并不是通常所说的仪式那么狭义,只要是能象征某种文化意义的、有角色分配的社会行为在人类学上都可以算得上仪式。因此,在学校文化中人类学意义上仪式的范围是广泛的,既包括传统的发奖、升旗、扫墓和团队等活动,也包括运动会、联欢会、班会等形式。”①此外还有像开学典礼、毕业典礼、拜师仪式、某建筑落成仪式、少先队(共青团)宣誓仪式、成人宣誓仪式,等等。这些具有不同功能的仪式,构成了复杂的仪式文化。“从仪式方面来加强学校文化建设,一方面要求从仪式的角度来思考学校文化现象,抽取校园现有活动的仪式内涵,并了解其中的意义;另一方面要从仪式生成和发展机制来丰富学校文化仪式,并思考如何加强仪式的文化功能。”

2. 领导文化管理

这里的“领导”有两层含义,一是指学校中以校长为首的各级领导干部;二是指区别于日常管理行为的“领导行为”。把两层含义合起来,领导文化管理即领导的领导行为文化的管理。领导不同于管理:管理是正确地做事情,领导是做正确的事情;管理寻求秩序和稳定,领导寻求适应性和建设性的变化;管理关注目标达成,领导注重对人的影响和引导。因此,领导行为文化的管理意味着传统的管理文化向领导文化的转变,意味着以校长为核心的学校领导层是学校的文化领导者,应该具备价值引导力。其中,学校校长需要的是对学校总体变革的统揽,而非小范围的修缮,校长需要把更多的精力集中于学校精神的创建上,集中于学校发展愿景的描绘上,即校长应该是学校发展的掌舵者。

3. 教师文化管理

教师是学校文化的建设主体和管理主体之一,对学校文化建设的进程会起到积极推动或消极阻碍的作用。正所谓学为人师、行为世范。教师对学校文化的诠释体现在他们的教育教学和师生交往之中。远至孔子、苏格拉底,近到一位位感动中国的人民教师,他们用他们的行为阐述了教师这个职业远不是教给学生知识那么简单,相反,教师是一个需要全身心投入的职业。因为教师的日常工作——教育教学,其教育效果的实现往往工夫在事外。除了对专业知识的熟悉和深度把握之外,敬业爱生、严谨务实、积极进取、对知识的好奇心和求知欲、锲而不舍的探索精神,这些情感性的要素都会在教师的教学中体现出来。只有这样的老师才会赢得学生的尊重和信赖,从而实现“亲其师、信其道”的教育功效。因此,学校要尊

---

① Cheryl L. Fagnano. Beverly Z. Werber. School, Family and Community Interaction—a view from the Firing Lines. Westview Press 1994.

重教师的知识分子身份，给教师以发展的空间和平台，充分相信教师的教育良心和专业判断，营造出专业、宽松、自由的教师发展氛围，还教育自主权于教师，从而达到对教师教育教学行为的无为而治。

4. 学生文化管理

学生同样是学校文化重要的创建者，而且学生也是学校文化的终极展现者。学生文化基本上可分为两种，一种是同学校主流文化相吻合的文化，另一种则是同学校主流文化向背离的文化。对于前一种学生文化，应该加以褒奖，尤其是体现学校主流文化的典型事例和模范学生，学校要对他们进行有意识的宣传，从而促进学校主流文化的形成和积淀。对于后一种学生文化，学校不应该一味地压制和硬性转化，反而是要认真思考，进行调查研究，对之进行分类分析。那些会伤害到学生成长和学校发展的亚文化，学校要积极思考对策，以教育的方式进行软性转化；对于那些能够补充、丰富学校主流文化的亚文化，学校应该毫不犹豫地接受并内化。

（四）学校物质文化管理

学校物质文化，是指校舍建筑、场馆设施、仪器设备、教学用具、图书资料、花草树木、园林景色、雕塑饰物、光线、色彩以及各种有形的东西。作为可见的存在物，学校各种事物凝结了学校成员们的劳动和智慧。学校物质文化主要是指渗透在学校环境中的办学思想、培养目标，以及在学校时空中人们在活动中形成的制度与非制度的文化价值观念。由于人总是处于一定的环境中并且会受到环境的影响，反过来人也会影响环境。鉴于环境与人之间的意义互构，国内外教育专家都非常关注学校环境的创设问题。如苏联教育家苏霍姆林斯基在《帕夫雷什中学》一书中用两章的篇幅详细论述了环境与教育的关系问题。所以，学校物质文化管理必须考虑如何实现学校环境与教育目标之间的一致性，必须考虑如何体现学校的育人本质，必须考虑如何体现特定学校的特定文化。

1. 学校标志

一般来说，学校标志是对学校进行区别的最精炼的载体，也是学校文化自信的体现。学校标志的设计应该是对学校文化的图解，也是对学校的代表。学校标志的设计可以尊重传统，也可以传统与现代并重，无论是继承而来的学校标志，还是重新创造出来的学校标志，都要取得学校所有成员的认可和理解。而且学校标志一旦存在了，就要有意识地利用和推广。学校的校服、纪念品、毕业衫、教师的办公用品、学校办公系统和宣传系统等，只要是富有学校意义的东西，都要有学校标志的存在。

2. 外部环境

学校是育人场所，秉持着正面教育的基本教育规律，学校选址应尽量选在具有文化意蕴或者可以挖掘出文化意蕴的地理空间中。我国古代书院一般都在山清水秀之处，为的就是以自然之美来化育学子。当今时代尤其是城市之中环境污染普遍严重，但仍有环境优美的地方。学校能否位于环境优美之处或者尽量为学校创造一个优美的外部环境，这是衡量一个城市和政府是否真正重视教育的重要标准。

3. 校园环境

校园既是一个学习场所，也是一个师生、同学交往的场所。不能把校园简单地理解为与外界隔离、包围在院墙之内的地方。校园环境应被当成一个育人系统加以构建，校园环境的结构、功能要体现出以人为本的理念，围绕师生的教育教学、社会性交往、个性发展的需要，以学校的教育理念为设计前提，进行整体规划。而且校园环境并非单指教学楼之外的空间，在教学楼中的走廊、教室墙面、楼梯等处都应该体现出学校文化。

4. 图书馆

自古以来，书本都是文化最重要的载体，观察一所学校是否具有现代教育意识，其图书馆是一个很好的视点。图书馆不仅仅是一个放书藏书的地方，更是重要的学习场所，因而它的存在方式和管理制度显得尤为重要。有的学校图书馆大门几乎不开，形同虚设；有的学校三令五申图书保存制度，丢书、损坏书被视为需要严厉惩罚的事情。但实际上最不应该被惩罚的偷盗行为可能就是偷书了。对于偷书者，学校首先应该做的是检视和反思学校是否没有给学生足够的资源，其次才是寻找合适的惩罚手段。

5. 人文景观

相信每一张校园里的留影都是在学校著名的景观之下拍摄的，人文景观给学生留下的是终身的记忆。因而根据学校文化假设的需要，在校园内适当挖掘体现学校精神文化的人文景观，可以大大美化学校环境，起到潜移默化的教育作用。

本章小结

学校文化是指学校成员以特定的教育价值观念为引导，使用各种符号系统建构的生活方式。学校文化在文化属性、内容和主体三个方面都与校园文化有着明显的区别。学校文化结构的“洋葱”模型和“冰山”模型都是理解学校文化的视角。学校文化管理有其教育方面的独特性，突出表现在育人为本、价值整合与实践转化三个方面，其主要任务就是对学校文化四个具体变量的结构性设计和操作，包括学校核心价值观的塑造、学校制度文化管理、学校行为文化管理、学校物质文化管理。

思考题

1. 结合文化的定义和学校的特征，谈谈你对学校文化的理解。
2. 为什么说价值观是学校文化最核心的部分？
3. 如何理解洋葱型文化模型及其对学校文化建设的意义？
4. 搜集你所在学校的教师或学生管理制度文本，从学校文化的视角进行分析。
5. 案例分析：①

某中学为加强教师考勤管理，制定了上下午上班签到的考勤制度，并且每天由值班领导亲自给教职工签到。这项制度已经施行了几年，基本上杜绝了迟到、早退和无故缺勤现象的发生。随着学校考核评价等一系列管理办法的实施和教学成绩的不断提高，学校声誉越来越好，学校和教师所承受的各种压力也越来越大。在一次骨干教师座谈会上，老师们提出能否取消下午考勤签到的问题，理由是：“老师们很累，下午第一节如果没有课，中午想踏踏实实休息一会儿，缓解一下。如果有签到，就不敢休息，有时刚睡着就惊醒，这样下去总得不到充分的休息，对身体健康很不利，也不能精力充沛地投入工作。”有位主管领导说：“签到是

① 程凤春.学校管理的50个经典案例[M].上海，华东师范大学出版社，2009.

我校实行了多年的制度，如果取消就会给一些对自己要求不严格的人带来可乘之机，这样就会产生由于少数人的不自觉而影响整个教职工群体的现象，会造成严重的后果，所以签到不能取消。”

你认为下午的签到到底该不该取消呢？从学校文化管理的角度，对这位主管领导的学校管理理念进行分析并对该学校的学校文化进行讨论。

第十七章 家校合作

学习目标

理解家校合作的必要性，了解家校合作的基本类型和主要方法，能够结合学校实际，运用家校合作的推进策略开展各种旨在化解家校矛盾，促进家校沟通、社区合作，唤起家长志愿服务意识，提升家长养育孩子和参与决策能力的活动。

建议学时

4学时

教师导读

家校合作首先是要认识家庭教育在学校教育中的作用，这一部分不要过多地讲道理，最好是从生活中或者从自己周围找一些生动具体的例子，正反例子结合效果会更好。家校合作的主要类型是本章的重点，每一类里都有活动实例，建议可以多与实践联系起来，鼓励学生动手操作。在家校合作的实践策略里，可以使用书中的案例或者选择在家校合作方面的成功案例来进行分析、讨论，提炼出一些关键要素和方法，这样更有利于理解和掌握。

第一节 家校合作的必要性

一、什么是家校合作

合作是一种社会互动的形式，是指两个或两个以上的人或群体为达到共同目的自觉或不自觉地在行动上相互配合的一种互助形式。家校合作又被称为家长参与、亲师合作，泛指家长在子女教育过程中，与学校之间互动的一切行为。香港的郑燕祥认为家校合作的含义是：一方面代表家长积极支持和参与学校的教育过程，包括与学校保持良好沟通和协助学校推行活动，甚至成为学校董事，参与学校决策，提供意见；另一方面亦代表学校帮助家长组织起来，成立家长会和支持单位，协助他们推动家庭教育、交谊活动和互相支持等工作。因此，家校合作是一种双向活动，一方面是由家庭参与学校的教育工作，对学校的工作提出意见或提供实质性支持；另一方面是由学校协助家庭参与这些工作和建立完整的家庭教育。

近年来随着学校社区化的趋向，家校合作的范畴逐渐从与家庭教育相重合的部分向学校延展，日益深入到学校的教学活动和组织管理内部；同时由于教育生态观的蔓延，也日益强调社区的作用。美国学者爱伯斯坦（Joyce L. Epstein）在《从理论到实践：家校合作促使学校的改进和学生的成功》一文中，将家校合作的含义扩展为“学校、家庭、社区合作”，并强调了学校、家庭和社区对孩子的教育和发展负有共同的责任，以及论述了学校、家庭、社区三者对孩子的教育和发展的相互影响。他说：“相比于家校合作，学校、家庭、社区伙伴关系是一个更好的术语，能更好地表达家庭、学校、社区对各年龄段孩子的教育和发展所共有的利益、责任、投入和交迭的影响。这一论述强调了机构对孩子的教育负主要责任——学校、家庭、社区都需要支持作为学生的孩子。此外，认识到学校与其他两个作为平等主体的伙伴关系，还有家庭所有成员的潜在影响，而不仅仅是父母，更重要的是这个术语允许学生加入到伙伴关系中与他们自己的家庭和学校交流沟通。这个术语给了空间让社会团体、个人、代理机构和组织与学校、家庭一并投入到孩子们的教育当中去，这些孩子的未来也会影响社区、家庭和孩子自身的生活质量。”

可见，家校合作的含义有一个不断丰富的过程，由对在家教育的参与延展到学校的教学活动和组织管理，由学校扩展到社区，最终形成一种家庭、学校与社区协作的观念。

二、为什么要推进家校合作

过去的数十年，西方社会在推进家校合作上，已经发展到让家长以监护人、教师助手或工作人员的身份“参与学校事务”。我国自改革开放以来，社会和家庭都发生了巨大的变迁，这些变迁正在对家庭和学校的关系产生巨大的冲击和深远的影响，传统的“以家为本”的合作模式遇到新形势的挑战，家长们对不能参与孩子校内的活动和决策提出了质疑和不满。这些促使人们重新思考现代家庭和学校的关系，将家长参与延展到学校的教学和组织管理中，以建立新型的家校合作关系。

（一）家长教育子女需要学校的帮助

儿童的第一任老师是父母，其最基本的教育是发生在家庭而非学校，其基本的生活价值与行为习惯，对自我及他人的看法，主要也是在家庭中形成的，因此家庭教育至关重要。面对社会的急剧变迁，家庭教育渐陷困境。在不少地区，家庭教育资源缺乏，家长对子女缺乏了解，家长缺乏亲职训练，教育子女的方法落后，子女受传媒和网络及亚文化的负面影响等，都是家庭教育中普遍存在的问题。更严重的是随着计划生育的推行，流动人口的增长，离婚率的上升，不少家庭单位逐渐瓦解，出现单亲家庭、空巢家庭、祖父母家庭，独生子女问题、流动人口子女教育问题等，不少儿童缺乏父母照顾，难有完整的家庭教育。此外，很多家长不懂得正确处理子女问题，当孩子的学习成绩不理想或行为出现问题时，往往归咎于学校或感到无助；也有的家长因面子问题，羞于向学校教师寻求帮助。

家庭教育的困境不仅直接影响了学校教育的成效，还牵扯了学校和教师的许多精力。无论是教师或者是教育行政人员，他们都要花费愈来愈多的时间来处理“人”的问题，尤其是家长与社区人士所带来的问题，不管是合理的请求，还是无理的要求，都让教师或者是教育行政人员花费更多的时间和精力来小心处理。事实证明，学校不应只是一个封闭的场所，教育活动也不应是教育行政人员、教师所从事的闭门造车的事情，而是需要更多的家长与社区人士共同来参与。

（二）学校开展教育教学离不开家长的支持

著名教育家陈鹤琴认为：“儿童在没有进学校之前，一天到晚最亲近的人当然就是父母,父母的言语动作,最是儿童所习见习闻的。就是进了学校之后,放学回家,还是和父母在一块,如果父母的知识习惯好,儿童早已受到好的家庭教育,再加上学校教育,自然就相得益彰。父母的知识习惯不好,那么儿童在未进学校之前,无形之中早已养成不良的习惯,学校教育就算很好,也就收效甚微了。"苏霍姆林斯基也说:"生活向学校所提出的任务如此复杂,以致如果没有整个社会首先是家庭的高度的教育学素养,那么不管教师付出多大的努力,都收不到完满的效果。学校里的一切问题都会在家庭里折射地反映出来,而学校的复杂的教育过程中产生的一切困难的根源也可以追溯到家庭。人的全面发展取决于母亲和父亲在儿童面前是怎样的人,取决于儿童从父母的榜样中怎样认识人与人的关系和社会环境。"①可见,忽视家庭教育,离开家长的支持,不将家长的影响力引入学校教育,学校的教育就不会取得成功。

当前,对学校来说,一方面存在许多困难需要家长的支持,比如德育实效性不强、学生课业负担加重、学生安全问题压力增大、教师与家长缺乏有效沟通等。这些困难的解决离不开来自家长的支持。另一方面,资源的配置越来越多地由市场承担,政府的影响相对缩小。因此学校需要由封闭型转向开放型,要通过多种途径加强和社区的联系,利用所在社区和家庭的教育资源。过去的学校主要与政府联系,相信只要政府提供更多的资源,设计更合适的课程,便能解决学校所面对的主要问题,而很少与家庭和社区"打交道"。现在许多教育工作者已明白,政府提供的资源是有限,难以解决问题,而对家庭的忽视,正是许多问题产生的根源。

信息社会,特别是网络的出现,消解了学校的"围墙"。外界媒体和网络所宣扬的次文化良莠不齐。学校阻止不了学生接受来自社会的影响,学校倡导的价值观通常与现实社会所呈现的价值观有一定的差异,而单靠家庭的力量也不足以抗衡目前社会上的某些负面影响,因此,迫切需要系统地将家庭和学校组织起来,以共同的力量互补不足,增强教育的效能,抗衡社会传媒和次文化的负面影响。

(三)社会民主化推动家长参与学校教育

1. 家长的权利意识不断增强

过去,学校像是一座城堡,家长将孩子送进来,便完成了他们应尽的责任和义务,他们没有可能来仔细观察或参与学校的种种事务,包括教学和行政等诸事项。况且在"尊师重道"的传统观念下,家长常将教师视为专业人员,如果没有重大事情,是不会到学校来了解子女在学校受教育的情况的。然而市场经济的发展培育了人们的"消费者"意识。近年来,社会尤其是家长为其子女的教育做了大量投入,而作为"消费者"意识的增强,也促使他们关注学校的教学效益和教育质量。教育儿童的工作,不再任由学校完全主导,家长及社区人士也想有表达意见以及参与作决策的机会。

2. 家长对学校的期望越来越高

在社会就业竞争激烈的背景下,通常家长会认为,只有上好的大学、接受优等的教育,才能找一份好工作、出人头地。与过去孩子有学上就可以了相比,现在的家长则更希望自己的子女接受优质教育资源。家长大都关心学校教育对子女前途的影响,一些有能力帮助子女教育的家长对学校抱有更高的期望,要求教师和学校有更佳表现,自己也愿意奉献一份力

---

① B.A.苏霍姆林斯基.给教师的建议[M].北京:教育科学出版社,1984:397.

量。另一方面，家长问责意识增强。现在的家庭中大多是独生子女，父母对子女的教育日益关注和重视，他们要求参与学校事务可以说是这种关注的自然延伸。

3. 管理的民主化要求家校合作

现代学校制度的建立，尤其是学校内部管理的民主化，也需要让社区、家庭参与到学校事务中来，引进外来的监督力量来完善校长负责制，这种多元的参与可以带来学校决策的科学化，同时也会调动家庭、社区参与学校建设的积极性。

第二节　家校合作的主要类型

美国学者戴维斯(D. Davies)根据家校合作的目的将家校合作分为四类：① 以解决目前教育中存在的问题为目的。参与方式有学校约见家长、成立临时咨询委员会等。② 以促使家长参与其子女的教育为目的。参与方式有家庭教育指导、学校开放日等。③ 以利用社区教育资源来丰富学校教育为目的。参与方式有参观博物馆、开放教育基地等。④ 以吸收家长参与教育决策为目的。参与方式有家长咨询委员会、家长教师协会等。[①] Ho 与 Willms (1996)对此做了改进，他们通过探索性因素分析将家长参与确定为四个维度：① 家庭讨论(与母亲说话、讨论学校的事情，与父亲说话、讨论活动)；② 与学校沟通(学校联系家长、家长联系学校)；③ 家庭监督(限制孩子看电视的时间、限制外出、监督家庭作业、监督孩子在家庭中的活动)；④ 学校参与活动(作为学校的志愿者、参与家长教师协会)。[②] 爱伯斯坦则依据生态学理论，建构了家长参与的分析框架，将家长参与活动分为六种主要类型：当好家长、相互沟通、志愿服务、在家学习、参与决策、与社区合作。国内有学者对这六种形式的内涵做了分析，并进一步列举了相关活动的实例。[③]

一、当好家长

(一) 基本概念

家长以家庭教育的方式，提供家庭支持。学校帮助家长了解孩子的发展，帮助布置家庭环境，以利于孩子在每一年龄阶段的学习；家长帮助学校了解孩子的家庭背景以及对孩子的期望。

(二) 活动实例

(1) 帮助家长创设良好的家庭学习条件，布置良好的学习环境，以适应子女在不同阶段的学习需求。

(2) 建立家长学校，利用社区、专家等资源以面授、讲座、研讨会、录像或网络等形式开展家庭教育讲座，为家长更好地进行家庭教育提供指导培训。

(3) 通过多种媒介，如家长手册、校报、致家长的一封信、学校网站、校讯通、飞信、微信、QQ 等方式，向家长提供营养、健康、安全、学习辅导和教育政策等方面的信息。

---

① Ho Sui-Chu & J.Douglas Willms.(1996).Effects of Parent Involvement on Eighth-grade Achievement.sociology of Education 69(2):126-141.

② [美]威廉·G·坎宁安，保拉·A·科尔代罗.教育管理：基于问题的方法[M].赵中建，译.南京：江苏教育出版社，2002:117.

③ 吴重涵，王梅雾，张俊.家校合作：理论、经验与行动[M].南昌：江西教育出版社，2013:38-50.

(4) 向家长提供社会上或社区内有关家庭支援服务的活动或资源信息,如向他们提供夏令营、辅导班、兴趣班等方面的信息。

(5) 开展特殊时期的家访或讲座,如在孩子进入幼儿园、小学、初中、高中前进行家访,帮助家长和孩子一起顺利度过不同学段衔接阶段的适应期;或者在特殊事件后,指导家长如何帮助孩子。

(6) 向家长宣传维持良好亲子关系的重要性。

(7) 建立支持和帮助困难家庭和弱势群体的资助政策。

(8) 向家长推荐亲子阅读或家庭教育方面的书籍或音像资料目录,或借阅相关书籍、音像资料给家长。

(9) 向需要的家长介绍选择适合各年级学生阅读的课外书的知识,以及各科课外辅导书的知识。

(10) 其他活动。

帮助家长提高家庭教育的方式方法多种多样,无法穷尽,在此只是根据各校的实践提供一些常见的活动实例,以帮助启发大家开展多种多样的活动。

二、相互沟通

(一) 基本概念

通过各种清晰有效的方式,就学校的课程计划及学生的学业进展情况与家长进行沟通。创设沟通的双向渠道(从学校到家庭及从家庭到学校),以使家庭能够容易地与教师、管理者、咨询人员以及其他家庭进行交流和沟通。

(二) 活动实例

(1) 利用电话、班级 QQ 群、微信群、通知、便条等不同沟通工具,加强双向接触与沟通。

(2) 家长和学生一起领取成绩单,召开学情分析会,与家长一起分享学生能力和学习意愿的资料。

(3) 每周或每月将学生表现联系卡送给家长评阅,并请家长反馈意见。

(4) 向家长提供有关学科要求、学习计划和活动方面的信息。

(5) 向家长报告学校家校合作活动的计划,并提醒家长将相关活动标记在日历上。

(6) 公开学校有关改革计划、纪律规定、考评制度、办事指南、组织机构等方面的信息。

(7) 就学生的正面行为、学业进步与家长沟通,而不只是在有问题的时候才联系家长。

(8) 培养教职工与家长沟通的技巧,鼓励教职工重视与家长的双向沟通。

(9) 了解家长对孩子作业的看法,并做出相应的调整和反馈。

(10) 重视通过各种途径征集家长的反馈意见和看法,并感谢家长的参与。

(11) 鼓励家长之间的相互交流,推动家长之间结成互助联盟。

(12) 支持教师每年开展面向全体学生的家访,必要时开展持续跟踪,向家庭介绍学校、班级、教师和孩子的情况,了解家庭的背景特点和学生的在家表现。

(13) 每年至少召开两次家长会,家长会要考虑家长的工作时间。

(14) 组织开展教师与家长、家长与家长之间的联谊活动。

(15) 其他活动。

三、志愿服务

（一）基本概念

完善志愿者吸纳计划，完善培训和活动内容及时间计划，以吸引更多的家庭作为志愿者或观众参与在学校或在其他地方开展的活动，这样，教育工作者就可以与那些关心和支持学校的定期或不定期的志愿者进行合作。

（二）活动实例

(1) 对家长的兴趣、专长和空暇时间进行调查，以便在学校各种活动的安排上，协调家长参与义务工作。

(2) 制定学校、年级、班级志愿者活动计划，以帮助教师、管理者、学生和其他家长。

(3) 设置专业工作组，为各专业工作组招募志愿者。比如设立安全保卫、社会实践、家庭教育组等；设立小饭桌管理员、图书管理员、监考员等岗位，从学校需求出发创造适合家长做义工的机会。

(4) 鼓励家长参与学校组织的各项活动，比如家长会、学校开放日、亲子活动、运动会、开学与毕业典礼、节日庆祝、成年礼、入队与入团仪式等。

(5) 组织对家长志愿者的培训，确保他们了解志愿服务的程序与要求。

(6) 为家长志愿者提供办公和会议场所以及相关资源。

(7) 对家长的参与和志愿者的贡献表示感谢，尊重不同类型的家长参与。

(8) 为那些因为各种原因不能到校做义工的家长设计参与义工的方案，以便他们在学校之外也能参与进来并做出贡献。

(9) 培训教职工营造让家长感到受欢迎的氛围，并善于利用家长中的教育资源。

(10) 其他活动。

四、在家辅导学习

（一）基本概念

家长和孩子在家里共同参与学习活动，如完成家庭作业，制定学习目标及其他与课程相关的活动和决定等。鼓励教师设计一些家庭作业，使学生能够与家庭成员分享并共同讨论感兴趣的作业和观点。

（二）活动实例

(1) 向家长提供学校在每门功课上对学生的要求和期望。

(2) 利用校报、家长手册等途径，向家长介绍各年级学生需要掌握的学习知识和解题技巧。

(3) 告知家长学校布置家庭作业的基本考虑，以及家长如何在家辅导孩子学习，适当协助并敦促孩子完成家庭作业。

(4) 举办个别座谈，帮助家长了解如何改善孩子学习的技巧，以克服学习困难或增强时间和学习任务的管理能力。

(5) 定期布置需要学生和家长互动完成的家庭作业，以共同讨论学生课堂所学内容和课堂学习的经验。

(6) 向家长分发学校教学挂历，在挂历上标注家长和学生在家需要完成的互动。

（7）家庭在学校的指导下开展亲子阅读。

（8）向学生布置假期作业或活动安排。

（9）鼓励家庭参与制定孩子全年的学习目标或学习计划。

（10）鼓励家长和孩子一起讨论确定作息时间表，并督促其遵守。

（11）鼓励家长带孩子一起去书店、图书馆、博物馆、科技馆、文化馆等，以拓展其见识和视野。

（12）其他活动。

五、参与决策

（一）基本概念

通过各种学校委员会和改进小组、家长教师协会或家长教师组织（PTA/PTO）及其他组织，使家长作为参与者关心学校的决定、管理和倡导各种活动，帮助家庭和教师代表从他们所代表的群体中获取信息，同时也向他们提供相关信息。

（二）活动实例

（1）建立家长委员会或家长教师协会等组织，增强家长的领导力和参与学校活动的积极性。

（2）对涉及家长利益的决策、容易引起疑虑或家长关注的事项，向家长提供清晰易懂的说明以及公开的讨论程序和沟通渠道。

（3）通过多种形式向家长征集有关学校发展、管理、教学、活动方面的建议，并及时向全体家长反馈，向有贡献的家长表示感谢。

（4）鼓励家长参与评价教师和学校部门的工作。

（5）利用学校的开放日、家长会、校长接待日，使家长的意见和建议得到反映。

（6）在学校显著位置挂意见箱，或在学校网站设立校长信箱、来访留言本等，方便家长随时对学校工作提出自己的意见。

（7）定期进行问卷调查，了解家长对学校工作的满意度。

（8）为家长提供参与决策所需要的相关信息，为提高其参与能力提供相应的培训。

（9）其他活动。

六、与社区合作

（一）基本概念

协调社区内各企业、机构、服务团体及民间组织，高等院校以及其他社区群体，为家庭、学生和学校提供各种服务和资源，使学生、教师和家庭也能够为他们所生活的社区做出贡献。

（二）活动实例

（1）向学生和家庭提供有关社区健康、文化、学习、医疗、娱乐、社会支持以及其他资源和服务的信息。

（2）与社区商业机构、服务团体、机关事业单位开展友好合作，使其为促进学生学习和开展社会实践提供协助和便利。

（3）培养学生及其家庭参与社区服务的意识和技能。

（4）鼓励社区内的居民加入到学校的志愿者行列。

（5）向社区宣传学校教学管理、办学条件、师资力量等情况，展示学校办学特色和办学成绩。

（6）配合社区建设计划，鼓励学生、家庭和学校为社区提供服务，比如到敬老院慰问老人、去福利院帮助孩子、开展废品回收宣传等。

（7）邀请校友参加为学生服务的发展项目，作为帮助孩子成长的导师。

（8）向社区开放学校的体育运动设施、图书资料室、学习或会议场所。

（9）其他活动。

总之，每一种类型都包括了许多不同的实践活动，都会遇到特别的挑战。而为了所有家庭都有机会参与，人们必须面对这些挑战，而且每一种类型都有可能对学生、家长、教学活动和学校氛围带来不同的结果。爱伯斯坦的这一分类方法获得了广泛的认可，成为后来许多研究者分析家校关系的基本框架。后面，将以此作为分析框架，分析当前家校合作的现状与问题。

第三节　家校合作的保障措施

当前推动家校合作最主要的问题是观念的转变，态度上的重视，组织制度的建立，要积极探索开展亲子教育、提升家长辅导子女学习的能力、促进家庭与学校双向沟通、唤起家长参与决策意愿和志愿服务的具体策略。

一、建立平等协商的家校合作组织

建立组织是将家校合作工作制度化的基础和主要手段，也为家长参与事务决策提供了组织保障。尤其需要建立各种专业组织来设计、组织、开展各种家校合作活动。《教育部关于建立中小学幼儿园家长委员会的指导意见》要求建立家长委员会，为此在很多学校有学校家长委员会、年级家长委员会、班级家长委员会，这些都是家校合作的重要组织形式。有些地方做了很好的探索，比如宁波海曙区的学校教育议事会，开启了对学校公益性组织社会治理结构的探索，从制度上保证学校—家庭—社会形成真正的教育共同体，为学校民主办学、开放办学提供了一种制度模块。① 当然也有一些学校借鉴美国以及我国台湾地区的经验，在学校建立家长教师协会来共同商讨学校事务。下面，介绍一下青岛二中的探索。

案例

完善家长委员会的机制，推进现代学校制度建设

建设好与时代发展和学校办学特色相适应的家长委员会，是实现家校联合、推进现代学校制度建设的关键。因此，青岛二中从组织机构入手，不断完善家长委员会。

1. 制定家长委员会章程，明确家长委员会的性质与职责

在《青岛二中家长委员会章程》中，明确指出家长委员会的宗旨，是为了进一步深化素质教育，加强学校与家庭之间的沟通与了解，调动家长参与学校教育的积极性，积极参与学

① 叶正波.教育议事会——一个微观教育管理体制的变革[D].华东师范大学，2003：118-121.

校民主管理和民主监督，搭建家庭与学校、家长与老师之间的桥梁。同时，章程中详细规定了家长委员会的职责，让家长委员会的成员有据可依，按照章程开展工作。

2. 坚持民主推荐与改选，保持家长委员会的生机与活力

为确保家长委员会的质量和水平，使其真正代表每位家长的利益，及时反映家长们的心声，采用自我申报和民主推荐相结合的方式，选出家长委员会的代表。每届新生入学的第一天就召开全体家长会，开始家长学校的第一课，同时号召有意愿为家长及学校服务的人员报名。申报之后，由班主任协助学校进行摸底调查，了解家长的工作性质和受教育水平，根据实际需要推选出家长委员会代表的候选人，然后由全体家长表决通过，分别推选出班级家长委员会代表和校级家长委员会代表。

3. 构建家长委员会的专业组织，突出学校办学特色

为了更好地发挥家长委员会的职能，推进学校教育教学水平的不断提升，青岛二中的家长委员会除设有常务委员会以外，还增设了五个分会，包括安全工作委员会、教育教学评价委员会、教学资源委员会、志愿者委员会、学生素质拓展委员会。五个分会各自发挥自己的专长，参与到学校工作的方方面面。其中，家长委员会常务委员会由10名委员组成，各分会委员会由主任委员2名、委员6~9名组成。所有委员都由校长聘任，学校统一颁发聘书，聘期3年。

摘自青岛二中《家校合作，建设现代学校制度，共同推进素质教育》

青岛二中的成功实践给予的启示是，无论是建立学校教育议事会，还是家长教师协会，首先要做的是明确规定其职责和功能，授予与其职责相应的权力。其次，在组织成员的选拔和会议的召开等事项上构建公平的程序和标准；必须通过选举或家长团体推荐的方式组成，以保证家长委员会的家长代表真正“代表”家长们的意见。第三，学校要通过引导来推动家长之间互动，使家长代表有机会征求并反映家长的意见和建议，有与其他家长协调商量的机会，否则很难说家长代表提出的意见是“民意”的聚集。第四，家长委员会宜在联系和组织家长活动、发动家长相互沟通、形成家长利益团体上发挥重大作用。第五，设立专业工作组，比如课程资源组、安全护校队、提案建议组等，在学校教育议事会或家长教师协会的指导下计划和实施家校合作活动，并持续评估改善家校合作活动。

二、教会家长养育之道

（一）以需求导向开展家长培训

首先要选择家庭教育讲座的主题。家庭教育讲座的主题可以讲共性问题，诸如新时期如何做合格家长等，但更需要考虑不同学段学生家长的需求。选择家长感兴趣的主题，将增加他们的参与率。其次要选择演讲者。外聘的专家具有权威性，家长易认同他们的观点，但是学校里的教师更熟悉学生和他们的家庭情况，其讲座可能更有针对性。因此，学校可在大型讲座中聘请校外专家，而在小型讲座中邀请本地或本校的教师，甚至可以让家长“现身说法”，传经送宝。再次，要选择好讲座时间和地点，具体确定什么时间，要根据学生家长的情况来确定。

（二）帮助班主任指导家长

班主任可以从以下几个方面发挥作用：① 协助家长澄清教育观念。② 引导家长定位

父母角色。首先要关注孩子的健康，包括睡眠时间与质量、营养与保健、体育锻炼等；其次，要关注孩子的精神状态，强化亲子交流，更多地关心孩子的思想品德、兴趣爱好、情绪行为。③ 指导家长创设良好的学习气氛。④ 帮助家长培养孩子的良好习惯。⑤ 引领家长走出家教误区。

（三）与不同类型的家长合作

在如何管理孩子上，父母一般可以分为专制型、放任型、民主型三种类型。专制型父母对孩子的教育很严厉，过分严格、粗暴，甚至虐待，一不顺心或孩子的行为不符合父母的愿望，就对孩子进行打骂，这种父母信奉“棍棒之下出孝子”的信条，对孩子的行为控制很严。放任型父母对孩子的行为与学习不感兴趣，也不关心，很少去管孩子。孩子小的时候交给保姆或自己的长辈，上学了交给老师，长大了交给社会。民主型父母不任意打骂孩子，对孩子的行为更多的是加以分析与引导，对于孩子在成长或学习过程中发生的问题更多的是采取帮助与鼓励的方法，并合理地使用奖励与处罚的手段，使孩子从父母的行为与教育中获得知识，明白事理。作为教师尤其是班主任，要了解本班家长所采取的教育方式，与家长合作，帮助家长改进教育方式。

三、促进家校双向沟通

（一）建立平等的关系

在学校和家庭之间建立平等的关系是促进家校沟通的关键。大多数家长都认为学校是教师的领地，因此他们来到学校可能会感到不自在，就像是到了一个陌生地方的客人。他们把教师当做教育的权威和专家，常常怀疑自己在教育孩子上的能力和水平。其次，家长们把自己的孩子交到教师的手中，教师即掌握了对每个孩子“生杀予夺”的权力，所以他们不得不小心翼翼地处理好与教师的关系，避免教师可能把不满情绪发泄到孩子身上。当这种关系从一开始就不平等时，交流就水一样自然而然地从位置高的人流向了位置低的人。如果希望家长成为合作者，就必须改变过去那种以教师为本的家校关系，在平等的关系中进行双向的沟通交流。

（二）要畅通家校交流渠道

改进家校交流的方法很多，譬如家校通信、校报、大众媒介，教师家访或家长访校，教学开放日、亲子活动、运动会，电话和短信、家校通、网络等这些沟通方式，各校可以根据学校情况加以灵活运用。通过调研发现，电话和手机等联系方式已逐步取代了家访；网络和博客及校长信箱的利用率很低，实效性不够；新兴的沟通方式具有脱域的倾向，虽然在连接时间和空间上提供了便利，但是也带来了信任问题。因此对于学校而言，有必要重新审视原有的沟通渠道，创新家长会、家访等传统沟通形式，大力发展微信群、QQ 群、微博这样的即时交流平台。

1. 开好家长会

家长会是学校教育的有机组成部分，是学校教育的延伸，是班级管理的有效拓展。霍姆林斯基说：“两个教育——学校与家庭，不仅要一致行动，要向儿童提出同样的要求，而且要志同道合，抱着一致的信念，始终从同样的原则出发，无论在教育的目的上、过程上，还是手段上，都不要发生分歧。”好的家长会能使家庭教育很好地配合学校教育，促进学校教育的深入与完善。一次组织完善的家长会一般有以下过程：① 明确家长会的目的；② 确定家长会的形式；③ 做好家长会前的“备课”；④ 确定家长会的流程；⑤ 拟定家长会的发言内容；⑥ 做好家长会的通知和召集；⑦ 做好会场布置和家长的到会接待；⑧ 进入家长会的实质进行阶段；⑨ 做好家长会的活动或会议记录；⑩ 送走家长，并适时做好家长会的总结；⑪ 向学生们有选择地通报家长会的内容；⑫ 做好家长的回访。

传统的家长会缺乏新意、流于形式、准备不足，缺乏家校合作的整体计划，往往是学校认为有必要时临时决定召开。会上教师讲家长听，一般只是单向交流，缺乏互动，家长完全处于被动位置，少有发言的机会。即使有了发言权，家长也会诚惶诚恐，怕说错话，怕得罪老师，不愿指出学校教育中的不足和缺陷。所以新时期的家长会要围绕“实”“新”“精”“小”展开。

“实”就是会议内容实实在在，不空洞。现在生活节奏加快，家长们在百忙中抽出空来参加家长会，如果会议让他们感到没有多大收获，价值不大，就会降低他们下次再来的兴趣。因此，家长会一定要务实求真，确实能解决一些实际问题。

“新”就是议会形式多样活泼。在传统的座谈式家长会的基础上，增加一些譬如才艺展示、亲情互动、经验交流等形式的家长会。

“精”就是会议内容精炼，主题单一。家长会切忌面面俱到，幻想通过一次家长会就把所有的问题解决。每次会议要明确目标，有的放矢，话题集中，畅谈深刻，从而彻底解决问题，实现目标。

“小”就是会议规模小。除了有必要时把所有的家长邀来一起开会，一般情况下，应根据开家长会的目的和要求，分门别类地进行，如留守儿童家长会、关爱女孩家长会、后进生家长会、早恋学生家长会、家教经验交流家长会等。这样开展限定了一定的人群，规模较小，能够有的放矢，具体解决一些有针对性的问题。

2. 定期进行家访

教育家苏霍姆林斯基说：“教育者如果不熟悉教育的对象，那教育只能像在‘黑夜里走路’一样。”当感叹于对孩子教育的迷茫与失望时，不妨进行一下家访。家访是班主任展开工作的一个重要手段。但是随着现代通信工具进入千家万户，登门家访似乎被人们所忽略，很多老师都是打个电话一切 OK 。但家访作为一项特定环境下进行的工作有其不可代替的一面，它可以让教师更全面地了解学生的家庭教育背景，家长的教育观念、兴趣、性格、习惯以至价值观，使学校教育更具针对性。那么怎样才能做好家访呢？怎样让学生、家长欢迎家访呢？

首先，一定要明确家访的目的与意义。其次，要注意家访的方法，家访时要做到“扬长避短”。教师家访不是向家长诉苦、告状，要善于发现学生的闪光点，多鼓励、多表扬，只有增加了家长的自信心，他们才会促使孩子进步。“扬长避短”并不是说教师要避开学生的缺点，如果家访的目的难以直接表述，教师可以先说学生的闪光点，然后在与家长的交流中捕捉时机，水到渠成地说出家访的目的。再次，要注意家访的形式。家访的形式很多，如了解式家访、预约式家访、随道式家访、沟通式家访、鼓励式家访等，教师可以根据家访的目的灵活选择。最后，家访要讲究语言艺术。一般情况下，教师家访可直接跟家长进行沟通，无须遮遮掩掩，而对于一些特殊学生、特殊事情的家访，教师则需讲究语言艺术，注意措辞得当，千万不可因失言而导致失礼，让学生和家长对你敬而远之。成功的家访可以增进师生友谊，促进相互了解，激发学生的学习动力，所以说家访是一门艺术。

（三）要拓展沟通内容和方式

在每一学期开始，学校要为每位学生家长发放家长手册等信息袋，其中包括校历、学校的政策规定、年级或班级的活动计划、课程安排与课程介绍、对学生操行的期望等，以保证家长对学生教育活动的持续参与。同时手册中还应有针对个体学生的信息，包括上学期学生的成绩情况、表现评述，以及各科授课教师名单及联系电话、班级学生名单及家长通讯录等。

四、组织家长志愿活动

家长志愿者指的是在任何时间、任何地点以任何方式支持学校教育、教师工作和儿童发展的任何家长。爱伯斯坦认为，家长志愿者对学校各方面的发展具有极大的推动作用。一是家长中藏龙卧虎，有很多具有各种才能和资源的家长，可以弥补学校教育的不足；二是有助于教师增进对学生家庭的了解；三是可以让家长意识到家长是受学校重视和欢迎的；四是有助于家长走进学校，了解学校和教师的真实情况，更好地理解和支持教师的工作。因此作为学校和教师，要重视家长志愿者的价值，认真组织招募和培训，灵活设计与协调家长志愿者的活动，让每位家长都成为学校教育的同盟军。

（一）家长资源的调查

学校需要利用一切可以和家长沟通的机会，多途径持续广泛地调查收集家长的技能和资源信息，建立家长资源库。例如利用家长参加家长会、科技节、亲师联谊会、文艺汇演等机会了解家长的职业背景、兴趣特长和家庭结构，了解他们的工作时间和工作场所，注意发挥他们在知识、经验和家庭教育资源方面的优势。家长资源调查最好的方式是发放问卷，而对问卷的设计也很重要，比如若笼统地问家长有什么特长，他们会感到无所适从，不知如何下笔，但如果列出演讲、修电脑、书法、绘画、摄影等具体选项，他们便能从中选择，这将有利于更加具体地了解家长，当然家长有选项以外的其他才能也是受欢迎的。同样，家长能参与什么活动、提供什么资源，也需要列举出来，比如能否带孩子去园艺场、军训基地、科普基地、科技馆等。

（二）定期招募家长志愿者

招募家长志愿者既有定期的、正式的招募，也有临时的、非正式的征集。学校一般以学年或学期为单位来定期招募家长志愿者。一般来说，在新生入学登记时就可以开始首次招募家长志愿者，既可以以某项活动，也可以以社团的名义进行招募。首先要设计志愿服务活动。设计活动时要充分考虑方便家长的参与，而不能只考虑学校开展工作的方便。同时，所设计的活动不仅要从学校或教师办不了或不好办的事情中选择，也要从那些教师能做，但也可以让家长来做的事情中选择。之所以这样做，是为了提供更多的机会让家长接触和了解学校，并通过他们让更多的人了解和支持学校的教育。因此设计活动时尽量让更多的人参与，即使对那些声称自己没有任何才干的家长，也要邀请他们来学校做观众、听众或拉拉队。其次，要发出招募家长志愿者的邀请，了解家长的意愿，对有意愿的家长要请他们确定最愿意服务的项目、时间和场所。再次，志愿服务对很多家长来说还需要培养。

案例

某校设计的家长义工活动

一、关注安全，做校园"安全员"

由于学校门前的道路狭窄，且行人和车辆很多，每天在上学、放学的时间校门口总是道路堵塞、拥挤混乱，给学校安全带来了隐患。虽然学校想了很多办法，但都未能从根本上解决问题。自从每班成立了家长委员会，有了家长志愿者这支队伍，校门口的安全问题便迎刃而解了。每天在上学、放学时间，校园“安全员”——家长志愿者会准时上岗，他们身穿蓝色志愿者马甲，站在校门口耐心劝导随意停靠车辆的家长及时驶离，把校门口围堵道路的家长疏导到围栏两旁，确保了道路的畅通。

二、参与管理，做活动“导航员”

学校以组织活动为契机，邀请家长志愿者担任活动的“导航员”，与老师和学生一起制订活动方案、编排节目、布置环境、制作道具、摄影摄像等。这样的活动一方面发挥了家长支持学校教育的作用，另一方面使家长更了解孩子的发展状况，从而有效地促进了家长与孩子的沟通，还融洽了教师与家长的关系。

三、发挥特长，做课堂“助教员”

家长从事不同的职业，有不同的兴趣爱好，要善于发挥他们的特长和职业优势，使其成为教育教学的资源。例如，可请从事医务工作的家长为孩子做预防疾病、食品安全等方面的讲座；请做营业员工作的家长指导孩子如何在超市购物；请从事交警工作的家长为孩子做交通安全的讲座等。

（三）家长志愿者的管理使用

首先，要遴选适合的家长志愿者。原则上建议所有的家长都应入选志愿者的队伍，而不仅仅是那些具有特殊才干或某种资源的家长。学校需要多种才能的家长，也需要不同的资源，因此不要将志愿者定位成有专业技能的人。任何家长都可以成为志愿者，比如在运动会上可以做裁判，可以做拉拉队，可以帮助疏导和巡视，可以帮助募集奖品、打印奖状，也可以做观众，他们的观看将鼓励孩子们更加充分地展示自己的运动技能。其次，要组建志愿者服务组。如何将这些为数众多的家长志愿者组织起来，以便他们更好地、高效地提供志愿服务？试点学校的经验是根据计划开展家校合作活动，按照专业工作组变为几个大组或社团，依托志愿服务组和家长社团开展工作。各工作组需要公布服务组或社团的成员名单和志愿服务组的服务章程，并向该组每位志愿者发布。再次，要培训家长志愿者。尽管志愿者是按其志愿时间、才干、资源和活动相匹配的要求选出来的，但是学校的教育事务还是因其专业性有很多不为家长知悉的要求，有时也需要他们对自己的专业技能改造后再用于服务学校和学生。因此培训家长志愿者是十分必要的，一般要先对全体家长志愿者进行一般培训，然后针对某项活动对志愿者进行专门培训。最后，要表彰和感谢家长志愿者。表彰和致谢的方式有很多，比如给家长志愿者颁发聘书和徽章；在活动结束或岁末给志愿者发感谢信；给优秀志愿者颁发奖励证书和一些小礼物；在公开活动上向家长志愿者表示感谢或请他们的代表在主席台就座等。

五、引导家长参与决策

《国家中长期教育改革和发展规划纲要（2010—2020 年）》要求：“建立中小学家长委员会，引导社区和有关专业人士参与学校管理和监督。”“完善教育信息公开制度，保障公众对教育的知情权、参与权和监督权。”这就为学校引导家长参与决策提出了明确要求，也为学校开展家长参与决策活动提供了法律依据。推进这项工作面临很多障碍，必须根据学校的实际循序渐进地推进。首先,鼓励家长参与学校管理。在过去很长一段时间里,教师对家长的期望是家长配合学校,家长对学校"言听计从"。因此,在日常管理中,学校应当有意识地培养家长参与管理的信心和能力,在各种场合感谢家长参与带来的变化。全体教职工要转变认为家长的参与可能会动摇教师在教学和管理上的权威的看法,始终保持一种开放的心态,随时欢迎家长参与到学校管理中来,倾听来自家长的声音。其次,要提供家长参与管理的机会。在重大会议中,引入家长代表的参与,按照专业对口分工,与学校内部组织建立工作连接,引导家长参与到各部门的日常管理中来。再次,鼓励家长向学校献计献策。比如设置家长意见箱,组织"我给学校献一策"的活动,每年评选"最佳建议奖",鼓励家长为学校建设出谋划策。

案例

青岛二中如何引导家长参与学校管理

1. 让家长委员会参与学校的重大决策,确保学校发展的方向

三年一度的学校发展规划和每年的年度工作计划,学校都要邀请家长委员会的成员参与讨论。每学年的全体教职工大会也都会邀请家长委员会的成员参加,让他们听取校长工作报告及新学期的工作重点,对此,家长有权利提出自己的意见和建议,学校也充分尊重家长的意见,努力实现家长与学校的一致。学校每隔几年都要举行一次"青岛二中战略发展研讨会",研究讨论学校未来几年的发展方向。学校还定期召开家长委员会委员恳谈会,让委员们各抒己见,畅所欲言,为学校工作的持续发展出谋划策。学校还通过家长委员会在家长中开展"我为学校发展献计策"的活动。对家长们的建设性意见和建议,学校总是高度重视,并在实际工作中予以改进落实。

2. 让家长委员会参与学校重大事项的监督管理,确保学校依法办学

在招生政策、学费收取、节假日是否加班等方面,学校都会向家长委员会通报,同时通过校务公开栏、校园网、家长会等多种渠道向家长通报,主动接受家长的监督。家长委员会的监督与参与,使学校始终在依法办学的轨道上不断发展。

3. 让家长委员会深入课堂,参与学校的教学评价,推进课堂教学改革

学校专门邀请教育教学评价委员会、教学资源委员会的成员参与听课、评课,让其站在家长的角度给学校和教师提出合理化建议,促进教师的教学研究,提高课堂教学水平。家长的参与既给学校提供了技术支持,也对教师形成了不小的压力,从一定程度上推进了教师的专业化成长,推进了学校的评价制度改革和课堂教学改革。

摘自青岛二中《家校合作,建设现代学校制度,共同推进素质教育》

六、走进社区

陶行知先生曾说,"主张'社会即学校',是因为在'学校即社会'的主张下,学校里面的东西太少,不如反过来主张'社会即学校',教育的材料,教育的方法,教育的工具,教育的环境,都可以大大增加,学生、先生也可以更多起来。坏的社会,也要认识,也要有所准备,才能生出抵抗力,否则一入社会,便现出手慌足乱的情状来。"社区是千家万户共同生活的场所,是每个学生必须面临的"社会空间",为了使社区资源共享顺利进行,需要建立学校、家庭、社区三位一体的合作教育方式。

"校社联手"的一个重要前提就是将教育的各类有形资源如人力、财力、物力和无形资源如环境、氛围和舆论等进行统筹优化组合,使之产生最大最好的教育效果。校社共建就是充分利用学校社区的资源进行优势互补,通过资源共享来完善和充实学生的思想道德品质教育。为了使学校社区资源共享工作顺利进行,并取得良好的教育效果,可以建立有效的管理机制。学校与周边社区形成三级管理互联网,即校党支部与社区党委、学校德育工作领导小组与社区委员会、班级与辖区内的共建单位和互认的结队人员,定点、定时、定人开展各种形式的活动。

具体的做法有:学校党支部与社区党支部联系,举行一些歌咏比赛、消夏晚会、健身体育比赛等活动;学校积极为社区居民开设电脑课、英语课,为居委干部进行美术讲座、艺术培训等;学校志愿者服务队定期到社区敬老院开展慰问活动;社区根据学校的实际需要,利用社区优越的人才资源配合学校的德育工作;社区内的书法家、篆刻家、艺术家定期到学校为学生指导书法、篆刻,进行艺术培训,丰富学生的业余生活,等等。

学校教育对学生的发展起着主导作用,而社区教育对学生的可持续发展也起着重要作用。当今时代知识更新越来越快,对学生来说,最重要的是学会学习,无论是书本知识还是社会知识。现在越来越多的学校领导已经认识到,在社会支持教育的同时,学校也必须参与、融入到社区建设中去。社区的文明程度提高了,社区公民的素质提高了,社区自身的精神文明建设搞好了,也就优化了学校的外部环境,学校教育才能真正收效。

本章小结

家校合作又被称为家长参与、亲师合作,泛指家长在子女教育过程中,与学校之间互动的一切行为。家长教育子女需要学校的帮助,学校开展教育教学离不开家长的支持,因此推进家校合作非常必要。家校合作的类型主要有六种,即当好家长、相互交流、志愿服务、在家辅导学习、参与决策、与社区合作。推动家校合作最主要的问题是观念意识的转变和组织制度的建立。结合案例,本章提出了一些开展亲子教育和提升子女学习能力,促进家庭与学校双向沟通,唤起家长志愿服务和参与决策的积极性的具体策略。

思考练习题

1. 为什么要推进家校合作?
2. 家校合作主要类型有哪些?
3. 如何促进家校双向沟通?
4. 从自己班级情况出发,设计一项家校合作的活动。
5. 案例分析:

小刚上小学时,因为年纪小,家长免不了要接送。我知道孩子放学无法和家长下班同步,所以只能让家长自己去克服困难。但我不能理解的是,学校似乎从不考虑家长的时间如何安排,是否宝贵。比如,学校通知的放学时间常常与实际放学时间有很大误差,家长在校门口等上个把小时也不会有老师出来解释,更别说道歉了。最头痛的是期末,家长就别想正常上下班,一连几天,低年级的学生都是在学校只待一两个小时,这就意味着他们的家长必须天天请假。

再说家长会。在我的经历中,家长会=听训会。每次到了学校,坐在孩子的小课桌上,先是通过广播听校长讲话,成就一大堆,要求一大堆,又空洞又冗长,你只有老老实实地听,想对学校的教育教学提点意见,门儿没有。然后是班主任讲话,基本也是单向的,既没有沟通,也没有交流。留面子的,是告诉你回去怎么"抓紧";不留面子的,就干脆是指责、批评,乃至训斥。坐在课桌前的你,已经变成了学生。

——摘自《中国青年报》2002年9月25日

上述案例中家校矛盾是如何形成的?家长的抱怨说明家校沟通中还存在哪些问题?为了化解家校矛盾,如何推进家校合作?家校之间应如何沟通交流?

第十八章　典型国家中小学管理的特点

学习目标

了解英、美、法、俄、德等西方国家的中小学管理概况及其中小学管理的基本特点；比较其他国家中小学管理与我国中小学管理的异同，理解不同文化背景下中小学管理方式的差异；学会结合当地地理、历史背景，分析和比较各国中小学管理的特点与差异，并结合我国中小学管理实践总结可资借鉴的经验。

建议学时

4 学时

教师导读

教育是社会大系统中的一个子系统，一个国家的教育管理必然根植于其特殊的政治、经济、文化背景。学习本章，需要了解英、美、法、俄、德等国家政治经济体制与社会发展的基本知识，结合各国国情来理解其中小学管理方式的成因与特点，在对比我国中小学校管理的基础上，系统地认识和归纳这些典型国家的中小学管理特点，特别是他们在中小学校长和教师管理上的做法能给我们带来哪些启发。

第一节　英国中小学管理

一、英国教育行政体制

（一）中央教育行政体制

在英国，国会和内阁掌握中央教育行政权，而实际负责教育行政的组织机构是教育技能部。教育技能部下设两个机构，其中儿童、学校与家庭部管理英国基础教育的相关事宜。作为中央一级负责英国中小学管理与运作的行政机构，儿童、学校与家庭部的首要任务在于提高中小学教育标准，确保英国高质量的学校教育水平，以及为 19 岁以下的青少年制定教育政策。其内部成员队伍建制同政府的其他部门类似，一般是由制定政策的行政官员、实施政策的执行官员以及专业人员组成。其高级领导层内部建制又分为两个层次：儿童、学校与家庭部的行政长官位居管理层之首，统摄全局；其一下层次由两位部长和两位常务次长组成，部长和常务次长的工作统一向国家教育大臣负责。①

在中央一级上,英国还设有教育标准局负责全国中小学教育督导工作。教育标准局具有相对独立性,是一个与英国中央教育行政部门同级的、能单独行使职权的国家教育督导机构,共设有一个总局和三个地区分局,由一名皇家总督学和五位主任督学共同负责领导。皇家总督学是教育标准局的最高行政长官,由教育大臣推荐,女王任命,直接向大臣和国会负责,担负着向教育大臣提供教育咨询的职责。

英国教育督导制度在英国教育质量提高过程中的地位和作用可谓举足轻重,其督导工作通常与地区机构合作完成,因此,督导队伍构成主要有两类,一类是由教育标准局直接选派的皇家督学,另一类是由地区督导服务机构按教育标准局的要求招募和培训而组成的附加督学。② 目前,教育标准局在全国每周大约要开展上千余次的督导活动,其督导结果直接公布于教育标准局的官方网站,同时直接上报给英国国会,已经形成一套完备的教育督导体系。

(二) 地方教育行政体制

英国现行的教育体制以地方自治体为基础。地方教育行政的最高部门是地方教育当局。其最高级别官员被称之为首席长官。英国地方行政单位的划分是以都市郡的区、非都市郡、内伦敦和外伦敦的市为基本单位,目前英国地方教育当局数量已达 150 个之多。③ 地方设有教育委员会,由议会议员、有教育经验且熟悉当地教育状况的人员组成,地方教育的实际工作由教育委员会任命教育局长组织教育局负责办理。其主要职责有:维持辖区公立学校的发展,并为儿童提供服务;为本地的学校制定目标,对学校系统进行监督、评价和指导,并向当地学校广泛传播良好的办学经验;负责教育经费的分配与控制;负责教育政策在学校的实施;为有关特殊教育需求和儿童福利的问题提供支持等。

除了秉持英国教育管理中一贯呈现出的中央与地方之间的合作伙伴关系,地方教育当局与学校、地方长官协会、主教教区以及许多其他组织之间建立起了平等的伙伴关系,这些组织之间互相配合,共同工作。其中,地方教育当局与地方学校董事联系非常紧密,地方教育当局拥有对辖区内所有学校的人事安排、经费安排、师资培训等权利。

英国的教育制度重视中央和地方教育行政机关的沟通与协调,中央和地方的权限根据国会立法确定;地方教育行政虽具有一定自治色彩,但必须接受教育标准局和审计署对其工作的监察。正如《1944 年教育法》所规定,中央最高教育行政机关首长掌握国家教育政策的最高决定权,同时必须切实保障地方的自治权。总体而言,英国的教育管理体制既非严格的中央集权制,也非绝对的地方分权制,属于中央与地方共同合作制。

二、英国中小学校长与教师管理

(一) 中小学校长管理

1. 中小学校长任用

英国中小学校长聘任完全实行市场化,聘任校长的机构不是地方教育当局,④而是由学

① DCSF. Department structure[EB/OL]. http://www.dfes.gov.uk/2008-6-24.

② OFSTED.How to become an Addition Inspector for school inspection[EB/OL]. http://www.ofsted.gov.uk/2008-6-30.

③ DCSF. Local Authorities address finder[EB/OL]. http://www.dfes.gov.uk/2008-6-25.

④ 黄威孟,卫青.美、法、德、日中小学校教师法律地位的比较[J].比较教育研究,2002:6.

校董事会在报纸和网络上发布招聘信息、面试应聘者并决定是否录用。① 英国法律上没有明确规定遴选中小学校长的条件。各个学校的管理委员会根据学校的实际情况，制定不同的校长岗位的职业化要求，其中都非常注重校长教育管理的专业学历和工作资历。就一般情况来说，中小学校长应具有硕士学位，并且必须经过逐级阶梯式的晋升才有可能当上校长。21 世纪以来，而由于排名压力增大，校长工作艰巨，导致英国中小学校长出现了越来越多的空缺职位。②

另一方面，英国中小学校长一旦被聘用，即可拿到丰厚的薪金，其年薪一般要比教师平均年薪高出近一倍，具体数额根据学校规模和校长的资历来确定。如若校长未能切实履行职责，则教育董事会可在地方教育当局认可的前提下，行使免除权罢免校长。

2. 中小学校长培训

教师培训署负责全国中小学校长培训的宏观管理，而具体的实施方案则由地方教育委员会和培训部门根据实际需要进行设计。培训主体主要分为三类：高等学校的教育学院、地方教育当局和专家个人。培训机构须到政府部门注册登记，并经由教师培训署评估通过。1996 年英国开始实施中小学校副校长培训计划，并把副校长培训看作校长任命前的一种培训方式。③ 2006 年政府又推出了“快速通道项目”来解决校长数量不足的问题，推动学校优秀教师在较短的时间内走上领导岗位。

英国政府为激励校长培训，对每个接受培训的新校长提供 2500 英镑资金，由校长自己选择培训单位使用这笔资金。④ 这种机制促进了各培训机构在培训市场化的条件下，不断改进培训方式，提高培训质量，在竞争中提高自己的信誉和知名度，更加重视满足校长的需求，以吸引更多的校长。目前已有 200 多个培训单位在中央政府教育行政部门注册。

（二）中小学教师管理

1. 中小学教师的任用

1983 年 3 月，英国教育与科学部发布了《教学质量》白皮书，提出了受雇在公立学校从事教学工作的人必须是合格的教师，只有国务大臣具有授予教师专业资格的法定权力。自 2012 年起，由教育部下属机构——教学司，负责英国中小学教师培训、教师资格认证、教师资格审核等工作。

20 世纪以来，英国进行了多次教师标准改革，不仅出台了《英国合格教师专业标准与教师职前培训要求》等官方标准，同时一些半官方机构也制定了具体的教师标准，如英格兰教师协会制定的《注册教师行为实践准则》。这些标准都不划分教师所任教的学段，但规定了教师在不同年龄段的培训目标。2012 年初，英国颁布了《教师标准》，新标准以 2 项一级指标和 11 项二级指标规定了教师的具体行为细则，为教师教学、教师个人行为以及教师职业行为订立了规范。《教师标准》全面取代了以往的教师标准认定文本，成为所有中小学教师必须遵循的直接标准，同时也是英国颁发合格教师资质和评定教师资质的主要标准。

2. 中小学教师的培训

---

① 日本教育大学协会.世界教师培养Ⅱ（欧洲篇）[M].学文社，2005：35.

② 新华网.排名压力大校长不好当：英近千所学校聘不到校长[J/OL] http://b195.xinhuanet.com/gate/bigs/new xinnhuanet.eom/world/2008-09-15.

③ 庄益群.英国、德国中小学校长培训经验及对我们的若干启示[J].外国教育研究，1996：3.

④ 赖元新.俄罗斯中小教育特色与借鉴[M].中国戏剧出版社，2009：41.

英国师资培训署成立于1994年，负责英国教师培训的各方面工作，这是英国历史上第一个把教师入门培训、就业以及在职进修作为一个相互关联的系统来进行运作的组织，对促进中小学教师专业发展发挥了重要作用。2010年前后，英国开始对国内现有的教育机构进行合并和重整，2012年3月，英国教育部正式撤销师资培训署，而由教学司全面接管其所有的教师培训工作。

1983年，英国政府成立了教师教育认证协会，代表国家教育部对英格兰和威尔士的教师教育实施监督，这标志着政府正式介入教师培训。为了确保所有标准得到完满执行，教师教育认证协会还成立了地方委员会对所有教师培训课程进行监督检查。1994年，政府成立教师培训代理机构，接管了教师教育认证协会的大部分职能，并赋予教师培训三方面职责：提供和招聘教师；对英格兰（而不是威尔士）的教师教育进行自主培训；对教师培训课程进行认证。通过教师培训代理机构，政府成功地将培训资金与培训质量联系起来，并加强了对课程结构和内容的控制。①

第二节　美国中小学管理

一、美国教育行政体制

（一）联邦教育行政体制

美国中央教育行政体系包括联邦宪法、国会及教育部三个层面。1979年美国国会通过法案，将原教育部总署升格为内阁级的教育部，正式建立了联邦教育部。美国联邦教育部部长是教育部的首席执行官，他属于总统内阁成员，由总统提名，参议院批准任命。美国联邦教育部的组织结构以部长、常务副部长、副长、人事主管、法律顾问、高级顾问等为核心，在全美设立10个办事处与地方教育部门进行联系。② 联邦教育部的所有项目都必须经联邦议会通过，并由总统签署成法律才可以实施。它的工作通常是统计和分析全国教育的相关数据，为总统、联邦议会、州和地方教育机构提供制定教育政策的依据和建议。

联邦教育部下设14个职能机构，包括若干顾问委员会，各顾问委员会的主要职责是向教育部提供制定、实施、检评、修改有关教育计划的建议，并且每年要向部长和国会提交年度报告、总结和建议汇编。③

在形式上美国教育行政是联邦、州及地方三级形态，行政管理属于典型的地方分权制。联邦宪法明确规定联邦教育部不能指导、监督和控制任何教育部门及组织，联邦只能通过间接的方法对50个州教育的事业发展及教育改革方向发挥其指导作用。但20世纪80年代以后，联邦的调控作用逐渐加强，教育部通过立法和拨款等方式，在推动全国教育改革与发展等方面，扮演着越来越积极的角色。

（二）州教育行政体制

根据宪法精神，州对教育的行政管理处于美国教育行政管理的中枢位置。从传统制度

---

① 徐秀华.英国的在职教师培训及其借鉴[J].中小学教师培训，2004(8)：55.

② K.M.Johnson，C.L.Beale.TheReeentRevival of widespread Populalion Growth in Non2 metrolitan Areas of the United States[J].RuralSoeiology，1994：3.

③ 王英杰.比较教育学[D].高等教育出版社，1999：64.

上讲,州教育行政与联邦教育行政不存在隶属关系,而是一种平行协商的关系。美国各州颁布的州宪法及各项法规是该州教育行政的最高准则。教育是各州的专管事项之一,50 个州各有独立的教育体系,各州政府根据本州法律制定教育方针、发展规划和政策措施,并自主地付诸实施以及进行各种教育改革。

各州教育行政机关的种类和名称不尽相同,一般来说,设州教育委员会和州教育厅。州教育委员会是决策机构,主要任务是制定本州初等和中等教育政策方针,多数州的教育委员会由 5~9 名委员组成。① 委员产生办法因州而异,既可以由州长任命,也可以通过民众选举或其他一切选举方式产生。而州教育厅是执行政策的办事机构,州教育厅长是执行州教育委员会决策的首席行政官。州教育厅长的产生办法也同样因州而异。

州一级的教育行政机构的职能一般可归纳为两点:一是协助地方完成教育计划,包括分配教育经费,收集和分发教育资料,对地方提供指导和建议等;二是制定各种教育条件的最低标准,如规定课程标准,选定教科书,规定学校建筑标准并监督实施,规定教员资格,制定州的教育发展规划等。②

(三) 地方教育行政体制

地方教育行政是美国教育行政的基层部分,它通过划分学区来实施,因此美国学区是直接、具体实施州教育政策和管理公立中小学的基层教育行政单位。各州的学区设置不一,因此基层或地方教育行政机构种类多样,大致类型可分为基层学区和中间学区两类。

地方教育行政在基本学区设立教育委员会,它是制定学区内初等教育和中等教育政策的决策机关,通常由 3~5 名委员组成。③ 学监由教育委员会任命并主持委员会工作,委员由学区的居民选举产生,有时则由任命产生。基层学区的主要职能为:制定教育计划、编制教育预算、征收教育券税、管理教职员的人事、维修管理校舍、为学生提供交通工具等。而中间学区则是介于州和基层学区之间的教育行政机构,它在州的监督下,对所辖地区内的各基层学区进行协调、监督和指导。它不具有地方公共团体的性质,原则上无权单独设立和管理学校。

除此之外,众多的教育基金会和学术团体也对美国的教育管理起着重要作用,教育基金会主要通过提供巨额捐款来推动一个教育项目发展;而各种学术团体则通过研究某一教育问题以提出教育建议。这些机构以资金和科学作为强大后盾,深刻地影响着美国教育。

二、美国中小学校长与教师管理

(一) 中小学校长管理

1. 中小学校长的任用

19 世纪中期,美国一些州开始实施校长职业资格制度,经过不断完善,到 1989 年美国 50 个州已全部实施校长职业资格制度。校长职业资格制度因州而异,一般而言,美国校长资格证书分为校长初级证书、校长专业证书和校长精熟证书三类,校长必须具备硕士以上学位,具备教师资格以及一定的行政经验,并通过相关考试才能取得相应的资格证书,现各州

---

① 吴文侃,杨汗青.比较教育学[M].北京:人民教育出版社,1999:13.

② 吴中伦.当今美国教育概览[D].河南教育出版社.1994:35.

③ 纪晓林.美国公共教育的管理和政策[D].北京师范大学出版社.1992:56-57.

普遍采用的校长资格认证标准是1996年由美国州际学校领导资格认证协会提出的《学校领导者标准》。

在美国,中小学校长的遴选工作主要由地方学区具体实施。地方学区都设有地方教育董事会,负责校长任命。不同学区根据自身要求制定校长遴选标准,由地方遴选委员会进行面试,该委员会成员包含了自身学区的行政人员、其他学校校长、教师、家长甚至是学生。以遴选方式任职的校长任期为4年,任期届满可回任教师,不得在原校连任。

2. 中小学校长的培训

美国中小学校长在取得校长资格之前都必须接受职前培训,此外有关机构还为校长提供了在职培训,接受培训被视为提升校长业务水平的重要渠道。培训内容上,美国学校管理人员在20世纪80年代初期制定了"学校管理人员培养准则",此后美国教师培训机构制定了新的校长职业国家标准,根据它描述的6类职业标准和96项工作目标,美国国家校长协会设计实施了较完备的校长在职培训项目。① 培训机构上,美国中小学校长的培训主要由大学承担,包括教育行政部门设置的校长进修中心、高等学校教育学院、专业机构(或私人基金)下的研究中心或实验单位等。为弥补大学培训单纯追求学术与实践脱轨的不足,20世纪60年代末,社会上专门的培训机构开始兴起,如1968年美国学校管理人员协会成立的全国学校行政人员学会。

(二)中小学教师管理

1. 中小学教师的任用

美国是世界上最早提出教师专业化这一概念的国家,这在美国最为典型的体现便是教师认证制度。美国专业教职标准委员会于1987年成立,它是一个独立的、非盈利性的、非党派的学术组织,其主要任务是负责制定专业教学标准,并为达到标准的教师颁发资格证书,其制定的全国教师评价标准,提出了教师教育评价的5个指标40个观测点,经其认可的教师被称作"全国委员会资格教师"。美国专业教职标准委员会在美国教师资格认可方面发挥着十分重要的作用,而在各自的学科领域,美国还有各自专业的学科委员会,负责制定专业学科的标准。

为了推动州际教师流动和教师专业的能力发展,美国于20世纪末着手实施了国家高级证书工程,申请教师必须具备学士学位、州授予的教师资格证书、3年及3年以上的教学经验,并成功通过标准测评,才能获得国家高级证书。获得国家高级证书的教师可以在美国任何一个州从事教职工作,从而打破了州际教师流动的瓶颈。

2. 中小学教师的培训

美国所有的中小学教师都必须接受严格的职业培训,美国教师专业发展学校在20世纪80年代以后,承担了包括教师的职前培养和在职进修在内的主要的教师培训工作。美国教师专业发展学校一般由一所大学的教育系(或学院)以及大学所在学区的一所或多所中小学联合建立,②其在促进教师专业化方面取得了良好的效果。

在美国,教师培训机构的成立需要通过专业鉴定。美国全国教师教育认定委员会是美国联邦教育部承认的唯一的、全国性的、独立的教师教育认可机构,全美1300个教师教育机

---

① 常州市教师培训中心课题组."校长专业发展"文献综述[J/OL].http://czjs.czedu.gov.cn/

② 傅树京.美国教师专业发展学校实践模式及成效[J].中小学管理,2003:67.

构中,已有500多所学校得到了教师教育认定委员会的鉴定认可。其所指定的认定标准,对教师教育机构及其教育课程计划具有一定的约束力和引导作用。[①] 面对全国教师教育认定委员会的压力和政策命令,一些教师教育机构又组建了新型鉴定组织——教师教育鉴定委员会,其鼓励教师教育机构严格执行教师教育课程质量标准,承担自我评价,因而降低了机构鉴定成本。

第三节　法国中小学管理

一、法国教育行政体制

(一) 中央教育行政体制

在法国,国家层面上管理基础教育的主要机构是国民教育部,其作为教育行政部门的根本任务是确定方针和政策,并进行统一的领导和管理。国民教育部设部长1人,教育国务秘书若干名。部长系内阁成员,由总理提名、总统任命。国务秘书相当于副部长,协助部长工作,也由总理提名、总统任命。教育部长的权力包括:领导和监督全国所有的公立与私立学校,提出教育法案,发布行政命令,分配教育经费,确定教育方针和原则,规定全国统一的教学大纲、教学方法以及考试的内容和时间,管理公立学校的人事任命,制定公立学校的规则等。[②] 国民教育部在教育部长之下,设立大学区总长和大学区督学,代表中央教育行政机构直接管理地方各级教育。

为了克服中央集权制的弊端,法国在各级教育行政机构之外,设立了由各方面代表组成的各种咨询、审议机构,除回答行政当局的咨询外,还行使教育方面的各种诉讼、惩罚案件的预审或终审等重要工作。比如,国民教育最高审议会,它是国民教育部的重要咨询机关,负责在重大教育问题上发表见解,对教职员的处分负有最终裁决权;国家规划理事会,负责就教育的总体设想以及主要目标制定规划。

(二) 地方教育行政体制

在地方教育行政方面,为了便于管理,法国中央将95个行政省划分为25个大学区。大学区是法国中央以下的第二级教育行政单位,其最高行政负责人是大学区总长,由教育部长提名、总统任命。大学区总长必须具备国家博士学位并担任过大学校长或教授,他是本区内代表中央教育行政机关行使权力的最高教育行政长官,必须负责教育部长的决定和有关教育立法及规章的实施,并有义务向教育部长汇报所辖学区的情况。在中等教育方面,大学区总长负责对其进行全面指导和监督,包括课程、教学方法、各种国家考试、教师培养、人事管理等。在初等教育方面,大学区总长管理学校和班级的开设与关闭、教员的任命、最高惩罚的执行等。大学区总长还领导大学区学校事务局,监督和检查私立学校的工作。[③] 此外,每个学区都设有技术顾问、行政管理部门和咨询机构,以协助大学区总长进行管理。大学区督学必须有博士学位,并且是中等学校教员中资格最高者或有高中教授以上经历者,其由教育

---

① 陈永明,胡东芳,郭继东,白芸著.比较教育行政[M].华东师范大学出版社,2005:110.

② 李帅军.法国教育行政管理体制的考察与启示[J].国外中小学教育,2003:21.

③ 李帅军.法国教育行政管理体制的考察与启示[J].国外中小学教育,2003:22.

部长提名、总统任命，是省级教育行政的最高负责人。从1997年权力下放以来，大学区督学的教育管理权力逐渐加强，其不仅负责初中和小学教师的管理和培训工作，还要协助大学区总长管理高中的行政、财政和人事工作，授予学生助学金等。

大学区以下的教育行政单位是省。省级教育行政部门主要由学区督学、督导人员和咨询机构组成，其设立是为了配合学区督学完成工作。省以下设市镇村委员会，由一名省教育督学负责，其对学前及小学教育负有特殊责任，同样被视为独立的教育行政等级。

由此可见，法国的教育行政体制由中央、大学区、省和地方四级构成。从教育行政的权力分配上看，法国的教育行政管理体制是中央集权型体制。法国中央教育部门有绝对的行政权力，国民教育部在教育行政方面拥有绝对的权威，地方各级教育行政机构在教育行政管理过程中，必须严格执行中央教育行政机构的指示和命令。国家直接干预教育，构成了法国教育行政的指导原则。

从教育行政与一般行政的关系方面来看，法国教育行政管理体制是独立型体制，教育行政机关不受同级地方政府的直接指挥，脱离一般行政而独立存在，地方教育行政机关自成体系，不受地方同级行政长官的领导和控制。①

二、法国中小学校长与教师管理

（一）中小学校长管理

1. 中小学校长的任用

在法国，中小学校长属于国家公务员，聘任权由国家掌管。小学校长属于教员，初高中校长相当于管理职位，任期一般为3年，可连任。法国没有实施严格意义上的校长资格证制度，但国家每年会组织一次校长资格考试，竞争者必须通过该项资格考试，才能取得校长资格。法国教育部门要求竞争者应在30~50岁之间，确保一个校长能在一个学校任期9年，以维持学校管理的稳定与连续性。此外，小学校长必须具备2年以上教育工作经历，而初高中校长则必须具备5年以上教育工作经历。

校长录用由地区教育厅主管负责，录用程序如下：教育厅预算所辖区域内校长空缺数额并发布招聘广告；应聘者向面试委员会提交教职经历、培训经历、应聘设想等材料，由教育长进行材料审查，而后由面试官进行深度面试，面试委员会由教育部与教育厅中的督学官与校长构成；面试后选择4倍于拟录用人数的小学校长候选者并在名簿上登录（名簿3年内有效），候选者在任命前3周和任命后2周须参加教育厅主办的为期5周的资格研修，而初中、高中学校校长候选者必须通过每年的竞争考试才能取得资格证。② 取得资格证并处于校长培训中的校监，于2年后任命，但如果培训结果不合格，必须再次参加资格证考试。当校长职位空缺时，督学官从现职校长、名簿上登录的候选者、其他地区的校长、2年工作经历的校监中选拔合适人选，在征求学校职员咨询委员会意见后对其进行任命。

2. 中小学校长的培训

1973年法国教育部提出把中学校长培训的职责授予地方团体，校长培训成为中央集权

---

① 萧宗六，贺乐凡.中国教育行政学[M].北京：人民教育出版社，1996：28.

② 郑延福.中法教育行政体制比较[D].美丽中国，2010：2.

制度下的一项地方分权活动。[①] 法国中学校长(包括副校长)必须参加两个阶段的培训。第一阶段,包括大约 6 周的理论培训以及在公司、地区行政机关和学校接受的为期 13 周的实际锻炼。第二阶段,针对在职校长的特别需要和可能运用的管理方法接受培训。法国的校长培训组织分为全国性组织和地区级组织两类。中央培训机构负责培训全国的志愿者使之成为合格的培训中小学校长的教师。地方机构负责挑选志愿培训人员、制定和实施本地区中小学校长培训计划。[②] 法国教育界认为,行政管理的根本就是恰当地应用法律,只有具备丰富法律知识的行政管理人员,才可能成功地进行管理。因此,法国中小学校长培训尤其重视法律课程,强调校长依法治校的观念、知识和能力,不仅要求校长熟悉各种法律的有关知识,而且注重在具体管理过程中对法律的灵活运用。

(二) 中小学教师管理

1. 中小学教师的任用

20 世纪 90 年代,法国对教师教育体制进行了重大改革,中央直接对中小学教师教育及任用实行管理。在教师的任用上,法国政府通过层层考试和筛选来保证基础教育阶段教师的质量,并建立严格的准入制度。其中,教师资格考试由预选考试和录取考试两部分组成。小学教师资格的预选考试主要是法语和数学两门笔试,录取考试包括笔试和口试。中学教师资格的预选考试为专业学科考试,录取考试为口试。通过这些资格考试的学员,还必须作为实习教师进行一年的教育实习,并提交论文。教育实习和论文必须经大学和学区两方面评审委员会审核通过,实习教师才能获得教师资格证书。法国基础教育教师的任职由国家直接管理,每年法国政府都会根据各学区学生人数的变化,分配教师人数指标,确定教师职位的数量,以保证教师队伍的整体质量。

2. 中小学教师的培训

法国中小学教师培训由国民教育部人事司统一负责,而为了抓好教师的继续教育,中央政府成立了职业教育部,下设继续教育局,负责全国教职人员的培训、教师继续教育的立法和管理、分配使用继续教育的经费等工作。而各地区也设有继续教育机构,集中掌握本地区的继续教育经费,做好平衡调剂的工作。在全国范围内,法国建立了继续教育机构和继续教育信息发展中心,形成了全国范围的教师继续教育网络。

1989 年以《教育方向指导法》为依据的法国教师培训学院正式设立,它取代了原有的省级师范学校、地区教学培训中心、学徒师范学校、职业和技术教师培训中心,标志着一种全新的教师教育理念与模式的确立。[③] 法国教师培训学院直属于国民教育部领导的公立高等教育机构,其办学经费由中央政府直接拨付。法国政府在各个学区都设立一所法国教师培训学院,该培训学院是学区内唯一的培养、培训从幼儿园到高中各类师资的专门机构。学区内原有的各种教师培养、培训机构经过综合改造,成为法国教师培训学院的分院或教学中心。法国教师培训学院通过与学区内一所或几所综合大学签订共同培养中小学教师协议,[④]为其师资使用、物质和信息资源的利用、证书的授予等方面建立了保障。

---

① 刘茗.校长培训:校长终身学习和职业发展的重要环节——美、英、法、德中小学校长培训比较[J].中国教育报,2003:12.

② 林宇.美英法中小学校长培训比较及启示[J].衡水学院学报,2007(5):6.

③ Portail des IUFM.[EB/OL]. http://www.iufmfr/connaitre-iufm/presentation/formations.

④ 古立新.法国教师培训学院(IUFM)评价.广州教育学院学报,2004(3):17.

第四节 俄罗斯中小学管理

一、俄罗斯教育行政体制

在前苏联时期，一直实行的是高度集中的教育行政制度，中央不仅负责制定教育政策，指导教育发展方向，给予几乎全部的教育经费，还负责学校的政治、行政甚至专业的统一管理，而地方教育行政部门只是负有执行中央的教育决策和执行一般管理的功能。在俄罗斯联邦成立之后，经过 15 年的教育变革，已经初步形成联邦中央政府和地方政府全责均衡的教育行政体制。① 其现行的教育管理体制主要分为以下三级：

第一级是联邦中央教育管理机构。它包括两个平行的教育行政部门，一个是俄罗斯联邦教育部，另一个是俄罗斯联邦科学、高等学校和技术政策部。普通中小学教育、中等专业教育、中等和高等师范教育以及校外教育就由联邦教育部进行管理，其主要职责是：研究并制定国家教育发展的目标战略、统一国家教育政策和国家教育标准；收集、分析并发布国家教育信息；编制国家教育预算；核算学校的性质类型，规定学校创立、改造和撤销的程序；确定对学校教学人员的评估考核办法；负责统一的干部培训和再培训计划；调整教育中各个部分和社会各部门、领域的关系等。②

第二级是联邦主体教育管理机构。一般在各共和国设有教育部，边疆区（州、自治州、自治区）设有教育局等。其主要职责是根据联邦中央的教育要求，结合共和国政治、经济、民族和文化的特点，执行联邦主体教育法规，制定和实施共和国、行政区教育发展计划纲要；编制联邦主体教育经费预算，确定地方教育税；为本共和国的教育体系提供资金和各种物质支持；负责贯彻落实联邦法规在各共和国和边疆区的实施。

第三级是地区教育管理机构。在各市、区一级设有教育局，其主要职能是保证公民实现教育的权利；编制地方教育预算；通过地方教育政策，设立地方教育发展基金，为教育提供地方的财政支持；贯彻落实联邦中央及所属联邦的法规和政策。

俄罗斯教育的三级管理体制改变了前苏联中央集权的、纵向垂直的教育管理体制，使教育政策与各共和国、地区和学校发展的实际结合起来，更好地调动了共和国、所属市区和学校办学的积极性，有效地避免了教育管理上的形式主义、官僚主义和教条主义。如今，俄罗斯教育体制经过了中央集团——地方分权的过渡阶段后，中央和地方的关系已达到相对均衡的状态。

二、俄罗斯中小学校长与教师管理

（一）中小学校长管理

1. 中小学校长的任用

俄罗斯中小学一般实行校长负责制。过去，中小学校长任用通常采取委任制，由地区或市教育行政部门委任具有组织才能、受过相应的高等教育或专业教育并从事教育工作不少

① 李青.从制度变迁视角浅析转型期俄罗斯教育管理体制变革[J].中国轻工教育，2012(2).

② 马建生.比较基础教育[M].江苏教育出版社，2008：110.

于3年的优秀教师担任。1987年以后,俄罗斯开始实行中小学校长和副校长定期竞选制。候选人由各学校的教师、党组织和社会团体提名,凡具有相应高等教育水平的优秀教师、国民教育组织员、教学法专家和其他教育工作者均可提名为候选人。校长竞选在学校扩大教师会议上进行,参加竞选的候选人须向学校全体教职工提出竞选纲领,候选人获得的选票超过半数即可当选,竞选结果报请国民教育机关审批。普通中学校长由国家教育部根据市(区)国民教育局任命,不完全中学和小学的校长由市(区)国民教育局任命,但校长不属于国家公务员,且校长资格不具有终身制,一般任期为5年。

2. 中小学校长的培训

因俄罗斯中小学校长由教育部或市(区)国民教育局直接选拔、任命,因此校长一般无需在特定机构接受校长职前教育。但为保证中小学校长的整体素质,俄罗斯教育部规定,校长入职后至少每5年必须与教师一起参与全员培训,教育部为其支付培训的经费;为了借鉴本地区以外的中小学校的创新经验,校长可以去其他地区的培训机构接受培训。

(二)中小学教师管理

1. 中小学教师的任用

在前苏联时期已经开始实行教师证书制度。招募和任用中小学教师时,通常采取先培训后招聘的办法。规定凡师范学校毕业合格者可担任小学1~4年级教师,凡师范学院或综合大学毕业兼接受教育专业训练者可担任中学教师。师范院校学生的毕业证书同时也是相应的教师资格证书。

为进一步提升中小学教师的整体素质,促进教师专业发展的持续性,俄罗斯联邦教育与科学部于2010年3月通过了《国立和市立教育机构的教育工作者鉴定制度》,要求从2011年1月1日开始实行教师资格定期鉴定制度。实施新鉴定制度的主要目的是根据对教育工作者职业活动的评价,确定教育工作者的技能是否符合初级资格或高级资格的技能要求,从而确定教育工作者是否适合他们所从事的工作岗位。

2. 中小学教师的培训

俄罗斯沿用了苏联解体之前的“连续师范教育”体系,这是俄罗斯教师培养的主要机构,并同时肩负教师职前培训等工作。这个体系由各类教育机构(及分校)、各类学校、国家及地方的师范教育行政管理机构、师资进修及再培训机构组成。新时期的连续师范教育体系具有教学、科研、师范教育一体化的特征,它涉及并覆盖学前教育机构、小学、大学及大学后教育的各级教育机构。①

俄罗斯的教师在职进修制度经过60年的建设与发展,已经形成了一个多层次的中小学教师进修体系。这个体系包括各级教师进修学院、市和区教学法研究室、师范学院、农村各科教师教学法研究联合小组、实验师范学校以及负责教师再培养和进修的其他机构,如高等学校的函授部和夜校等。此外,俄罗斯普通与职业教育部还组建了各种类型的“发展性教学法与心理学再培训中心”和“致力于个性发展的教育工作者再培训中心”,对愿意按新体系教学的小学教师、各区教育机构领导者进行培训,并帮助他们制定新的教育大纲。

---

① 肖甦.世纪之交的俄罗斯教师教育政策改革——打造连续师范教育的完整体系[J].比较教育研究,2003(4):31.

第五节　德国中小学管理

一、德国教育行政体制

（一）联邦教育行政体制

依照《德国联邦基本法》和1957年德国联邦宪法法院的裁决，德国联邦政府的教育权限仅限于一般的监督和协调。[①] 除联邦范围内某些共同的教育基本问题，一般文化教育事务均属各州的主权范围，由各州通过制定宪法、学校法和其他教育法令进行具体管理。据此，为了加强联邦与各州在教育领域的协调与合作，德国在联邦一级先后建立了一些教育机构，主要有：

① 各州文教部长会议。其全称是德意志联邦共和国各州文化教育部长联席会议，由各州负责教育、高等教育、科学研究和文化事务的部长联合组成，是德国各州之间设立时间最早，也是最重要的一个协调机构。其主要任务是讨论、协调各州的教育事务，处理跨地区的文化教育政策上的重大问题。尽管各州文教部长会议不是一个立法机构，但是各州重大的教育政策，通常都以它的相应建议为基础，事实上它已成为决定联邦德国教育方针的决策机构。各州文教部长会议下设4个专门委员会，其中就包括基础教育委员会。部长们根据各专门委员会的研究报告进行讨论，任何决议都须经全体成员同意才可形成，决议形成后需要提交各州批准。

② 联邦与州教育规划与促进委员会。该委员会是德国另一个重要的全国性教育协调机构，其成员包括7名联邦政府代表及每州各1名代表。委员会主席任期1年，由各州代表轮流担任。该委员会的主要职能是在教育事务方面协调联邦与各州之间的关系，具体包括：研究全国教育长期发展的计划纲要；研究实施计划纲要所应采取的各阶段的方针；对各州教育计划提出建议；对紧急问题提出解决方案；鼓励教育研究；跟踪教育事业中的模式实验；讨论教育预算等。[②] 该委员会的决议虽然对没有投赞成票的州不具有约束力，但是其制定的决议对全国均有指导意义。

③ 联邦教育、科学、研究和技术部。该机构主要在职业教育、高等教育和促进科学研究领域发挥协调作用，但其在基础教育领域里也兼有一定权限，包括进行教育规划和学校教育研究，立法对学生进行资助，制定中小学教师等公务人员的工资和待遇的法律法规，促进跨地区的合作。

除了建立各种协调机制之外，德国在联邦一级还采取了很多有效的措施保障基础教育实施，如，将绝大部分教师纳入国家公务员管理体系，对其聘任资格、工作要求和工资待遇等实行全国统一标准；联邦政府通过税收平衡的经济手段，对经济及教育发展相对滞后的地区予以财政支持等。

（二）地方教育行政体制

德国教育行政管理的主权在各州，即由州政府统一管理州的教育事务，并在此基础上形

---

① 陈永明等.比较教育行政[M].上海:华东师范大学出版社,2005:23.

② 李帅军,有秩.德国教育行政管理体制的考察与分析[J].河南师范大学学报,2009(6):7.

成了州、地区、县三级教育行政管理体系。

德国各州均设有教育部，其内部机构的设置由职能机构、研究机构、咨询机构等组成。在职能机构设置方面，各州教育部下设不同的教育行政管理处。在研究机构设置方面，各州教育部均设有专门的教育教学研究机构，对州教育教学的发展状况进行研究，参与州文化教育事业的决策与管理。① 在咨询机构设置方面，各州设有各级各类家长委员会、教师委员会、学生委员会、青少年教育委员会等。作为州的最高教育行政机关和最高教育检查及监督机关的州教育部，代表国家行使对教育的管理和检查职能，全面负责一个州的教育规划、组织、管理、督导工作。

地区教育局是地区一级的教育行政管理机关，一般下设3~4个负责不同教育部门和事务的工作处，并设有专门的考试部门和教育心理指导咨询部门。② 此外，有的地区教育局还设有学校事务教育管理处，负责管理其管辖范围以外的所有教育事务。地区教育局直接接受州教育部的领导，并直接对本地区教育事业的发展负责。地区教育局的主要职责是管理、指导和监督各县教育机构的工作，协调各方面的关系，为各学校提供教育政策咨询服务，组织落实州教育部的各项方针政策，促进本地区的教育发展。

县教育局是德国最低一级的教育行政管理机关，一般下设人事科、财务管理科、小学教育咨询管理科、主体中学咨询管理科、实科中学咨询管理科、特殊学校和学校幼儿园咨询管理科等机构，负责处理与学校有关的事务。县教育局在业务上接受地区教育局的领导，负责县内除完全中学以外的各级各类普通学校的管理，为学校教师、学生和家长提供教育政策咨询服务，并负责教师的招聘和培训进修、校长招聘、教师和校长的督导工作等。

二、德国中小学校长与教师管理

（一）中小学校长管理

1. 中小学校长的任用

德国中小学通常设校长一名，由地方教育部门任命，副校长由校长任命。除了校长、副校长和校长秘书一人外，学校没有其他行政人员，各州保留对当地学校的管理权。德国中小学校长一律任课，甚至要上一门主课，因此其行政工作比较少，主要是执行州教育部的教学计划，负责组织家长委员会，进行教学分工及安排教学计划，具有负责学校的校舍设备、财务和公共关系的职能。

德国中小学校长的权力集中体现在教学管理上，其必须是优秀教师并且具有一定管理能力，才能胜任校长工作。因此，德国对中小学校长的选拔很严格，国家规定只有取得终身任教资格的教师，并具备担任教师的知识水平、优良品德和组织能力的人，才能竞聘中小学校长。任聘过程大致分为四步：刊登招聘广告，由区政府进行初选；考察初选合格者的授课能力、组织能力以及对教育法规的掌握程度；区政府与学区教育局协商确定推荐人选；上报州政府任命。校长一经任命就不能轻易免职，具有相当的稳定性。③

---

① 李帅军，有秩.德国教育行政管理体制的考察与分析[J].河南师范大学学报，2009(6)：7.

② 汪明.德国基础教育的特点及其改革趋向——德国基础教育考察报告[JB/OL]. http://www.moe.edu.cn/moe-di-rect/fazhanyjzx/194.htm，1，2000-09-18/2008-08-08.

③ 胡国勇.美、英、法、德、日等国初等教育制度比较[J/OL].金山干训论坛，http://www.jsjxjsol.net/smallelass.

2. 中小学校长的培训

在德国,中小学校长的培训由州立进修学院负责。各州立进修学院每年召开全联邦的校长培训工作会议,交流、研讨、协调校长培训工作。德国在中小学校长培训的方法上,强调以实践为基础,开展多样性的培训工作。进修学院的培训一般分作三步进行:第一步,在学院听课学习阶段,主要学习5门课程:领导艺术、教学方法、教育管理、学校发展、学会交流。第二步,返回本地区,与参加学习的其他校长组成小组进行交流、研讨。第三步,回到自己学校,解决工作中的实际问题,完成学院课题。德国的培训机构采取了灵活多样的培训形式,而作为监督机构的学区教育局不对此进行直接干涉。

(二) 中小学教师管理

1. 中小学教师的任用

事实上,在德国要取得正式教师资格必须通过两次考试。第一次教师资格考试的内容包括:毕业论文、120分钟的书面考试、80分钟的口试,还有8周的教育实习,了解学校运转情况并完成实习体会。① 第一次资格考试通过后,本人应向本州或其他州教育部提交师范学院或大学毕业文凭以及第一次教师资格考试的全部材料,才有资格担任实习教师,并按如上所述进入研修班实习。实习结束后,实习学校的教师培训中心要参考校长意见,对实习教师作出评价,这个评价就是第二次国家教师资格考试的结果。教师通过第二次教师资格考试后即取得教师资格,其所获得的"教师资格证书"在欧盟国家通用。

2. 中小学教师的培训

德国是世界上开展教师教育较早的国家,也是当今世界上教师教育制度比较完善与发达的国家。德国在不断的改革中,确立了独特而有效的职前和在职教师专业化制度。

德国的教师职前教育实行两个阶段的培训制度,第一阶段为大学里的学术性的修业阶段,这一阶段旨在让学生掌握作为教师应具备的学术基础知识,并通过短期的见习活动积累经验。第二阶段则是以实践性为特征的专业实习阶段。完成第一阶段培养,并通过第一次国家资格考试取得实习教师资格后,学生便可进入第二培养阶段。该阶段的学习年限各州不一,最短为16个月,最长为两年半,一般为18个月。针对已获得资格的教师,德国还举办了一系列以专业发展为导向的在职培训。如,教师不脱岗在职进修,用以了解教育科学和理论的最新进展,而政府当局适当给予差旅费、住宿费等支持;教师在校方许可的情况下还可申请留职带薪深造,暂时离开岗位到师资培训机构接受培训,以获得更高级的教师资格;德国中小学校本教师培训也相当成熟,各中小学都可以单独与邻近学校共同组织校内培训工作,由校长负责,进行教师间的教学经验交流,讨论教法,解决疑难问题等。

本章小结

由于文化传统、政治体制、经济发展水平和自然环境等的差异,世界上不同国家的教育管理体制不尽相同。英、美、法、俄、德的中小学管理方式各具特色,对世界其他国家的中小学管理有着深远的影响,特别是在中小学校长和教师管理上有很多值得借鉴的地方。

英国的中小学管理体系强调中央与地方的共同合作,其中小学校长的选拔、培训已充分

---

① 饶从满,满晶.德国教师教育的演进[J].外国教育研究,1995(5):43.

市场化，相比于此，其教师管理体系中政府的职能不断加强。美国的中小学管理以学区为最小单位，采用联邦、州及地方三级管理体系，其中小学校长和教师管理体制相当完备，社会机构、学区委员会与大学充分合作，互相补充。法国中小学教育行政体制由中央、大学区、省和地方四级构成，中央教育部门具有绝对行政权力，对中小学教师的任用、培训进行直接管理，而其中小学校长管理则被视为实施地方分权的一种尝试。俄罗斯的中小学管理已初步形成联邦与地方政府全责均衡的教育行政体制，其采用竞选制选拔中小学校长及教师，采用“连续师范教育”体系培养教育工作者。德国联邦政府对教育仅有一般监督和协调权，教育行政主权由各州政府掌握，德国中小学校长及教师管理制度相当严格，强调专业与实践能力的结合。

思考题

1. 中央集权与地方分权的教育行政管理体系的基本特征是什么？各有什么优缺点？
2. 试比较英、美、法、俄、德五国中央教育部门教育管理职责的异同。
3. 美国在中小学校长管理上有哪些做法？对我国中小学校长队伍建设有何启示？
4. 英、法、德三国在教师培养上各有什么特点？对我国教师队伍建设有哪些启示？
5. 案例分析：

为了提高美国基础教育质量，布什总统于 2001 年签署了《不让一个孩子掉队》法案，提出使美国的每一个孩子都能够具备基本的阅读能力与数学能力的目标，并要求五年之内所有主要学科的中小学教师都成为“高质量教师”。

对此，有研究者调查了 1999 年到 2007 年间，阿拉巴马州 67 所乡村学校四到八年级学生的斯坦福成就测验成绩，发现法案对提高学生阅读与数学成绩效果不明显。

从美国的教育行政体制层面，分析《不让一个孩子掉队》法案没能取得预期效果的原因。

参考文献

[1] [美] 玛丽·卢·富勒等.家庭与学校的联系——如何成功地与家长合作[M]. 谭军华等,译.北京:中国轻工业出版社,2003.

[2] [美]戴维·米德伍德,尼尔·伯顿.课程管理[M].吕良环,译.杭州:浙江教育出版社,2008.

[3] [日]安藤尧雄.学校管理[M].马晓塘,刘北鲁,译.北京:文化教育出版社,1981.

[4] [苏]马卡连柯.家庭与学校的儿童教育[M].汪孟华,刘遼逸,译.北京:五十年代出版社发行,1953.

[5] 陈永明,胡东芳,郭继东,白芸.比较教育行政[M].上海:华东师范大学出版社,2005.

[6] 陈珍国.学校安全管理[M].上海:复旦大学出版社,2008.

[7] 褚宏启,张新平.教育管理学教程[M].北京:北京师范大学出版社,2013.

[8] 范先佐.教育财务与成本管理[M].上海:华东师范大学出版社,2004.

[9] 郭咸纲.西方管理思想史[M].北京:世界图书出版公司,2010.

[10] 贺乐凡.中小学教育管理[M].上海:华东师范大学出版社,2000.

[11] 黄显华,朱嘉颖等.课程领导与校本课程发展[M].北京:教育科学出版社,2005.

[12] 纪晓林.美国公共教育的管理和政策[M].北京:北京师范大学出版社,1992.

[13] 金含芬.学校教育管理系统分析[M].西安:陕西人民教育出版社,1993.

[14] 赖新元.德国中小学教育特色与借鉴[M].北京:中国戏剧出版社,2009.

[15] 赖新元.俄罗斯中小学教育特色与借鉴[M].北京:中国戏剧出版社,2009.

[16] 林明地.学校与社区关系[M].台北:五南图书出版公司,2004.

[17] 刘超良.制度德育论[M].武汉:湖北教育出版社,2007.

[18] 鲁曙明,陈德祥,姜玢玢,欧阳荣华.美国中小学教育行政[M].北京:中国人民大学出版社,2013.

[19] 马建生.比较基础教育[M].南京:江苏教育出版社,2008.

[20] 马忠虎.家校合作[M].北京:教育科学出版社,2001.

[21] 钱学成,全林.管理哲学[M].上海:上海交通大学出版社,2009.

[22] 全国十二所重点师范大学.教育学基础[M].北京:教育科学出版社,2008.

[23] 冉苒,苏宗荣.管理心理学[M].北京:科学出版社,2010.

[24] 孙耀君.西方管理思想史[M].太原:山西人民出版社,1987.

[25] 檀传宝.德育与班级管理[M].北京:高等教育出版社,2007.

［26］田晓娜.中国学校校长工作实用全书［M］.北京：国际文化出版公司，1994.

［27］王宏伟.突发事件应急管理：预防、处置与恢复重建［M］.北京：中央广播电视大学出版社，2009.

［28］王卫明.更好地与家长合作［M］.南京：江苏科学技术出版社，2014.

［29］王英杰.比较教育学［M］.北京：高等教育出版社，1999.

［30］吴刚平.校本课程开发［M］.成都：四川教育出版社，2002.

［31］吴文侃，杨汗青.比较教育学［M］.北京：人民教育出版社，1999.

［32］吴志宏，冯大鸣，周嘉方.新编教育管理学［M］.上海：华东师范大学出版社，2009.

［33］吴中伦.当今美国教育概览［M］.郑州：河南教育出版社，1994.

［34］吴重涵，王梅雾，张俊.家校合作：理论、经验与行动［M］.南昌：江西教育出版社，2013.

［35］萧宗六，余白.学校管理学新编［M］.武汉：华中师范大学出版社，2001.

［36］萧宗六，贺乐凡.中国教育行政学［M］北京：人民教育出版社，1996.

［37］徐久生.校园暴力研究［M］.北京：中国方正出版社，2004.

［38］徐志勇.学校安全管理：过程、内容与方法［M］.北京：北京师范大学出版社，2015.

［39］叶澜."新基础教育"论——关于当代中国学校变革的探究与认识［M］.北京：教育科学出版社，2006.

［40］张来.普通学校管理学［M］.北京：华文出版社，1998.

［41］赵国祥.管理心理学［M］.北京：高等教育出版社，2010.

［42］［印］帕萨·达斯古普特.社会资本——一个多角度的观点［C］.北京：中国人民大学出版社，2004.

［43］冯大鸣.试论校长负责制的重构与再造［J］.教育理论与实践，2003.

［44］傅树京.美国教育"专业发展学校"实践模式及成效［J］.中小学管理，2003.

［45］古立新.法国教师培训学院（IUFM）评价［J］.广州教育学院学报，2004.

［46］顾闻钟.学校安全管理的理论与实证研究［D］.兰州大学，2010.

［47］何瑞珠.家长参与子女的教育：文化资本与社会资本的阐释［J］.教育学报，1998.

［48］黄威，孟卫青.美、法、德、日中小学校教师法律地位的比较［J］.比较教育研究，2002.

［49］黄晓婷.家长参与学校管理的模式及实施机制研究［D］.华南师范大学，2002.

［50］李青.从制度变迁视角浅析转型期俄罗斯教育管理体制变革［J］.中国轻工教育，2012.

［51］李帅军，有秩.德国教育行政管理体制的考察与分析［J］.河南师范大学学报，2009.

［52］李帅军.法国教育行政管理体制的考察与启示［J］.国外中小学教育，2003.

［53］李荼晶.日本中小学的生活指导教育［J］.河南教育，2001.

［54］林鸿潮.论学校安全立法及其制度框架［J］.教育研究，2011.

［55］林宇.美、英、法中小学校长培训比较及启示［J］.衡水学院学报，2007.

［56］刘茗.校长培训：校长终身学习和职业发展的重要环节——美、英、法、德中小学校长培训比较［J］.中国教育报，2003.

［57］饶从满，满晶.德国教师教育的演进［J］.外国教育研究，1995.

[58] 沈煜清.小学生社团建设的实践探索[J].中小学德育,2011.

[59] 夏天阳.俄罗斯联邦教育法概述[J].复旦教育,1993.

[60] 肖甦,刘楠.俄罗斯中小学教师新工资制度改革:原因、内容及实施保障[J].比较教育研究,2012.

[61] 肖甦.世纪之交的俄罗斯教师教育政策改革——打造连续师范教育的完整体系[J].比较教育研究,2003.

[62] 徐秀华.英国的在职教师培训及其借鉴[J].中小学教师培训,2004.

[63] 杨启光.重叠影响域:美国学校与家庭伙伴关系的一种理论解释框架[J].外国教育研究,2006.

[64] 叶正波.教育议事会——一个微观教育管理体制的变革[D].华东师范大学,2003.

[65] 尹晓敏.论学校安全管理的人文关怀[J].中国教育学刊,2007.

[66] 张德伟.美国校本管理背景下中小学校长的素质能力及其培养培训[J].外国教育研究,2007.

[67] 张琴秀,王媛.中小学校长素质研究20年综述[J].教育理论与实践,2007.

[68] 张爽.近年来有关安全研究问题的述略[J].首都师范大学学报,2011.

[69] 郑延福.中法教育行政体制比较[J].魅力中国,2010.

[70] 中小学教师继续教育校本培训研究课题组.中小学教师校本培训研究报告[J].教育研究,2002.

[71] 邹文弢.中小学校安全管理研究初探[D].江西师范大学,2004.

[72] 祝怀新,潘慧萍.德国教师教育专业化发展探析[J].比较教育研究,2004.

[73] 庄益群.英国、德国中小学校长培训经验及对我们的若干启示[J].外国教育研究,1996.

后　记

经全国高等教育自学考试指导委员会同意，由教育类专业委员会负责高等教育自学考试教育管理专业教材的审定工作。

《中小学教育管理》由北京师范大学鲍传友副教授主持编写。本教材由北京师范大学高鸿源教授主审，首都师范大学傅树京教授、北京师范大学刘淑兰教授参加审稿并提出改进意见。

编审人员付出了辛勤劳动，在此一并表示感谢。

全国高等教育自学考试指导委员会

教育类专业委员会

2016 年 3 月